AF867284

GOLDMANN

Buch

Das Leben jeder Familie wird durch deren ganz eigene Gesetzmäßigkeiten bestimmt, die oft über viele Generationen wirken. Sie beeinflussen die Familiengeschichte und – oft auf eine negative Weise – das Leben ihrer Mitglieder. Der bekannte Psychologe John Bradshaw zeigt in diesem faszinierenden Buch, wie Familiengeheimnisse entstehen, welche Macht sie auf jeden einzelnen haben und wie sie erforscht und aufgedeckt werden können. Er erklärt, wie fehlende Informationen aufgespürt und verschwommene Erinnerungen ans Licht geholt werden. Dazu gibt er psychologisch fundierte, einfühlsame Anleitungen, wie jeder seine Familiengeschichte positiv verarbeiten und so zu einem bewussteren und freieren Leben finden kann.

Autor

Der Theologe und Psychologe John Bradshaw widmete sich stark der familientherapeuthischen und persönlichkeitsentwickelnden Arbeit und veröffentlichte dazu zahlreiche Bestseller, durch die er einem breiten Publikum bekannt wurde.

John Bradshaw

FAMILIEN GEHEIMNISSE

Warum es sich lohnt,
ihnen auf die Spur zu kommen

Aus dem Amerikanischen
von Hanna van Laak

GOLDMANN

Dieser Titel erschien bereits unter der Titel-Nummer 16236
im Goldmann Verlag

FSC
www.fsc.org
MIX
Papier | Fördert gute Waldnutzung
FSC® C014496

Penguin Random House Verlagsgruppe FSC® N001967

12. Auflage
Vollständige Taschenbuchausgabe Januar 2015
Wilhelm Goldmann Verlag, München,
in der Penguin Random House Verlagsgruppe GmbH,
Neumarkter Str. 28, 81673 München
produktsicherheit@penguinrandomhouse.de

Die Originalausgabe erschien unter dem Titel *Family Secrets. What You Don't Know Can Hurt You* bei Bantam Books,
a division of Bantam Doubleday Dell Publishing, Inc., New York
Umschlaggestaltung: Uno Werbeagentur
Umschlagmotiv: FinePic®, München
Satz: Uhl + Massopust, Aalen
Druck und Bindung: GGP Media GmbH, Pößneck
CB · Herstellung: IH
Printed in Germany
ISBN 978-3-442-17512-3

www.goldmann-verlag.de

Inhalt

Kennen Sie auch solche Geheimnisse?

Der fünfjährige Stanley rennt zum vier Jahre alten Bobby und schreit: »Ich weiß etwas, was du nicht weißt.« Bobby beginnt zu weinen und läuft weg.

Geheimnisse verleihen uns Macht über die Uneingeweihten. Sie können uns zu etwas Besonderem und wichtig machen. Sie können uns auch vor Verletzungen schützen. Geheimnisse sind ein wesentlicher Bestandteil des menschlichen Lebens. Nicht in ein Geheimnis eingeweiht zu sein kann Kummer und Leid mit sich bringen. Und manchmal ruft das Wissen um ein Geheimnis Bestürzung und Verwirrung in uns hervor. Überprüfen Sie selbst, ob Ihnen eines oder mehrere der folgenden Geheimnisse bekannt vorkommen. Sie und viele andere bilden den Inhalt von Familiengeheimnissen und sind Gegenstand dieses Buches.

Billy ist irritiert durch das seltsame Verhalten seines Vaters. Einen Tag nach seinem achten Geburtstag erzählt ihm seine Mutter, dass sein Vater unter einer Geisteskrankheit namens paranoide Schizophrenie leide. Sie sagt ihm außerdem, dass er nie mit irgendjemandem darüber sprechen dürfe. Billy hat große Angst. Er hat Angst, dass es seinem Vater schlechter gehen könnte. Er hat Angst, einen Freund aus der Schule mit nach Hause zu bringen, aus Angst vor dem, was sein Vater wieder tun könnte. Vor allem aber hat er Angst, dass er selbst eines Tages geisteskrank werden könnte.

Harriet fühlt sich von Hogarth ständig unter Druck gesetzt, sparsam mit Geld umzugehen. Er scheint ihr jeden Pfennig übel zu nehmen, den sie ausgibt. Harriet spart und knausert auf jede erdenkliche Weise. Sie kauft nie etwas für sich selbst. Dafür legt sie heimlich Geld beiseite, das sie zum Geburtstag oder zu Weihnachten geschenkt bekommen hat. Sie hat zusätzlich auch etwas Geld durch Nähen und Rabattmarken angesammelt. Harriet lebt in der beständigen Angst, dass Hogarth ihren geheimen Schatz entdecken könnte.

Julianna ist verwirrt wegen einer Frau, die ihre Mutter Tante Susie nennt. Sie ist oft zu Hause, wenn sie von der Schule kommt, und sie geht, bevor ihr Vater abends nach Hause kommt. Als sie einmal nach Hause kam, hatten sich ihre Mutter und Tante Susie im Schlafzimmer eingeschlossen. Julianna bekam große Angst, denn es klang so, als würde ihrer Mutter weh getan werden. Als sie an die Tür klopfte, sagte man ihr, es sei alles in Ordnung und sie solle spielen gehen. Tante Susie ist sehr nett zu Julianna und bringt ihr oft Spielsachen mit oder tut ihr sonst etwas Gutes. Juliannas Mutter hat ihr eingebläut, dass Tante Susie ihrer beider besonderes Geheimnis sei, und sie hat Julianna schwören lassen, dass sie nie ihrem Vater von ihr erzählt.

Butch beobachtet, dass sein Bruder Corbet in der Schule mit einem stadtbekannten Drogendealer herumhängt. Eine Woche später findet er im Keller ihres Hauses versteckte Drogenutensilien. Am Samstagabend kommt Corbet früh nach Hause und schleicht sich dann wieder davon, um schließlich erst gegen sechs Uhr morgens heimzukommen. Für Butch ist es klar, dass Corbet Drogen nimmt. Butch versucht mit Corbet über die Gefahren, denen er sich aussetzt, zu sprechen, doch Corbet wehrt ab und sagt ihm, er solle sich um seine eigenen Angelegenheiten kümmern. Ihre Eltern sind beide sehr auf ihre Karriere fixiert und scheinen nicht zu bemerken, was vor sich geht. Butch würde ihnen gern von Corbet erzählen, aber er käme sich wie ein Verräter vor, wenn er es wirklich täte.

Peggy hatte eine völlig unbeschwerte Kindheit. Die Familie konnte sich finanziell alle Wünsche erfüllen. Ihr Vater war in ihren Augen ein geheimnisvoller und toller Mann. Er reiste viel, doch wenn er zu Hause war, musste er nicht wie die Väter ihrer Freundinnen zur Arbeit gehen. Er scherzte eine Menge und verbrachte viel Zeit mit ihr. Eines Tages, als sie 13 Jahre alt war, kam die Polizei mit einem Haftbefehl für ihren Vater zu ihnen. Ihm wurde vorgeworfen, ein bezahlter Killer zu sein, der schon mehrere Menschen getötet hatte. In diesem Moment brach Peggys Welt zusammen.

Markus hat sich immer danach gesehnt, mit seinem Vater und dessen Freunden an einem Jagdausflug teilzunehmen. Jetzt, wo er 14 ist, hat sein Vater ihn zum Mitkommen aufgefordert. Er stellt dabei fest, dass die Männer Prostituierte mitnehmen. In der ersten Nacht schickt sein Vater eine von ihnen zu Markus und sagt ihm, es sei an der Zeit, dass er ein Mann werde.

Markus ist so aufgeregt, dass er vorzeitig ejakuliert. Die ganze Gruppe macht sich während des gesamten Wochenendes über ihn lustig. Abgesehen von Scham und Schuld fühlt Markus sich, als hätte er seine Mutter verraten.

Myrtles Mutter hat den größten Teil ihres Lebens im Bett verbracht. Sie hatte einen »Nervenzusammenbruch«, als Myrtle vier Jahre alt war, und seitdem war sie sehr oft krank. Sie verließ nie das Haus und litt unter vielen physischen Leiden, insbesondere unter einem akuten Herzleiden. Myrtle ging in ihrer ganzen Kindheit wie auf rohen Eiern, und als Erwachsene hatte sie vor allem damit zu tun, jede Aufregung von ihrer Mutter fernzuhalten. Als Myrtle 45 war, wurde bei ihrer Mutter Krebs im Endstadium diagnostiziert. Sie lebte dann aber viel länger, als man ihr vorhersagte, und der Arzt machte immer wieder Bemerkungen über ihr kräftiges Herz. Myrtle macht sich jetzt Gedanken über jeden Aspekt der Krankheit ihrer Mutter.

Gretchen hat soeben den dritten Besuch bei einem Therapeuten hinter sich. Nachdem sie ihm ihre unzähligen Symptome geschildert hat, fragt sie ihr Therapeut, ob sie irgendwelche Erinnerungen an sexuellen Missbrauch hätte. Gretchen sagt nein, aber sie ist nach dem Ende der Sitzung sehr verstört und durcheinander. Sie hat immer schon gespürt, dass ihr in ihrer Kindheit irgendetwas Schmerzhaftes widerfahren ist, und sie hat bereits eine Reihe von Beziehungen hinter sich, in denen sie sexuell ausgenutzt wurde. Sie hat Angst, den Therapeuten wieder aufzusuchen und feststellen zu müssen, dass ihr als Kind etwas Schreckliches zugestoßen ist. Sie fragt sich, ob es für sie notwendig ist zu wissen, was passiert ist, damit sie ihr Leben weiterführen kann.

In jeder Familie gibt es Geheimnisse. Manche haben guten Einfluss und sind konstruktiv, sie schützen die Familie und/oder ihre einzelnen Mitglieder und unterstützen sie in ihrem Wachstum und ihrer Individualität. Andere Geheimnisse aber wirken destruktiv, sie zerstören Vertrauen, Intimität, Freiheit, persönliches Wachstum und Liebe. Was Sie nicht wissen, kann Ihnen trotzdem schaden!

Prolog

Alle Menschen sehnen sich von Natur aus nach Wissen.

Aristoteles

Ein nicht geprüftes Leben ist nicht lebenswert.

Sokrates

Im Alter von elf Jahren hatte ich mein erstes dunkles Geheimnis, eines von der Art, wovon dieses Buch handelt. Ich liebte es, ins Schlafzimmer meiner Eltern zu schleichen und Schränke, Schachteln und Schubläden zu öffnen, um herauszufinden, was darin sein könnte. Eines Tages, als ich gerade die Socken meines Vaters durchwühlte, erspähte ich eine Blechdose mit einem Schlüssel. Als ich sie öffnete, fand ich einen Berg silberner Zehncentstücke, die glitzerten wie ein vergrabener Schatz. Mein Vater war nur selten zu Hause. Irgendwie fühlte ich mich durch diesen Fund mit ihm verbunden. Nun kannte ich sein geheimes Versteck. Ich öffnete die Dose regelmäßig, als wollte ich mit ihm plaudern und sehen, wie seine Sammlung wuchs.

Einmal nahm ich zwei Zehncentstücke heraus. Ich trug sie mehrere Tage mit mir herum und bewachte sie sorgfältig, damit meine Schwester und mein Bruder nichts herausfanden. Dann, eines Nachmittags, als ich allein war, ging ich in ein Lebensmittelgeschäft und kaufte vier Zuckerstangen. Ich verschlang sie auf einem leeren Parkplatz in der Nähe unseres Hauses. Ich hatte schreckliche Schuldgefühle. Ich wusste, dass ich eines der zehn Gebote gebrochen hatte und dafür in der Hölle schmoren würde. Dennoch ging ich noch mehrere Male zur Blechdose, um Geldstücke daraus zu stehlen, wobei ich jedes Mal ein paar mehr herausnahm. Einmal entnahm ich den Gegenwert von mehreren Dollars. Ich fuhr mit dem Bus in die Stadt und machte meinen ersten Großeinkauf im »Fünf-und-zehn-Cent-Laden«. Ich gab die Münzen mit der grenzenlosen Selbstvergessenheit eines betrunkenen Piraten aus, der eine Kaperung feiert.

Einige Tage später hörte ich, wie mein Vater meine Mutter fragte, ob sie ein paar Zehncentstücke aus seiner Sammlung entnommen hätte. Ich wusste, dass das Spiel aus war, aber als er mich fragte, ob ich sie genommen hätte, stritt ich dies vehement ab. Ich bewahrte dieses Geheimnis, bis es allmählich mit dem Gefüge aus Scham und Schuld verschmolz, das mein Identitätsgefühl beherrschen sollte.

Am meisten erinnere ich mich an die ungeheure Angst, die das Geheimnis mich kostete. Ich konnte mich nicht einmal über die Spielsachen freuen, die ich im »Fünf-und-zehn-Cent-Laden« erstand. Ich musste sie auf dem leeren Parkplatz verstecken und immer auf der Hut sein, wenn ich mit ihnen spielen wollte. Meine Geschwister hatten keine neuen Spielsachen und würden sicher wissen wollen, woher ich diese Geldstücke hatte, und ganz bestimmt würden sie es meiner Mutter sagen.

An einem Samstag, als ich wieder einmal zu meinem geheimen Versteck am Parkplatz ging, war ich entsetzt, als ich feststellen musste, dass die Geldstücke weg waren. Irgendjemand hatte sie gefunden. Ich weinte lange, konnte aber mit niemand darüber sprechen oder Trost suchen. Dunkle Geheimnisse sind oft mit solchen Qualen verbunden.

Unsere geheimnisvollen Familien

Wahrscheinlich bringen viele Kinder dieser Welt ihren Eltern die gleiche kindliche Neugier entgegen wie ich früher. Wir haben ein angeborenes Streben nach Wissen, insbesondere nach mehr Wissen über unsere Wurzeln. Unsere Familie ist der Clan, dem wir entstammen, sie ist Teil unseres Schicksals und formt uns in vieler Hinsicht mehr als alles andere.

Ich verspüre noch immer das Bedürfnis, meine Familie besser zu verstehen. Im Laufe der letzten 15 Jahre habe ich viel über die Dynamik, wie Familien funktionieren, gelernt. Ich habe eine Art psychologisch-archäologische Ausgrabung in Bezug auf meine eigene Familie betrieben, und ich habe dabei einige grundlegende wertvolle Entdeckungen über Familiengeheimnisse gemacht.

Wenn wir Familiengeheimnisse enträtseln wollen, so führt uns das mitten ins Zentrum des geheimnisvollen, starken Einflusses, den die Familie auf unser Leben hat. Ich nenne diese Reise in die geheime Welt der Familie *Seelensuche*. Bei dieser Seelensuche versuchen wir tiefer in die Realität unserer Familie vorzustoßen als je zuvor. Seelensuche bedeutet die Suche nach dem *Wesen* unserer Familie – nach dem, wodurch sie am stärksten geprägt ist. Eine Seelensuche verlangt von uns, dass wir über Dinge in unserer Familie nachdenken, über die wir nie zuvor nachgedacht haben. Sie verlangt von uns, dass wir den Familiengeschichten vorurteilsfrei und ohne unsere eingefahrenen Interpretationsweisen zuhören. Indem wir unser Bewusstsein über unsere Familie erweitern, erhalten wir eine neue Chance, Zugang zu den Stärken und Verletzbarkeiten zu finden, die wir als Folge unserer Anpassung an die dunklen Geheimnisse entwickelt haben. Indem wir unser Bewusstsein über die Auswirkungen der dunklen Geheimnisse unserer Familie auf unser Leben erweitern, ergeben sich neue Möglichkeiten und neue Optionen für unser Leben.

Als Kind habe ich gelernt: »Was du nicht weißt, macht dich nicht heiß.« Das war eine potenziell schädliche Aussage. Sie haben vielleicht das Gleiche gehört. Seit Generationen hält dieser Satz auch Kinder vom Nachdenken über ihre Familiengeheimnisse ab. Doch was wir nicht wissen, kann Verheerendes in unserem Leben bewirken.

Auf den folgenden Seiten werden Sie viel über Menschen lesen, die glaubten, dass sie ihr eigenes Leben führten, während sie in Wirklichkeit die dunklen Geheimnisse ihrer Familie ausagierten.

Von manchen Geheimnissen *weiß* die Familie; viel bewusste Energie wird dann darauf verwendet, die Wahrheit zu verbergen. Doch einige der schmerzhaftesten Beziehungen und einige der traumatischsten und beschämendsten Ereignisse werden auch verdrängt. Sie werden somit unbewusst. Wie unsere abgenutzten Sprichwörter werden die beschämenden, schmerzhaften Punkte unseres Familienlebens zum Arsenal der Geheimnisse, die sich im Unbewussten verbergen. Je weiter diese Geheimnisse zurückreichen, desto tiefer und gefährlicher werden sie. Als unsere Vorfahren lernten, der Wahrheit aus dem Weg zu gehen, wurde Vermeidung eine Lebensform. Regeln wurden aufgestellt, um diese Vermeidung sicherzustellen. Mit der Zeit lernten die Familienmitglieder, ihre Vermeidungen zu vermeiden. Schichten unbewusster Geheimnisse bildeten sich heraus, die schließlich in eine »kollektive Erinnerungslosigkeit« mündeten – eine viele Generationen durchziehende Trance. Alle lange bestehenden Gruppen kennen diese Trance bis zu einem gewissen Grad. Familien weisen dabei eine spezifische Ausprägung auf.

Auch wenn Sie über all diese Dinge nichts wissen, können Sie doch darunter leiden – manchmal sogar sehr.

Ich will Ihnen in diesem Buch zeigen, dass Familien in gewisser Weise paradox sind. Die dunklen Geheimnisse, die so sorgsam gehütet werden, werden doch offenbart und enthüllt, weil die Kinder sie ausagieren – wenn nicht in dieser Generation, dann in der nächsten oder übernächsten. Auch in der Bibel steht: *Denn nichts ist verborgen, außer damit es offenbar werden soll, und nichts ward geheim, außer damit es ins Offenbare kommen soll.* (Markus 4,22)

Ich weiß nicht, ob der biblische Verfasser dabei an Familiengeheimnisse dachte, aber ich weiß, dass Geheimnisse auf vielerlei Weise offenbar werden. Die Palette reicht von unangenehmen und scheinbar seltsamen Gefühlen, Gedanken und Verhaltensweisen bis zur unverhüllten Preisgabe eines Geheimnisses durch seine Wiederholung im eigenen Leben.

Heute habe ich weit mehr Respekt vor dem weit reichenden Einfluss der Familie auf unser Leben als 1984, als ich beim amerikanischen Sender PBS die Fernsehserie *Bradshaw On: The Family* moderierte. Reale Familien entziehen sich unseren Theorien und abstrakten Gedanken, und oft sind es eben die Probleme, die wir zu ändern suchen, die den menschlichsten Aspekt der Familie ausmachen. Auch meine Ansichten über das Wesen der Scham und die entscheidende Rolle, die natürliche Scham oder Anstand in unserem Leben spielen, habe ich korrigiert. Das Anstandsgefühl ermöglicht uns zu akzeptieren, dass wir nur begrenzt fähig sind, unsere Familie zu verstehen.

Damit Sie behutsam zu den dunklen Geheimnissen Ihrer Familie vorstoßen können, möchte ich Sie zur Selbstdisziplin anhalten. Seelensuche erfordert moralischen Mut und den Willen, den Tatsachen ohne Rücksicht auf Verluste ins Auge zu sehen. Die Buddhisten bezeichnen diese Art von Disziplin *Anfängergeist.* Was das genau bedeutet, werde ich im Kapitel »Anfängergeist – Wie Sie ein neues Bild Ihrer Familie gewinnen« erläutern.

Um zu den Tiefen der eigenen Familie vorzudringen, muss man nach Mustern suchen, die schon seit Generationen bestehen. Trotz des Mysteriums, das die Familie umgibt, gibt es Begleiter, die uns auf dem Weg durch das Labyrinth helfen können. Mir persönlich haben vor allem die Arbeiten des Psychiaters Murray Bowen geholfen, meine Erfahrungen in der Familie im Zusammenhang zu begreifen und ihren Sinn zu verstehen. Ich werde daher Bowens Theorie als Wegweiser auf unserer Reise verwenden.

Eine Reise ins Land von Oz

Diese Reise wird schwer werden, aber sie wird auch bewegend sein. Aus diesem Grund habe ich auch die Geschichte von Dorothy und dem Zauberer von Oz als Leitfaden gewählt. Ich habe diese Geschichte immer geliebt, und irgendwie ist die Zeit spurlos an ihr vorbeigegangen. Vielleicht liegt das an der Verfilmung und Judy Garlands unvergesslicher Darstellung der Dorothy. Aber ich glaube, dass es noch einen tieferen Grund dafür gibt, dass diese Geschichte etwas in sich birgt, das unbewusst jeden von uns betrifft.

Dorothy ist umgeben von Geheimnissen. Ihre wahren Eltern sind ein dunkles Geheimnis. Sie ist Waise. Sie führt ein trostloses und trauriges Leben mit ihrer Tante Em und Onkel Henry. Dorothys Traum schildert ihre Suche nach sich selbst, nach ihrem wahren Zuhause. Als sie zu dieser Reise aufbricht, ist sie eine Vertriebene, und bei ihrer Rückkehr hat sie Frieden mit sich selbst geschlossen. Sie entdeckt, dass man sein Zuhause erst verlassen muss, um es schließlich zu finden. Sie findet auch heraus, dass sie auf dieser Reise Verbündete (die Vogelscheuche, den Blechholzfäller und den Ängstlichen Löwen) und auch Gnade finden wird.

Gnade ist ein freies Geschenk. Als die Gute Hexe Glinda Dorothy die silbernen Schuhe schenkt (nur im Film sind sie rot), sagt sie ihr, dass sie sie vor größtem Leid schützen werden. Wie wir alle erkennt auch Dorothy nicht, in welchem Moment dieses Gnadengeschenk in ihrem Leben etwas bewirkt. (Gewöhnlich werden wir uns dessen erst im Nachhinein bewusst.) Und wie jeder von uns muss auch Dorothy auf ihrem Weg viele Hindernisse überwinden, das Schwierigste davon ist die Durchquerung des Zauberwalds, um die Böse Hexe des Westens zu töten. Sie löst diese Aufgabe dank der vereinten Kräfte der Freunde, die sie sich gemacht hat, und aufgrund der Intelligenz, der Liebe und des Muts, die sie für ihre Suche aufbringen.

Nach der Durchquerung des Zauberwaldes erlebt Dorothy die bitterste Ernüchterung. Die Quelle der Macht selbst, zu der sie sich durchgekämpft hat – der Zauberer von Oz –, verfügt über keinerlei magische Kräfte. Wie Dorothy müssen wir alle die magische Welt der Kindheit verlassen und erwachsen werden. Unsere Eltern sind keine Götter, die uns vor Leid und Tod bewahren können. Möglicherweise müssen wir uns noch mit anderen enttäuschenden Wahrheiten über sie auseinander setzen, beispielsweise mit ihren dunklen Geheimnissen.

Letzten Endes sagt uns die Geschichte, dass es auf ein Problem namens

Leben keine magische Antwort gibt. Wir werden das Geheimnis von Dorothys Ursprüngen nie entschleiern. Alles, was wir wissen, ist, dass ihr Leben trostlos und öde ist, als sie weggeht, und dass sie bei ihrer Rückkehr Frieden mit sich selbst geschlossen hat. Ein jeder von uns trägt die Kraft, die er braucht, in sich selbst. Dorothy trug das, was sie suchte, die ganze Zeit über schon in sich. Am Ende der Geschichte hat sie die getönte Brille und ihre Zauberschuhe verloren, aber sie ist glücklich, zu Hause zu sein.

Der erste Teil dieses Buches trägt den Titel: »Weggehen, um anzukommen«. Ich gehe darin auf das Wesen von Geheimnissen ein und unterscheide gesunde von ungesunden Geheimnissen. Ich erörtere außerdem, welche Macht dunkle Geheimnisse über uns haben. Dann erläutere ich ein höchst paradoxes Merkmal von Familiengeheimnissen: die Tatsache, dass wir sie unbewusst *kennen* und leben. Ich will Ihnen zeigen, wie das möglich ist.

Im Teil II mit dem Titel »Die Reise durch den Zauberwald« werde ich Ihnen eine wesentliche Arbeitshilfe vorstellen – Familiendiagramme, die Fachleute als Genogramme bezeichnen. Anhand dieser Grundlage werde ich Sie Schritt für Schritt anleiten zur Erstellung einer drei Generationen umfassenden Familienkarte. Ich werde Sie auch mit einigen anderen Methoden vertraut machen, die Ihnen beim Entschlüsseln der dunklen Geheimnisse Ihrer Eltern und Vorfahren helfen werden.

Teil III steht unter der Überschrift: »Zurück nach Kansas«. Hier unterbreite ich einige Vorschläge, wie Sie mit Ihren Entdeckungen verfahren sollten. Ich werde auch auf die Frage eingehen, wie und wann Sie Familiengeheimnisse enthüllen sollen und wie Sie mit ihrem Einfluss auf Ihr Leben umgehen können. Ich werde Sie auffordern, Ihren eigenen dunklen Geheimnissen ins Auge zu blicken und sich bewusst zu machen, wie viel Kraft es Sie kostet, sie aufrechtzuerhalten, und wie sehr Ihr Leben dadurch eingeschränkt wird. Und ich werde zeigen, wie Sie wieder in Beziehung zu Ihrer Familie treten oder eine stabile Bindung zu ihr beibehalten können.

Schließlich möchte ich Sie dazu anregen, das geheime Selbst zu erforschen, das noch im Werden begriffen ist, die potenziellen Fähigkeiten und ungenutzten Möglichkeiten zu entdecken, die Ihr ureigenster Besitz sind. Ich nenne das Ihre Seelengeheimnisse.

Ich hoffe, dass Sie auch auf das Besondere und die Kraft Ihrer Familie stoßen, wenn Sie die verborgenen Seiten erforschen.

Dorothys heimliche Geschichte – eine Parabel

In einer stürmischen Winternacht, in der heftige Winde tobten, wurde in einer kleinen Stadt in Kansas ein bezauberndes kleines Mädchen geboren. Ihre junge Mutter starb noch im Kindbett, und niemand wusste, wer ihr Vater war.

Sie wurde adoptiert von ihrer Tante Emily und ihrem Onkel Henry, einem armen und sehr religiösen Farmerehepaar. Sie nannten das kleine Mädchen Dorothy.

Als Dorothy heranwuchs, verbot man ihr, nach ihrer wahren Mutter und ihrem Vater zu fragen. Sie waren im Himmel, und jede Infragestellung von Gottes Willen galt als Abkehr vom Glauben.

Dorothys einzige Freude war ein kleiner Hund, den sie Toto nannte. Sie hatte den Hund eines Tages auf einer einsamen Landstraße gefunden und durfte ihn behalten, solange sie all die mühsamen Arbeiten erledigte, die Onkel Henry ihr auftrug, und absolut gehorsam war.

Onkel Henry war insgeheim voller Groll auf Dorothy. Für ihn war sie ein weiteres Maul zum Stopfen, und er hielt ihre richtige Mutter für eine schlimme Sünderin. Henry überwachte jede Bewegung Dorothys, er schimpfte sie entsetzlich und demütigte sie zutiefst, wenn sie etwas falsch machte. Oft drohte er, er würde ihr Toto wegnehmen.

Dorothy hatte schreckliche Angst vor Onkel Henry. Sie stotterte und verhielt sich ungeschickt und unbeholfen in seiner Gegenwart. Mit der Zeit entwickelte sich bei Dorothy die Überzeugung, dass etwas mit ihr nicht stimmen konnte. Sie hielt sich für dumm und selbstsüchtig und fürchtete sich vor ihrem eigenen Schatten.

Als sie zehn Jahre alt war, fand sie eines Tages beim Stöbern auf dem Dachboden der Farm ein altes Fotoalbum. Beim Blättern darin stieß sie auf das Bild einer Frau, die Tante Em ähnlich sah, nur dass sie viel jünger war.

Auf der Rückseite stand: »Meiner liebsten Schwester, in Liebe Amy«. Plötzlich wusste Dorothy, dass das ihre Mutter war. Ihr Herz begann zu klopfen, während sie auf das Bild starrte. Ihre Mutter war wunderschön. Sie hatte sich richtig herausgeputzt, und Dorothy stellte sich vor, das Kleid sei rot, ihre Lieblingsfarbe. Weiter hinten in dem Album entdeckte sie ein anderes Foto ihrer Mutter mit einem etwas älteren Mann, der seinen Arm um sie gelegt hatte. Der Mann war zu jung, um ihr Großvater zu sein, und außerdem hatte sie *dessen* Foto in der Schublade von Tante Ems Spiegelkommode schon einmal gesehen. Doch der Mann auf diesem Foto war kräftig und attraktiv, und Dorothy dachte, dass er vielleicht ihr Vater sein könnte.

Nach einer Weile wurde Dorothy von Schuldgefühlen übermannt. Sie wusste, dass sie diese Bilder nicht ansehen und sich nicht nach ihrer Mutter und ihrem Vater sehnen sollte. Gott würde sie streng bestrafen, wenn sie damit nicht aufhörte. So schloss sie das Album und legte es in den alten, schwarzen Koffer zurück, in dem sie es gefunden hatte. Sie gelobte, es nie wieder anzuschauen. Und sie tat es nie mehr.

Aber die Fotos gingen ihr nicht aus dem Kopf. Und wenn sie ihren ermüdenden Pflichten auf der Farm nachkam oder von Onkel Henry ausgeschimpft wurde, sah sie das schöne Gesicht ihrer Mutter vor sich und wünschte sich sehnlichst, dass sie käme und sie mit nach Hause nähme.

Als Dorothy in die Pubertät kam, hatte sie einen immer wiederkehrenden Alptraum. Alles, woran sie sich dabei erinnern konnte, war, dass sie verloren war und das Gesicht ihrer Mutter sehen konnte, das nach ihr rief und ihr die Hand entgegenstreckte, aber Dorothy konnte sie irgendwie nicht ergreifen.

In einer stürmischen Nacht, als Wirbelstürme die Gegend bedrohten, träumte Dorothy, dass ihr Haus von einem gewaltigen Tornado in die Luft geschleudert wurde und auf eine böse, alte Hexe herabstürzte, die dabei umkam. Als sie wieder zu sich kam, fand sie sich umgeben von den merkwürdigsten Gestalten, die sie je gesehen hatte. Unter anderem stand eine gute Hexe namens Glinda vor ihr, die ein glitzerndes rotes Kleid trug und genauso aussah wie ihre Mutter auf dem Foto. »Mutter, bring mich nach Hause, bring mich nach Hause!« schrie Dorothy. Doch Glinda schloss Dorothy nicht in die Arme, wie das kleine Mädchen hoffte. Sie war freundlich, aber sagte fest und bestimmt, dass die Reise schwierig sei und dass sie dabei viele Hindernisse überwinden müsste.

Wenn Sie Lyman Frank Baums Buch *Der Zauberer von Oz* gelesen haben, dann kennen Sie diesen Teil der Geschichte. Doch Baum hat ein Detail ausgelassen. Als Dorothy und ihre Freunde schließlich den Zauberer fanden, sah er genauso aus wie der Mann auf dem Foto, den Dorothy für ihren Vater hielt.

Als Dorothy am nächsten Tag erwachte, war ihr viel wohler zumute, obwohl sie die Bedeutung des Traumes nicht verstand. Nach der Schule ging sie zu ihrem Lieblingslehrer und fragte ihn danach. Ihr Lehrer sagte ihr, jeder Teil des Traums sei ein Teil ihrer selbst. Der Verstand der Vogelscheuche sei ein Teil von ihr so wie der Mut des Löwen und das liebevolle Herz des Blechholzfällers. Der Lehrer sagte, der Traum wolle ihr sagen, dass sie eine wunderbare junge Frau sei. Dann sagte ihr Lehrer noch: »Die ernüchternde Lehre daraus ist, dass du wie wir alle lernen musst, dass niemand magische Kräfte hat, um uns zu retten. Unsere Eltern sind auch nur Männer und Frauen, keine Hexen und Zauberer.«

Dorothy war tief bewegt von all dem und vergaß es nie. Als sie 18 war, verließ sie die Farm ihrer Tante und ihres Onkels und suchte sich eine Stelle. Sie schlug sich durch das College und wurde Redakteurin bei einer Zeitung. Schließlich fand sie noch viel mehr über ihre leibliche Mutter Amy heraus, die bei Dorothys Geburt gestorben war. Sie erkundete auch, dass der ältere Mann auf dem Foto ein Lehrer an der Highschool ihrer Mutter war, der still und heimlich die Schule verlassen hatte. Sie kam zu der Überzeugung, dass er ihr leiblicher Vater war, versuchte jedoch nie, ihn aufzuspüren.

Dorothy heiratete später und bekam selbst zwei Töchter und einen Sohn. Ich könnte nicht sagen, dass sie danach immer glücklich war. Sie und ihr Mann hatten die gleichen Auseinandersetzungen wie wir alle, und ihre Kinder enttäuschten sie in mancher Hinsicht, wie das bei den meisten Kindern der Fall ist. Es gab Phasen der Langeweile oder sogar Depression in ihrem Leben. Aber im Großen und Ganzen empfand sie das Leben als lebenswert und schön.

Als Tante Em älter wurde, wurde sie ein wenig weicher und war bereit, über ihre jüngere Schwester Amy zu sprechen. In einem Sommer, als Dorothy und die Kinder die Farm besuchten, verbrachte Tante Em Stunden am Küchentisch mit ihr und blätterte das alte Familienalbum durch. Onkel Henry war noch immer ziemlich schroff, doch Dorothy machte ihm klar, dass die Zeiten, in denen er sie demütigen konnte, vorbei waren. Er sagte nie viel zu den Kindern, aber er ließ sie mit sich in die Scheune kommen, »wenn sie still bleiben«. Irgendwie gingen sie ganz gerne mit.

TEIL I

Weggehen, um anzukommen

Das Geheime ist ein ebenso unverzichtbarer Bestandteil des menschlichen Lebens wie Feuer und gleichermaßen gefürchtet. Beide erhöhen und schützen das Leben, beide können aber auch ersticken, verwüsten und außer Kontrolle geraten. Beide können Nähe bewahren oder sie zerstören, können sie fördern oder verzehren.

Sissela Bok

Wenn Schweigen Gold ist

Ohne Kontrolle über Geheimhaltung und Offenheit können Menschen nicht gesund oder frei bleiben.

Sissela Bok

Schweigen und Geheimhaltung sind Gold wert, wenn man richtig damit umgeht.

Rosmarie Welter-Enderlin

Als ich in der siebten Klasse war, kam ein Pfadfinderführer in unsere Klasse und hielt einen mitreißenden Vortrag über die Tugenden des Pfadfinderlebens. Ich war bereits ein Wölfling, also ein »Nachwuchspfadfinder«, und ich trug meine Uniform voller Stolz. Ich war ein überzeugter Anhänger der Wölflingsphilosophie, die das ehrbare Bürgertum und die Treue zum American Way of Life propagiert. Ohne zu zögern trat ich dieser Pfadfindergruppe bei.

Das erste Pfadfindertreffen verlief großartig und endete mit der Ankündigung eines Picknicks mit gebratenen Würstchen und Lagerfeuer am kommenden Wochenende. Das Wochenende kam, und das Picknick ließ sich wunderbar an, es gab viele Hot Dogs und eine Menge Eis und Kuchen zum Nachtisch. Auch das Lagerfeuer war eine tolle Sache. Wir versammelten uns in der Nähe des Footballfeldes, schworen den Fahneneid und fühlten uns im siebten Himmel, weil wir nun zur Truppe gehörten. Es war, als würde ich erwachsen werden. Alle älteren Jungs aus der achten Klasse waren da, und sie verhielten sich wirklich nett uns jüngeren gegenüber.

Und dann geschah es – der Anfang eines wahren Alptraums. Der Pfadfinderführer verkündete, dass er nun ginge und dass die älteren Jungen eine spezielle Einführungsübung für uns Neulinge bereithielten. Sofort spürte ich

Gefahr. Ein älterer Junge namens Feigle grinste mich an. Genauso wie George Morales. Sie waren beide für ihre Abneigung gegenüber Siebtklässlern bekannt. Dann ging es los. Man sagte uns, dass nun ein Wettkampf veranstaltet werden würde – ein Wettrennen, bei dem wir mit verbundenen Augen und zusammengebundenen Fußgelenken hüpfen sollten. Das klang noch relativ harmlos, dann aber verkündete Feigle, dass noch einige Wiener Würstchen übrig seien und dass jeder von uns eines zwischen die Hinterbacken klemmen sollte. Jedem, der seine Wiener fallen lasse, würde Schreckliches blühen.

Ab hier wird meine Erinnerung etwas verschwommen. Alles, was ich noch weiß, ist, dass ich beim dritten oder vierten Hüpfer fühlte, wie mein Wiener herausflutschte. Vier von uns schafften es nicht. Und wieder verwischt sich meine Erinnerung. Ich erinnere mich, dass die älteren Jungs uns umzingelten. Ich bekam mit, wie sie James Schimek packten, seine Hosen herunterrissen und ins Feuer warfen. Als ich das sah, raste ich zum offenen Ende des Footballfeldes.

Ich war nicht besonders schnell, aber ich hatte oft auf Sandplätzen Football gespielt und war ein einigermaßen guter Geländeläufer. Feigle und Morales rannten mir nach, während ich auf die Dunkelheit am anderen Ende des Platzes zuraste. Gott sei Dank hatte ich einen ordentlichen Vorsprung vor ihnen. Ich stürzte an den Umkleidekabinen vorbei und in die Straßen in der Nähe unseres Hauses. Hinter einer Garage entdeckte ich einige Büsche, und dort kauerte ich mich mindestens eine halbe Stunde lang nieder. Als ich sicher war, dass sie nicht mehr nach mir suchten, rannte ich nach Hause.

Ich trat ein, als sei nichts geschehen. Meine Mutter fragte mich nach dem Abend aus. Ich konnte ihr nicht erzählen, was passiert war. Ich murmelte etwas wie: »Es war toll, aber ich habe nicht genug Zeit, um das anstrengende Programm der Pfadfinder mitzumachen und gleichzeitig gute Noten zu schreiben.« Als ich zu Bett ging, hörte ich meine Mutter noch weiter über die Ehre eines Pfadfinderdaseins schwärmen.

Während ich im Bett lag, überkam mich große Angst vor der Schule am nächsten Montag. Ich fürchtete mich vor den Hänseleien, die mich erwarteten, und vor dem, was Feigle und Morales mit mir anstellen würden. Ich schämte mich, dass ich nicht Manns genug war, um die Schikanen über mich ergehen zu lassen. Außerdem war ich ziemlich ernüchtert, was die Pfadfinder anging – zumindest diese Gruppe schien nicht gerade ein Aushängeschild für Wahrheit, Demokratie und den American Way of Life zu sein. Ich schwor mir, niemals jemandem in meiner Familie davon zu erzählen.

Als ich am Montag in die Schule kam, hörte ich die Neuigkeiten. Ein Junge hatte bei der Hetzjagd schwere Verbrennungen erlitten. Es war ein Unfall, aber alle Pfadfinder aus der achten Klasse steckten in einem Riesenschlamassel. Meine Flucht war vergessen.

Ich speicherte diese Erfahrung in den geheimsten Kammern meines Herzens. Ich kannte eine tiefe Wahrheit über mich selbst und meine Grenzen. Ich lernte, dass ich große Angst vor Gewalt hatte, und ich lernte auch etwas über mein Gefühl für Anstand. Ich hasste dieses gewalttätige Macho-Gebaren! Und das tue ich noch heute. Im Laufe der Jahre gelang es mir, den Teil von mir zu respektieren, der sich in dieser einen Nacht im Jahre 1945 nicht drangsalieren lassen wollte. Was als beschämendes Geheimnis begann, wurde später die Wurzel dessen, was ich heute meine natürliche Scham nenne – ein zentraler Wächter über meine Menschlichkeit.

Geheimhaltung als Schutz, Geheimhaltung als Macht

Jeder Mensch verfügt über die Fähigkeit und Macht, Dinge geheim zu halten, um sich selbst zu schützen. Indem ich meine Pfadfindererfahrung geheim hielt, schuf ich mir einen privaten Raum, in dem ich mit meiner scheinbaren Feigheit fertig werden konnte.

Im Laufe der Jahre bewiesen andere Ereignisse mir, dass ich kein Feigling war. Und jedes Mal, wenn ich mich mutig fühlte, musste ich mein Weglaufen vom Lagerfeuer neu überdenken. Durch diesen Prozess des heimlichen Bewertens unserer Lebenserfahrungen lernen wir uns selbst kennen. Wir werden dadurch wesentlich unterstützt, unsere eigene Identität herauszubilden. Wer unfähig zur Geheimhaltung ist, ist vollkommen schutzlos dem ausgeliefert, wie andere ihn sehen. Hätte ich mein Geheimnis damals offenbart, hätten mich manche Familienmitglieder für eine Memme gehalten. Indem ich mein Geheimnis für mich behielt, schuf ich eine Grenze, die mich vor ihren abwertenden Blicken schützte.

Irgendwie glaube ich, dass meine Mutter wusste, dass mir in jener Nacht 1945 etwas Traumatisches widerfahren war. Sie erlaubte mir fast ohne jeden Widerstand, aus den Pfadfindern auszutreten, und sie fragte nie nach dem Grund dafür. So gestand sie mir uneingeschränkte Intimität zu, um meine Erfahrung zu verarbeiten.

Die zwei Gesichter der Geheimhaltung

Zu Beginn dieses Buches möchte ich den Begriff des Privaten etwas näher diskutieren, denn ohne ein Verständnis dessen kann man die zwei Gesichter der Geheimhaltung nicht begreifen. Die eine Seite der Privatheit bildet den Bereich der *natürlichen Geheimhaltung*; die andere Seite, die ich als die *dunklen Geheimnisse* bezeichne, wird erst durch den Zusammenbruch des Privaten notwendig. Zugleich möchte ich, indem ich mich zunächst mit der Bedeutung des Privaten befasse, die Vorstellung in Frage stellen, dass jede Geheimhaltung krankhaft sei und dass jedes Geheimnis enthüllt werden müsste.

Ich erinnere mich an eine Talkshow über Inzest gemeinsam mit Geraldo Rivera, in der ich eine Therapeutenaussage zitierte, die ich viele Male gehört hatte: »Familien sind so krank wie ihre Geheimnisse.« Lange Zeit glaubte ich das auch tatsächlich. Diese Überzeugung passt zur gegenwärtigen gesellschaftlichen Meinung. Wir leben in einer Zeit, in der Offenheit und rigorose Ehrlichkeit hoch gehandelt werden und Geheimhaltung scheinbar in Widerspruch zu Offenheit und Ehrlichkeit steht.

Heute jedoch ist mir bei einem so absoluten Ansatz unwohl zumute. Wenn wir in der Geheimhaltung nur etwas Negatives sehen, dann entgeht uns ihre lebenswichtige Bedeutung als wesentlicher Bestandteil unseres Rechts auf Privatheit und Freiheit.

Was ist Geheimhaltung?

Drei Aspekte stecken in dem Wort *Geheimhaltung*: etwas absichtlich verheimlichen; etwas, das noch unbekannt ist, und etwas, was noch zu entdecken ist. Ich werde alle drei Aspekte in diesem Buch erörtern, denn alle drei formen unsere Familien und unsere Erfahrungen damit.

Das lateinische Wort *secretum* bedeutet unter anderem Abgeschiedenheit, geheimes Treiben, geheime Zusammenkunft. Und selbst wenn Assoziationen wie Täuschung, Heimlichtuerei, Lüge, Verbot, Intimität, Schweigen und Heiligkeit nicht in jedes Geheimnis einfließen, so beeinflussen sie doch unser Verständnis von Geheimhaltung.

Beinahe alles kann zum *Inhalt eines Geheimnisses* werden: fast jede Tatsache, jedes Gefühl oder Verhalten. Und wie ich noch näher ausführen werde, kann selbst diese Entscheidung für die Person, die sie trifft, ein Geheimnis sein. Man kann etwas unbewusst und ohne davon zu wissen verheimlichen.

Ein anderer bedeutsamer Aspekt der Geheimhaltung ist, wer in das Geheimnis eingeweiht ist. Gelegentlich nennt man das die *Position eines Geheimnisses*. Man kann ein Geheimnis für sich behalten, oder man kann es jemand anderem anvertrauen – unter der Bedingung, dass er es nicht weitererzählt. Manche Geheimnisse sind einer ganzen Gruppe bekannt, oder alle bis auf ein oder zwei Mitglieder sind darin eingeweiht. So etwas kann nachhaltige Folgen für eine Familie haben.

Geheimhaltung kann positiv oder negativ sein – und manchmal ist sie beides. Die gleiche Verschwiegenheit, die innerhalb einer ethnischen oder religiösen Gruppe brüderliche Verbundenheit fördert, kann Bigotterie und Hass gegen alle Außenstehenden hervorrufen. Ich möchte Sie auffordern, diese Polarität bei unserer Untersuchung des Spektrums von Familiengeheimnissen nicht aus den Augen zu verlieren.

Ich glaube allerdings, dass manche Geheimnisse immer destruktiv sind. Inzest zum Beispiel, Schläge, Alkoholismus, Mord und andere Formen der Gewalt anderen Menschen gegenüber sind immer eindeutig negative Geheimnisse. Und ich glaube auch, dass bestimmte Geheimnisse immer konstruktiv sind, wie etwa diejenigen, die unsere Würde, Freiheit, unser Innenleben und unsere Kreativität beschützen.

Gesellschaft und Geheimnisse

Es gibt ein breites Mittelfeld, in dem Geheimnisse an sich weder eindeutig destruktiv noch konstruktiv sind, sondern danach beurteilt werden müssen, wie das jeweilige Geheimnis von einer Gruppe, etwa einer Familie, bewertet wird und wie es im Hinblick auf die dynamischen Prozesse und Bedürfnisse dieses Familiensystems funktioniert.

Ich wuchs in einer streng katholischen Familie auf und glaubte, dass es eine schwere Sünde sei, am Freitag Fleisch zu essen, eine, die einen in die Hölle bringen könnte. Einmal aß ich absichtlich und mit bewusstem Vorsatz an einem Freitag einen Cheeseburger. Das wurde ein großes Geheimnis, das ich peinlichst genau hütete. Als die katholische Kirche diesen Grundsatz revidierte, brauchte ich mein Geheimnis nicht mehr zu wahren.

Die Erkenntnisse der Wissenschaft haben bei vielen Familiengeheimnissen Veränderungen bewirkt. Geisteskrankheit und geistige Behinderung gehörten früher zu den bestgehütetsten Geheimnissen. Hexenglaube und dämonische Besessenheit wurden eingesetzt, um solche Menschen zu »bändigen« und in Irrenhäuser zu stecken. Zum Glück sind die schlimmsten Tage der Irrenanstalten und der operativen Eingriffe in die Gehirnsubstanz vorüber. Unser modernes Verständnis der chemischen Vorgänge im Gehirn und anderer organischer Faktoren hat die Familien in die Lage versetzt, offen die Hilfe zu suchen, die sie brauchen.

Auch moralische Überzeugungen bringen Geheimnisse hervor. Eine Familie kann beispielsweise relativ offen in ihrer Einstellung zu vorehelichem Sex sein, vielleicht nicht gerade unverhüllt dazu auffordern, aber den Heranwachsenden doch klare Aussagen über Empfängnisverhütung und Aids zur Verfügung stellen. Eine solche Familie hätte nur ein geringes Bedürfnis, sexuelle Themen geheim zu halten, außer zum Schutz der Privatsphäre. Eine andere Familie ist dagegen vielleicht ziemlich konservativ und vertritt die Ansicht, dass jede Form von vorehelichem Sex eine Sünde ist. In einer derartigen Familie wäre es wahrscheinlicher, dass sexuelle Themen ein zentraler Bereich dunkler Geheimnisse sind.

Viele frühere gesellschaftliche Überzeugungen und Erwartungen werden heute als zu streng und moralistisch gesehen. In der Vergangenheit konzentrierten sich dunkle Geheimnisse um Themen wie Ausreißen, Eheschließungen aufgrund einer Schwangerschaft, Adoption, uneheliche Kinder, Alkoholismus, Scheidung und sexuellen Missbrauch. Diese Bereiche galten als vorrangige Domänen für krank machende Scham, moralisches Versagen und Sünde.

Durch den für das moderne Bewusstsein typischen Relativismus wurden die Strenge und der Totalitarismus der Vergangenheit aufgeweicht, und ihr »schrecklicher Moralismus« wurde durch ein aufgeklärteres Verständnis für die Widersprüchlichkeit und Gegensätzlichkeit der Wirklichkeit abgelöst. Die Schande und die damit verbundene Demütigung, ein uneheliches Kind zu haben, gibt es beispielsweise praktisch nicht mehr. Diese Feststellung soll natürlich nicht als Aufforderung dazu verstanden werden. Aber es ist klar, dass die moralisierende Verurteilung wenig zu dieser Veränderung beigetragen hat. Heute wird die Bezeichnung Unehelichkeit selbst als unangemessen und verletzend interpretiert.

Auch Alkoholismus gilt heute als Krankheit, und das dunkle Geheimnis darum lastet weniger schwer. Ich bin jetzt seit 29 Jahren abstinent, und seit meinem letzten Drink hat sich vieles verändert. Zu Beginn meines Heilungsprozesses sah man im Alkoholismus ein moralisches Versagen. Alkoholiker galten als willensschwache und verfallene Schluckspechte. Diese Zeiten sind ein für alle Mal vorbei, und die Behandlung des Alkoholismus hat beträchtliche Fortschritte gemacht.

Zu den folgenreichsten Veränderungen gehört die Aufklärung, die den Familienangehörigen von Alkoholikern heute zuteil wird. Den Angehörigen wurde zunehmend klar, dass der Alkoholiker den Folgen seines unverantwortlichen Handelns ins Gesicht sehen muss, sobald sie das Geheimnis publik machen und aufhören, es zu vertuschen. Es genügt oft schon, dass dieses System der Geheimhaltung zusammenbricht, damit ein Alkoholiker sich in Behandlung begibt.

Die Fortschritte bei der Behandlung der Familien von Alkoholikern haben auch zur Enthüllung eines der größten Geheimnisse dieses Jahrhunderts geführt. Früher war uns nicht klar, dass die krank machende Scham und das dunkle Geheimnis des Alkoholismus so weit reichende Auswirkungen haben. Das geht so weit, dass Kinder aus einer Alkoholikerfamilie eine Reihe von Persönlichkeitsmerkmalen entwickeln, die ihnen als Erwachsene erhalten bleiben und die sogar noch Auswirkungen auf die nächste Generation haben. Diese Erkenntnis trug auch zum Verständnis der Spätfolgen einer Kindheit in einer physisch, sexuell und emotional misshandelnden Familie bei. Zwar bringt jede Art des Missbrauchs ihre spezifischen Persönlichkeitsmerkmale hervor, doch der rote Faden, der sie alle verbindet, ist das Kindheitstrauma. Bei den unterschiedlichsten Traumaopfern lassen sich gemeinsame Charakterzüge feststellen. Dass dieses Geheimnis ins allgemeine Bewusstsein drang, bedeutete eine Befreiung für Millionen von Menschen.

Das Recht auf Intimsphäre

Vor nicht allzu langer Zeit wurden in Houston zwei junge Mädchen grausam ermordet. Nachdem sie als vermisst gemeldet worden waren, schaltete ich gespannt den Fernseher ein, um weitere Nachrichten zu hören. Als ihre verstümmelten Leichen schließlich gefunden wurden, jagten die Fernsehreporter den Vater regelrecht, um ihm einen Kommentar zu entlocken. Der Vater war zutiefst erschüttert und stand unter Schock. Keine Worte konnten sein Entsetzen vermitteln. Er wollte und brauchte das Alleinsein. Doch die Kamera blieb unerbittlich auf ihn gerichtet, und der Reporter hörte nicht auf, ihm ein Mikrofon ins Gesicht zu halten. Ich war wütend auf diesen Reporter, und als einige andere Leute bemerkten, dass es ihnen ebenso ergangen sei, fühlte ich, dass wir eine grundlegende Wahrheit teilten, dass nämlich der Reporter sich schamlos verhielt.

Ein anderes Beispiel: In einem Footballspiel zwischen Dallas und Buffalo verlor Thurmon Thomas, Buffalos Star, zweimal den Ball, was Dallas beide Male einen Punktgewinn brachte. Der zweite Ballverlust stellte vielleicht den Wendepunkt des ganzen Spiels dar. Thomas war zutiefst beschämt. Er saß auf der Bank und vergrub sein Gesicht in den Händen. Er versuchte buchstäblich, sein Gesicht zu wahren. Der Kameramann nahm ihn ins Visier und hielt fast eine Ewigkeit auf ihn drauf. Später kehrte die Kamera noch mehrmals zu seinem schamerfüllten Gesicht zurück. Ich hätte den Regisseur am liebsten angeschrien, er solle das Auge der Fernsehkamera von ihm abwenden und ihn in seinem Schmerz allein lassen. Tod, Trauer, die sexuellen Intimitäten zwischen einem Mann und seiner Frau und die Gefühle von Versagen und Scham sind private Angelegenheiten.

Das von mir geschilderte Vorgehen der Medien verletzt die lebenswichtige menschliche Privatsphäre. Wir haben nicht nur ein Recht auf diese Privatsphäre, sie gehört zu uns. *Je mehr unser natürliches Bedürfnis nach einer Intimsphäre respektiert und geachtet wird, umso weniger müssen wir uns absichtlich in Geheimnisse hüllen.*

Intimsphäre und natürliche Scham

Ich glaube, dass unser Bedürfnis nach einer Intimsphäre nicht nur ein Produkt unserer Zivilisation ist. Es hat eine biologische Wurzel.

Wir werden mit einem Gefühl natürlicher Scham geboren, das uns vor unerwünschten Zugriffen schützt. Dieses Gefühl signalisiert uns, wann unser Gefühl für Anstand verletzt wird. Wir erröten, wenn wir uns in einer sozialen oder öffentlichen Situation verlegen und schutzlos fühlen. Kinder klammern sich in Gegenwart Fremder schüchtern an ihre Eltern.

Dieses natürliche Scham- oder Anstandsgefühl ist unsere angeborene Art, uns selbst zu schützen. Es bildet die Basis unserer Freiheit und unserer

Selbsterkenntnis und Selbsterneuerung. Silvan Tompkins, vielleicht die führende Koryphäe auf dem Gebiet der Schamforschung, sagte: »Im Gegensatz zu allen anderen Affekten ist Scham eine Erfahrung des Selbst durch das Selbst.« Scham ist etwas Natürliches. Schamlosigkeit ist dagegen unnatürlich, sozial bestimmt und erlernt.

In seinem exzellenten Buch *Shame, Exposure and Privacy* führt Carl D. Schneider aus, dass es Amerikanern nicht zuletzt deshalb so schwer fällt, Scham als etwas Natürliches und Schamlosigkeit als etwas Unnatürliches zu begreifen, weil das Englische nur ein einziges Wort für Scham kennt. Im Griechischen beispielsweise findet man fünf Wörter, die alle mit Scham übersetzt werden können. Das Gleiche gilt für das Lateinische. Im Deutschen bedeutet *Scham* so viel wie das englische »Scham als Anstandsgefühl«, während *Schande* für »Scham als Entehrung und Ehrlosigkeit« steht. Das französische *pudeur* bedeutet »Scham als Anstandsgefühl«, und *honte* bedeutet »Scham als Entehrung«. Bevor wir etwas tun, das uns in Gefahr bringen könnte, zögern wir und widersetzen uns – ein Fall von *pudeur*; nach einer Tat, die uns verletzt und demütigt, brennt Scham in unserer Erinnerung – ein Fall von *honte*.

Scham als Anstandsgefühl ist ein angeborenes Gefühl, das uns vor einer Zurschaustellung warnt, wenn wir nicht zur Schau gestellt werden wollen. Selbst neugeborene Kinder schließen ihre Augen, wenden den Kopf ab und werfen die Hände in die Höhe, wenn sie zu vielen Reizen ausgesetzt werden und sich zurückziehen müssen. Wenn wir erröten oder uns verschämt oder verlegen fühlen, sind wir an eine Grenze gestoßen. Jemand oder etwas bedroht unser Selbstgefühl. Wir sind bloßgestellt und schutzlos, und wir müssen uns bedecken.

Unser Schamgefühl ermöglicht es uns, uns auf angemessene Weise zu verbergen, zu bedecken und zu schützen. Es umfasst mehrere natürliche Lebensbereiche. Sowie wir der Kindheit entwachsen sind, empfinden wir ein grundlegendes Schamgefühl im Hinblick auf Essen, Ausscheidung und Sexualität. Wir empfinden Scham und Ehrfurcht gegenüber Gott und dem Gebet, ebenso in Bezug auf unser Verständnis von Anstand und Tugend. Wir haben einen natürlichen Sinn für Sittlichkeit, wenn es um Geburt und Tod und um unsere persönliche Würde und unser Selbstwertgefühl geht.

Der deutsche Philosoph Max Scheler verglich diese durch und durch privaten menschlichen Gefühlswelten mit den Wurzeln eines Baums, die im Boden verborgen bleiben müssen, damit der Baum wachsen kann. Wie die

Wurzeln des Baumes die Verborgenheit brauchen, so hat auch unsere Psyche einen Bereich tiefer Wurzeln, der nur im Schatten des Verborgenen gedeihen kann.

Wesentliche Bereiche menschlicher Erfahrung, die durch die Intimsphäre geschützt und ermöglicht werden

Es gibt mindestens vier Aspekte im menschlichen Leben, die durch die Intimsphäre erst ermöglicht und geschützt werden:

- Die Intimsphäre schützt viele Aspekte des menschlichen Lebenskreislaufs wie etwa Nahrungsaufnahme, Ausscheidung, Sexualität, Fortpflanzung, Geburt, Leid und Tod.
- Sie ist notwendig für Individualität und Persönlichkeitsbildung.
- Sie fördert die Entfaltung der Seele – das heißt die *Tiefe* des Lebens.
- Die Intimsphäre schützt das Reich des Heiligen und Sakralen, in dem die Geheimnisse des Lebens in Ehrfurcht wurzeln.

Ohne das Schamgefühl, das unsere Intimsphäre schützt, würden die Mitglieder einer Familie den *Kern ihrer Menschlichkeit* verlieren. Wenn eine Familie keine privaten Grenzen mehr kennt, nehmen ihre Mitglieder entweder Zuflucht zu gefährlicher Isolation oder wehren sich mit Hilfe dunkler Geheimnisse, die in krank machender Scham wurzeln.

Verletzungen des Schamgefühls

Abgesehen von meiner Pfadfindererfahrung kannte ich als Kind keinerlei Intimsphäre. Ich durfte weder das Badezimmer absperren noch hatte ich ein eigenes Zimmer, in das ich mich zurückziehen hätte können, um eine Zeit lang Ruhe zu haben. Eine Weile schliefen mein Bruder, meine Schwester und ich gemeinsam in einem Zimmer. Dann schlief ich auf einem Klappbett im Esszimmer und hatte meine Kleider in dem Schrank, in dem auch das Tafelsilber und die Teller und Untertassen aufbewahrt waren.

Irgendjemand beobachtete mich immer. Überall waren die Blicke der Erwachsenen auf mich gerichtet, sie beobachteten mich und warteten nur darauf, dass ich etwas anstellte. Und wenn sie mich nicht beobachten konnten, nachts im Bett unter der Decke, beobachtete mich Gott. Ich wurde gnadenlos *überwacht*. Es gab keinen Ort, an dem ich mich hätte verstecken können, keine Möglichkeit zur Entspannung, keinen Platz zum Träumen. Vor kurzem las ich eine Strophe aus einem Gedicht von Robert Browning:

Ich gebe den Kampf auf: Gäbe es nur ein Ende,
Eine Abgeschiedenheit, einen dunklen Winkel für mich.
Ich möchte vergessen werden selbst von Gott.

Ich wusste genau, was er damit sagen wollte.

Ohne eigenes Zimmer blieb mir nichts anderes übrig, als meine Zuflucht in Versteckspielen und ungesunder Heimlichtuerei zu suchen. Meine Geheimnisse schützten mich und verschafften mir ein bisschen Luft zum Atmen. Doch je mehr ich in die Heimlichkeit flüchtete, umso mehr Energie musste ich für den Schutz der Geheimnisse aufwenden, die meinen Freiraum beschützten. Geheimnisse gebären Geheimnisse, und Lügen ziehen weitere Lügen nach sich, und viele Jahre später verlor ich mich selbst in den stürmischen Gewässern, die diese Lügen hervorgebracht hatten.

Dieses Fehlen einer Intimsphäre in meiner Familie war mehr oder minder typisch für die meisten Familien, die ich kannte. Einige meiner Freunde hatten zwar aufgrund einer besseren finanziellen Situation ein eigenes Zimmer, aber in meiner Generation hatten Eltern und andere Erwachsene absolute »Rechte« über ihre Kinder, und Kinder hatten eben keine »Rechte«. Die autoritäre Form des Familienlebens, in der ich groß wurde, gründete auf einer Art Besitzverhältnis. Frau und Kinder gehörten zum Besitzstand eines Mannes, und Kinder gehörten ihren Eltern. In autoritären, patriarchalischen Familien gibt es keinen echten Platz für eine individuelle Intimsphäre.

In George Orwells berühmtem Roman *1984* kämpfte Winston Smith gegen die totale Kontrolle durch die Gedankenpolizei des totalitären Staates. Er versteckte sich in einem Winkel seines Wohnzimmers, wohin die Augen der Fernsehkameras des Großen Bruders ihm nicht folgen konnten. Immer wieder schrieb er in sein Tagebuch: »Nieder mit dem Großen Bruder.« (Falls es Ihnen entfallen sein sollte: Der Große Bruder war die alles kontrollierende Autorität. Es galt als Gedankenverbrechen, seine Autorität irgendwie anzuzweifeln.) Winston riskierte jahrelange Zwangsarbeit, um die Freiheit seiner *geheimen Gedanken* zu behaupten. Obwohl er wusste, dass sie ihn früher oder später erwischen würden, war er bereit, einen Moment lang seine Individualität und Autonomie zu entfalten, indem er heimlich Tagebuch führte.

Dunkle Geheimnisse als Perversion des Privaten

Wo Privates verboten ist, wird Abgrenzung zu einem Akt der List. *Je weniger Raum für die Intimsphäre vorhanden ist, umso mehr muss man seine Zuflucht in Geheimniskrämerei nehmen.* Wie Gary Sanders, Doktor an der Universität von Calgary, es formuliert: »Geheimhaltung bedeutet die *Notwendigkeit*, etwas für sich zu behalten, während die Intimsphäre für die *Möglichkeit* steht, etwas für sich zu behalten.«

Die von mir so genannten dunklen Geheimnisse resultieren zumeist aus der Perversion des Privaten. Sie haben ihren Ursprung in der Verletzung von Anstand und natürlicher Scham. Sie kreisen um Themen wie Geburt und Tod und den Bereich des Heiligen mit seinen Normen von Gut und Böse und Sünde und Erlösung. Viele dunkle Geheimnisse haben mit seelischen Tarnungen und vorgetäuschten Verhaltensweisen zu tun, die unser falsches oder Pseudo-Selbst bilden. Viele andere haben Sexualität, Nahrungsaufnahme und die Verwechslung von Sexualität und körperlichen Funktionen zum Inhalt. Andere haben etwas mit Gesichtsverlust und Ehrenrettung zu tun: Themen, die in Zusammenhang mit unserer Authentizität, unserem guten Ruf und unserer Identität stehen.

Um diese Bereiche der natürlichen Intimsphäre näher zu verdeutlichen und aufzuzeigen, wie daraus dunkle Geheimnisse entstehen können, werde ich jede Hauptgruppe im Folgenden kurz erläutern. Im Schaubild auf der nächsten Seite sind diese Bereiche ebenfalls kurz genannt.

Das Heilige

»Diskutiere nicht mit Freunden über Religion«, wurde mir als Kind beigebracht. »Es ist zu persönlich, und die Leute werden zu emotional, wenn es um ihren Glauben geht.«

Das Heilige wurde schon immer als Privatangelegenheit angesehen. Beten

DAS PRIVATE: NATÜRLICHE BEREICHE DES VERBERGENS

Das Heilige
- *Gebet*
- *Moral*

Geburt

Tod und Sterben

Schweres Leid und Qual

Körperfunktionen
- *Essen*
- *Ausscheidung*

Die Würde des Selbst
- *Guter Ruf*
- *Gesichtsverlust*
- *Körper*

Erfolg/Scheitern

Materieller Besitz
- *Haus/Wohnung*
- *Geld*
- *Vermögen*

Immaterieller Besitz
- *Ideen*
- *Meinungen*
- *Gefühle*
- *Werte*
- *Selbstwert*

Nähe
- *Freundschaft*
- *Liebe/Ehe*

Sexualität

ist von Natur aus ein privater Akt. Jesus mahnt diejenigen, die in der Öffentlichkeit beten: »Geh allein in ein Zimmer, schließe die Tür und bete zu deinem Vater, der dort im Verborgenen ist.« Ein großer Teil des Predigerunwesens im Fernsehen ist schamlos und zerstört den eigentlichen Kern des Gebets, indem es eine öffentliche Vorführung daraus macht.

Das Heilige kann man am besten im Schweigen erfahren, in den innersten Nischen unseres Herzens, wo wir der »stillen, ruhigen Stimme« lauschen. Wenn das Heilige und das Sakrale öffentlich gemacht werden, verlieren sie ihre Identität.

Fragen der persönlichen Tugend und Güte sind privater Natur. Wenn etwas eigentlich Privates öffentlich gemacht wird, wird seine Natur entweiht. Wahrhaft tugendhaftes Verhalten dient entweder dem eigenen oder dem Wohle eines anderen. Wenn man eine gute Tat vollbringt, um öffentlichen Applaus dafür einzuheimsen, verliert die gute Tat ihren Wert. Wer mit guten Taten prahlt, macht ihren Sinn zunichte.

Geburt

Geburt und Elternschaft werden zwar öffentlich registriert, gehören aber dennoch in den Bereich des Privaten. Geburt und Tod sind zutiefst geheimnisvolle Ereignisse. Hannah Arendt schreibt: »Der Mensch weiß nicht, woher er kommt, wenn er geboren wird, und wohin er geht, wenn er stirbt.« Wir können nicht leben, ohne uns über unseren Ursprung Gedanken zu machen. Wie war das Leben im Mutterleib? Denken Sie an die Schicksalsfügung, als Kind Ihres Vaters und Ihrer Mutter geboren zu werden, die einander durch bloßen Zufall begegneten. Kinder stellen während der Kindheit oft die Elternschaft ihrer Eltern in Frage: »Sind das meine richtigen Eltern? Vielleicht wurde ich adoptiert.« Adoptierte Kinder können der Frage nach ihren biologischen Eltern nicht ausweichen. »Wo sind sie? Wer sind sie? Warum haben sie mich weggegeben? Haben sie das meinetwegen getan? Wollten sie mich wirklich haben?«

Kinder, die entdecken, dass sie noch ein Geschwister haben, meist einen Halbbruder oder eine Halbschwester, von dessen Existenz sie bislang nichts wussten, sind begierig, sie zu finden und alles über sie in Erfahrung zu bringen. Ein geheim gehaltenes Geschwisterkind ist meist nur Teil eines umfassenderen dunklen Geheimnisses. Ein weiteres Geburtsgeheimnis hat mit Vaterschaft zu tun. Es kann eine verheerende Entdeckung sein, wenn man herausfindet, dass der vermeintliche Vater in Wirklichkeit ein Stiefvater oder Cousin ist. Heute können Kinder sich sogar mit der Entdeckung konfrontiert sehen, dass sie von einem völlig unbekannten Vater stammen, der sein Sperma an eine Samenbank verkauft hat.

Tod und Sterben

»Der Tod ist einzigartig insofern, als er eine universelle Quelle von Scham ist«, schreibt Silvan Tompkins. Der Tod und der Akt des Sterbens sowie das damit verbundene Leid und die tiefe Trauer sind menschliche Erfahrungen, die zu Recht innerhalb der Familie verborgen werden, abgeschirmt vor dem Blick der Öffentlichkeit.

Gleichzeitig brauchen wir das Gefühl, dass unser Leben nach unserem Tod öffentlich für das, was es war, geehrt und anerkannt wird. Um einen Menschen trauern bedeutet, symbolisch die Einzigartigkeit seines Lebens zu bestätigen und seinen Wert zu bekräftigen.

Menschen aus anderen Kulturen sind oft schockiert über die Unpersönlichkeit, mit der wir in der amerikanischen Gesellschaft dem Tod begegnen. Sie sehen Menschen, die fern von ihren Angehörigen in Krankenhäusern sterben, reduziert auf Daten in einem Krankenblatt, und die am Ende allein sind mit dem Krankenhauspersonal, für das der Tod nur das letzte Versagen seines Wissens und seiner Fähigkeiten bedeutet.

Viele Menschen tragen Geheimnisse über unbetrauerte tote Angehörige oder über einen Selbstmörder in der Familie mit sich herum, dessen Tod Ohnmacht und Scham in ihnen zurückgelassen hat.

Viele Familiengeheimnisse kreisen um den Prozess des Sterbens und um Krankheiten, die schließlich zum Tod führen. Viele Menschen tragen geheime Erinnerungen an den Krieg mit seinen gesichtslosen, anonymen, verstümmelten und nicht identifizierten Toten mit sich.

Schweres Leid und Qual

Auch wenn wir aus Erfahrung wissen, dass wir der unfreiwilligen Knechtschaft unseres körperlichen Daseins unterworfen sind, wehren wir uns dagegen, auf eine bloße körperliche Existenz reduziert zu werden. Wir verhüllen unseren Körper mit Kleidern und bedecken unsere Verletzlichkeit. Es ist erniedrigend und beschämend, jemandem die Kleider vom Leib zu reißen – wie mir bei meinem Pfadfinderausflug instinktiv klar war. Diese Form der Entwürdigung wird bei der Folterung von Kriegsgefangenen wie auch in Gefängnissen praktiziert.

Wenn jemand große Qualen leidet, braucht er den Schutz der Intimsphäre. Es war abstoßend und schamlos, im Fernsehen immer wieder zu sehen, wie die Polizei Rodney King zusammenschlug. Kinder, die mit ansehen, wie ihre Mutter von ihrem Vater misshandelt wird, werden ebenfalls Opfer. Jeder Zeuge von Gewalt ist ein Opfer von Gewalt. Eine solche Misshandlung wird oft zu einem dunklen Geheimnis.

Körperfunktionen

Alle Körperfunktionen gehören in den Privatbereich. Alle Kulturen verfügen über gewisse Schicklichkeitsregeln in Bezug auf die Ausscheidungsfunktionen. Eine Zurschaustellung des Akts der Exkretion ruft unmittelbar Scham hervor.

Die meisten Familien haben ihre eigene spezifische Sprache und ihre Sprachregeln über Privatangelegenheiten. Die Umschreibungen für die Ausscheidungsfunktion können kreativ und anschaulich sein und werden höchstens noch von speziellen Bezeichnungen für die Genitalien übertroffen. Ich hörte einmal 30 Minuten einem männlichen Klienten zu, der ständig von seinem »Billy Ray Dill« sprach. Schließlich dämmerte mir, dass der Mann über seinen Penis sprach!

Wir essen zwar auch in der Öffentlichkeit, aber achten Sie einmal darauf, in welchem Ausmaß die ausgefeilten Normen über Tischsitten, Konversation usw. die eigentliche Tätigkeit überdecken! Haben Sie je als Einziger in einer Gruppe gegessen? Die meisten Menschen mögen es nicht, wenn ihnen andere beim Essen zusehen. Vielen Leuten ist es schon unangenehm, wenn sie als Letzte fertig werden.

Geheime Essrituale sind Teil der krank machenden Scham bei Essstörungen. Menschen mit Essstörungen ziehen sich aus der Gemeinsamkeit und dem Austausch zurück und vollziehen in trostloser Isolation diese geheimen Rituale.

Die Würde des Selbst

Der gute Ruf

Erinnern Sie sich, wie sehr Sie sich als Kind aufregten, wenn Ihr Bruder oder Ihre Schwester oder ein Schulkamerad Sie mit einem Schimpfnamen rief? In Schimpfnamen liegt eine gewaltige Macht. Durch Klatsch, abwertende Reden und Kritiksucht wird viel Schaden angerichtet.

Unserem Ansehen wird durch eine angemessene Begrüßung Respekt erwiesen. Wie wir eine andere Person ansprechen, enthüllt die Art unserer Bekanntschaft und den Grad an Vertrautheit. Für eine hochstehende Persönlichkeit kann es eine Schande sein, wenn sie mit dem Vornamen angesprochen wird.

In bestimmten Stammeskulturen suchen die Menschen nach Visionen, um heilige Namen zu entdecken, die ihnen neue Macht verleihen.

Die Praxis, Menschen ihres Namens und ihrer Identität zu berauben, indem man ihnen eine *Nummer* gibt, gehört zur institutionellen Herabsetzung von Gefängnissen und Kriegsgefangenenlagern. Der Gipfel der Abscheulichkeit war diesbezüglich die Sklaverei, wo die Menschen ihres Rechts, sich selbst zu gehören, beraubt wurden.

Gesichtsverlust

Unser Gesicht ist untrennbar mit unserer Identität verbunden. Das Gesicht ist der Sitz des Schamgefühls. Es ist ebenfalls der Sitz des emotionalen Ausdrucks. Es ist entwürdigend, ins Gesicht geschlagen zu werden. Wenn Menschen sich schämen, verbergen sie ihr Gesicht. Wir alle haben schon in Nachrichtensendungen gesehen, wie Menschen in Polizeigewahrsam, die eines Verbrechens beschuldigt werden, ihre Hände vor das Gesicht schlagen, wenn die Kamera sich ihnen in einer Nahaufnahme nähert. Scham wie Anstand schützen uns vor unangebrachter Zurschaustellung. Sein Gesicht verbergen, sein Gesicht zu wahren versuchen und sein Gesicht verlieren sind gängige Umschreibungen für Verletzungen und Bloßstellungen unseres Selbst.

Körper

Unser Gesicht ist Teil unseres Körpers, und unser Körper ist unsere Privatsache. Niemand hat das Recht, unseren Körper in einer Weise zu berühren, die wir für aufdringlich erachten. Und niemand hat das Recht, uns vorzuschreiben, wie unser Körper aussehen soll. Unser Dasein in der Welt ist durch unseren Körper vermittelt, und unser Körper repräsentiert unser Selbst. Unser Körper ist Träger psychischer Bedeutung. Es sind vor allem zwei Bereiche zu nennen, in denen unserem Recht auf körperliche Unversehrtheit Gewalt angetan wird: körperliche Misshandlung und sexueller Missbrauch.

Viele Leute halten körperliche Züchtigungen bis heute nicht für verwerflich, und früher waren sie fast überall gängige Praxis. Mit der Durchsetzung der Demokratie und der Erkenntnis, dass alle Menschen, einschließlich der Kinder, Würde und das Recht auf Gleichheit und körperliche Unversehrtheit haben, sind wir zusehends zu der Einsicht gekommen, dass Schlagen und alle anderen Formen körperlicher Misshandlung (ständige Drohungen, Zwicken, Schubsen, Herumstoßen) primitiv sind und ihren Ursprung im kulturellen und religiösen Patriarchat haben. Misshandlungen sind Missbrauch von Macht und ein direkter Angriff auf die angeborene Würde unserer körperlichen Existenz.

Heute verstehen viele Menschen die Abscheulichkeit des sexuellen Missbrauchs. Er stellt den stärksten Übergriff auf den fremden Körper dar. Immer mehr setzt sich die Erkenntnis durch, dass sexueller Missbrauch mehr mit Macht als mit Sex zu tun hat und dass er in der falschen Ansicht wurzelt, dass Kinder das Eigentum ihrer Eltern seien.

Männer und Frauen leiden zudem unter einer gesellschaftlichen Invasion in ihre körperliche Intimsphäre in Form fester Kriterien für sexuelle Attraktivität. Schlankheit und gut proportionierte Genitalien sind zu einer sakrosankten Zwangsvorstellung unserer Gesellschaft geworden. Die Hälfte der Klienten, die ich beraten habe, hatte Probleme mit der Attraktivität ihres Körpers im Allgemeinen und mit der Größe ihres Penis, ihres Busens oder ihres Gesäßes im Besonderen.

Das Paradox des weiblichen Körpers

Der weibliche Körper bildet eines der zentralen Paradoxe im Leben einer Frau, und die Sprache ist ein Teil dieses Paradoxes.

Auf der einen Seite wurde die Sexualität der Frau lange Zeit unterdrückt. Frauen waren nicht einmal fähig, über ihren eigenen Körper zu sprechen – ihre Geschlechtsorgane wurden verschwiegen und falsch bezeichnet. Zu Beginn dieses Jahrhunderts waren Bezeichnungen wie Klitoris, Vulva oder Schamlippen in keinem Standardlexikon zu finden. Wie Harriet Lerner ausführte, hatte die unvollständige Bezeichnung der weiblichen Genitalien – insbesondere der Teile, die dem Lustgewinn dienen – die Funktion, den weiblichen Körper sogar für die Frau selbst zum Geheimnis zu machen.

Auf der anderen Seite wurden die weibliche Sexualität und der weibliche Körper von den öffentlichen Medien massiv zum Objekt degradiert und ausgebeutet. Frauen und Mädchen werden beständig in erniedrigenden und abwertenden Posen dargestellt, mit entblößten Brüsten und gespreizten Beinen, die zur sexuellen Penetration auffordern. Die unausgesprochene Botschaft ist, dass Frauen Männern gehören. Erst in jüngster Zeit haben Frauen vehement begonnen, Anspruch auf ihre eigene Intimsphäre und den Besitz ihres Körpers zu erheben.

Erfolg/Scheitern

Erfolg ist etwas sehr Privates und Persönliches. Wenn wir die Erfolgsdefinitionen anderer Leute übernehmen, bereiten wir in uns selbst den Boden für dunkle Geheimnisse. Der individuelle Maßstab für unseren Erfolg ist, dass wir die Arbeit finden, die unserem Leben seine besondere Bedeutung und seinen Wert verleiht. Dies ist ein innerer Maßstab, während die Umstände für dunkle Geheimnisse äußerlich bestimmt sind. Oft hängt unser Ansehen von gesellschaftlichen und kulturellen Kriterien ab. Als vorrangiges Erfolgskriterium in unserer Gesellschaft gilt es, möglichst viel Geld zu verdienen.

Viele Menschen leiden schwer darunter, dass sie sich äußerlichen Erfolgskriterien unterwerfen. Selbstwertgefühl und Selbstachtung sind zutiefst private Angelegenheiten. Wahre Selbstachtung kann aber nur von innen kommen.

Materieller Besitz

Unser Besitz gehört zu unserer Privatsphäre. Er ist gewissermaßen eine Verlängerung unseres Selbst. Kleine Kinder identifizieren sich mit ihren

Spielsachen und streiten sich darum, als würde ihre Identität davon abhängen. Kleider sind oft ebenfalls identitätsfördernd und ermöglichen uns zugleich, unsere Zugehörigkeit zu einer Gruppe zu signalisieren. Wir haben zwar das Recht, unseren Körper in unserem eigenen, unverwechselbaren Stil zu kleiden, aber häufig geben wir dieses Recht unter dem Druck gesellschaftlicher Normen auf.

Jedes Haus trägt die unverwechselbaren Spuren seines Bewohners. Wir bewachen unseren Besitz, bringen Schlösser an den Türen an, fügen vielleicht noch eine Alarmanlage oder Riegel hinzu. Geheimhaltung und Verbergen helfen uns, unseren Besitz zu wahren.

Niemand hat das Recht, in unseren Geschäften herumzuschnüffeln oder zu wissen, wie viel Geld wir verdienen. Doch auch dieser Bereich ist nicht vor gesellschaftlichen Eingriffen geschützt: Wir schämen uns vielleicht, weil wir uns für zu arm oder zu reich halten, selbst wenn wir zufrieden wären, wenn wir uns nicht mit anderen vergleichen würden.

Immaterieller Besitz

Unser Besitz beschränkt sich nicht auf materielle Dinge. Einige unserer kostbarsten Besitztümer sind immaterieller Natur und gehören in den psychischen Bereich. Dazu zählen unsere kreativen Ideen, unsere persönlichen Träume und Wünsche und unsere Werte. Manchmal erscheint es uns ratsam, unsere Gefühle und Meinungen für uns zu behalten.

Unser persönlichster und geheimster immaterieller Besitz ist unser Selbstwertgefühl. Letztlich handelt es sich dabei um etwas, das sich in unserem Innersten herausbildet und nicht von der Reaktion anderer abhängig sein darf. Wenn unser Selbstwertgefühl nur von außen gestärkt wird, ist es nicht mehr unser Selbstwertgefühl, sondern spiegelt nur die Bewertung anderer wider.

Menschen mit einem schwachen Selbstwertgefühl schaffen sich als Kompensation häufig ein geheimes falsches Selbst. Ein falsches Selbst ist ein dunkles Geheimnis, mit dessen Hilfe wir versuchen, unser inneres Gefühl der Unzulänglichkeit zu verbergen. Im Kapitel »Die Entdeckung Ihrer dunklen Geheimnisse« (Seite 245 ff.) werde ich auf die Geheimnisse bezüglich des eigenen Selbst eingehen, die wir vor anderen verbergen, sowie auf die Geheimnisse, die wir sogar vor uns selbst verbergen.

Nähe

Martin Buber nannte das Recht, in die Intimsphäre eines anderen Menschen einzudringen, die Ich-Du-Beziehung – eine Beziehung, die geprägt ist von Teilnahme, Mitgefühl, Sympathie und Austausch. Nur wenn beide Partner bereit sind, sich zu offenbaren und verletzbar zu machen, entsteht gegenseitige Intimsphäre. Wenn nur einer entblößt und verletzbar ist und der andere sich bedeckt hält, dann wird beiden Gewalt angetan.

Wir brauchen enge Beziehungen zu Menschen, die uns nahe stehen, um unser Leben zu teilen und Unterstützung zu finden. Freunde sind Menschen, zu denen wir wahre Nähe herstellen können. Der Aufbau einer echten Freundschaft erfordert Zeit und Mühe. Die meisten von uns haben keine Zeit für mehr als ein paar gute Freunde. Wir teilen mit ihnen Dinge, die wir mit niemandem sonst teilen würden. Die meisten von uns brauchen auch einen Menschen in ihrem Leben, dem sie besonders viel bedeuten und der auch ihnen besonders viel bedeutet. Das ist unser Lebenspartner oder unser Geliebter beziehungsweise unsere Geliebte. In der Beziehung zu ihm oder ihr leben wir unsere Sexualität aus.

Sexualität

Amerika hat von der extrem prüden und übertriebenen Schamhaftigkeit seiner viktorianischen Vergangenheit eine Kehrtwendung um 180 Grad gemacht und Sexualität auf puren Sex reduziert – auf eine Angelegenheit von Instinkten, Genitalien und Häufigkeit. Dunkle Geheimnisse mit sexuellem Inhalt sind die verbreitetsten aller Geheimnisse.

In wohl keinem Bereich des Privaten ist Scham so wichtig wie im Bereich der Sexualität. Sexualität, das persönliche Zusammentreffen zweier Menschen in Verlangen und Liebe, auf bloßen Sex zu reduzieren, ist pornografisch, und Pornografie ist sexuelle Obszönität. Sobald Scham als Anstandsgefühl, als Wächter über die Sexualität verloren geht, werden intime, genitale, körperliche Akte von den sozialen, emotionalen und moralischen Aspekten abgetrennt, die menschliche Beziehungen erst menschlich machen.

Wenn Scham aus Anstand erst einmal zusammengebrochen ist, wird das Individuum seines Schutzschildes beraubt und das sexuelle Verhalten seiner menschlichen Bedeutung entleert. Die beteiligten Personen werden auf Objekte reduziert. Als Objekt kann man nicht an der menschlichen Dimension des sexuellen Akts teilhaben, und wer selbst zum Objekt geworden ist, projiziert diese Objekthaftigkeit auf andere. Der sexuelle Voyeur will den anderen nur noch als Objekt sehen und betrachten. Ein Mann, der vor pornografischen Werken masturbiert, nährt seine Neugier und Faszination mit Gewalt und Macht. Die Frau, die er in erniedrigenden und beschämenden Posen betrachtet, ist ein entmenschlichtes Objekt. Der Beobachter kann nicht an der Menschlichkeit der Frau partizipieren oder Sympathie für sie entwickeln. Eine Sexualität bar jeden Schamgefühls und geschändet in ihrem Bedürfnis nach Intimsphäre bildet den Grundstock eines ungeheuren Spektrums dunkler Familiengeheimnisse.

Der deutsche Philosoph Max Scheler beschrieb treffend die Funktion der sexuellen Scham in der Entwicklung der Sexualität. Er war der Ansicht, dass sexuelle Scham oder Sittlichkeit die Ausbildung des sexuellen Verlangens fördert und ein Ausleben der Sexualität in erfüllter menschlicher Intimität erst ermöglicht.

Ohne sexuelle Scham würde die Libido nicht gehemmt werden. Ohne eine derartige Hemmung würden wir auf der Stufe eines primitiven Autoerotismus stehen bleiben. Wir würden uns selbst entwürdigen, indem wir uns nur unseren eigenen Gefühlen und Sehnsüchten hingeben und unansprechbar für die sexuelle Erregung durch andere blieben. Scham wie Ehrfurcht bewegen uns dazu, dass wir mit dem Gegenstand unserer Scham oder unserer Ehrfurcht in Kontakt treten wollen – dem anderen Menschen.

Die Scham, die am Beginn einer jeden neuen sexuellen Beziehung steht, existiert auch dann weiter, wenn zwei Menschen schon viele sexuelle Erfahrungen miteinander gehabt haben. Ohne diese Scham, diese Verlegenheit, diesen Respekt und diese aus Scham geborene Scheu würde Sexualität zur bloßen Wiederholung, Methode und Technik verkommen. Damit zwei Menschen wahrhaft gemeinsam die Erfüllung ihrer Sexualität erleben, müssen sie mehr tun, als sich wechselseitig ihren Körper zur Verfügung zu stellen. Beide müssen bereit sein, sich verletzbar zu machen, und offen für das Geschenk des anderen sein. Scham bewirkt ein Innehalten und Zögern und lässt dadurch einen Raum entstehen, in dem zwei Liebende einander entdecken können.

Gesunde Scham ist das Gewissen erotischer Liebe. Sie definiert den Gegensatz zwischen Lust und unpersönlichem Sex. Der Verlust von Scham als Ausdruck von Sittlichkeit und Achtung bereitet den Boden für eine Vielzahl potenzieller dunkler Geheimnisse.

Familiäre Intimität als gesunde Geheimhaltung

Was würde Familien auszeichnen, die das natürliche Recht eines jeden Individuums auf seine Intimsphäre schützen? Es wären Familien, die gesunde Geheimnisse bewahren (vgl. das folgende Schaubild).

GESUNDE FAMILIENGEHEIMNISSE

Individuelle Geheimnisse
Generative und adaptive Geheimnisse
(In Bezug auf die Bildung der individuellen Identität)

Generationsgeheimnisse
Ehegeheimnisse
Geschwistergeheimnisse

Schützende Geheimnisse
Zum Schutz der ganzen Familie
Zum Schutz der Würde jedes einzelnen Individuums

Spielerische Geheimnisse
Geheimnisse, die andere Familienmitglieder überraschen und ihnen Freude bereiten
Späße, Streiche, Überraschungsfeste und Geschenke

Eine gesunde Familie bietet allen Mitgliedern ausreichend persönlichen Raum und sorgt für ein Gefühl der Unverletzlichkeit. Auch Paare brauchen eine individuelle Intimsphäre, um den Prozess der Selbstformung fortzuführen. Ihre Kinder brauchen ebenfalls eine Intimsphäre, um das Gleiche tun zu können. Diese uneingeschränkte Intimität ist ein *grundlegendes menschliches Bedürfnis*.

In patriarchalisch und matriarchalisch geprägten Familien und Gesellschaften galten Individualität und Abgrenzung des Selbst nicht als erstrebenswerte Ziele. Stattdessen unterdrückten die Menschen ihre Gefühle und schlossen sich in schützenden Einheiten zusammen. Es galt als tugendhaft, den eigenen Willen und eigene Überzeugungen für den Fortbestand der Familie oder der Gruppe zurückzustellen.

Heute schätzen wir dagegen Persönlichkeitsentfaltung und Individualität und wissen, dass sie ohne eine gewisse Abgrenzung von unseren familiären Systemen nicht möglich sind. Damit eine solche Abgrenzung stattfinden kann, brauchen wir eine uneingeschränkte Privatsphäre – einen Raum oder Platz in unserer physischen, emotionalen, intellektuellen und geistigen Welt, der unantastbar ist.

Die Familie als privater Raum stand schon oft im Mittelpunkt vieler klassischer ethischer und rechtlicher Überlegungen, allerdings nicht in dem Sinne, wie ich sie verstehe. Das Prinzip »Eines Mannes Heim ist seine Burg« diente als Begründung, warum Staat oder Regierung sich aus privaten Familienangelegenheiten herauszuhalten hatten. Ehegatten waren davor geschützt, gegen ihren Partner aussagen zu müssen. Zugleich aber stand alles, was innerhalb der vier Wände eines Hauses geschah, praktisch nicht zur Diskussion.

Heute leben wir in einer Übergangsphase. Je mehr die Demokratie zum verinnerlichten politischen System wird, umso stärker tritt ein Konflikt zwischen der Unantastbarkeit der Familie und der Unverletzbarkeit individueller Familienmitglieder zutage. Früher konnten Väter und Ehemänner ungestraft prügeln, denn wie sie ihre Frauen und Kinder behandelten, galt als ihre Privatangelegenheit.

Heute kämpfen wir energisch gegen die Ansicht, dass Eltern ein Recht hätten, ihre Kinder zu schlagen oder ihre physische, emotionale und intellektuelle Privatsphäre zu missachten, oder dass Männer ihre Frauen »besitzen« und über sie verfügen könnten. Dieser Kampf ist noch lange nicht gewonnen und er wirft viele schwierige gesellschaftliche und politische Fragen auf, die den Rahmen dieses Buches sprengen. Beispielsweise geraten verschiedene Ebenen der Intimsphäre häufig miteinander in Konflikt. So kann es notwendig sein, dass wir zum Schutz der individuellen Persönlichkeitsgrenzen die Privatsphäre der Familie oder der Generationen verletzen.

Individuelle Geheimnisse

Ein Mann und eine Frau haben vielleicht einige Geheimnisse voreinander. Diese stehen in Zusammenhang mit der geheimnisvollen Tiefe des Selbst, die ihre einzigartige Identität bildet. Diese Geheimhaltung, die die zentralen Aspekte unserer individuellen Identität schützt, wird häufig als *generative Geheimhaltung* bezeichnet. Sie ist generativ insofern, als sie uns Wachstum und Veränderung ermöglicht. Generative Geheimnisse beginnen mit dem ersten »Nein« und »Ich will nicht« der einsetzenden Persönlichkeitsentwicklung des Kleinkinds. Ohne Abgrenzung kann es keine Geheimhaltung geben. Erst wenn wir ein Gefühl für unser Selbst entwickelt haben, wie bruchstückhaft es auch sein mag, können wir eigene Geheimnisse haben. Meine Pfadfindererfahrung war ein solches individuelles Geheimnis.

Der Charakter braucht eine Dunkelkammer

Kinder haben ein besonderes Bedürfnis nach Heimlichkeiten. Sie haben ein angeborenes Gefühl für Grenzen, das ihrer natürlichen Scham entspringt, aber sie müssen trotzdem starke Ich-Grenzen aufbauen und entwickeln. Die Eltern können ihnen dabei auf zweierlei Weise helfen. Erstens sollten sie selbst ein Vorbild für stabile Ich-Grenzen sein, und zweitens sollten sie für die Respektierung klarer, aber gerechter Grenzen sorgen, so dass ihre Kinder diese verinnerlichen können. Kinder imitieren ihre Eltern durch Rollenspiel. Sie passen sich an und lernen durch imitatives Handeln. Und wie Spieler, die eine Rolle auswendig lernen, wollen sie dabei nicht beobachtet werden, bevor sie sie gut können. Sie brauchen einen Schutzraum, um ihre Lebensrollen spielerisch zu lernen.

Fotografen müssen in die Dunkelkammer gehen, um ihren Film zu entwickeln. Das kindliche Bedürfnis nach einem unverletzbaren privaten Raum ist so etwas wie die Dunkelkammer des Fotografen. Josef Karsh sagte einmal: »Wie eine Fotografie entwickelt auch der Charakter sich im Dunkeln.«

Generationsgeheimnisse

Am besten lässt man die Generationsgrenzen innerhalb einer Familie unangetastet: Familien brauchen deutlich voneinander abgegrenzte Generationen. Dagegen ist eine Koalition der Geschwister und eine Koalition der Eltern völlig normal. Es ist für Kinder wichtig, dass sie Geheimnisse haben, um ihre eigenen Grenzen zu erproben und ihre eigene, unverwechselbare Persönlichkeit zu entwickeln. Die erste Liebesbeziehung und der erste Kuss sind

Dinge, die Kinder gewöhnlich nicht mit ihren Eltern teilen wollen. Sexuelle Verhaltensweisen orientieren sich häufig an der Imitation Erwachsener und werden am besten mit Gleichaltrigen erprobt. Geschwisterkoalitionen kommen vor allem zwischen gleichgeschlechtlichen Geschwistern vor, aber es ist auch nicht ungewöhnlich, dass ungefähr gleichaltrige Brüder und Schwestern gemeinsame Geheimnisse haben. Werden diese Beziehungsschranken zwischen den Generationen überschritten, dann können Geheimnisse krank machend wirken.

Vaters Probleme im Büro und seine Schwierigkeiten mit Vorgesetzten gehen nur die Eltern etwas an. Mutters Probleme mit Vater sind kein Thema für die Kinder, ausgenommen dann, wenn sie direkten Einfluss auf ihr Leben haben und sie davon wissen.

Wenn die Mutter einen Großeinkauf macht und einen Schrank neuer Kleider bestellt, diese dann im Kinderzimmer versteckt und die Kinder schwören lässt, dass sie ihrem Vater nichts davon erzählen, dann geht sie ein gefährliches, Generationsgrenzen überschreitendes Bündnis mit ihnen ein.

Wenn Eltern die Grenzen zwischen den Generationen missachten, sind die Kinder in einem schlimmen Loyalitätskonflikt gefangen, und ihre Privatsphäre wird verletzt. Das Gleiche ist der Fall, wenn Eltern von einem Geschwister verlangen, dass es seinen Bruder oder seine Schwester ausspioniert und dann den Eltern berichtet. Heimliche Bündnisse oder Koalitionen sind im Allgemeinen Symptome einer tief greifenden familiären Störung.

Ehegeheimnisse

Wenn Eltern sich bemühen, gesunde Grenzen aufrechtzuerhalten, und sich gegenseitig mit Respekt, Bescheidenheit und Anstand behandeln, dann sind die Voraussetzungen geschaffen, dass die natürliche Scham des Kindes in Sittsamkeit, gesunde Verschwiegenheit und in die Bildung solider Grenzen weiterentwickelt werden kann. Weil Mutter und Vater in ihrem Leben und in ihrer Ehe genug Raum für sich selbst haben, lassen sie auch ihren Kindern genügend Spielraum.

Eltern sollten in Wort und Tat vermitteln, dass ihre Ehe ihre primäre Beziehung ist. Niemand sollte Mutter oder Vater wichtiger sein als der Partner. Wenn einem Ehepartner ein Kind wichtiger wird als der jeweilige Partner, dann schließt er ein ungutes Bündnis, und die Grenzen der Privatsphäre werden empfindlich verletzt. Mutter und Vater brauchen genügend Raum, um ihre eigenen, privaten »Schlafzimmergespräche« führen zu können und ihre Rituale der Liebe und Nähe auszuleben.

Eltern sollten sich das Recht vorbehalten, bestimmte Familiengeschichten und Dinge von Belang so lange zu verheimlichen, bis die Kinder in der Lage sind, sie zu verstehen. Sie sollten sich außerdem das Recht vorbehalten, bestimmte Dinge über sich selbst und ihre private Beziehung für sich zu behalten. Mutter und Vater tragen Verantwortung als Eltern. Ihre Aufgabe ist es, Regeln aufzustellen, Disziplin zu gewährleisten, moralische Vorbilder und Geld zur Verfügung zu stellen, und diese Aufgaben sind altersgemäß privater Natur. In vielen Fällen brauchen sie deshalb auch nicht mit den Kindern diskutiert zu werden.

Geschwistergeheimnisse

In gesunden Familien bestehen zwischen Geschwistern, insbesondere zwischen etwa gleichaltrigen, besondere Bindungen und Geheimnisse. Das ist durchaus positiv, und solange das Geheimnis eines Kindes nicht seine Sicherheit, Gesundheit oder sein psychisches Wohlbefinden gefährdet, ist es wichtig, dass man dem Kind genügend Freiraum zugesteht. Ein zufällig entdeckter Selbstmordgedanke im Tagebuch, das Finden von Drogen oder Drogenutensilien im Besitz des Bruders oder der Schwester sind dagegen Geheimnisse, die aufgedeckt werden müssen.

Ganz allgemein muss so dem kindlichen Bedürfnis nach einer Privatsphäre altersgemäß Rechnung getragen werden. Es ist nicht sinnvoll, einem Dreijährigen zu erlauben, dass er die Badezimmertür abschließt.

Meiner Ansicht nach ist ein Kind mit etwa sieben Jahren reif für das Recht auf eine persönliche Privatsphäre. Mit sieben wird ein Kind fähig zu konsistent logischem Denken. In diesem Alter sollte man Kindern erlauben, ihr Zimmer sowie das Badezimmer abzusperren, ihre Kleidung selbst auszuwählen, und ihnen eigenes Geld und gewissen Besitz zugestehen. Dieses Recht setzt voraus, dass das Kind nicht geistig oder seelisch gestört ist und sich mehr oder weniger normal entwickelt. Die Eltern brauchen dann schon einen stichhaltigen Grund, um in einen der privaten Bereiche im Leben ihres Kindes oder Heranwachsenden einzudringen, die ich bereits erwähnt habe. Die Eltern haben im Übrigen die Aufgabe, jüngere Kinder vor den Übergriffen und Grenzverletzungen ihrer älteren Brüder oder Schwestern zu schützen.

Manchmal hindern Armut oder wirtschaftliche Grenzen eine Familie daran, ihren Mitgliedern den physischen Raum zuzugestehen, den diese bräuchten, um ein angemessenes Privatleben zu führen. In solchen Situationen sollte man alles unternehmen, um wenigstens die realisierbaren Bereiche von Privatleben zu schützen.

Schützende Geheimnisse

Alle Familien brauchen schützende Grenzen, um ihre unverwechselbare Eigenart zu bewahren und sich vor Eindringlingen zu schützen.

In einer Gemeinschaft oder Gesellschaft, in der die Privatsphäre geliebt, respektiert und als elementares Bedürfnis verstanden werden würde, würde auch die Privatsphäre der ganzen Familie als selbstverständlich geachtet. Stattdessen fühlen sich viele Familien oft von außen bedrängt.

So wie wir Wertgegenstände in verborgenen Winkeln des Hauses verstecken, damit unberechtigte Personen sie nicht finden, so können auch ethnische Zugehörigkeit, Religion, wirtschaftliche Verhältnisse, sexuelle Vorlieben und der Lebensstil Dinge sein, die geheim gehalten werden müssen. Manchmal geht es dabei buchstäblich um Leben und Tod, wie etwa für die Juden während der Nazizeit. Manchmal schützt uns das Geheimnis vor Demütigung und Bloßstellung. Mein Freund David verheimlichte den Kindern seiner überwiegend christlichen Nachbarschaft seine jüdische Herkunft. Meine Großmutter verleugnete das Vermögen ihrer Familie. Sie trug unscheinbare, abgetragene Kleidung in der Schule, damit sie von den ärmeren Kindern in Ruhe gelassen wurde.

Schwule und lesbische Familienmitglieder bleiben oft im Verborgenen. Denken Sie daran, dass es manchmal großen Mut erfordert, im Verborgenen zu bleiben, so wie es auch großen Mut erfordern kann, ein Geheimnis zu lüften.

Spielerische Geheimnisse

Die letzte Art gesunder Familiengeheimnisse umfasst diejenigen, die wir aus reinem Vergnügen bewahren.

In den meisten Familien sind Feste wie etwa Geburtstage und bestimmte Feiertage, bei denen es auch ums Schenken geht, mit großer Aufregung und

Geheimniskrämerei verbunden. Erinnern Sie sich noch, wie Sie sich ein bestimmtes Weihnachtsgeschenk gewünscht haben – oder andeutungsweise erfuhren, dass Sie es vielleicht bekommen würden? An die wachsende Aufregung, je näher Weihnachten heranrückte? Vielleicht haben Sie das Haus auf der Suche nach versteckten Geschenken vom Keller bis zum Dachboden durchstöbert. Sie erinnern sich vielleicht auch daran, mit welcher Begeisterung Sie ein Geschenk für ein Familienmitglied gekauft haben, das Sie für eine gelungene Überraschung hielten. Das Schönste war vielleicht, ein Geschenk zu bekommen, das eine vollkommene Überraschung war, etwas, woran Sie im Traum nicht gedacht hätten.

Solche Erinnerungen – und andere private Familienrituale – nähren das Gefühl der eigenen Identität und Zugehörigkeit in jedem Familienmitglied.

Familien brauchen eine Privatsphäre, um zu gedeihen. Sie schafft natürliche Bereiche von Geheimhaltung, und natürliche Geheimhaltung schafft das Schweigen, das Gold wert ist.

Im nächsten Kapitel werde ich auf das ganze Spektrum dunkler Geheimnisse eingehen, insbesondere auf die Formen dunkler Geheimnisse, die entstehen, wenn die Bereiche der natürlichen Privatsphäre in einer Familie nicht respektiert und geschützt werden.

Dunkle Geheimnisse

Als wir noch Kinder waren, wurde von meinem Bruder und mir verlangt, dass wir ein Geheimnis bewahren sollten, und das Geheimnis, das wir bewahren sollten, war, dass wir kein glückliches Zuhause hatten.

Robert Bly

»Warum hast du ihn geheiratet?« ... Die Frage hatte sie überrascht, und ich ... hatte eine dieser verbotenen Fragen gestellt, eine mit unheilschwangeren Bedeutungen, deren Geheimnis noch in die Zeit vor unserer Geburt zurückreichte.

aus: Pat Conroy, Die Herren der Insel

Jane Fonda hat öffentlich verkündet, dass sie mehrere Jahre an Bulimie litt. Bulimie ist eine Essstörung, die durch geheime Rituale von Fressattacken und anschließendem Abführen durch Erbrechen gekennzeichnet ist. Dabei handelt es sich um ein bewusstes Verhaltensmuster mit dem Ziel, ein Körpergewicht zu halten, das von gesellschaftlichen Normen bestimmt ist. Jane Fonda sagte, ihre Erkrankung hätte in dem Moment eingesetzt, als sie zufällig herausfand, dass ihre Mutter Frances Selbstmord begangen hatte. Jane hatte das nicht gewusst, weil ihr Vater Henry es verheimlicht hatte. Als Frances sich während eines Aufenthalts in einer Nervenheilanstalt umbrachte, erzählte Henry Jane und ihrem Bruder Peter, die damals dreizehn und zehn Jahre alt waren, dass ihre Mutter an einem Herzinfarkt gestorben wäre. Henry und seine Schwiegermutter hielten eine private Beerdigung für Frances ab, an der niemand sonst teilnahm. Er stand noch am selben Abend wieder auf der Bühne.

Frances Fonda war Henrys zweite Frau. Zwei Monate vor ihrem Selbstmord hatte er sich von ihr getrennt und bereits eine Affäre mit Susan Blanchard begonnen, die er acht Monate später heiratete. Seltsamerweise beging auch Henrys erste Frau Margaret Sullavan nach ihrer Scheidung von Henry und der Heirat mit seinem Agenten Leland Hayward Selbstmord, so wie auch zwei von Henrys engen Freunden.

Während Henrys Flitterwochen mit Susan Blanchard schoss Janes Bruder Peter sich in den Bauch und starb beinahe. (Angeblich fragte Henry Peter nicht, ob das irgendetwas mit dem Tod seiner Mutter zu tun habe.) Zehn Jahre später verliebte sich Peter in Bridget Hayward, die Tochter von Leland Hayward und Margaret Sullavan. Während des Jahres, in dem ihre Beziehung bestand, brachte auch sie sich um. Peter hatte noch einen Freund, der ebenfalls Selbstmord beging.

Dieses auffallende Muster aus Selbstmord, versuchtem Selbstmord und Freundschaften mit Menschen, die Selbstmord begingen, wurde von Monica McGoldrick und Randy Gerson in *Genogramme in der Familienberatung*, einer wichtigen Quelle, auf die ich noch mehrmals in diesem Buch zurückkommen werde, dargestellt. Es ist ein dramatisches Beispiel für die unglaubliche Macht, mit der dunkle Geheimnisse das Leben einer Familie beeinflussen können.

Warum hielt Henry Fonda den Selbstmord seiner Frau geheim? Warum weigerte er sich, mit seinen Kindern darüber zu sprechen? Wir können über seine Motive und über die krank machende Mischung aus Trauer, Schuld und Vermeidung nur Spekulationen anstellen. Ich bin mir darüber im Klaren, dass Selbstmord in einen Bereich menschlicher Erfahrung fällt, der außerordentlich erschütternd und schockierend ist. Mit dem Selbstmord ist eine lange kulturelle Geschichte von schädlicher Scham und Schweigen verbunden. Früher wurden Juden, die Selbstmord begangen hatten, außerhalb der Friedhofsmauern begraben. Noch in jüngster Vergangenheit verweigerte die katholische Kirche Mitgliedern, die Selbstmord verübt hatten, eine christliche Beerdigung. Selbstmord galt in vielen Religionen als unverzeihliche Sünde, und wer Hand an sich legte, war unrettbar verloren. Ein Selbstmord brachte auch große moralische Scham und Demütigung über die Familie. Vielleicht bildete diese Tradition den Hintergrund für Henry Fondas Verhalten.

Heute glauben nur noch wenige Menschen, dass man einen Selbstmord nach moralischen Kriterien beurteilen sollte. Er ist mehr mit tiefer (häufig chemisch nachweisbarer) Depression und einem Gefühl der Scham und

Sinnlosigkeit verbunden. Doch nach wie vor ist ein dunkles Geheimnis mit im Spiel. Selbstmord ist ein geheimnisvoller Tod.

Henry Fonda hat vielleicht geglaubt, er müsste seine Kinder vor der Wahrheit, dass ihre Mutter Selbstmord verübte, schützen. Der Wunsch zu schützen ist ein häufiges Motiv für Geheimhaltung. Doch es gibt keinen echten Schutz vor der tief greifenden Wirkung des Selbstmords einer Mutter. Und wie schmerzlich es auch immer sein mochte, die Kinder hatten ein Recht, die Wahrheit über den Tod ihrer Mutter zu erfahren. Gerade weil bei einem Selbstmord ein dunkles Geheimnis involviert ist, das die anderen Familienmitglieder ausschließt und ausgrenzt, müssen die Hinterbliebenen darüber sprechen. Sprechen sie nicht darüber, entsteht ein weiteres dunkles Geheimnis. In der Folge eines Selbstmordes gibt es vieles auszudrücken und zu betrauern, und jeder reagiert auf seine eigene, individuelle Weise darauf. Wenn ein Vater oder eine Mutter sich weigert, den eigenen Schuldgefühlen über den Tod eines Familienmitglieds Ausdruck zu verleihen, wird dem Kind damit eine Loyalitätsverpflichtung auferlegt, das Geheimnis selbst zu wahren. Das gilt auch für andere beschämende Todesarten, über die nicht gesprochen wird, zum Beispiel Mord, Verstümmelung, Tod durch Folter oder die erniedrigende Art, in der die Juden in den Konzentrationslagern der Nazis umkamen.

Wenn solche traumatischen Erlebnisse verleugnet und zu dunklen Geheimnissen werden, kann das familiäre Schweigen darüber sich in den folgenden Generationen in Verschlossenheit, krankhafter Angst, zwanghafter Beschäftigung mit dem Tod, seltsamem und unerklärlichem, den Tod verleugnendem Verhalten und Selbstmordversuchen an einem Jahrestag oder im gleichen Alter wie der erste Todesfall äußern.

Selbstmord und Bulimie betreffen Tod und Ernährung, zwei Bereiche natürlicher Scham, die in den Bereich der Privatsphäre gehören. Meiner Überzeugung nach tritt krank machende Scham an die Stelle von Sittlichkeit, wenn deren inneres Heiligtum pervertiert oder verletzt wird, und krank machende Scham ist eine Hauptquelle dunkler Geheimnisse.

Unsere angeborene gesunde Scham oder unser Sittlichkeitsempfinden bilden, unterstützt durch angemessenen Raum zur eigenen Entwicklung, die Grundlage, auf der wir gute, flexible Grenzen entwickeln. Ohne Abgrenzung kennen wir keine Grenzen.

Wenn unser natürliches Schamgefühl, das über unsere Intimsphäre und die einzigartige Würde unseres Selbst wacht, verletzt wird, nehmen wir ein falsches Pseudoselbst an, das schamlos ist. Schamlosigkeit äußert sich in zweierlei Gestalt: Wir handeln schamlos, indem wir versuchen, unsere Grenzen als menschliche Wesen zu überschreiten; wir versuchen, übermenschlich zu sein – wir tun so, als seien wir vollkommen in unserem Handeln (wir machen nie Fehler), als seien wir bedürfnislos (wir brauchen niemandes Hilfe), wir benehmen uns rechthaberisch (wir sind gerettet, andere nicht) und autoritär (wir haben das Recht, in anderer Leute Privatsphäre einzudringen), wir verhalten uns überheblich (wir wissen alles).

Im Gegensatz dazu können wir auch schamlos handeln, indem wir uns sozusagen als Untermenschen verhalten. Wir lassen zu, dass andere uns verletzen, oder wir verletzen uns selbst. Wir werden zu erbärmlichen Versagern, Opfern, Süchtigen – der Abschaum der Gesellschaft. Wir sind so hoffnungslos, dass wir jedes Gefühl für Grenzen verlieren. Wir glauben, dass alles an uns fehlerhaft und unzulänglich ist.

Da das Englische nur ein Wort für Scham kennt, habe ich in meinem Buch *Wenn Scham krank macht* beide Formen der Schamlosigkeit als krank machende Scham bezeichnet. Ob rechthaberisch oder verdorben, Schamlosigkeit macht krank. Krank machende Scham schützt unsere Ganzheit und Individualität nicht – sie zerstört sie vielmehr. Ist unsere Identität erst einmal auf Scham gegründet, halten wir uns selbst für fehlerhaft. Wir glauben, dass wir im Kern unseres Wesens makelhaft und unzulänglich seien und dass wir alles Authentische in unserem Leben verbergen müssten.

Krank machende Scham und dunkle Geheimnisse

Krank machende Scham, ob sie sich nun aus anmaßender Rechthaberei oder aus Verkommenheit speist, ist die Wurzel vieler dunkler Geheimnisse. Krank machende Scham zwingt uns, buchstäblich das Gesicht zu verlieren und dann zu versuchen, es wieder zu retten. Um unser Gesicht zu wahren, nehmen wir Zuflucht zu Verheimlichung und Isolation. Wir suchen nach Wegen, uns immer unter Kontrolle zu haben. Wir sind auf der Hut, um nie überrumpelt zu werden. Wir verbergen unseren Schmerz. Dazu ist ein ganzes Arsenal von Geheimnissen erforderlich. Wir haben Geheimnisse, um unsere Geheimnisse zu verbergen, und Lügen, um unsere Lügen zu decken.

Krank machende Scham beeinflusst nicht nur unser Handeln, sondern auch den Kern unseres Wesens. Tief in unserem Innern fühlen wir, dass etwas mit uns nicht stimmt. Krank machende Scham zwingt mich dazu, eine Maske zu tragen, eine Tarnung anzulegen, ein falsches Selbst zu entwickeln. Wenn ich mich so zu erkennen gäbe, wie ich wirklich bin, würden die anderen mich in meiner Fehlerhaftigkeit und Unzulänglichkeit sehen und mich zurückweisen. Folglich muss ich Schweigen bewahren.

Wenn wir die Maske des Verbergens erst einmal aufgesetzt haben, wird sie zur zweiten Natur und unbewusst. Wer die Maske trägt, weiß nicht, dass es eine Maske ist. Diesen Irrglauben an die absolute Geheimhaltung bezeichne ich als *Mystifikation.*

Krank machende Scham entwickelt sich häufig bei Verletzungen jener Bereiche der Privatsphäre, die wir im Kapitel »Wenn Schweigen Gold ist« aufgeführt haben. Die anschließende Auflistung gibt Ihnen, ohne Anspruch auf Vollständigkeit, einen umfassenden Überblick über die vielen Arten dunkler Geheimnisse. Da sie nach inhaltlichen Gesichtspunkten geordnet sind, werden Sie feststellen, dass die übergeordneten Kategorien (Tod, Geburt usw.) sich an das Schema von Seite 33 anlehnen, das die natürlichen privaten Bereiche des Verbergens enthält.

Auf diesem Hintergrund sollte man das Spektrum destruktiver Geheimnisse so klar wie möglich definieren und zu erläutern versuchen, inwiefern sie zu gestörten Familien führen, unsere Wahrnehmung beeinträchtigen, unsere Freiheit behindern und die volle Entfaltung unserer Individualität blockieren.

Es würde den Rahmen dieses Buches sprengen, wenn wir für jede Kategorie in der nun folgenden Auflistung dunkler Geheimnisse ein Beispiel anführen wollten. Daher habe ich aus meiner eigenen 25-jährigen Beratungstätigkeit und meinen Nachforschungen für dieses Buch bestimmte Beispiele ausgewählt.

DUNKLE GEHEIMNISSE (inhaltlich geordnet)	
Bezogen auf das Heilige	Alles, was als Sünde gilt Was das Heilige entweiht oder entstellt Pharisäertum Scheinheiligkeit Eine religiöse Fassade für Sex, Geld oder Macht benutzen Religiöse Sucht Kulte (Geheimriten), Ku-Klux-Klan Die »falsche« Religion haben Teufelskulte Spiritueller Missbrauch
Bezogen auf die Geburt	Schwangerschaft bei der Hochzeit Adoption Falsche Auskünfte zur wahren Herkunft Pflegeelternschaft Waisendasein Uneheliche Herkunft Unbekannte Geschwister Unfruchtbarkeit Retortenbaby Ethnisch motivierte Scham Rassisch motivierte Scham
Auf den Tod bezogen	Selbstmord Gewaltsamer Tod Mord Verstümmelung Vermisstsein (Verschwundensein) Konzentrationslager Ethnische Säuberung Zu Tode gefoltert werden Anonymer Krankenhaustod Prozess des Sterbens Tödliche Krankheit

Bezogen auf Leiden	Psychische Krankheit Emotionale Störung Invalide, chronische Schmerzen Aufenthalt in der Psychiatrie Geistige Behinderung Psychiatrische Behandlung Erbkrankheit Alkoholismus, Drogenmissbrauch Suchtverhalten allgemein Geschlechtskrankheit Alle Formen des Missbrauchs Selbstverstümmelung Stellvertretendes Münchhausen-Syndrom
Auf den Körper bezogen	
Ernährung	Magersucht Bulimie Fresssucht Fettleibigkeit Dick-dünn-Spirale
Ausscheidung	Scham bezüglich Ausscheidung Sexuelle Perversion in Verbindung mit Ausscheidung
Auf das Selbst bezogen	
Guter Ruf	Falsches Selbst Selbstwertschätzung Perfektionismus Kritiksucht Urteilssucht Rechtschaffenheit Rassische Vormachtstellung Selbstbestrafung Selbstverachtung Selbstvorwurf Masochismus

Gesicht	Sommersprossen, Muttermale Schönheit/Hässlichkeit Ins Gesicht schlagen
Körper	Körperliche Behinderungen Missbildungen Genitale Maße Unbeholfenheit, Schlaksigkeit Zu dick, zu mager Trainingssucht Körperlicher Missbrauch Schlagen
Bezogen auf Erfolg/Misserfolg	Geldsucht Arbeitssucht Armut Arbeitslosigkeit Entlassung, Degradierung Arbeitsscheu Auf Kosten der Eltern leben Auf Kosten des Partners leben Vermögensverlust der Familie/des Partners »Falsche« Schicht Scham wegen Immigrantenstatus Verlust des guten Rufs
Bezogen auf Besitz *Materiell*	 Betrug Ladendiebstahl Unterschlagung Entwendung von Betriebsgeheimnissen Pfuscher, Plagiator Diebstahl Einbruch Mord Killer

	Drogendealer Inhaftierung Zugehörigkeit zu Mafia/krimineller Vereinigung Schreibtischkriminalität Steuerhinterziehung
Immateriell	Unterdrückung von Gefühlen Ich-Abwehrmechanismen – automatische und unbewusste Geheime negative Gedanken und Groll Diebstahl von Ideen und intellektuellem Eigentum, Plagiat Scham über die Unfähigkeit, seine Träume wahr zu machen oder nach den eigenen Idealen zu leben Verletzungen der eigenen Moralvorstellungen
Bezogen auf Intimität	Unglückliche Ehe (ständiger Streit) Mehrere Ehen Bigamie Betrug (Affären) Schwuler oder Lesbierin, der/die mit einem Heterosexuellen verheiratet ist Betrug von Freunden Generationsschranken überschreitende Bindung an Kinder Angst vor Verlassenwerden Angst vor übermäßiger Vereinnahmung Bindungsangst Gewalt in der Ehe Schlagen Heranschleichen Ermordung des Ehegatten

Auf Sexualität bezogen	Sexuelle Orientierung Gegengeschlechtliche Kleidung Transvestitismus Geschlechtsspezifische Geheimnisse – Frauen (Wut) – Männer (Angst) Sexsucht – Sexuelle Anorexie/uneinheitliche Enthaltsamkeit – Zahlreiche Affären – Zwanghafte Masturbation – Zwanghafte Masturbation mit Pornografie – Sex mit Tieren – Fetischismus – Voyeurismus, Exhibitionismus – Unsittliche Freiheiten – Telefonsex – Sex im Massagesalon – Prostitution – Sexkulte – Partnertausch – Sadomasochistischer Sex – Autoerotische Strangulation – Kinderpornografie – Kinderprostitutionsring Sexuelle Belästigung Satanskult mit sexueller Perversion Inzest Belästigung Vergewaltigung Eheliche Vergewaltigung Vergewaltigung bei einer Verabredung Sexuelle Funktionsstörung Beeinträchtigung des sexuellen Verlangens

Sexuelle Geheimnisse

Germaine spricht mit ängstlicher Stimme zu Beginn ihrer ersten Beratungsstunde. Sie erzählt vom dunklen Geheimnis ihrer Ehe. Ihr Mann hatte zahlreiche Affären, die letzte mit ihrer besten Freundin in der Arbeit. Sie schämt sich vor sich selbst, weil sie nichts gegen sein Verhalten unternimmt. Sie sagt, sie hätte sich geschworen, sie würde keine einzige Affäre dulden – und dabei war das schon die fünfte Affäre ihres Mannes innerhalb von drei Ehejahren.

Nach mehreren Sitzungen mit Ursachenforschung fragt der Berater Germaine, ob ihr Vater je fremdgegangen sei. »Oh Gott, nein! Er ist ein wunderbarer Mann«, erwidert sie sofort. »Er gehört zu den Honoratioren in unserer Kirchengemeinde und ist sehr streng in seinen Ansichten über sexuelle Treue. Er hat eine Menge Geld verdient und sich früh zurückgezogen. Er hat ein Herz für Frauen, die in Schwierigkeiten sind. Er hat ein Heim für Frauen in Not finanziert. Er hat sich bemüht, Prostituierten zu helfen. Er besuchte sie und brachte ihnen sogar Geschenke.«

Der Berater fragt Germaine, ob sie ihre Mutter und ihren Vater dazu bewegen könne, sie zur nächsten Therapiesitzung zu begleiten. »Wozu um alles in der Welt?« fragt sie. »Vertrauen Sie mir, es wird Ihnen helfen«, erwidert der Berater.

Die Eltern kommen bereitwillig mit, sie sagen, sie würden alles tun, damit die Ehe ihrer Tochter besser wird. Germaines Vater ist sehr attraktiv und hat eine charismatische Ausstrahlung, während ihre Mutter übergewichtig und fettleibig ist und alle Fragen an ihren Mann weitergibt. Doch als der Berater ihren Mann fragt, ob er je ein Verhältnis hatte, antwortet sie an seiner Stelle mit einem schmerzlichen Ja. »Es ist Zeit, dass das ans Licht kommt«, sagt sie. Germaine fällt beinahe vom Stuhl. Ihr Vater beginnt zu weinen.

Es stellt sich heraus, dass Germaines Vater sogar zahlreiche Affären hatte. Germaines Mutter litt schweigend. Immer wieder gelobte der Vater Besserung, aber es änderte sich nichts. Seine Frau ertrug alles um ihrer Tochter willen und um das Bild einer intakten Familie aufrechtzuerhalten.

Germaines Familie ist in ein sexuelles Geheimnis verstrickt. Der Vater ist sexuell triebhaft und süchtig nach sexuellen Affären. Seine Frau ermöglicht ihm das Ausleben dieser Sucht. Sie fördert sein Suchtverhalten, indem sie ihn deckt und nicht darauf besteht, das er nach einer Behandlung für sein Problem sucht. Sie selbst ist süchtig nach der sexuellen Sucht ihres Mannes, und sie ist der verbündete Partner in dieser gestörten Ehe.

Germaine war sich dieser Dinge nicht bewusst. Dennoch kennt sie das Geheimnis – auf einer unbewussten Ebene. Und auf einer unbewussten Ebene treibt es sie dazu, das Verborgene freizulegen. Sie deckt das dunkle Familiengeheimnis auf, indem sie Jim findet und heiratet, der noch unverhohlener sexsüchtig ist als ihr Vater. Nach kürzester Zeit schon hat er die erste Affäre. Aufgewühlt von Schmerz und Bedauern schwört er, es nie wieder zu tun. Keine drei Monate später fängt er das nächste Verhältnis an, und so geht es immer weiter. An Jims Problem ist nichts Verborgenes. Er leidet an einem massiven Kontrollverlust.

Jim hat seine eigene Geschichte. Auch sein Vater litt unter einem triebhaften Sexualverhalten, und er beobachtete, wie sein Vater seine Mutter hinters Licht führte. Jims Vater tat ihm nicht nur durch sein schlechtes Beispiel Gewalt an, sondern er machte ihn sogar zum Komplizen einer Verschwörung, damit seine Mutter nichts davon erfuhr. Diese unheilvolle Allianz zwang seinen Sohn, die Grenzen zwischen den Generationen zu überschreiten, und brachte ihn in eine Double-Bind-Situation: Jim musste seine Mutter hintergehen, um seinen Vater nicht zu verraten. Der Vater missbrauchte ihn, indem er ihn benutzte, um sein eigenes schändliches Verhalten zu vertuschen. Und wie James Baldwin sagte: »Kinder hören vielleicht nicht sehr gut auf das, was ihre Eltern sagen, aber sie ahmen sie mit untrüglicher Sicherheit nach.« Zu seinem eigenen Kummer ahmt Jim seinen Vater nach.

So versinnbildlichen Jim und Germaine die gestörten Ehen, in denen beide aufwuchsen. Germaine und Jim haben beide die verborgenen Geheimnisse ihrer Herkunftsfamilien aufgedeckt. Sie verkünden für alle Welt vernehmlich: »Schaut her – hier ist das dunkle Geheimnis, mit dem wir aufgewachsen sind.«

Eine Therapie der ganzen Familie bringt das verborgene dunkle Geheimnis ans Licht und ermöglicht es, aus der familiären Bewusstlosigkeit auszubrechen. Germaine und Jim müssen nun die dunklen Geheimnisse ihrer Eltern nicht mehr ausagieren. Sie werden fähig, ihr eigenes Leben zu leben und das dunkle Geheimnis auszulöschen, das ihre Freiheit buchstäblich in Beschlag genommen hatte, indem sie aus der Bewusstlosigkeit ausbrechen.

Der Geheimnisträger hat auch seinen Preis zu bezahlen: Germaines Vater führte ein Leben voller Heuchelei. Er hielt das dunkle Geheimnis seines sexuellen Suchtverhaltens mit Hilfe massiver Verleugnung vor sich selbst aufrecht. In dem Maße, wie die durch seine Sucht verursachten Probleme wuchsen, nahm auch seine mentale Besessenheit zu. Er konnte an nichts anderes als an Sex denken. Manchmal dachte er an Sex, indem er gegen den Drang zu flirten und zu verführen kämpfte. Manchmal dachte er daran, indem ihm eine bestimmte Frau nicht aus dem Kopf ging. Und manchmal dachte er zwanghaft an das, was er in der Vergangenheit getan hatte oder gerade im Augenblick tat. Ein solchermaßen obsessives Denken ruft eine Art Engstirnigkeit oder geistige Borniertheit hervor.

Wenn er eine Affäre hatte, verwandte er ein ungeheures Quantum mentaler und physischer Energie darauf, seine Rendezvous zu planen, seine Spuren zu verwischen und seine Zunge zu hüten, damit ihm nicht eine Information entschlüpfte, die den Argwohn seiner Frau und seiner Tochter erregen konnte.

Wie alle Süchtigen fühlte auch Germaines Vater sich immer isolierter, einsamer, beschämter und hoffnungsloser, je weiter seine Sucht voranschritt. Obwohl er versuchte, das Bild einer idealen Familie aufrechtzuerhalten, kannte er keine wahre Nähe in seinem Leben. Germaines Vater lebte eine Lüge. Er präsentierte sich der Welt als liebender und ehrbarer Familienvater, während er seine Familie in Wirklichkeit lieblos und ehrlos behandelte. Je mehr seine Selbstachtung schwand, umso mehr versuchte er sein falsches Pseudoselbst durch seine wohltätige Großartigkeit zu erhöhen.

Geheimnisse nach innen wenden

Germaine und Jim agierten ihre Familiengeheimnisse für alle Welt sichtbar aus. Meine Patientin Sereva reagierte auf andere Weise – indem sie sich nach innen wendete.

Serevas Vater war Alkoholiker und Schürzenjäger. Ihre Mutter war eine fromme Katholikin und glaubte, dass eine gute und anständige Frau das schlechte Verhalten ihres Mannes schweigend erdulden sollte. Über die Affären ihres Mannes wurde nie ein Wort verloren. Einmal holte Sereva ihren Vater mit ihrer Mutter in der Wohnung einer anderen Frau ab. Als er herauskam, war sein Hemd über und über mit Lippenstift befleckt. Im Auto sprachen ihre Mutter und ihr Vater über das Wetter. Als Sereva ihre Mutter später auf den Vorfall ansprach, weigerte sie sich, darüber zu sprechen.

Sereva entwickelte einen tiefen Abscheu gegen ihren Vater, der sich auf alle Männer und auf alles, das irgendetwas mit Sexualität zu tun hatte, ausdehnte.

Im letzten Jahr ihres High-School-Besuchs beschloss Sereva, dass sie sich »berufen« fühlte, und trat in ein katholisches Kloster ein, um Nonne zu werden. Indem sie ins Kloster ging, wendete sie ihren Widerwillen gegenüber der Sexualität nach innen. Als sie sich den Forderungen des Zölibats und der Askese unterwarf, fühlte sie sich zu einer Form der Selbstgeißelung hingezogen, über die sie in einem Buch über eine Heilige gelesen hatte. Durch Fasten und Auspeitschen mit einer Lederpeitsche verschaffte sie sich ein gewisses Gefühl von Wärme und Wohlbehagen.

Einige Jahre später kam sie zu mir in die Beratung. Sie hatte das Kloster inzwischen verlassen, benutzte jedoch noch immer die Lederpeitsche. Im Laufe der Beratung wurde ihr klar, dass sie das Verhalten ihrer Mutter verinnerlicht hatte. Ihre Mutter hatte ihr die Überzeugung vorgelebt, dass Frauen den Männern unterlegen sind und dass das Los einer anständigen Frau das Leiden ist. Indem sich Sereva durch das Geißeln selbst bestrafte, hatte sie ihren Weg gefunden, sich als Frau zu akzeptieren.

Jeder in Serevas Familie wusste davon, aber um das Bild einer frommen katholischen Familie zu wahren, sprach niemand über dieses Geheimnis. Diese irregeleitete Loyalität beraubte Sereva jeder vernünftigen Information über Liebe, Ehe, Intimität und Sex. Das Geheimnis fesselte Sereva an ihre gestörte Familie. Wie ihre Mutter wurde auch sie zur Mitsüchtigen, die von der Trunksucht und den Frauengeschichten ihres Vaters besessen war. Und wie ihre Mutter wurde auch sie schwer co-abhängig. Co-Abhängigkeit ist eine Störung in der Entwicklung des Selbst, die bewirkt, dass der Betreffende den Kontakt zu seinem inneren Erleben verliert. Da ein co-abhängiger Mensch nicht weiß, was er fühlt, braucht oder will, weiß er auch nicht, wer er ist. Das Selbst erstarrt im Prozess seiner Entwicklung, und ein falsches Selbst muss an seine Stelle treten. Dieses falsche Selbst setzt sich aus den Verhaltensweisen, Gefühlen, Bedürfnissen und Wünschen zusammen, die in der Familie als liebenswert zugelassen sind. Serevas Vorbild war ihre Mutter. Sie lernte, dass sie dann liebenswert war, wenn sie keine Bedürfnisse und Wünsche äußerte und still litt. Der Preis, den Sereva für das dunkle Geheimnis ihrer Familie zu entrichten hatte, war ihr psychischer Tod. Was sie lernte, war, dass ihr wahres Selbst sterben musste, damit sie geliebt und geachtet wurde.

Sexueller Missbrauch und Schweigen

In unserer sexistischen, patriarchalischen Gesellschaft waren und sind sexuelle Belästigung und der sexuelle Missbrauch von Frauen und Kindern (einschließlich eines großen Prozentsatzes von Jungen) noch immer ein dunkles Geheimnis. Es existiert in jeder gesellschaftlichen Institution, auch in Religion und Regierung. Täter wie Opfer haben über ihre dunklen Geheimnisse immer Stillschweigen bewahrt. Die Gründe der Täter für dieses Schweigen sind offensichtlich. Doch abgesehen von dem nahe liegenden Grund, dass ihnen oft niemand zugehört hätte, ist das Schweigen der Opfer oft verwirrend und rätselhaft gewesen.

Opfer von sexuellem Missbrauch glauben oft, dass sie schuld seien an dem, was ihnen widerfahren ist. Ältere Kinder glauben sogar häufig, dass sie ihren Peiniger irgendwie angestachelt hätten. Sie fühlen sich verwirrt und verantwortlich, wenn sie bei dem Akt irgendetwas Positives empfanden. Früher wusste niemand, dass Opfer eines schweren Missbrauchs sich mit den Tätern identifizieren, dass sie entweder ihr eigenes Selbst abspalten oder die Erinnerung verdrängen, um sich gegen den Schmerz zu wehren, den sie dabei erlitten. Weil das Opfer sich so häufig mit dem Täter identifiziert und weil der Täter im Augenblick der Vergewaltigung schamlos und bar jeden Schuldgefühls ist, fühlt das Opfer diese Scham und Schuld und nimmt sie auf sich. Das Opfer fühlt sich beschmutzt und besudelt und hält sich für unrein. Dieses Gefühl verstärkt sich noch, wenn der Täter ein Elternteil ist oder Elternfunktion ausübt. Wenn sein Vorbild und Beschützer das Kind missbraucht, dann glaubt es, es sei seine eigene Schuld.

Wenn es in einer Familie zum Inzest kommt, wird das missbrauchte Kind es oft aus Furcht, die Familie könnte zerbrechen, nicht wagen, dem unbeteiligten Elternteil davon zu erzählen. Wenn das Kind doch spricht, glaubt der unbeteiligte Elternteil dem Kind häufig nicht, manchmal aufgrund der eigenen Verleugnung, manchmal aus Unwissenheit, manchmal weil er selbst ein Opfer ist. Inzest ist viel verbreiteter, als wir je vermutet hätten. In dem Maße, wie unser Wissen darüber zunimmt, verlassen viele frühere Opfer von Missbrauch ihre Deckung und geben ihre Geheimnisse preis.

Auch Vergewaltigung, Belästigung, übertriebene sexuelle Freizügigkeiten und sexuelle Schikanierung wurden Generationen hindurch verschwiegen und vertuscht. Frauen wurde generationenlang immer wieder sexuelle Gewalt angetan.

Unsere männerdominierte Gesellschaft schützt die patriarchalischen Definitionen von Männer-Frauen-Beziehungen und die Ungleichheit der männlichen Machtstruktur. Die Opfer, meist Frauen und Kinder, wurden bis zur Schändung des eigenen Selbst sexuell, physisch und emotional misshandelt.

Die Opfer haben auch noch auf andere Weise Schweigen bewahrt als durch schlichtes Nichtsprechen. Körperlicher Schmerz, Folter und schwere emotionale Misshandlung widersetzen sich nicht nur der Verbalisierung, sie zerstören Sprache tatsächlich und lassen das Opfer in einen Zustand zurückfallen, der manchmal als *präverbale Ohnmacht* beschrieben wird. Ein Opfer von qualvollem sexuellen Missbrauch und physischer Gewalt nimmt seine Zuflucht zu Lauten und Schreien, wie sie noch vor dem Erwerb der Sprache gebraucht werden. Die Gewalt wird im wahrsten Sinne des Wortes unaussprechlich.

Misshandelte und missbrauchte Frauen und Kinder tragen aus Angst, Scham und erlernter Hilflosigkeit zur Aufrechterhaltung des Schweigens bei. Wenn Menschen kontinuierlich misshandelt werden und dabei ihre Ohnmacht erfahren, lernen sie, misshandelt zu werden. Mit Misshandlung und Missbrauch konfrontiert fühlen sie sich hilflos. Die Misshandlung wird zur Normalität. Misshandelte Frauen haben oft Angst vor dem Zusammenbruch ihrer Familie, weil sie gelernt haben, auf Männer angewiesen zu sein. Viele sind ohnehin schon arm und mit Kindern belastet, für die sie Verantwortung tragen werden. So lernen diese Opfer, ihre eigenen Erfahrungen zu verleugnen. Der Schmerz einer Frau, die schweren Misshandlungen und frühem und fortgesetztem sexuellen Kindesmissbrauch ausgesetzt war, kann so unaussprechlich sein, dass er sich nur in extremer Dissoziation, Erinnerungslosigkeit oder Selbstauslöschung äußern kann.

In der Vergangenheit unterstützte unsere Gesellschaft dieses Schweigen. Es war gang und gäbe und allseits akzeptiert, dass Frauen geschlagen wurden. Der Ausdruck »über den Daumen gepeilt« bezieht sich ursprünglich auf den Durchmesser der Rute, mit der ein Mann ganz legal seine Frau schlagen durfte. Für das Opfer wird »Sprachlosigkeit zur Bewusstlosigkeit«, wie die Sozialarbeiterin Joan Laird es formuliert. Sowie die körperliche Misshandlung von Frauen benannt wurde, schärfte sich auch die Wahrnehmung dafür. Diese geschärfte Wahrnehmung führte zur Entstehung von Krisentelefonen und Frauenhäusern, und die Mauer des Schweigens, die Generationen von Misshandlungen umgeben hatte, brach schließlich zusammen.

Mary Sue war seit ihrem ersten Jahr am College mit Joe gegangen. Joe wollte heiraten, aber Mary Sue hatte Bedenken hinsichtlich ihrer gemeinsamen sexuellen Beziehung und Joes finanzieller Situation. Mary Sue hatte Spaß am Sex und hatte eine leidenschaftliche sexuelle Beziehung zu ihrem Freund, den sie an der High-School hatte, bis sie sich trennten. Sie liebte Joe, aber sie vermisste die vergangenen sexuellen Erfahrungen. Eines Tages erschien der Freund von der High-School aus heiterem Himmel auf dem Campus. Was als kleiner Schwatz über alte Zeiten begann, endete schließlich mit zwei Stunden Sex in einem nahe gelegenen Motelzimmer.

Mary Sue fühlte sich schrecklich danach und schwor sich, Joe nie davon zu erzählen. Einige Wochen später bemerkte sie, dass sie schwanger war. Sie beschloss, Joe sofort zur Heirat zu drängen, ohne ihm von ihrem Zustand zu erzählen. Später, als das Kind geboren wurde, hielt Joe es für seinen Sohn.

Mary Sue und Joe bekamen noch zwei weitere Kinder, beides Mädchen. Der Sohn unterschied sich in seinem Wesen stark von den Mädchen. Er war wild und voller Energie, während die Mädchen ruhig und zurückhaltend waren. Mary Sue verhielt sich ihrem Sohn gegenüber übertrieben beschützend – eine schlagende Konsequenz ihres dunklen Geheimnisses. Sie weigerte sich zur Kenntnis zu nehmen, wie sehr er seine beiden Schwestern körperlich misshandelte. Wenn die Mädchen versuchten, bei ihrem Vater Schutz und Hilfe zu suchen, glaubte er Mary Sues Behauptung, die Mädchen würden »das nur erfinden, um sich bei ihm einzuschmeicheln«. Im Laufe der Jahre quälte und schikanierte der Junge seine Schwestern immer wieder.

Mit der Zeit löste Mary Sues übertriebenes Schutzverhalten ernsthafte Auseinandersetzungen zwischen ihr und Joe aus. Joe hatte es insgeheim immer schon seltsam gefunden, dass sein Sohn ihm körperlich überhaupt nicht ähnelte, aber er äußerte seine Gefühle diesbezüglich nie. Mary Sue war ständig auf der Hut, damit ihr nichts entschlüpfte, das ihr Geheimnis verraten könnte. Diese Angst bewirkte, dass sie auf Distanz zu Joe ging und so einen Keil zwischen sie beide trieb, der jede wirkliche Nähe verhinderte.

Indem sie ihr dunkles Geheimnis für sich behielt, beeinträchtigte Mary Sue massiv die normale Funktionsfähigkeit ihrer Familie. Ihr dunkles Geheimnis schuf eine ungesunde, Generationsschranken überschreitende Allianz zwischen Mutter und Sohn und schnitt die emotionale Beziehung zwischen dem Sohn und seinem Vater und seinen Schwestern ab. Die Folge war, dass der Sohn sich seinem Vater und seinen Schwestern nie verbunden fühlte, sondern sich stattdessen einsam und auf unerklärliche Weise beschämt fühlte. Er wiederholte die Erfahrung seiner Mutter, indem er eine Affäre mit einer verheirateten Frau hatte, die von ihm schwanger wurde. Sie blieb bei ihrem Mann und behielt sein Kind, worüber er jahrelang trauerte.

Nach Joes Tod offenbarte Mary Sue ihrem Sohn ihr Geheimnis. Ihr Sohn war rasend vor Wut, brach die emotionale Beziehung zu ihr ab und weigerte sich, weiter mit ihr zu sprechen. Zwei Jahre später starb er betrunken bei einem Autounfall, ohne sich mit seiner Mutter oder seinen Schwestern versöhnt zu haben.

So brachte Mary Sues Scham noch mehr Scham und Vereinsamung mit sich. Sie konnte ihre eigenen Schuldgefühle wegen ihrer Unehrlichkeit nie heilen oder die verletzte Loyalität zwischen ihr, ihrem Mann und ihren Kindern wiederherstellen, weil sie ihr dunkles Geheimnis wahrte. Dieses Geheimnis verwehrte ihr die Möglichkeit, jemals Verzeihung von ihrer Familie zu erlangen und sich mit ihr zu versöhnen.

Adoption und andere Geburtsthemen

Adoptionen lieferten lange Zeit einen immensen Fundus an Geheimnissen um das Thema Geburt. Viele Familien kämpfen noch immer mit den Folgen von Adoptionsgeheimnissen. Andere stehen vor den neuen Konflikten, die Folge der in jüngster Zeit verstärkt propagierten offenen Adoption sind.

Die zentrale Prämisse, auf der traditionelle Adoptionen gründeten, war, dass die Adoptiveltern und das Adoptivkind einer »normalen« biologischen Familie ähneln sollten. Damit dieser Anschein gewahrt blieb, wurde dabei versucht, alles zu verleugnen, was Adoption von biologischer Elternschaft unterschied. Und da die leiblichen Eltern dieses Leugnen eines Unterschieds am massivsten bedrohten, wurde der Kontakt zu ihnen vollständig abgebrochen.

Hatte die leibliche Mutter ihr Kind erst einmal zur Adoption freigegeben, hörte sie für das Kind auf zu existieren. Wie Ann Hartman von der Smith College School for Social Work es formuliert: »Sie hütete nicht nur ein Geheimnis, sie selbst *war* ein Geheimnis.« Bis vor relativ kurzer Zeit noch hatten leibliche Väter nicht das geringste Recht, über die Zukunft ihres Kindes mit zu entscheiden. Wie von den leiblichen Müttern erwartete man auch von ihnen, dass sie von der Bildfläche verschwanden und ihren unaufgearbeiteten Schmerz und ihren Verlust mit sich nahmen. Und die Adoptionsregister waren verschlossen, so dass adoptierte Kinder ihre leiblichen Eltern auch nicht ausfindig machen konnten.

Die Befürworter von Geheimhaltung und Unzugänglichkeit der Akten haben immer argumentiert, dass sie das Kind vor dem Stigma der Unehelichkeit, die Adoptiveltern vor Einmischung der leiblichen Eltern und die leiblichen Eltern vor zukünftiger Einmischung des Adoptivkindes schützen wollten. Die Befürworter einer Einsichtnahme in die Akten argumentieren dagegen, dass jeder Mensch das Recht habe, seine biologischen Verwandten zu kennen. Die Adoptiveltern selbst sind diesbezüglich offenbar geteilter Meinung. Manche haben Angst, dass die leiblichen Eltern die Sicherheit der eigenen Familie gefährden könnten. Andere haben festgestellt, dass sie ihren Adoptivkindern selbst näher gekommen sind, indem sie an ihrer Suche nach den biologischen Eltern Anteil genommen haben.

Für mich als Therapeuten ist das Entscheidende der Schmerz, den Adoptivkinder aufgrund ihrer Situation empfinden. Es scheint, als hätten sie ein angeborenes Bedürfnis, ihre leiblichen Eltern zu kennen. Und aus welchen Gründen ihre Eltern sie auch weggegeben haben, die Kinder fühlen sich zutiefst zurückgestoßen.

Kinder haben eine egozentrische Weltsicht. Das bedeutet, sie personalisieren die Dinge. Wenn Kinder etwas über ihre Vergangenheit oder über sich selbst nicht erfahren dürfen, glauben sie, dass es etwas Schlechtes sein muss. Das ist letztlich ein überzeugendes Argument gegen die Wahrung des Adoptionsgeheimnisses – selbst wenn die zu enthüllende Wahrheit erschütternd ist oder sogar zerstörerisch wirkt.

Eine im Übrigen noch unerforschte Zone der Verschwiegenheit hat sich um das Thema Unfruchtbarkeit und die neuen Fortpflanzungstechniken, die zu ihrer Behandlung eingesetzt werden, entwickelt. Diesem ganzen im Vormarsch befindlichen Bereich liegt die Frage nach der genetischen Abstammung zugrunde, die ein zentrales Thema unserer Gesellschaft, besonders der Männer, zu sein scheint. Auch Unfruchtbarkeit selbst wird oft verheimlicht. Es ist klar, dass viele Männer und Frauen Trauer und Scham empfinden und sozialen Druck empfinden, wenn sie keine Kinder bekommen können.

Angesichts von Leihmutterschaft, künstlicher Befruchtung und In-vitro-Fertilisation kann ein Kind heute technisch gesehen insgesamt fünf »Eltern« haben: drei Arten von Müttern (eine genetische, eine austragende und eine aufziehende) und zwei von Vätern (einen genetischen und einen erziehenden). Diese Möglichkeit wirft gewaltige moralische, ethische und psychologische Probleme auf. Erst nach der Geburt des Kindes sind ihre Folgen und Auswirkungen auf das Selbstbild des Kindes und seine Identitätsentwicklung in ihrer Gesamtheit zu überblicken.

Die meisten großen Religionen sind strikte Gegner der künstlichen Befruchtung, und Leihmutterschaft und Spermaspenden sind gesetzlich und moralisch noch immer massiven Anfechtungen ausgesetzt. Diese Vorbehalte zwingen Paare, die diese Befruchtungstechniken nutzten, oft zu tiefer Verschwiegenheit.

Wie bei allen Geheimnissen müssen wir auch hier nach den Auswirkungen des Geheimnisses auf denjenigen fragen, vor dem etwas verheimlicht wird, nämlich dem Kind. Die religiöse und moralische Verurteilung zusammen mit der Scham des Paares über seine Unfähigkeit, sich fortzupflanzen wie alle Welt, bedeutet, dass das Kind wahrscheinlich an der schweren Last eines dunklen Geheimnisses tragen wird. Im Falle einer Leihmutterschaft oder einer Samenspende gibt es einen dritten »Elternteil«, dessen Abwesenheit das Fehlen einer lebenswichtigen Person für jedes Familienmitglied bedeutet.

Tod – das häufigste dunkle Geheimnis

Freud glaubte, dass wir die Realität des Todes psychisch verleugnen *müssten*, dass niemand die Tatsache des eigenen Todes wirklich begreifen könne. Die meisten von uns leben, als gehöre der Tod nicht zum Leben. Doch wer den Tod zum Geheimnis macht, erhält die Angst vor dem Tod aufrecht, auch wenn sie verborgen und unbewusst ist.

Das Geheimnis des Todes ist der entscheidende Faktor für die Fähigkeit einer Familie, dem drohenden Verlust eines Familienmitglieds ins Auge zu sehen. Wenn die Familie das Geheimnis des Todes ertragen kann, kann sie sich mit dem Verlust auseinander setzen und ihn betrauern. Jeder Einzelne wird diesem Verlust auf seine Weise entgegensehen, und jeder wird auf seine Weise darüber trauern.

Eltern halten unheilbare Krankheiten oft vor ihren Kindern geheim, weil sie glauben, Kinder könnten mit Tod und Sterben nicht umgehen. Doch dieses Verheimlichen kann schlimme Folgen haben.

Jamies Vater hatte Krebs im Endstadium, als er acht Jahre alt war. Niemand unterrichtete ihn, dass sein Vater schwer krank war und dass er wahrscheinlich in den kommenden sechs Monaten sterben würde. Seine Mutter, seine ältere Schwester und sein älterer Bruder hielten ihn für zu jung und ließen ihn darüber im Unklaren, um ihn zu beschützen. Das ist übrigens ein gutes Beispiel für ein dunkles Geheimnis der Unwissenheit.

Der Tod seines Vaters traf Jamie folglich vollkommen unvorbereitet. In einer Beratungsstunde 30 Jahre später erzählte er mir, er sei nie ganz darüber hinweggekommen, dass er nichts von der unheilbaren Krankheit seines Vaters gewusst hatte. »Ich wusste immer, dass irgendetwas los war«, sagte er zu mir, »aber ich hatte das Gefühl, als würde mit mir etwas nicht stimmen. Ich war zu unwichtig und zu unbedeutend, um in das Geschehen eingeweiht zu werden. Ich hasste sie, weil sie mich ausgesperrt hatten. Ich konnte nie wirklich von meinem Vater Abschied nehmen.«

Ich hatte einen anderen Klienten, der vom Begräbnis seiner Mutter fern gehalten wurde. Er hatte nie wirklich über den Tod seiner Mutter getrauert, und im Laufe der Jahre erfasste ihn ein Gefühl der Empörung. Der Tod der Mutter ist einer der heiligsten Momente im Leben eines Menschen. Von der Teilnahme daran ausgeschlossen zu werden ist ein Verlust, den man nie überwinden kann.

Die Brontës

McGoldrick und Gerson schildern in ihrem Buch *Genogramme in der Familienberatung* ein weiteres unglaublich klingendes Beispiel für die Folgen, die das dunkle Geheimnis eines unbetrauerten Todes haben kann: die Familie von Charlotte und Emily Brontë, den Schwestern, die die Romane *Jane Eyre* und *Sturmhöhe* geschrieben haben. Es gab insgesamt sechs Brontë-Geschwister, die alle in einem Zeitraum von sieben Jahren geboren wurden. Kurz nach der Geburt des jüngsten Kindes starb die Mutter.

Nach dem Tod der Mutter erstarrte das Haus 30 Jahre lang – nichts wurde verändert oder neu gestrichen. Die Kinder wurden in einer fast vollständigen Isolation erzogen, jeder Kontakt zu anderen Kindern war ihnen verboten. Wann immer eines der Brontë-Kinder versuchte, das Elternhaus zu verlassen, erkrankte es an einer Vielzahl von Symptomen und kehrte nach kurzer Zeit zurück. Alle starben, bevor sie 40 Jahre alt waren. Die beiden jüngsten

Töchter zogen sich eine tödliche Krankheit zu, nachdem sie zum ersten Mal das Elternhaus verlassen hatten, und starben kurz hintereinander. Branwell, Emily und Anne starben innerhalb von neun Monaten, was die Annahme nahe legt, dass sie so miteinander verschmolzen waren, dass es ihnen unmöglich war, ohne einander zu leben. Nur Charlotte war fähig, ihr Elternhaus für kurze Phasen zu verlassen. Sie heiratete mit 38 Jahren, starb jedoch neun Monate später – kurz nach dem Tod des Kindermädchens aus ihrer Kindheit. Sie war genauso alt wie ihre Mutter, als sie starb. Das seltsame Geheimnis dieser Familie scheint darauf zu beruhen, dass der Vater sich nie mit dem Tod seiner Frau abfinden konnte. Die Kinder durften nie so viel eigenständige Identität entwickeln, dass sie ihren eigenen Weg gehen konnten.

Geheimes Leiden

Die bestürzendsten und Furcht erregendsten Beispiele von Menschen, die ihre Geheimnisse nach innen wenden, betreffen diejenigen, die sich selbst verstümmeln. Meine erste Erfahrung mit einem derartigen Fall hatte ich in den späten 70er-Jahren. Eine attraktive, intelligente junge Frau suchte mich in meiner Praxis auf. Ich will sie Lorna nennen. Sie stammte aus einer wohlhabenden Familie, und es hatte ihr an nichts gefehlt. Sie kleidete sich sehr dezent und trug immer langärmlige Blusen.

Eines Tages, als sie sich nach einem Kamm streckte, der ihr aus den Haaren fiel, rutschte ihr rechter Ärmel hoch, und ich sah mehrere Narben auf ihrem Handgelenk. Es waren drei Reihen x-förmiger Schnitte. Als ich sie danach fragte, fing sie an zu weinen, während sie mir antwortete. Sie murmelte: »Ich schneide mich selbst, damit es weh tut und ich mich besser spüre.« Ich sah sie verständnislos an, ohne zu wissen, was ich darauf erwidern sollte. Sie wandte den Blick ab und sah zu Boden. »Ich weiß, dass es wirklich verrückt klingt, wenn ich so etwas sage. Aber für mich ist das eine normale Art, mit Schmerz umzugehen.«

Lorna war über ein Jahr lang von ihrem Großvater sexuell missbraucht worden. Ihre Familie wirkte sehr korrekt, war auf die »richtige« äußere Wirkung bedacht und ließ keine Emotionen zu. Sie hatte »versucht«, ihrem Vater davon zu erzählen, aber er hatte sich geweigert, darüber zu sprechen, weil es Schande über die Familie gebracht hätte. Er verbot ihr, das Thema je wieder zur Sprache zu bringen. Sie hatte den Schmerz abgespalten und war emotional beinahe vollständig gefühllos geworden. Sie wurde erst dann zu realen Empfindungen fähig, als sie sich durch Selbstverstümmelung Schmerzen zufügte. Tatsächlich fühlte sie sich dann normal. Die Narben waren für sie der Beweis und die Versicherung, dass sie nicht verrückt war. Diese Narben waren der sichtbare Ausdruck für die innere Narbe, die sie schweigend mit sich trug. Ihr Großvater war etwa ein Jahr nach dem Beginn der inzestuösen Beziehung plötzlich an einem Herzinfarkt gestorben. Sein Tod hatte sie in tiefe Verwirrung gestürzt. Sie fühlte sich schmutzig und beschämt und glaubte, ihr Abscheu vor ihrem Großvater könnte zu seinem Tod beigetragen haben.

Selbstverstümmelung ist ein dunkles Geheimnis in unserer Gesellschaft, aber einige Therapeuten gehen davon aus, dass es allein in den Vereinigten Staaten ungefähr zwei Millionen Menschen gibt, die sich regelmäßig beißen, kratzen, schneiden, verbrennen und brandmarken, Kopf und Körper gegen Wände schlagen, ihre Haare ausreißen und sich die eigenen Knochen brechen. Manche Opfer verschlucken scharfe Gegenstände wie zum Beispiel Nägel oder schlagen sich selbst mit einem Hammer. In den psychotischsten Fällen kann Selbstverstümmelung so extreme Formen wie das Herausreißen der Augen oder die Amputation der Genitalien annehmen.

Einer der bekanntesten Selbstverstümmler war Charles Manson. Seine Arme, sein Hals und seine Handgelenke waren mit Narben übersät. Über Manson, der als Kind immer wieder geschlagen und sexuell missbraucht wurde, heißt es, dass er sich selbst mit fünf Jahren angezündet und mit acht Jahren so lange gewürgt hat, bis seine Luftröhre kollabierte.

Sich schneiden, Blut rinnen lassen und Narben hinterlassen erinnern an primitive Initiationsrituale aus der Steinzeit. Solche Rituale dienten dem Zwecke, böse Geister und Gifte aus dem Körper zu vertreiben. Meine Klientin Lorna versuchte im wahrsten Sinne des Wortes, ihr teuflisches dunkles Geheimnis herauszulassen. Die x-förmigen Wunden verschafften ihr ein kurzzeitiges Gefühl für sein Verschwinden. Sie symbolisierten zugleich einen Hilferuf.

Wenn Menschen wütend oder getroffen oder in ihrem Schamgefühl verletzt sind, können sie ein Verhalten, das von Natur aus intim ist, ritualisieren, um damit Dinge auszudrücken, über die sie nicht zu sprechen wagen. Zu den verbreitetsten Symptomen für ein dunkles Geheimnis gehören Essstörungen.

Jane Fondas Essstörung, die Bulimie, scheint ein modernes gesellschaftliches Phänomen zu sein. Obwohl Fälle von Bulimie manchen Berichten zufolge bereits um 1600 auftraten, weist nichts darauf hin, dass die Bulimie schon in der Vergangenheit eine häufig auftretende Störung war. Heute sind überwiegend junge Frauen aus der oberen Mittelschicht davon betroffen. Diese Frauen stehen unter ungeheurem gesellschaftlichen Druck, bestimmten Schönheitsidealen und Gewichtsnormen zu entsprechen. Sie verschaffen sich soziale Anerkennung, indem sie diesem Ideal entsprechen.

Dieses Streben allein kann jedoch die geheimen Rituale des Herunterschlingens und Erbrechens nicht hinreichend erklären. Es muss ein emotionaler Schmerz hinzukommen, damit Bulimie zu einem Suchtverhalten wird. Wir brauchen nicht lange zu überlegen, um zu verstehen, was Jane Fonda wortwörtlich auffraß. Der Verlust ihrer Mutter in Verbindung mit der unaufgearbeiteten Trauer und Wut über die Täuschung des Vaters bereitete den Boden für irgendeine Form von Suchtverhalten. Janes Schönheit und ihr Leben als Schauspielerin ließen die Bulimie zur ersten Wahl werden.

Gesellschaftliche dunkle Geheimnisse von Frauen

Bulimie ist nur eine verbreitete Essstörung bei Frauen. Frauen leiden häufiger als Männer auch unter Übergewicht, Anorexie und der Diätkrankheit, die durch ein zügelloses Zunehmen und Abnehmen durch Diät im Wechsel gekennzeichnet ist und als Dick-dünn-Spirale bezeichnet werden kann.

Zwar kommen diese Essstörungen auch bei Männern vor, doch scheinen Frauen weit mehr Probleme mit der Ernährung zu haben. Manche Leute haben überzeugend argumentiert, dass dieser Unterschied auf gesellschaftsspezifische Rollenerwartungen an Frauen zurückzuführen sei, die nicht nur die Schlankheit betreffen, sondern auch die unrealistische Erwartung, dass in erster Linie Frauen die Vermittlungs- und Fürsorgefunktion in der Familie auszufüllen hätten.

Laura Gait Robert, Psychologin an der Eastern Virginia Medical School, glaubt, dass Essstörungen die bevorzugten Mechanismem darstellen, mit deren Hilfe Frauen ihrem Widerwillen vor den Rollen, die ihnen unsere Gesellschaft aufdrängt, zu entfliehen versuchen. Frauen nehmen Zuflucht zu Fressattacken und damit verbundenen Störungen, um der Angst und dem Ärger zu entkommen, die diese Rollenerwartungen in ihnen auslösen.

Alle Essstörungen sind Formen von Sucht. Sie alle spiegeln ein pathologisches Verhältnis zu einer stimmungsverändernden Substanz oder Aktivität mit negativen gesundheitlichen Folgen wider. Sie sind alle mit Heimlichkeiten verbunden. Hinter allen verbergen sich Gefühle. Fresssüchtige, die sich in einen richtigen Rausch hineinfressen, können so vorübergehend ihre Traurigkeit und ihr tiefes Gefühl der Leere aussperren. Magersüchtige benutzen das Hungern, um ihre Grundstimmung zu verändern und ihren Körper zu betäuben. Das Gefühl, auf das ich bei meiner begrenzten Arbeit mit Magersüchtigen am häufigsten stieß, war Wut. Hunger verzögert auch die sexuelle Entwicklung, so dass bei jungen Magersüchtigen oft keine Menarche einsetzt. Das deutet darauf hin, dass sie sich gegen das Frauwerden wehren. Lesen Sie dazu den Fall von Juliettes Tochter.

Juliettes Tochter

Als Juliette mich das erste Mal aufsuchte, hatte sie 50 Pfund Übergewicht. Sie war verheiratet mit einem wohlhabenden Mann, erzählte aber, wie sehr sie seine tyrannische Art verabscheute und mit welchem Widerwillen sie mit ihm schlief. Sie war sehr höflich und bis zum Exzess bemüht zu gefallen, und sie sprach wie ein braves, kleines Mädchen. Juliette behauptete, sie hätte Angst, ihr Unbehagen zum Ausdruck zu bringen, weil ihr Mann unberechenbar wäre und zu verbalen Tobsuchtsanfällen neigte. Ich arbeitete einige Monate mit ihr und unterstützte sie in ihrem Bedürfnis, mehr Macht über ihr Leben zu gewinnen, aber ich fand, dass wir nur geringe Fortschritte machten.

Fünf Jahre später suchte Juliette mich wieder auf und berichtete, dass ihr Mann sie bei einer Affäre ertappt hätte und dass ihre älteste Tochter mit jedem Tag dünner würde. Ihr mittleres Kind, ein Junge, hatte hervorragende Schulnoten, war jedoch sportlich eine Niete, und ihre jüngste Tochter war ziemlich depressiv. Dieses Mal kam die ganze Familie zur Therapie. Die älteste Tochter, ein 14-jähriges Mädchen, wog nur 39 Kilo. Der aufgeschreckte Vater hatte die Tochter gewogen und zwang sie zu essen, indem er ihr Geld und andere Belohnungen anbot. Nachdem ich die magersüchtige Tochter zu einem Arzt überwiesen hatte, arbeitete ich vor allem mit Juliette und ihrem Mann.

Juliette verhielt sich nach außen hin höflich und gehorsam ihrem Mann gegenüber, aber es war klar, dass sie auf ihn wütend war. Er übte eine strenge Kontrolle aus und verlangte, dass alle sich in das Bild einer glücklichen Familie fügten. Drei Dinge wurden in dieser Familie geheim gehalten: die beinahe paranoide Angst des Vaters vor allem und jedem (der Grund für seine strenge Kontrolle); Juliettes Wut auf ihn, ihre Mutter und über die starren Erwartungen, die sie als Frau zu erfüllen hatte; Juliettes sexuelles Ausagieren in ihrer Affäre.

Magersucht ist eine Störung, die das Einsetzen der ersten Periode verzögern kann. Es war klar, dass Juliettes Tochter keine Frau wie ihre Mutter werden wollte oder selbst die Wut und Angst spüren wollte, die ihre Familie beherrschte. Sie wollte ihre eigene Individualität. Sie war sich dessen genau bewusst, wie unglücklich ihre Mutter und wie unzufrieden die Familie trotz des Bildes der amerikanischen Traumfamilie, das sie nach außen hin bot, wirklich war. Ihre Magersucht war ein mystifizierendes Double-Bind für die Familie. Ihr abgemagerter Körper rief um Hilfe: »Schaut her, ich sterbe«, während ihre Einser-Zeugnisse und ihre außerordentlichen sportlichen Leistungen ausdrückten: »Ich weiß besser als jeder andere, was hier los ist. Lasst mich in Ruhe und gebt mir eine Privatsphäre, dann werde ich alles in den Griff bekommen.« Ihre Krankheit symbolisierte also

- die Wut, die sie stellvertretend für ihre Mutter in sich trug,
- ihre Verachtung für die Rolle der Frau,
- ihr Bedürfnis nach einer echten schützenden Beziehung,
- ihre Weigerung, sich anzupassen,
- die Übernahme der Kontrolle über die Familie von ihrem Vater,
- ihr Bemühen, die Familie von ihrem wahren Leid abzulenken – dem Mangel an Nähe,
- ihr Bedürfnis, ihrer eigenen Einsamkeit, Angst und Wut zu entfliehen.

Geheime Gedanken und Gefühle

Die meisten Menschen verbinden mit Geheimnissen die Vorstellung, dass Ereignisse und Tatsachen verheimlicht werden. Meiner Erfahrung nach kreisen aber die dunkelsten Familiengeheimnisse um das Zurückhalten und Verheimlichen von Gedanken und Gefühlen. Es kann Familienmitglieder fast verrückt machen, wenn andere Angehörige, besonders Mutter oder Vater, sich verhalten, als würden sie nicht fühlen, was sie in Wirklichkeit doch fühlen. Sie wussten vielleicht, dass Ihre Mutter wütend war, auch wenn sie so tat, als wäre sie es nicht. Sie wussten vielleicht, dass Ihr Vater Ihrem Großvater feindselige Gefühle entgegenbrachte, auch wenn er diese nicht zum Ausdruck brachte.

Diese psychischen Geheimnisse sind häufig extrem destruktiv für die offene Kommunikation, die eine Familie braucht, um Nähe zu schaffen. Nichts trägt mehr zur Bildung gesunder, enger Bindungen bei als die Verletzlichkeit, der wir uns ausliefern, wenn wir unsere Gefühle zeigen. Wenn ich zu meinen Gefühlen stehe, bin ich authentisch und schutzlos. Das ermöglicht anderen, mich in aller Verletzbarkeit so zu sehen, wie ich wirklich bin. Sie können mir nahe kommen, weil ich meine Schutzmauern eingerissen habe.

Außerdem müssen sonst die Kinder die Gedanken und Gefühle tragen und ausagieren oder auch nach innen wenden, die ihre Eltern zurückhalten und unterdrücken. »Kinder erben tendenziell jedes psychische Problem«, so schreibt Harriet Goldhor Lerner, »das ihre Eltern ignorieren.«

Heimliche Wut

Wohl kein Gefühl wird in Familien mehr verborgen als Wut. Ich habe bereits ausgeführt, welche Rolle heimliche Wut bei Essstörungen spielt. Sie stellt auch ein Haupthindernis für Nähe in der Ehe und für den Aufbau einer gefestigten Persönlichkeit und Individualität in der Familie dar. Wenn wir unsere Wut nicht ausdrücken können, müssen wir sie in uns zurückhalten. Sie äußert sich dann als Ess- oder Sexualstörung. Unterdrückte Wut kann Ursache für die Unfähigkeit zur Erektion, für vorzeitige Ejakulation und Scheidenkrampf sein. Unterdrückte Wut ist häufig auch eine Hauptursache für schwere Kopf- und Rückenschmerzen und für eine Fülle psychosomatischer Störungen. In Familien mit dunklen Geheimnissen gilt oft die unausgesprochene Regel: »Du sollst nichts fühlen«, und die offene Regel: »Du sollst nicht wütend sein!« Wenn Wut unterdrückt wird, werden aber auch Freude und alle anderen Emotionen nicht voll ausgelebt.

Wenn Eltern ihre Gefühle geheim halten, stürzen sie die Kinder oft in Verwirrung und Angst. Auf der Suche nach einer Erklärung für die rätselhaften Vorgänge denken die Kinder sich oft eigene Geschichten oder Phantasien aus und agieren diese Interpretationen und Mythen später in symptomatischen Verhaltensweisen aus.

Depressionen und Angst bleiben oft über Generationen hinweg bestehen. Häufig wirken genetische Veranlagung und Familiendynamiken zusammen, so dass ein Kind unbewältigte Gefühle von Traurigkeit ausleben kann, die aus früheren Generationen stammen. Dieses Phänomen bezeichnet man als den *erspürten Sinn* der Familie. Solche Dinge kann ich aus eigener Erfahrung bestätigen. Manchmal fühle ich mich ohne erkennbaren Grund überwältigt von Traurigkeit. Inzwischen weiß ich, dass ich dann den nicht betrauerten Kummer meiner Familie fühle.

Zweideutiger Verlust

Shirley war aus ihrem Vater nie schlau geworden. Sie wusste nie, was er dachte, und sie hatte immer das Gefühl, dass er mit anderen Dingen beschäftigt war als mit dem, was in der Familie vor sich ging.

Nach seinem Tod öffnete sie seinen Safe und fand eine Reihe von Fotos einer Frau, die niemand in der Familie kannte. Als sie sie ihrem Bruder zeigte, sagte er, er hätte die Frau bei der Beerdigung ihres Vaters gesehen. Nach einigen Nachforschungen stellte sich heraus, dass Shirleys Vater mit dieser Frau zusammengelebt hatte, wenn er geschäftlich zwei Tage pro Woche nach Dallas verreist war. Er war Pharmavertreter, und Dallas gehörte zu seinem Vertriebsgebiet. Er hatte für die Familie die unverrückbare Regel aufgestellt, während seiner Geschäftsreisen nicht angerufen zu werden. Gewöhnlich rief er am zweiten Tag zu Hause an und fragte, ob alles in Ordnung sei. Shirleys Vater hatte 20 Jahre lang eine Freundin in Dallas gehabt, mit der er zusammenlebte! Diese Entdeckung erklärte Shirleys Gefühl, dass ihr Vater körperlich zwar anwesend, emotional aber abwesend war.

Die Therapeutin Pauline Boss bezeichnet diese Art von Gefühlen als *zweideutigen Verlust.* Er gehört zu den allgemeinen Auswirkungen, die ein dunkles Geheimnis auf die anderen Familienmitglieder hat. Ein dunkles Geheimnis zu bewahren erfordert chronische Täuschung und ein gewisses Maß an defensivem Ausweichen. Eine derartig anstrengende Fassade schafft emotionale Distanz und hemmt spontane Kommunikation. Wer ein dunkles Geheimnis hütet, wird von seinen Mitmenschen als nie ganz präsent empfunden. Etwas fehlt, aber es ist meist schwer zu sagen, was genau es ist.

Das Geheimnis generationsüberschreitender Bindungen

Im Kapitel »Wenn Schweigen Gold ist« habe ich über die Wichtigkeit fester Grenzziehungen zwischen den Generationen und den Wert einer »Generationsklippe« innerhalb der Familie gesprochen. Wenn Generationsgrenzen verwischt oder ignoriert werden, werden die Kinder in die Ehen ihrer Eltern hineingezogen. Gelegentlich hört man dann den Begriff *Ehepartnerersatz*. Ein Kind ersatzweise zum Ehepartner zu machen ist ein dunkles Geheimnis mit langfristigen Konsequenzen. Das kann auf zweierlei grundlegende Weise geschehen.

Ein Kind kann auf vielerlei Art dazu benutzt werden, eine Ehe zusammenzuhalten. Das Kind kann der Sündenbock sein, dessen Verhalten seinen Eltern so viel Anlass zu großer Sorge gibt, dass sie sich wieder näher kommen. Das war bei Juliettes Tochter der Fall. Oder ein Kind kann die Rolle des »Adretten«, »Begabten« oder des »Sportlichen« übernehmen, dessen Leistungen im Mittelpunkt der elterlichen Aufmerksamkeit stehen. In beiden Fällen lenkt die Konzentration auf das Kind die Eltern von ihren eigenen Problemen ab. Das Kind wird *benutzt*, damit die Ehe hält, aber das Kind kann nicht wissen, dass es benutzt wird. Wie fühlen Sie sich, wenn Sie wissen, dass Sie in einer Beziehung benutzt werden? Im Allgemeinen wütend und verärgert. Kinder können nicht bewusst wissen, dass sie benutzt werden, aber sie wissen es unbewusst. Ihre Wut und ihr Groll sind »heiße« Themen, die sie später bei ihren Liebespartnern, Ehepartnern oder Kindern abladen werden.

Die zweite Art, wie ein Kind Partnerfunktionen übernimmt, besteht darin, dass es die Leere, den Schmerz und die Enttäuschung eines Elternteils auf sich nimmt. Die Ehe ist zu konfliktreich oder zu tot, um das Bedürfnis der

Eltern nach Nähe zu befriedigen. So wird das Kind zum »Liebling« eines Elternteils.

Pat Conroy beschreibt dies eindrucksvoll in seinem Buch *Die Herren der Insel*. Tom Wingos Mutter zieht ihn an sich: »›Nein‹, sagt sie scharf und zieht mich wieder an sich ... ›Du bist der Einzige, der mir etwas bedeutet. Das wird unser Geheimnis sein.‹ ... Ich verließ das Zimmer, ein Stück weniger Kind. Ich kehrte zum Rest der Familie zurück, und mein Herz war verstört vom Terror der Erwachsenen.«

Manche Eltern sind in ihren Forderungen nicht so unmissverständlich wie Wingos Mutter, aber das Kind fühlt immer diesen Terror der Erwachsenen. Eine intime Beziehung zu Mutter oder Vater setzt das Kind einer überfordernden Reizüberflutung aus. Kinder brauchen Gleichaltrige. Wenn sie benutzt werden, um Mutters oder Vaters Leere in der Ehe auszufüllen, verlieren sie ihre kindliche Unschuld.

Die folgende Tabelle zeigt einen Vergleich konstruktiver und destruktiver Familiengeheimnisse. Sie basiert auf meiner Überzeugung, dass konstruktive Geheimnisse natürlichen Verhaltensweisen des Verbergens entspringen, über die unser Anstandsgefühl wacht. Wenn wir an diesem natürlichen Verbergen gehindert werden, müssen wir uns mit Hilfe destruktiver Geheimnisse schützen. Wir benutzen diese auch, um die Privatsphäre anderer zu verletzen. Die Privatsphäre ist etwas, wofür wir uns entscheiden; Geheimnisse sind eine Notwendigkeit eben deshalb, weil wir keine Privatsphäre mehr haben. Destruktive Geheimnisse dienen dazu, Macht über andere auszuüben. Sie schränken unser Leben ein und bringen Verwirrung und Mystifikation mit sich. Sie zwingen uns, unsere ganze Energie für die Bewahrung unserer Individualität einzusetzen. Sie isolieren uns und zerstören Vertrauen, Ehrlichkeit und Gegenseitigkeit.

KONSTRUKTIVE UND DESTRUKTIVE FAMILIENGEHEIMNISSE IM VERGLEICH	
Konstruktive Geheimnisse	**Destruktive Geheimnisse**
Geteilte Macht	Missbrauch von Macht
Natürliche Scham	Krank machende Scham
Funktional: Geheimnisse gründen auf Anstand und schützen die Privatsphäre. Das dient der Bildung positiver Grenzen und ermöglicht ein gutes Familienklima.	Dysfunktional: Geheimnisse sind notwendig geworden. Diese Geheimnisse dienen dazu, die fehlenden Grenzen der Privatsphäre zu ersetzen. Sie schaffen starre oder unklare Grenzen. Sie erschweren den Umgang in der Familie.
Beschützend: Geheimnisse schützen grundlegende Rechte.	Störend: Geheimnisse verletzen grundlegende Rechte.
Produktiv: Geheimnisse fördern Individualität, Bewusstsein und Freiheit. Sie bereichern das Leben.	Zerstörerisch: Geheimnisse reduzieren oder zerstören Individualität, Bewusstsein und Freiheit. Tödliche Geheimnisse vernichten Leben.
Generationsbezogen: Geheimnisse, die Grenzen respektieren – Ehegeheimnisse – Väterliche Geheimnisse – Mütterliche Geheimnisse – Geschwistergeheimnisse	Generationsüberschreitende Bindung – Eltern-Kind-Dreiecke – Kind als Ehepartnerersatz – Verstrickung in familiäres Leid oder Eheprobleme, Verstrickung in den Schmerz eines Elternteils
Fördern Vertrauen	Schaffen Misstrauen
Bauen Gemeinsamkeit auf	Zerstören Gemeinschaft
Öffnen Kommunikation	Beenden Kommunikation
Tragen zur Bildung einer gefestigten Identität bei	Verwirren, mystifizieren und führen zu falschem Selbst oder zum Verlust des Selbst
Tragen zu einem hohen Grad an Nähe bei	Führen zu gestörter Intimität
Ermöglichen Spaß, Spiel, Kreativität, Träume	Verursachen Spannung, Isolation, Verlust von Spontaneität und Kreativität

Zusammenfassung: Die Folgen dunkler Geheimnisse

Dunkle Geheimnisse führen in unterschiedlichem Maße zu gestörten Familien:

- Sie bestimmen die Art der Wahrnehmung innerhalb der Familie. Bestimmte Themen werden tabuisiert, und es entstehen unausgesprochene Regeln um verbotene Bereiche, die als unantastbar gelten. Oft werden Mythen geschaffen, um Familienmitglieder von den wirklichen Geschehnissen abzulenken.
- Sie schaffen und erhalten ein beständiges Niveau intensiver Angst. Ein Geheimnis, das nur schwer zu entschleiern ist, ist von heftigen Gefühlen umgeben. Der bloße Akt, ein Geheimnis zu bewahren, löst in dem Betreffenden Angst aus, weil er ständig auf der Hut vor Enthüllung sein muss und bestimmte Themen vermeiden und Informationen verzerren muss. Der Hüter eines Geheimnisses muss darauf achten, Randthemen, die das Geheimnis verraten könnten, zu umgehen.
- Sie erhalten die Bindung der Familienmitglieder aufrecht. Sie erschweren die Trennung.
- Sie isolieren den Geheimnisträger. Geheimnisse schneiden von Vergebung, Versöhnung und Austausch ab.
- Sie hindern die Familie an der Aufarbeitung der Vergangenheit. Dadurch erhalten sie Generationen überdauernde Störungen am Leben.
- Sie zerstören Vertrauen und Verlässlichkeit. Oft sind weitere Lügen und Täuschungen zu ihrer Aufrechterhaltung notwendig: Ein Geheimnis zieht das andere nach sich.
- Sie bewirken Verwirrung und Mystifikation. Zu unserem Schutz bilden wir ein falsches Selbst aus, das Nähe verhindert und Pseudogrenzen und Verstrickungen entstehen lässt.
- Sie fördern gestörte Familienprozesse. Sie tun das, indem sie Koalitionen und generationsüberschreitende Allianzen schaffen und Dreieckskonstellationen stabilisieren.
- Sie begrenzen unsere Denk- und Phantasiemöglichkeiten. Insofern schränken sie unsere Entscheidungsfreiheit drastisch ein.
- Sie schaffen eine ungesunde Familienloyalität zu einem blinden Fleck im Bewusstsein der Gruppe.
- Sie rufen das Gefühl eines zweideutigen Verlustes hervor.
- Sie sind die Wurzel obsessiven und zwanghaften Verhaltens.

- Sie führen zur Erstarrung familiärer Regeln und Rollen.
- Sie spalten die Familie. Die »Eingeweihten« können untereinander besser über jedes beliebige Thema kommunizieren als mit irgendjemandem, der »nicht dazugehört«.

In Fällen von schwerem Missbrauch rufen dunkle Geheimnisse noch weitere Störungen hervor:

- Sie setzen eine ganze Reihe autohypnotischer Ich-Abwehrmechanismen in Gang. Dazu gehören Verdrängung, Verleugnung und sensorische Betäubung, um den Schmerz und das Leid zu vermeiden, die mit der Verletzung einhergehen.
- Sie führen dazu, dass die Opfer ihren Schmerz und ihre Wut gegen sich selbst richten oder auf andere projizieren.
- Sie schaffen den Zwang, unsere Eltern zu verteidigen.
- Sie verhindern, dass wir uns selbst kennen lernen und die »Wahrheit« über unsere Kindheit erfahren.
- Sie werden in der gegenwärtigen oder in zukünftigen Generationen ausagiert oder nach innen gewendet.

Ausagieren und Nach-innen-Wenden sind besonders paradoxe Symptome für die unheimliche Macht dunkler Familiengeheimnisse, um die Freiheit eines Individuums und sein Recht auf Entfaltung der eigenen Individualität zu zerstören. Das Paradoxe daran ist vor allem, dass die Geheimnisse auf einer mysteriösen Bewusstseinsebene nicht wirklich geheim sind. Viele Familientherapeuten glauben, dass *jeder* in der Familie das Geheimnis auf einer bestimmten Bewusstseinsebene kennt und dass die Geheimnisse umso mehr ausagiert oder nach innen gewendet werden, je mehr sie verleugnet werden. Im nächsten Kapitel werden wir untersuchen, wie es möglich ist, ein Geheimnis zu kennen und gleichzeitig nicht zu wissen, dass man es kennt.

Wie ist es möglich, nicht zu wissen, was man weiß?

Der Spielraum unseres Denkens und Handelns wird begrenzt durch das, was wir nicht wahrnehmen, und da wir nicht wahrnehmen, dass wir nicht wahrnehmen, können wir nur wenig tun, um uns zu verändern, bis wir wahrnehmen, wie unsere Wahrnehmungsunfähigkeit unsere Gedanken und Wünsche formt.

Ronald D. Laing

Wahrscheinlich existiert im geistigen Leben des Individuums nicht nur das, was es selbst erlebt hat, sondern ... ein archaisches Erbe ... Das archaische Erbe beinhaltet nicht nur Veranlagungen, sondern auch Vorstellungsinhalte, Erinnerungsspuren der Erfahrung früherer Generationen.

aus: Sigmund Freud, Der Mann Moses und die monotheistische Religion

An einem Märztag vor mehr als 20 Jahren brachten eine Mutter und ein Vater ihr ältestes Kind zu mir. Die siebenjährige Beverly Sue Smith lief immer wieder aus der Schule weg. Sie weigerte sich, darüber zu sprechen, was sie bedrückte, und wehrte Fragen ihrer Eltern ab. Dies stellte eine radikale Abkehr von ihrem vertrauten, vernünftigen Verhalten dar. Begonnen hatte es im vorangegangenen Oktober kurz nach Schulanfang. Sowohl die Schule wie auch die Eltern waren am Ende ihrer Weisheit angelangt. Sie brachten sie in meine Beratung. Sie war verstockt und verweigerte jedes Gespräch. Ich versuchte es mit allen Mitteln, die gewöhnlich bei Kindern Erfolg haben – mit Malen, Zeichnen, Phantasieren, mit Sand- und Figurenspielen –, aber nichts hatte Erfolg. So schickte ich Beverly Sue zu einem befreundeten Familientherapeuten von mir. Er wandte eine damals relativ neue Methode der systemischen Familientherapie an, die auf den Arbeiten Dr. Murray Bowens basierte, einem Psychiater an der Georgetown University.

In den nächsten fünf Monaten dachte ich nicht mehr an Beverly Sue. Dann kamen ihre Eltern eines Tages zu meiner Theologielesung für Erwachsene in der Palmer Church. Nach dem Vortrag dankten sie mir für die Überweisung und baten mich, Beverly Sue zu begrüßen, die soeben aus der Kinder-Sonntagsschule kam. Sie war lebhaft, schüttelte mir die Hand und wirkte wie eine ganz normale Siebenjährige. Der Kontrast zu früher war bemerkenswert. Ich war zu stolz, um die Eltern zu fragen, was der Therapeut wohl getan hatte, aber ich rief ihn so bald wie möglich an.

Wir aßen zusammen zu Mittag, und er erzählte mir, das Problem sei gewesen, dass Beverly Sues Eltern seit einiger Zeit eine ziemlich schwere Krise durchmachten. Beverly Sues Großvater hatte Krebs und lag im Sterben, und ihr Vater hatte sich emotional abgekapselt und weigerte sich, darüber zu sprechen. Mürrisch und zurückgezogen schlich er im Haus herum. Beverly Sues Mutter gehörte zu jener Sorte von Südstaaten-Schönheiten, die dazu erzogen worden waren, sich um jedermanns Gefühle zu kümmern und jedermanns Probleme zu lösen. Anfänglich hatte sie versucht, ihren Mann durch besondere Abendessen und überbesorgtes Verhalten aufzumuntern. Doch je mehr sie sich bemühte, ihn aufzuheitern, umso mehr zog er sich zurück und verstummte. Nach einigen Monaten wurde Beverly Sues Mutter wütend. Wie viele überfürsorgliche Menschen schottete sie sich jetzt emotional von ihrem Mann ab, anstatt ihrem Ärger Ausdruck zu verleihen, und sprach kaum noch mit ihm. Zu dem Zeitpunkt, als Beverly Sue in meine Beratung kam, schliefen sie getrennt und segelten wie Schiffe in der Nacht aneinander vorbei.

Mein Freund erzählte mir, dass Beverly Sue als die Älteste dazu tendierte, besonders sensibel auf die emotionalen Stimmungen ihres Vaters zu reagieren. Älteste Kinder verteidigen und vertreten häufig die Werte ihres Vaters – oder aber sie greifen sie an, sagte er, mehr als Kinder in irgendeiner anderen Position in der Geschwisterreihe. Beverly Sue stand ihrem Vater sehr nahe und verhielt sich ihm gegenüber sehr besitzergreifend, besonders seit der Geburt ihrer beiden Schwestern. Meinem Freund zufolge hatte sie seinen Schmerz auf sich genommen und seine Depression, Apathie und seine Weigerung zu sprechen ausagiert. Sie versuchte außerdem, die Ehe ihrer Eltern zu kitten. Indem sie sich so auffällig verhielt, zwang sie ihre Eltern, ihre

Aufmerksamkeit ihr zuzuwenden, und milderte ihre wachsende gegenseitige Feindseligkeit. Unter einem traditionellen psychotherapeutischen Gesichtspunkt sah es aus, als sei sie das »Problem«, während sie in Wirklichkeit der »Symptomträger« war, der versuchte, eine Lösung des Problems zu finden. Das *wahre Problem* war die tiefe Angst ihres Vaters vor der tödlichen Erkrankung seines eigenen Vaters und seine Unfähigkeit, mit irgendjemandem darüber zu sprechen. Zusätzlich zu seinen ungelösten Konflikten mit seinem sterbenden Vater hatte er konkrete Probleme mit der Nähe in seiner Ehe. Beverly Sue brachte unbewusst dunkle Geheimnisse ans Tageslicht.

Diese Erfahrung lehrte mich eine ganz neue Sicht von Familien und ihren Problemen. Ich begann das zu begreifen, was in den USA heute schlicht als die Bowen-Theorie bekannt ist.

Die Bowen-Theorie

Im Laufe der letzten 45 Jahre ist eine wachsende Sensibilisierung für die Tatsache zu beobachten, dass Familien soziale Systeme sind, die durch eine präzise und vorhersagbare Dynamik, von mir etwas salopp als Gesetze bezeichnet, zusammengehalten werden. Diese Gesetze sind im gesamten Netz der Verwandtschaftsbeziehungen durch mindestens drei Generationen, die als funktionales Ganzes sich gegenseitig beeinflussen, wirksam. Im Modell der sozialen Systeme ist eine Familie mehr als die Summe ihrer Teile; sie ist die Interaktion zwischen diesen Teilen.

Ich möchte dies an meiner Person als menschlichem Gesamtsystem verdeutlichen. Ich bestehe aus *mehreren* Systemen – einem Nervensystem, einem endokrinen System, einem Kreislauf- und Immunsystem usw. – sowie aus Organen – Gehirn, Lunge, Herz –, aus denen sich diese Systeme zusammensetzen. Und dennoch bin ich mehr als jedes dieser Systeme oder Teile allein. All meine Systeme und Bestandteile wirken zusammen, um eine unverwechselbare Wirklichkeit, mich selbst, als menschliches Wesen zu schaffen.

Allerdings hat jede Veränderung in einem meiner Systeme Auswirkungen auf mein ganzes Leben. Die Veränderung eines beliebigen Teils wirkt sich auf alle anderen Teile aus. Die Beziehung zwischen den Teilen, ihr lebenswichtiges Gleichgewicht, ist der Maßstab meiner Gesundheit.

Um im Bild zu bleiben, erkranke ich dann, wenn eines meiner Systeme gestört ist. Wenn ich krank bin, spiegeln die Symptome meiner Krankheit das System wider, dessen Harmonie beeinträchtigt ist. Und um das Bild abzurunden, ist meine gesamte Realität auch beeinflusst durch meine Familie und ihre Vergangenheit. Mit meinen Genen erbe ich die Veranlagung, bestimmte Muster von Krankheit und Gesundheit zu wiederholen. Mein genetisches Erbe ermöglicht mir außerdem, Vorhersagen bezüglich meiner Zukunft zu treffen. Wenn ich eine ärztliche Generaluntersuchung machen lasse, erhalte ich eine Einschätzung, wie all meine Systeme funktionieren.

In Beverly Sues Familie wurde ihr Vater durch die tödliche Krankheit seines Vaters aus dem Gleichgewicht geworfen. Das bedrückte ihre Mutter, und bald darauf entstanden Spannungen in der Ehe.

Wenn die Ehe ihrer Eltern aus dem Lot ist, werden Kinder durch die Macht des Systems wie auch durch ihr eigenes Bedürfnis nach Selbstschutz dazu getrieben, die Familienharmonie wiederherzustellen. Sie werden dabei so weit gehen, ihre eigene physische oder seelische Gesundheit zu opfern, um die Familienharmonie zu bewahren. Hinter dem zunächst sichtbaren emotional gestörten Kind – zum Beispiel Beverly Sue – verbirgt sich in Wirklichkeit ein Kind, das die Alarmglocken in Bezug auf die Ehe seiner Eltern schlägt. Kinder werden krank, wenn das zur Folge hat, dass ihre Eltern an einem Strang ziehen, damit die Ehe wieder besser funktioniert. Kinder wissen intuitiv, dass sie auf sich gestellt sind, wenn die Ehe auseinander bricht. Familientherapeuten nennen ein Kind, das zum Symptomträger wird, den *Sündenbock*. Bei mehreren Geschwistern ist nicht immer klar, warum ein bestimmtes Kind diese Rolle eher übernimmt als ein anderes. Möglicherweise spielt hier die Stellung in der Geschwisterreihe eine Rolle. Bei Beverly Sue war das sicher der Fall.

Was die Eltern betrifft, so fällt eine große Last von ihnen ab, wenn sie ihre Aufmerksamkeit nun auf das »Problemkind« anstatt auf ihre Ehe richten können. Wenn ihr Kind das »Problem« ist, können sie einer Auseinandersetzung mit ihren eigenen Problemen aus dem Weg gehen. Es kann sogar so weit kommen, dass die Eltern Anteil an der Aufrechterhaltung der Krankheit ihres Kindes haben.

Es gibt noch andere generationsübergreifende Themen in der Familie Smith, die Beverly Sue betreffen. Ich werde im Kapitel »Wie Sie Ihr Familiengenogramm anfertigen« noch darauf zurückkommen, um die Verwendung der Drei-Generationen-Familienkarte zu veranschaulichen.

Murray Bowen war einer der Pioniere dieses systemtheoretischen Verständnisses der Familie. Über 40 Jahre lang sammelte er eine verblüffende Fülle von Forschungsergebnissen und klinischen Erfahrungen an, die bis ins Detail aufzeigen, wie Familien funktionieren. Jeder, der heute in diesem Bereich tätig ist, stützt sich auf seine Beschreibungen gesunder und gestörter Familien.

Der Kern von Bowens Theorie lautet, dass eine reife Familie jedem Mitglied ermöglicht, sich abzugrenzen und eine gefestigte eigene Identität zu entwickeln. Wenn aus irgendeinem Grund ein Klima der Angst herrscht, tendiert die Familie zu einer Art Zusammenkleben und zu Strenge und Rigidität. Je gefestigter in den einzelnen Familienmitgliedern das Gefühl für die eigene Individualität ist, umso weniger klebt die Familie zusammen. Funktionierende Familien lösen die Probleme, die Angst hervorrufen, während gestörte Familien die Probleme verdrängen oder nutzlose Methoden zu ihrer Bewältigung wählen.

Die Bowen-Theorie setzt sich aus acht ineinander greifenden Konzepten zusammen. Ich werde im Folgenden jedes einzelne kurz vorstellen, denn mit ihrer Hilfe können wir nachvollziehen, inwiefern jedes Familienmitglied die Geheimnisse kennt.

Selbstdifferenzierung

Das erste Konzept heißt *Selbstdifferenzierung*. Ich habe bereits geschildert, wie Familien mit dunklen Geheimnissen die Fähigkeit ihrer Mitglieder zur Abgrenzung und zum Aufbau eines starken Selbstgefühls torpedieren. Das Ziel einer Familie besteht darin, eine Atmosphäre zu schaffen, in der die grundlegenden Bedürfnisse jedes Einzelnen befriedigt werden und seine einzigartige Individualität sich entfalten kann. Ein Mensch mit einem starken Selbstgefühl hat Werte und Prioritäten und verhält sich in Einklang mit diesen. Solche Leute können ihre Differenzen zur Familie benennen und sich entsprechend verhalten, *ohne* die Familie zu verlassen. Sie können gleichzeitig getrennt *und* zusammen mit ihr sein.

Im Idealfall können ein Mann und eine Frau ihre eigenen ungelösten kindlichen Abhängigkeitsbedürfnisse aufarbeiten, indem sie sich in Liebe aneinander binden und tun, was diese Liebe verlangt: dass sie an den mit ihrer Herkunftsfamilie verknüpften Problemen arbeiten und bereit sind, sich die Fähigkeiten anzueignen, die für Austausch und Nähe notwendig sind.

Insofern ist die Ehe selbst eine Art fortgesetzter Selbstdifferenzierung. Alle Paare tragen Wunden und ungelöste Probleme aus der Vergangenheit mit sich. Die Liebe in einer Partnerschaft bietet die Chance zu weiterem Wachstum und anhaltender Entfaltung.

Wenn die Ehepartner ihre Bedürfnisse wechselseitig und aus eigener Kraft befriedigen, sind die Kinder frei, ihre eigenen Bedürfnisse in einem Klima von elterlichem Schutz, Anleitung und guten Modellen der Grenzziehung und des Respekts vor der Privatsphäre zu befriedigen. Vor allem müssen die Kinder nicht die Leere und die unbefriedigten Bedürfnisse ihrer Eltern ausfüllen. Eltern, die ein hohes Maß an Selbstdifferenzierung erreicht haben, sind auch fähig, ein hohes Maß an Nähe herzustellen. Das schützt das Kind davor, zum Ehepartnerersatz zu werden, wie ich es im Kapitel »Dunkle Geheimnisse« beschrieben habe.

Wenn jedoch ein Elternteil auf einer niedrigeren Ebene der Selbstdifferenzierung stehen bleibt und keine Erfüllung in der Ehe findet, dann kann er sich einem der Kinder zuwenden, um dort seine Bedürfnisse zu befriedigen. Eine Mutter, die sich von ihrer eigenen Mutter nie geliebt und geschätzt fühlte, kann unbewusst versuchen, ihr eigenes Kind von sich abhängig zu halten. Ein Vater, der durch seinen Vater in krank machender Weise herabgesetzt wurde, kann seine eigenen Kinder ebenso herabsetzen und sie an der Entwicklung jeglichen Selbstvertrauens hindern, so dass sie bei jeder Entscheidung von seinem Rat abhängig bleiben. Diese Abhängigkeit wird als *Bindungspermanenz* oder *Verstrickung* bezeichnet.

Die Mutter oder der Vater kann sich geliebt, geschätzt und ganz fühlen, indem sie oder er das Kind in Abhängigkeit von sich hält. Der natürliche Wachstumsdrang des Kindes ruft den Wunsch nach Trennung und Selbstständigkeit hervor. Da beides den unsicheren Elternteil mit Zurückweisung und Liebesentzug bedroht, kann das Kind sich nicht abgrenzen. Das bedeutet, das Kind hat nie wirklich Zugang zu seinen eigenen Gefühlen, Gedanken und Sehnsüchten. Dieser fehlende Zugang zur eigenen Erfahrung hindert das Kind, ein starkes Selbst zu entwickeln und sich von der Familie abzugrenzen.

Die Kernfamilie als emotionales System

In Bowens Theorie bildet die Ehe den Kern der Familie, und ihr Reifegrad ist der Schlüssel für die Gesundheit des ganzen Systems.

In der Zeit des Kennenlernens sieht die Mutter im Vater vielleicht den starken, liebevollen Vater, den sie nie hatte. Sie bindet sich vielleicht an ihn, um die Leere auszufüllen, die sie als liebesbedürftiges kleines Mädchen empfand. Wenn sie sich »verliebt«, dann bezieht dieses Gefühl seine Macht aus dem universellen Erleben von Ganzheit, das sie sich daraus verschafft. Für den Mann verkörpert die Frau vielleicht die verletzliche Weiblichkeit, die er selbst tief in sich spürt, die er jedoch nicht äußern darf. Dass sie seinetwegen fast in Ohnmacht fällt, ermöglicht ihm, Verbindung zu einem fehlenden Teil seines Selbst herzustellen. Auch er fühlt sich ganz und erfüllt, weil er in sie »verliebt« ist. Doch diese Verliebtheit hält für beide eine Falle bereit. Der Macho-Vater muss auch in Zukunft stark und mächtig wirken und handeln, um Mutters anhimmelnden Gehorsam weiter aufrechtzuerhalten. Er muss seinen verletzbaren und ängstlichen Teil geheim halten. Und die Mutter muss – sogar vor sich selbst – ihre eigene Stärke als Erwachsene verbergen.

Wenn die Liebe zwischen Mutter und Vater wirklich wachsen soll, müssen sie einander langsam ihre ganze Persönlichkeit offenbaren. Das bedeutet auch, dass sie ihre romantischen Träume aufgeben und über die Enttäuschung trauern müssen, die sich aus der Erkenntnis ergibt, dass das geliebte Wesen die aus Kindheitsdefiziten zurückgebliebene Leere nicht ausfüllen kann. Wenn Mutter und Vater nicht zum Wachsen bereit sind oder wenn ihre Verletzung zu tief ist, werden sie ihre Energie in ein falsches Selbst und in Pseudo-Nähe lenken. Dann können sie ihre Kindheitsdefizite auf verschiedene Arten ausagieren.

In Germaines Fall (die wir im Kapitel »Dunkle Geheimnisse« kennen lernten) befriedigte der Vater seine unbefriedigten Bedürfnisse durch die Flucht in Sex; seine Frau befriedigte die ihren durch die besessene Beschäftigung mit ihrem Mann und seiner Sucht. Ihre Ehe bestand größtenteils aus hohlem Schein und Täuschung. Germaine hatte eine starke Bindung an ihre Mutter und entfloh ihren Gefühlen, indem sie sich der Leere ihrer Mutter annahm. Die gesamte Familienstruktur war bestimmt durch das dunkle Geheimnis der Pseudo-Nähe ihrer Eltern. Germaine war gefangen im emotionalen Feld der Kernfamilie oder in der »undifferenzierten Ego-Masse der Familie«, wie Bowen es bezeichnete, einer Form von Gruppenbewusstlosigkeit des Denkens, die die ganze Familie erfasst.

Ich erinnere mich an meine Arbeit mit einer Familie, in der jedes Mitglied der Reihe nach an Depressionen litt. Im Laufe von zwei Jahren durchlebten der Vater, die Mutter und vier Kinder, zwei davon Anfang 20, eine begrenzte Phase von Apathie und Passivität, die durch eine negative Weltsicht charakterisiert war.

Durch die Depressionen erhielt diese Familie einen starren Zusammenhalt aufrecht. Niemand hatte das emotionale System der Familie verlassen. Beide älteren Kinder gingen weg, um bald wieder zurückzukehren (denken Sie nur an die Familie Brontë!). Die Eltern waren in Co-Abhängigkeit gefangen, jeder verkörperte für den anderen die primäre Bezugsperson der Herkunftsfamilie. Sie tauschten ihr Selbst aus wie Händler auf einer Handelsbörse. Jeden erfüllte panisches Entsetzen bei der Vorstellung, das Leben allein meistern zu müssen. Auch die Kinder waren durch Geheimnisse an die Eltern gebunden. Der älteste Sohn und der Vater verbanden sich gegen die Mutter; die Mutter und die zweitälteste Tochter hatten Geheimnisse vor dem Vater usw.

Diese Familie war erstarrt. Als ich jeden bat, ein Bild der Familie zu malen, zeichneten die ältesten drei Geschwister die 17-jährige Jüngste als sechsjähriges Kind. Sie wurde »Baby« genannt und litt am stärksten unter Depressionen. Tatsächlich *musste* diese Familie an Depressionen leiden, denn Depressionen waren etwas Vertrautes und hielten die Familie zusammen.

Denken und Fühlen

Bowen betrachtete in seiner Analyse des emotionalen Systems der Kernfamilie den Grad an individueller Selbstdifferenzierung der Familienmitglieder in erster Linie unter dem Aspekt der Abgrenzung von Denken und Fühlen.

Ein Mensch mit einem starken Selbst und stabilen Ich-Grenzen kann über seine Gefühle nachdenken, ohne von ihnen beherrscht zu werden. Ein Mensch, der dazu nicht in der Lage ist, glaubt, dass das, was er fühlt, auch wahr sein muss. Ein Mensch mit einem stabilen Gefühl der Selbstdifferenzierung kann sich auch anderen Familienmitgliedern gegenüber klar abgrenzen. Gute zwischenmenschliche Grenzen ermöglichen uns, über eine Interaktion mit einem anderen Familienmitglied zu reflektieren, ohne dabei übertrieben zu reagieren oder von den Emotionen überwältigt zu werden. Wenn wir in solche emotionale Verstrickungen verwickelt sind, haben wir keinen klaren Kopf mehr, wir werden von alten Familienprozessen »mitgerissen« und gehen im emotionalen Feld der Familie unter.

Weil diese Art von Verstrickung in Familiengefühle so weit verbreitet ist, tragen die Menschen ein ungeheuer großes Reservoir des von mir so bezeichneten *Urschmerzes* in sich. Der Urschmerz beinhaltet Gefühle, die wir in unserer Kindheit nicht ausleben durften und die verdrängt wurden. Wir haben gelernt, nur die Gefühle zu empfinden, die in unserer Familie zulässig waren. Das Reservoir des Urschmerzes ist Teil des emotionalen Schmerzes der Kernfamilie. Solange wir diese Gefühle unterdrücken, bleiben wir an das emotionale System unserer Familie gefesselt.

Die Aufarbeitung des Urschmerzes habe ich in meinem Buch *Das Kind in uns* beschrieben. Wir können uns vom emotionalen System der Kernfamilie befreien, indem wir Zugang zu unserer unbewältigten Trauer suchen und unseren Schmerz, unsere Traurigkeit und unsere Wut zum Ausdruck bringen. Je besser wir diese Gefühle aufarbeiten, umso besser können wir innehalten und »denken«, anstatt auf unsere Emotionen nur unreflektiert zu reagieren. Wenn wir nicht fähig sind, über unsere Gefühle nachzudenken, dann ist ihr Ursprung wahrhaft ein Geheimnis, das wir vor uns selbst haben.

Elterliche Projektionsprozesse

Durch die von Bowen so bezeichneten *elterlichen Projektionsprozesse* werden ein oder mehrere Kinder entweder von den Eltern als Träger der ungelösten Probleme (der dunklen Geheimnisse) der Eltern oder der Familie ausgewählt oder von den internen Gesetzen des Familiensystems in diese Rolle gezwungen. Beverly Sue, Germaine, Sereva, Lorna und Juliettes Tochter sind alles Bespiele für diesen Projektionsprozess.

Um Ihnen diesen Prozess verständlicher zu machen, möchte ich nun den natürlichen psychischen Vorgang der Identifikation und seine Umwandlung zu einem Abwehrmechanismus erklären.

Die Identifikation ist besonders in früher Kindheit von entscheidender Bedeutung. Die früheste Identifikation, die oft als *primäre Identifikation* bezeichnet wird, findet zwischen Säugling und Mutter statt. Vieles spricht dafür, dass Säuglinge in dieser frühesten Entwicklungsphase buchstäblich nicht zwischen sich und ihrer Mutter unterscheiden können.

Identifikation bezeichnet auch die unbewusste Tendenz aller Menschen, Teile ihrer Umgebung zu verinnerlichen. Wir verinnerlichen andere als mentale Repräsentanten im Gedächtnis. In einem gewissen Sinn werden sie psychisch »geschluckt« und verdaut und so Teil unserer Persönlichkeit. Im Falle einer gesunden Identifikation verinnerlicht ein Kind Teile der Gedanken, Gefühle oder Verhaltensweisen seiner Eltern. Wenn alles gut geht, ist diese Verinnerlichung vorübergehend und unterstützt das Kind, während es allmählich selbstständiger wird. Wenn sich jedoch der Elternteil, mit dem das Kind sich identifiziert, leer fühlt und selbst mit ungelösten Problemen aus seiner Kindheit belastet ist, benutzt der Elternteil die Identifikation oft als Abwehrmechanismus.

Projektive Identifikation

Wenn eine Mutter ihre eigenen Abhängigkeitsbedürfnisse von sich weist, projiziert sie ihre Abhängigkeitsgefühle auf ihr Kind und belohnt es dafür, dass es abhängig und hilflos ist. Sie entzieht ihm dagegen ihre Liebe, wenn das Kind Anzeichen von Autonomie und Unabhängigkeit zeigt.

Die Mutter braucht die Abhängigkeit des Kindes, um der Auseinandersetzung mit ihren eigenen krankhaften Abhängigkeitswünschen auszuweichen und sie nicht akzeptieren zu müssen. Sie projiziert ihre eigene Bedürftigkeit auf das Kind, indem sie nur abhängiges Verhalten belohnt. Sie bringt das Kind so dazu, dass es sich nur dann für liebenswert hält, wenn es abhängig ist. Die Mutter kann das Kind sogar verbal zu mehr Selbstständigkeit auffordern, tatsächlich aber nur abhängiges Verhalten belohnen. Diesen Prozess bezeichnet man als *projektive Identifikation*.

Germaine identifizierte sich eindeutig mit ihrer Mutter. Am Ende machte sie genau das Gleiche wie ihre Mutter – sie suchte sich einen Mann, der sie ständig betrog. Germaine und ihre Mutter hatten sogar die gleichen Eigenarten und die gleiche Körperhaltung.

Germaines Mutter war wie alle co-abhängigen Menschen voller Einsamkeit, Angst und Furcht. Sie war erfüllt von exzessiven Abhängigkeitswünschen. Indem sie Germaine bemutterte, benutzte sie sie, um ihre Leere zu füllen und sich der Konfrontation damit zu entziehen. In Bowens Theorie gibt der Elternteil, der ein Geheimnis hat, dieses durch projektive Identifikation weiter.

Der generationsübergreifende Übertragungsprozess

Schon Bowen bemerkte, dass Familienstrukturen sich wiederholen. Häufig werden ähnliche Probleme von einer Generation an die nächste weitergegeben. Er bezeichnete dies als die *generationsübergreifende Übertragung von Familienmustern.* Mehr als jeder andere Einzelfaktor halten dunkle Geheimnisse diesen Prozess am Laufen. Über Geheimnisse spricht man nicht, so dass es für sie auch keine Lösungsmöglichkeit gibt.

Ein befreundeter Therapeut erzählte mir von einem außergewöhnlichen Fall einer generationsübergreifenden Übertragung. Einer seiner Patienten namens Roberto bekam jedes Jahr um den 14. Februar einen roten Ausschlag am Hals. Der Ausschlag blieb etwa zehn Tage und verschwand dann wieder. Zum ersten Mal war er im Alter von acht Jahren aufgetreten. Es gab keine medizinische Erklärung für das Auftreten dieses Ausschlags.

Als Roberto 18 Jahre alt war, starb sein Vater. Kurz vor seinem Tod erzählte er Roberto ein schockierendes Geheimnis: Robertos Großmutter mütterlicherseits und seine Mutter hatten beide Selbstmord begangen. Seine Großmutter hatte sich selbst die Kehle durchgeschnitten, und seine Mutter hatte sich erhängt. Seine Großmutter hatte sich am Valentinstag das Leben genommen. Seine Mutter war mit 26 Jahren an einem 16. Februar gestorben – sechs Jahre nach Robertos Geburt.

Robertos Mutter wusste vom Selbstmord ihrer eigenen Mutter und brachte sich nur zwei Tage nach dem Jahrestag des Todes ihrer Mutter um. Ihr Generationsmuster ist somit klar.

Irgendwie »wusste« auch Roberto vom Selbstmord seiner Mutter und Großmutter. Doch bis zum Eingeständnis seines Vaters auf dem Totenbett hatte ihm niemand davon erzählt. Wie konnte er also davon wissen? Wie hatte Germaine von den Affären ihres Vaters erfahren? Schließlich hatte niemand ihr davon erzählt. Wie ist es möglich, dass man ein Geheimnis kennt und nicht weiß, dass man es kennt? Die Geheimnisse müssen irgendwie bekannt sein, andernfalls könnten sie nicht erneut in Szene gesetzt werden. In Bowens Theorie sind die Geheimnisse Teil des emotionalen Systems der Familie. Wenn die Geheimnisse ausagiert oder nach innen gewendet werden, dann sind diese Neuinszenierungen symbolische Versuche, die dunklen Geheimnisse ans Tageslicht zu befördern.

Dreiecke

In Bowens Theorie ist das Dreieck, die emotionale Drei-Personen-Struktur, das Molekül oder der Grundbaustein jedes emotionalen Systems. Ein Zwei-Personen-System kann stabil sein, solange es ruhig ist. Wenn jedoch die Angst zunimmt – wenn beispielsweise in einer Zweierbeziehung ein Nähekonflikt besteht –, dann bezieht es sofort den verletzlichsten Außenstehenden zur Bildung eines Dreiecks mit ein. Das war bei Beverly Sue der Fall. Wenn die Spannung im Dreieck für die Beteiligten zu groß wird, werden immer weitere Personen mit einbezogen, die eine Reihe verschränkter Dreiecke bilden. Wenn die Spannung in einer Familie sehr groß ist und keine weiteren Dreieckskonstellationen mehr zur Verfügung stehen, dann werden Außenstehende wie Therapeuten, Polizisten und soziale Institutionen in die Dreiecksbildung mit hineingezogen.

Dreiecksbeziehungen sind auch Bestandteil der normalen Entwicklung und grundlegender Bestandteil der Sozialisation. Ein gesundes Kind durchbricht die primäre Bindung zu seiner Mutter, indem es eine triadische Beziehung zu Vater und Mutter eingeht. Wenn eine Mutter diese lebenswichtige Ausweitung auf den Vater aufgrund ihrer eigenen Verletzungen blockiert, erschwert sie dem Kind damit jegliche spätere Bindung an einen anderen Menschen.

Eltern, die mit Triaden nicht umgehen können, wollen nicht wachsen. Diese Eltern wurden wahrscheinlich von ihren eigenen Eltern, die nur in einer Zweierbeziehung leben konnten, in einer Bindung gehalten. Solche Eltern waren oft narzisstisch eingeschränkt: Es mangelte ihnen als Kinder an der notwendigen Spiegelung. Ihr Leben ist eine unersättliche Suche, auf der sie in Ersatzspiegeln nach sich selbst suchen. Sie können sich nicht vorstellen, ihr Leben mit mehr als einem Menschen zu teilen. Erwachsene, die Angst vor der Ehe haben, oder Paare, die isoliert sind und nur füreinander da sind, können diese narzisstische Störung verkörpern.

Typische Profile von Geschwisterpositionen

Bowen war fasziniert von der Arbeit über Geschwisterpositionen des in Wien geborenen Professors für Psychologie, Dr. Walter Toman. In Tomans Buch *Familienkonstellationen* finden sich detaillierte Schilderungen der Auswirkungen, die die Geschwisterposition auf Persönlichkeit und Sozialverhalten hat. Toman beschrieb die Persönlichkeitsmerkmale des ältesten Bruders von Brüdern, des jüngsten Bruders von Schwestern, das männliche und weibliche Einzelkind, die älteste Schwester von Schwestern, die jüngste Schwester von Schwestern usw. Seine Ausführungen stützten sich auf ausführliche Interviews und klinische Beobachtung. Im Weiteren arbeitete er jede mögliche Kombination von Geschwisterpositionen bei einer Ehe heraus und lieferte so höchst nützliche Vorhersagen über die Kompatibilität jeder Kombination.

Im Laufe der letzten 30 Jahre wurden Tomans Arbeiten in Zweifel gezogen, diskutiert, korrigiert und sogar verworfen. Das Problem besteht zum Teil darin, dass seine Arbeit nicht auf einer schlüssigen Theorie des Familiensystems basiert.

Erst die Arbeiten Jerome Bachs und Alan Andersons, zweier Psychologen am Bach-Institut in Minneapolis in Minnesota in den 70er Jahren, lieferten eine entsprechende Theorie von vier grundlegenden Geschwisterpositionen, die auf den dynamischen Bedürfnissen der Familie als sozialem System basierte. Bach und Anderson stützten diese Theorie auf Hunderte von Gesprächsstunden, klinische Beobachtung, therapeutische Interventionen und Beratungen vieler Lehrer.

Ich möchte hier einige ihrer Schlussfolgerungen zusammenfassen. Wenn Sie über Ihre eigene Geschwisterposition, die Ihrer Verwandten und Ihrer Eltern Bescheid wissen, finden sie darin möglicherweise Hinweise, um den Geheimnissen Ihrer Familie auf die Spur zu kommen.

Sie müssen sich dabei allerdings immer vergegenwärtigen, dass zusätzlich zur Geschwisterposition noch viele andere Faktoren das Familiensystem beeinflussen. Die hier geschilderten Persönlichkeitsmerkmale sind typisch für die Rolle, die ein Kind mit einer bestimmten Stellung in der Geschwisterreihe spielt. Wie diese Rolle ausgefüllt wird, wird weitgehend von den Regeln bestimmt, die das Familiensystem im Allgemeinen beherrschen, ebenso wie von den sensiblen Faktoren in jeder Familie wie etwa der individuellen Eigenart, der ethnischen Zugehörigkeit und sonstigen Umständen.

Doch Überlegungen zur Stellung in der Geschwisterreihe bieten einen neuen Zugang, um zu verstehen, weshalb ein bestimmtes Kind als Objekt der elterlichen Projektionsprozesse ausgewählt wird. Die Geschwisterposition beeinflusst auch die Reaktionen jedes Geschwisters auf die Enthüllung eines Familiengeheimnisses. Bachs und Andersons Profile ermöglichen uns zudem, verlässliche Annahmen über die Persönlichkeit von Menschen in vergangenen Generationen aufzustellen, über die keine überprüfbaren Fakten vorhanden sind.

Das älteste Kind

Bach und Anderson sehen die gesamte Familie als individuelle Einheit mit klar umschriebenen Bedürfnissen. Das erste Bedürfnis ist der Wunsch nach Nachkommenschaft: die Sorge um den physischen Fortbestand der Familie. Wenn das erste Kind geboren wird, ruhen auf ihm die projizierten Wünsche der Familie nach Kontinuität und Weiterleben. Die Leistungen des erstgeborenen Kindes sind ein zentrales Thema, denn von ihnen hängt der Fortbestand der Familie ab. Das erste Kind spürt den Druck der elterlichen Normen und Erwartungen auf sich. Wenn die Erwartungen der Eltern zu unrealistisch sind, gibt das älteste Kind vielleicht auf und wird zum Versager.

Die Ältesten haben eine besondere Beziehung zu ihrem Vater. Wenn der Vater seine Rolle nicht ausfüllt, übernehmen die Ältesten oft die Verantwortung für seine Unzulänglichkeiten. Erstgeborene Geschwister können für oder mit ihrem Vater kämpfen, um ihn zu verantwortungsbewussterem Handeln zu bewegen. Zum Ausgleich für die Verantwortungslosigkeit ihres Vaters können sie ihre Mutter übermäßig beschützen, oder sie schützen ihren Vater vor den Angriffen ihrer Mutter gegen ihn.

Mehr als Kinder in allen anderen Geschwisterpositionen werden Erstgeborene die Geheimnisse ihres Vaters ausagieren. Welche ungelöste emotionale Bürde auch immer der Vater mit sich herumträgt, was auch immer er nicht offen austrägt, das älteste Geschwister wird es oft auf sich nehmen. Beverly Sues Vater war wütend auf seinen eigenen Vater, weil er sich zurückgestoßen fühlte. Als sein Vater im Sterben lag, fühlte er sich in einem Zwiespalt gefangen und voller Schuld. Beverly Sue agierte die Wut ihres Vaters aus, indem sie von der Schule fortlief.

Das zweite Kind

Zweitgeborene reagieren auf die emotionalen Stabilitätserfordernisse des Familiensystems. Sie versuchen dafür zu sorgen, dass die emotionalen Bedürfnisse eines jeden Familienmitglieds befriedigt werden, und sie fühlen sich besonders verantwortlich für die Mutter. Zweitgeborene haben eine geschärfte Wahrnehmung für die unausgesprochenen Elemente in familiären Normen und Beziehungen. Sie werden die Familiengeheimnisse wahrscheinlich schneller erfassen als ihre Geschwister, insbesondere die mütterlichen Geheimnisse. Ihre Identität ist damit verknüpft, dass sie ein Gespür für die zugrunde liegende Situation haben und das Unausgesprochene publik machen. Sie werden leicht in Verwirrung gestürzt, wenn zur Schau gestellte und heimliche Normen, Werte und Erwartungen nicht übereinstimmen. Zweitgeborene nehmen die Gefühle anderer Menschen in sich auf, als wären es ihre eigenen. Sie nehmen Probleme oft in polarisierter Form wahr und haben Schwierigkeiten mit zweideutigen Situationen. Zweitgeborene brauchen Anerkennung als Menschen und müssen klare Grenzen ziehen.

Das dritte Kind

Drittgeborene Kinder fühlen sich verantwortlich für die Qualität der Ehe ihrer Eltern. Ihre Selbstachtung ist mit der Stabilität der Ehe verknüpft. Sie brauchen die Verbindung zu Mutter und Vater gleichermaßen. Sie werden vermutlich mehr als ihre Geschwister in die Geheimnisse zwischen den Eltern hineingezogen. Und sie werden diese Ehegeheimnisse eher ausagieren. Wenn sich in der Mutter oder im Vater große Wut aufgestaut hat, mit der sie sich nicht auseinander setzen, dann kann das dritte Kind diese in Schulproblemen ausagieren. Ich kenne mehrere Drittgeborene, bei denen das der Fall war, aber es gibt noch viele andere Möglichkeiten, die ungelösten Probleme der Eltern auszuagieren.

Kinder an dritter Stelle in der Geschwisterreihe fühlen sich oft für alle dyadischen Beziehungen innerhalb der Familie verantwortlich. Ihr Denken ist von Beziehungsbegriffen bestimmt. Drittgeborene wirken manchmal kalt und gefühllos, aber sie sind zu tiefen Empfindungen fähig.

Drittgeborene sind durch einen Mangel an Alternativen und durch zwischenmenschliche Konflikte gefährdet. Angesichts eines Konflikts können sie sich in sich selbst zurückziehen und einen apathischen Eindruck machen. Sie brauchen die Anerkennung anderer für ihre Handlungen. Wenn sie sich festgefahren haben, brauchen sie Hilfe, um Alternativen zu finden.

Das vierte Kind

Kinder an vierter Stelle in der Geschwisterreihe nehmen sich des familiären Bedürfnisses nach Einheit an. Bei drei Kindern wird das dritte Kind diese Merkmale übernehmen. Die Viertgeborenen fühlen sich verantwortlich für die Harmonie in der Familie. Sie konzentrieren sich auf die Ziele der Familie als Ganzes. Sie sehen immer zuerst auf das Ganze und dann auf die Teile. Ihre Selbstachtung ist eng mit dem Glück der Familie verknüpft. Sie sind am anfälligsten für Verstrickungen in Geheimnisse, die die ganze Familie betreffen, und sie sind durchdrungen von dem Loyalitätsbedürfnis, Geheimnisse zu wahren, die die ganze Familie kennt. Sie werden leicht vom Konfliktpotenzial in einer Familie überwältigt.

Viertgeborene Kinder fühlen sich häufig verantwortlich für Missstimmungen und Schmerz in der Familie. Sie brauchen Hilfe, um ihren Anteil an der familiären Last abzugrenzen, damit sie nicht zu viel auf sich nehmen. Sie brauchen viel Anerkennung, und man muss ihnen immer wieder klarmachen, dass ihnen das Leid und die Spannungen in der Familie nicht zum Vorwurf gemacht werden.

Das fünfte und weitere Kinder

Weitere Geschwister wiederholen den Kreislauf. »Fünfte« Kinder sind wie Erstgeborene, »Sechste« wie Zweitgeborene usw.

Stieffamilien und weitere Konstellationen

In Stieffamilien oder gemischten Familien wird die Frage nach der Geschwisterposition sehr unklar. Ganz allgemein kann man sagen, dass Geschwister, die in gemischten Familien die gleiche Position haben wie in der Ursprungsfamilie, einiges durchzustehen haben.

Zwei Erstgeborene werden beispielsweise um die Führung konkurrieren. Zwei »Vierte« fühlen sich vielleicht niedergedrückt von der Last, die Dinge in der gemischten Familie ins Lot zu bringen, oder sie sind bestrebt, ihre ursprüngliche Familie zusammenzuhalten. Jede ursprüngliche Familie wird dazu neigen, Bündnisse zu bilden und vor der anderen Familie, mit der sie zusammengewürfelt wurde, ihre Geheimnisse zu wahren.

Es ist unmöglich, genau vorherzusagen, wie Geschwister die Probleme mit der Stellung in der Geschwisterreihe in gemischten Familien lösen werden. Ich habe nie von einem ältesten Kind gehört, das nach der Aufnahme in einer neuen Familie, in der es bereits ein älteres erstgeborenes Kind gab, Züge eines zweitgeborenen Kindes angenommen hätte. Ich habe vielmehr zwei Älteste erlebt, die sich in der neuen Familie zusammentaten und ihre Rolle mehr oder minder gemeinsam spielten. Ich arbeitete einmal mit einer gemischten Familie, in der beide Eltern Alkoholiker waren. Jeder Elternteil brachte drei Kinder mit. Die beiden ältesten Kinder, beides Mädchen, teilten sich die Aufgaben bei der Erziehung der anderen vier Kinder buchstäblich auf.

Bei Zwillingen wird das erstgeborene Kind tendenziell mehr die Themen des ältesten Kindes aufgreifen. Im Fall eines Kindes mit wesentlich älteren Geschwistern bleibt die Geburtsordnung unverändert. Ein drittes Kind, das auf die Welt kommt, wenn sein Bruder und seine Schwester bereits über zehn Jahr alt sind, ist immer noch an dritter Stelle. Allerdings kann ein solches Kind auch Merkmale eines Einzelkindes aufweisen. Wenn ein Kind stirbt, bleibt die Geburtsordnung für die anderen weiter unverändert.

Einzelkinder

Einzelkinder können alle positionsspezifischen Rollen übernehmen. Wenn ihre Eltern unreif und unausgefüllt sind, werden sie mit Sicherheit zur Projektionsfläche. Wenn ihre Eltern dagegen reif sind, entwickeln sie sich gewöhnlich gut. Einzelkinder wirken oft erwachsener als Gleichaltrige, und sie wollen ihren eigenen Kopf durchsetzen.

Eine tiefer gehende Diskussion anderer Geschwisterkonstellationen würde hier zu weit führen. Denjenigen unter Ihnen, die sich näher damit auseinander setzen wollen, möchte ich Margaret Hoopes' und James Harpers Buch *Birth Order Roles and Sibling Patterns in Individual Familiy Therapy* empfehlen. Bach und Anderson stimmen mit den darin vertretenen Ansichten überein.

Der emotionale Abbruch von Beziehungen

In meiner Familie war Wut verboten. Wie in vielen rechtschaffenen religiösen Familien galt Wut als schwere Sünde. Wenn ich wütend war, wusste ich nicht, was ich tun sollte, also zog ich mich zurück, sprach oft kaum noch mit der Person, auf die ich wütend war. Später brach ich die Kommunikation mit Menschen, auf die ich wütend war, für längere Zeit ab, manchmal für immer. Zu Familienmitgliedern nahm ich die Verbindung immer wieder auf, manchmal allerdings erst nach einer langen Pause. In Bowens Theorie wird dieser Rückzug ohne Lösung als emotionaler Bruch bezeichnet.

Der emotionale Abbruch von Beziehungen ist eine Strategie, die Familienmitglieder benutzen, wenn sie unfähig zur Lösung eines Konflikts sind. Normalerweise bedeutet das, dass eine Beziehung sehr intensiv ist und die Betroffenen nicht wissen, wie sie damit fertig werden sollen. Häufig besteht also eine sehr enge Bindung zwischen den Beteiligten, aber sie wissen nicht, wie sie ihre Zuneigung handhaben sollen.

Die Muster emotionaler Beziehungsabbrüche sind dadurch festgelegt, wie Menschen mit ihrer unbewältigten Bindung an ihre Eltern und Geschwister umgehen. Je geringer der Grad der Abgrenzung ist, umso intensiver ist die unaufgearbeitete Bindung und umso anfälliger ist der Betreffende sowohl für tiefe Verstrickung wie auch für einen tiefen Bruch.

Solche emotionalen Abbrüche können die Erklärung für das Verhalten der Personen in Ihrer Familie liefern, die Ihnen merkwürdig und geheimnisvoll erscheinen – das schwarze Schaf, die »Komischen«, diejenigen, die die Familie verlassen haben. Je tiefer der Bruch geht, umso wahrscheinlicher wird der Betreffende eine gesteigerte Version des elterlichen Familienproblems in seiner eigenen Partnerschaft wiederholen und umso wahrscheinlicher ist es, dass seine eigenen Kinder sogar einen noch schärferen Bruch mit ihm in der nächsten Generation vollziehen. Wer vor seiner Herkunftsfamilie davonläuft, ist emotional ebenso von ihr abhängig wie der, der sie nie verlässt. Diese Überlegung ist hilfreich für das Verständnis manch merkwürdig erscheinender familiärer Verhaltensweisen.

Gesellschaftliche Regression

Der Begriff *gesellschaftliche Regression* bezieht sich auf die Ähnlichkeit zwischen emotionalen Problemen in der Familie und solchen auf gesellschaftlicher Ebene. So wie chronische Angst in einer Familie zu wiederkehrenden Kreisläufen emotional verzerrten Denkens und unreflektierter Reaktivität führt, so trifft dies auch auf die Gesellschaft zu. Gesteigerte chronische gesellschaftliche Angst führt zu emotional gefärbten Entscheidungen, die die Angst mildern sollen, und diese Entscheidungen wiederum rufen massivere Störungssymptome hervor. Unsere »Besserungsanstalten« schaffen exakt die gleichen Bedingungen beschämender Erniedrigung, aufgrund derer gestörte, kränkende Familien ohne jeglichen Respekt vor der Privatsphäre Kriminelle hervorbrachten. Viele Kriminelle tun dem Unschuldigen Gewalt an, genau so, wie einst ihnen als Kinder Gewalt angetan wurde.

Ergänzendes zu Bowen

Bowens Theorie liefert uns einen guten Bezugsrahmen, mit dem wir verstehen können, wie wir die dunklen Geheimnisse unserer Familie kennen können, ohne bewusst zu wissen, *dass* wir sie kennen. All diese Begriffe – das Fehlen eines starken Selbstgefühls, die Verstrickung in die undifferenzierte Ego-Masse der Familie, die Verstrickung in die projektive Identifikation mit einem der beiden Elternteile, die Bindungspermanenz – beschreiben, warum wir Mitwisser von Geheimnissen sind. Aber sie erklären nicht, *wie* diese Geheimnisse übermittelt werden, *wie* sie an die nächste Generation weitergegeben werden und *wie* sie manchmal sogar Generationen überspringen.

Wenigstens vier weitere Aspekte werfen Licht auf diese rätselhaften und verwirrenden Abläufe:

- die Kinesik, die unter anderem die nonverbale Kommunikation in Familien untersucht,
- das Phänomen des unbewussten Wissens und Entscheidens,
- die Psychologie der Gruppenkognition, die sich mit Gruppenbewusstsein und Gruppenvermeidungsverhalten oder blinden Flecken befasst,
- Rupert Sheldrakes Hypothese der formbildenden Verursachung, eine biologische Theorie, die untersucht, wie Formen von Dingen und Verhaltensweisen aus früheren Generationen überliefert wurden.

Nonverbale Kommunikation

Die Kinesik untersucht holistische menschliche Kommunikation. Dr. Ray Birdwhistell, Professor für Kommunikationswissenschaft an der Annenberg School of Communication der University of Pennsylvania, und andere haben eine Fülle von Beweisen für die Mitwirkung *aller* Sinne bei der menschlichen Kommunikation zusammengetragen. Birdwhistell war ursprünglich Anthropologe, was ihn zu der Fragestellung brachte, wie die durch menschliche Gesten und Bewegungen vermittelte Information in unterschiedlichen Kulturen mit unterschiedlichen Kodierungen und Mustern versehen wird. Diese Kodes und Muster können durch eine fachkundige Untersuchung spezieller Bewegungssequenzen innerhalb einer sozialen Einheit wie der Familie herausgefunden werden. Kinder müssen eine Menge lernen in ihrer Familie, um die ihrem Geschlecht und in ihrer gesellschaftlichen Umgebung vorgeschriebenen Gesten und Bewegungen ausführen zu können. Fremde und Einwanderer fühlen sich oft beschämt und gedemütigt, weil sie sich der nonverbalen Ebenen des erwarteten Verhaltens nicht bewusst sind. Ein Kind kann diese Verhaltenserwartungen lernen, weil Muster dafür vorhanden sind.

Birdwhistell und andere haben verschiedene Familien ausführlich bei Mahlzeiten gefilmt. Alle Familien, gestörte wie nicht gestörte, weisen ausgeprägte Ritualmuster auf, obwohl niemand in der Familie diese als Rituale bezeichnet oder erkennt, dass die geordnete Struktur ihrer verbalen Interaktionen durch unbewusste nonverbale Regeln gesteuert wird.

Birdwhistells Aufnahmen lautstarker, gestörter Familien zeigen eindeutig vorhersagbare Muster von Streitigkeiten beim Abendessen. Er schreibt: »Es klingt beinahe, als hätte jedes Familienmitglied seinen Part auswendig gelernt, wüsste seine Stichworte und würde sich auf das Familiendrama abstimmen.« Er schließt daraus, dass die verbalen Rituale dieser Familien so etwas wie ein Täuschungsmanöver waren, das die offizielle Version der Familie abgab und als Schirm diente, »hinter dem die Familienmitglieder verdeckt die restliche Kommunikation abwickelten«. Diese verdeckte Kommunikation – einschließlich der Geheimnisse – fand auf einer nonverbalen Ebene statt.

Birdwhistell beschreibt seine eigene Mutter als »Expertin im *Nichtsprechen*: »Sie konnte ein Schweigen ausschicken, so laut, dass es das Geräusch schlurfender Füße übertönte ... und sogar das Knirschen der Elektrogeräte meines Vaters, zu denen er sich zurückzog, wenn meine Mutter, wie er sich ausdrückte, ›ungemütlich‹ wurde.«

Er führt weiter aus, dass sie der Inbegriff der zuvorkommenden Gastgeberin war und oft sagte: »Egal, wie sehr mir ein Gast zuwider ist, niemals wird ein unchristliches Wort über meine Lippen kommen. Ich lächle einfach.« Doch wie er berichtet, wurde das dünnlippige Lächeln seiner Mutter von einem hörbaren Einatmen durch ihre geblähten Nasenflügel begleitet, das »keiner Worte bedurfte – weder christlicher noch anderer –, um ihre Einstellung kundzutun.«

Denken Sie einmal an die nonverbalen Signale in Ihrer Familie. Der verdrossene Blick Ihres Bruders, die vorgeschobene Unterlippe Ihrer Schwester, die zusammengebissenen Kiefer Ihres Vaters und das zwanghafte Gerede Ihrer Mutter sind unübersehbare Kennzeichen eines Familienkodes. Niemand hat Ihnen dieses Nachrichtensystem je beigebracht, aber innerhalb Ihrer Familie ist es oft deutlicher vernehmbar als Worte.

Unbewusstes Wissen und Entscheiden

Manche Blinde können eine ganz außerordentliche Leistung vollbringen. Wenn man sie bittet, nach einem vor ihnen platzierten Gegenstand zu greifen, können sie diesen ohne zu zögern finden. Diese einzigartige Fähigkeit wird *Blindsehen* genannt. Man erklärt sie sich durch die Tatsache, dass bei solchen Menschen die Blindheit durch eine Gehirnverletzung oder einen Schlaganfall hervorgerufen wurde. Der beschädigte Teil ihres Gehirns kontrolliert nicht das Sehen selbst, sondern das Bewusstsein des Gesehenen. Ihr visuelles Sehvermögen ist intakt.

Anthony Marcel, ein Psychologe an der Cambridge University, der viele Untersuchungen über das Blindsehen durchgeführt hat, ist zu dem Schluss gekommen, dass das Gehirn auch bei Menschen, die sehen können, fähig ist, etwas zu wissen, ohne dass ein Bewusstsein über dieses Wissen besteht.

Marcel zeigte in einem Experiment, dass die meisten Menschen unbewusst lesen können. Er projizierte Wörter wenige tausendstel Sekunden lang auf eine Leinwand – viel zu kurz, um bewusst wahrgenommen zu werden. Dann fragte er seine Probanden, welches Wort aus einem Wortpaar das Gleiche bedeutete wie das, das er projiziert hatte. In 90 Prozent der Fälle trafen die Befragten das gesuchte Wort.

Derartige Studien in Verbindung mit anderen Forschungen haben kognitive Psychologen zu der verwirrenden Schlussfolgerung gebracht, dass ein großer Teil der Aktivität des Gehirns außerhalb des Bewusstseins stattfindet. Unser bewusstes Denken hat nur sehr beschränkte Kapazitäten.

Harriet Lerner schildert in ihrem hervorragenden Buch *Zärtliches Tempo* eindringlich, dass sie als Teenager an einem bestimmten Punkt ihres Lebens die »unbewußte Entscheidung« traf, verhaltensauffällig zu bleiben. Um es mit ihren Worten zu sagen, entschied sie sich, sich »nicht zu ändern«, obwohl ihre Familie sie zu einem Psychologen geschickt hatte.

Harriets Mutter litt an Krebs, und es war sehr wahrscheinlich, dass sie sterben würde. Harriet traf auf einer unbewussten Ebene die Entscheidung, ein Problem zu bleiben, damit ihre Mutter am Leben blieb. Viele Jahre später kam sie zusammen mit ihrer Mutter, die tatsächlich den Krebs besiegt hatte, diesem Mechanismus auf die Spur. Ihre Mutter bestätigte, dass sie sich ständig Gedanken gemacht hätte, was nach ihrem Tod aus Harriet werden würde. Wer weiß, ob Harriets Entscheidung nicht wirklich ihrer Mutter das Leben rettete!

In unserem Zusammenhang ist wichtig, dass Harriet eine weitreichende Entscheidung traf, die vollkommen unbewusst war.

Partnerwahl

Zu den besten Beispielen für unbewusste Entscheidungen gehört die Partnerwahl. Beziehungen sind das bevorzugte Feld, in dem wir unsere frühesten Gefühle der Zuneigung wieder zum Leben erwecken. Wir wählen unsere Partner auch, um alte Enttäuschungen zu bewältigen und unerfüllte Abhängigkeitsbedürfnisse zu befriedigen.

Woher wissen wir, dass die Person unserer Wahl genau die Probleme verkörpert, die wir mit unseren Eltern aufarbeiten müssen? Im Jahr nach der Beendigung meines Priesterseminars ging ich mit vier älteren Frauen aus, die genau die ungelösten emotionalen Probleme meiner Mutter hatten. Wir können alle möglichen bewussten Gründe für die Wahl eines ganz bestimmten Partners anführen, aber die wahre Entscheidung fällt außerhalb unseres eigenen Bewusstseins. Jane Middelton Moz, eine auf die Behandlung von Personen mit Kindheitstraumata spezialisierte Psychotherapeutin, meint, dass wir das Vertraute auswählen, und zwar »ganz genauso, wie jemand aus einem fremden Land nach anderen sucht, die dieselben Sitten und Werte haben und dieselbe Sprache sprechen. Wir fühlen uns in ihrer Gegenwart ›zu Hause‹. Sie verkörpern Abwehrmechanismen, nonverbale Kommunikation, Embleme, Eigenarten und Signale, die unseren eigenen ähneln. Sie sprechen unsere Sprache.«

Beinahe alle Paartherapeuten haben festgestellt, dass es in jeder Beziehung zwei Ebenen des Engagements für die Beziehung gibt und dass die unbewussten Übereinkünfte eines Paares im Widerspruch zu den bewussten Vereinbarungen stehen können. Wenn störende Verhaltensweisen in einer Ehe jahrelang bestehen, dann ist es völlig klar, dass das Paar sie insgeheim billigt. Jedes unbewusste Einverständnis birgt gewisse Vorteile, die das Paar auf einer unbewussten Ebene funktionieren lassen. Ein typischer unbewusster Vertrag kann sein: »Ich laufe vor dir weg, und du läufst mir nach«; oder: »Immer wenn die Nähe zwischen uns zu groß wird, fange ich einen Streit an«; oder: »Ich bin der Versager, und du bist der Perfekte«; oder: »Ich errichte Mauern, und du versuchst sie einzureißen.«

Ich erinnere mich beispielsweise an ein Paar, das an einem großen College im Osten den Doktor mit magna cum laude gemacht hatte. Sie waren seit 18

Jahren verheiratet und hatten sich den größten Teil dieser Zeit über die Wäsche gestritten! Zu den therapeutischen Aufgaben, die ich ihnen gab, gehörte die Protokollierung ihrer Wäschestreitigkeiten. Immer wenn sie sich über die Wäsche gestritten hatten, mussten sie aufschreiben, was am Tag vor dem Streit vorgefallen war. Die aufgezeichneten Schilderungen betrafen unweigerlich Momente großer Nähe. Es wurde klar, dass ihre Auseinandersetzungen über die Wäsche dem Zweck dienten, wieder mehr Distanz herzustellen, wenn sie einander zu nahe gekommen waren. Der geheime Vertrag bestand in der stillschweigenden Vereinbarung, einander eben nicht zu nahe zu kommen. Ihre Streitereien um die Wäsche waren Bestandteil eines Regelkreises – ein bequemer Weg, ihrem Kontrakt auch dann zu entsprechen, wenn sie ihn geheim hielten.

Der wechselseitige Pakt über Wahrnehmungstabus

In einer Ehe erfahren beide Partner, dass bestimmte Bereiche sehr heikel sind. Sie kommen unbewusst überein, diesen gefährlichen Punkten keine Aufmerksamkeit zu schenken, damit sie besser miteinander auskommen und sich vor dem Verlassenwerden schützen. Wenn beide Partner sich auf ein solches selektives Vermeiden verständigen, schaffen sie ein gemeinsames Geheimnis oder einen gemeinsamen Irrglauben, der Bestandteil einer unbewussten Übereinkunft wird.

Erving Goffman legt in seinem Buch *Wir alle spielen Theater* die doch etwas beunruhigende Überzeugung dar, dass Beziehungen durch solche Geheimnisse gefestigt werden können. Er bemerkt: »In gut funktionierenden Ehen kann man erwarten, dass jeder Partner Geheimnisse für sich behält, die mit finanziellen Fragen, früheren Erfahrungen, aktuellen Flirts, schlechten oder teuren Gewohnheiten ... und wahren Ansichten über Verwandte oder gemeinsame Freunde zu tun haben.« Nach Goffmans Ansicht ermöglichen diese Geheimnisse die Aufrechterhaltung eines erwünschten Status quo.

Sicher ist, dass alle Paare eine unbewusste Übereinkunft über bestimmte Bereiche haben, die da lautet: »Wenn du nichts sagst, werde ich nicht fragen.« Diese verbotenen Bereiche werden im Laufe der ersten Beziehungsjahre aus unangenehmen Erfahrungen abgeleitet, und die Übereinkunft wird unbewusst getroffen. Die ausgegrenzten Bereiche werden durch einen unbewussten wechselseitigen Pakt geschützt, der markiert, welche Wahrnehmungen und Gesprächsthemen tabu sind.

Wenn die Schleier über diesen unbewussten Abmachungen gelüftet werden – etwa bei einer Scheidung –, kann die Sache wirklich sehr hässlich werden. Wie Daniel Goleman sagte: »Unter der Oberfläche dieser unsicheren Allianz des Nichtwahrnehmens kann sich ein Abgrund von Wut, Groll, Verletztheit auftun – die alle unausgesprochen oder gar unbemerkt geblieben sind.« Wenn ein Paar sich trennt, löst die unbewusste Absprache sich auf, die der Aufrechterhaltung des Status quo um den Preis von Offenheit gedient hat. Alles kocht hoch, und das »zivilisierte« Paar kann unversehens alle Verhaltenskonventionen über Bord werfen.

Viele dieser unbewussten wechselseitigen Übereinkünfte der Nichtbeachtung zwischen Mann und Frau werden auch auf die Kinder ausgeweitet. Alle Familienmitglieder verständigen sich auf eine Anzahl gemeinsamer blinder Flecken oder Geheimnisse, die bestimmen, was wahrgenommen und diskutiert werden kann und was nicht. Das Sprichwort »Was du nicht weißt, macht dich nicht heiß« ist eine bewusste Aussage, die die unbewusste Dynamik dieser gemeinsamen Allianzen der Nichtwahrnehmung untermauert.

Selektive Wahrnehmung

Während diese Familiengeheimnisse uns aufoktroyiert werden, lernen wir, Auswahlkriterien und Übereinkünfte unbewusst zu verarbeiten. Das Mitglied, das der Geheimnisträger ist, will absichtlich bestimmte Informationen verheimlichen. Kinder lernen, die familiäre Situation so wahrzunehmen, wie es ihren Eltern gefällt. Kinder wollen ihren Eltern etwas bedeuten, und sie wollen, dass ihre Eltern in Ordnung sind. Wie Sie in Beverly Sues Fall feststellen konnten, wird ein Kind sogar eine emotionale Störung entwickeln, um für seine Eltern zu sorgen.

Kinder lernen, Dinge, die für ihre Eltern schmerzlich, unangenehm und beängstigend sind, nicht wahrzunehmen. Und wie Goleman überzeugend dargelegt hat, verändern alle Menschen ihre Aufmerksamkeit und Wahrnehmung, um Angst zu bewältigen. Es gibt immer eine Beziehung zwischen Angst und Aufmerksamkeit. Wir lernen, selektiv wahrzunehmen, und wir wählen eher die angenehmen Aspekte unserer Umgebung aus als die schmerzhaften. Das einfachste Beispiel dafür ist, dass man sich in einem Horrorfilm die Augen zuhält oder wegsieht.

Angenehme Erfahrungen sind gewohnheitsbildend. Wir lernen das zu sehen, zu hören, zu berühren und zu riechen, was uns am angenehmsten ist.

Sicherheit im Austausch für bewusste Wahrnehmung zu gewinnen, ist der Kern des Abwehrmechanismus, den unser Bewusstsein zum Überleben einsetzt. Verleugnung und Verdrängung sind die extremsten Beispiele dafür. Wenn ich die Horrorszene nicht sehe, bekomme ich keine Angst. Wenn ich leugne, dass mein Vater brutal und grausam ist, empfinde ich nicht den herzzerreißenden Schmerz über seine Zurückweisung. Wenn ich die Phantasie einer liebevollen, fürsorglichen Mutter aufbaue, kann ich glauben, dass sie mich beschützen wird. Wenn ich die sexuelle Gewalt, die mir angetan wird, vollkommen von mir abspalte, werde ich den damit verbundenen Schmerz nicht fühlen oder mich nicht daran erinnern. Alle menschlichen Abwehrmechanismen sind autohypnotische Überlebensmechanismen. Wir tauschen Wahrnehmungen (genauer die Empfindung des Schmerzes über bestimmte Ereignisse) gegen die Sicherheit ein, betäubt oder in unserer Phantasie irgendwo sonst zu sein. Unsere Abwehrmechanismen ermöglichen uns zu überleben, aber der Preis dafür ist ein eingeschränktes Bewusstsein.

Die Psychologie der Gruppenkognition

Gregory Bateson führte aus, dass menschliches Lernen bestimmten Mustern folgt, dass wir lernen, wie wir lernen sollen und wie nicht.

Unsere Wahrnehmung ist nach Mustern strukturiert, auch unsere Erinnerung folgt diesen Mustern. Kognitive Psychologen nennen diese Muster *Schemata*. Ein Schema ist eine private, unformulierte Theorie über alle Erfahrungen, Menschen und Ereignisse, mit denen wir in unserem Leben zu tun haben. Die Gesamtsumme unserer Schemata entspricht unserer persönlichen Theorie über die Realität. Schemata sind die Bausteine des Wissens.

Schemata verändern sich im Laufe des Wachstums, und die mentale Entwicklung verläuft kumulativ: Unser Verständnis baut auf dem auf, was wir zuvor gelernt haben. Und wie Theorien sind auch unsere Schemata Korrekturen unterworfen. Wir entwickeln sogar Meta-Schemata – Schemata, die das Funktionieren anderer Schemata steuern. Unsere Schemata bestimmen, was wir wahrnehmen und was wir nicht wahrnehmen.

Wenn Sie darüber nachdenken, werden Sie feststellen, dass es immer mehr zu sehen gibt, als wir tatsächlich sehen können. Wir sehen das eine mehr als das andere, aber warum? Und sehen wir wirklich, was wir sehen? Anscheinend spricht vieles dafür, dass wir sehen, was wir sehen wollen.

Ulric Neisser, ein kognitiver Psychologe, machte eine einminütige Videoaufnahme von vier Jungen, die Basketball spielten. Nach etwa 30 Sekunden bummelt eine schöne, weiß gekleidete Frau mit einem Schirm über das Spielfeld. Vier ganze Sekunden lang ist sie auf dem Bildschirm zu sehen. Neisser zeigte das Band in seinem Labor mehreren Probanden, die die Anweisung hatten, immer dann, wenn ein Spieler den Ball spielte, einen Knopf zu drücken. Als Neisser die Zuschauer fragte, ob sie etwas Ungewöhnliches bemerkt hätten, erwähnte keiner die Frau. Sie hatten sie nicht gesehen. Neissers Anweisung, auf den Ball zu achten, hatte ein Schema geschaffen, in das die Frau nicht hineinpasste.

Wenn wir dieses Konzept der Schemata auf Familiengeheimnisse beziehen, kann mit Bestimmtheit gesagt werden, dass der ein Geheimnis wahrende Elternteil oder beide Eltern die Wahrnehmung ihrer Kinder steuern. Kurzum: *Kinder lernen, was sie nach dem Willen ihrer Eltern sehen sollen und was nicht.* Ob bewusst oder unbewusst, der Geheimnisträger wählt einen »sicheren« Brennpunkt, auf den er die Aufmerksamkeit lenkt, um von dem »gefährlichen« Geheimnis abzulenken. Wir wissen genau, welche Themen erlaubt sind und welche nicht.

Die Familienpersönlichkeit

Wir könnten so weit gehen, zu behaupten, dass eine Familie eine Persönlichkeit hat und dass die Familienpersönlichkeit ebenso Bedürfnisse hat wie eine individuelle Persönlichkeit. Die Familienpersönlichkeit wird gesteuert von einem zusammengesetzten Bewusstsein, das ein einzigartiges Produkt der Gesamtsumme gemeinsamer Schemata ihrer Mitglieder ist. Dieses zusammengesetzte Bewusstsein sitzt nicht nur im Denken jedes Mitglieds, sondern gewissermaßen auch zwischen ihnen. Und die Familienpersönlichkeit, die durch das Gruppenbewusstsein geschaffen wird, hat bewusste und unbewusste Aspekte.

Die Familienkodes, ihre regelmäßigen und wiederkehrenden Muster, fungieren als eine Art Gruppengedächtnis. Manche wiederkehrende Ereignisse wie etwa Feiertage, Streitigkeiten und verschiedene Ausflüge sind die zentralen Fundgruben des Familienbewusstseins.

Alle Familien ziehen irgendwo eine Grenze zwischen dem, was in Worte gefasst werden kann, und dem, was nicht. Sie haben gemeinsame Wahrnehmungsbrennpunkte und gemeinsame Verleugnungsthemen. Häufig gibt es in

Familien ein Mitglied, das den Informationsfluss filtert, so dass er der Familiendoktrin entspricht. In strengen fundamentalistisch-religiösen Familien wird jede neue Information auf ihre Wahrheit oder Falschheit hin überprüft. Mutter und Vater wachen über das richtige Denken. Sie fragen: »Was steht dazu in der Bibel?« Wenn das Neue nicht Bestandteil der Bibel ist oder *ihre* Interpretation der Bibel verletzt, wird es verworfen.

Die meisten Familien haben einen Wächter über das richtige Denken, jemanden, der fragt: »Wie bist du nur auf so eine verrückte Idee gekommen?« Diese Frage bedeutet, dass die Idee nicht zum Gruppenglauben der Familie passt. Ein machtvoller Wächter ist die Aussage: »Was du nicht weißt, macht dich nicht heiß.«

»Das erste Opfer des Gruppendenkens«, so schreibt Daniel Goleman, »ist das kritische Denken.« Kinder, die in patriarchalischen oder matriarchalischen Familien aufwachsen, dürfen keine Fragen stellen. Die Hauptregel lautet, dass die Regeln nie in Frage zu stellen sind. Das schafft eine ausweglose kognitive Abkapselung. Germaines Wahrnehmung war so geformt, dass das Offenkundige ihr nicht in den Sinn kam. Sie konnte sich selbst nicht fragen: »Ist es möglich, dass mein Vater all diese Frauen mit Problemen nur aufnimmt, um mit ihnen zu schlafen?« Je mehr Geheimnisse eine Familie umgeben, umso mehr werden ihre Wahrnehmungen vorgeformt, und wahre Alternativen werden ignoriert, gleichgültig, welche Vorteile sie bieten mögen. Tatsachen, die die offizielle Doktrin in Frage stellen oder die Familienpersönlichkeit bedrohen, werden einfach beiseite geschoben.

Je dunkler die Geheimnisse sind, umso wahrscheinlicher wird die Familie sich in scheinbare Stabilität flüchten.

Familien mit dunklen Geheimnissen schaffen blinde Flecken. Es gibt Regeln, die vorschreiben, was Familienmitglieder nicht wahrnehmen dürfen, und andere Regeln, die besagen: »Nimm die Regeln nicht wahr, die dir vorschreiben, was du nicht wahrnehmen darfst.« Kinder können diese Regeln nicht erkennen, die ihr Bewusstsein und ihre Erfahrung einschränken, weil sie im Unbewussten wirken. Hinzu kommt, dass Kinder naturgemäß nur begrenzte kognitive Erfahrung haben. Sie verfügen über keine alternativen Erklärungen, selbst wenn das gefahrlos wäre. Die Regeln, was nicht wahrgenommen werden darf, und die Meta-Regel, eben jene Regeln selbst nicht wahrzunehmen, sind für das Gruppenbewusstsein der Familie das, was die individuellen Abwehrmechanismen für das Bewusstsein des Einzelnen sind.

Die Theorie der formbildenden Verursachung

Keine dieser Theorien befriedigt mich vollständig. In letzter Zeit neige ich zu einer anderen Sichtweise in Bezug auf die Weitergabe von Geheimnissen. Sie stammt von dem Biologen Rupert Sheldrake aus Cambridge, der sein Leben der Frage gewidmet hat, wie die Formen von Lebewesen von einer Generation zur nächsten weitergegeben werden. Wie wird beispielsweise aus einer Eichel eine mächtige Eiche? Sheldrake befasst sich außerdem mit der Frage, ob ein neu erworbenes Verhalten weitergegeben werden kann, ohne gelernt werden zu müssen. Seine Erkenntnisse können uns bei der Beantwortung der Frage helfen, wie genau das Problem, das in einer Generation verheimlicht wurde – zum Beispiel sexuelles Suchtverhalten, das sich in einer Vielzahl von Affären äußert –, von nachfolgenden Generationen ausagiert wird, selbst wenn sie keinerlei Kenntnis der Vergangenheit haben. Zusammenfassend ist Sheldrake zu der Ansicht gekommen, dass ein neu erworbenes Verhalten in einer bestimmten Art, das einen bestimmten Schwellenwert erreicht hat, an die gesamte Nachkommenschaft dieser Art weitergegeben wird. Die späteren Generationen werden das Verhalten bereits kennen, ohne den Lernprozess der vorhergehenden Generation zu durchlaufen. Das neue Verhalten kann entweder kreativ oder destruktiv sein. In beiden Fällen werden alle nachfolgenden Generationen, sobald eine bestimmte Schwelle überschritten ist, das neu erworbene Verhalten als natürliches Erbe übernehmen.

Sheldrakes Theorie der formbildenden Verursachung basiert auf modernen Forschungen über Energiefelder. Sie besagen, dass bestimmte Schwellen eines neuen Verhaltens ein Energiefeld schaffen, das zusammen mit der DNS die Vererbungsmerkmale der nächsten Generation bestimmt. Die Formen des neuen Verhaltens werden durch dieses Energiefeld weitergegeben. Ein einfacher Vergleich mag das Verständnis dieser Theorie erleichtern.

Sehen Sie auf einen Fernsehschirm und fragen Sie sich: Wie kommt das Bild auf den Schirm? Mit anderen Worten, wie werden die Formen produziert? Wir könnten uns vorstellen, im Apparat säßen kleine Wichte. (Tatsächlich war die Erklärung, wie aus der Eichel eine Eiche wird, bis vor kurzem genauso vereinfachend.) Wenn wir hinter den Schirm sehen, finden wir allerdings keine kleinen Wichte – wir finden Kabel und Leiter. Kabel und Leiter entsprechen der DNS, die wir alle genetisch erben. Sie sind wie Holz- und Ziegelhaufen auf einer Baustelle, die Bausteine für ein neues Haus.

Doch die Bausteine allein verleihen dem Haus oder dem Bild noch nicht seine endgültige Form. Damit der Fernsehschirm eine Form annimmt – also ein Bild zeigt –, müssen wir einen Kanal wählen. Und der Kanal ist ein Energiefeld, das außerhalb des Geräts existiert.

Sheldrake bezeichnet die Felder, durch die Verhalten weitergegeben wird, als *morphogenetische Felder*, was wörtlich bedeutet: Energiefelder, die Form geben. Wenn wir diese Theorie auf die Familie als soziales System übertragen, könnten wir sagen, dass eine Familie mit ihrer spezifischen Persönlichkeit wie eine Art agiert und dass mit dem Erreichen einer bestimmten Schwelle eines neuen Verhaltens oder neuer Gewohnheiten in der Familie jedes Mitglied nachfolgender Generationen diese kennt. Das können positive Verhaltensweisen oder Tugenden ebenso wie schlechte Gewohnheiten oder Laster sein. Sobald diese Schwelle überschritten ist, geht das Verhalten in das Gruppenbewusstsein oder ins familiäre Energiefeld über. Jeder Nachkomme kennt das neue Verhalten, auch wenn nicht notwendig jeder es ausagieren wird. Es kann sogar Generationen überspringen.

Das mag zunächst alles etwas geheimnisvoll klingen, doch noch geheimnisvoller ist das Rätsel und die Macht der Familie. Nichts von all dem, was ich darüber geschrieben habe, kann gänzlich erklären, wie Familiengeheimnisse unser Leben bestimmen.

Sie und Ihre Familie

Mittlerweile sind Ihnen vielleicht einige gesunde Geheimnisse in Ihrer Herkunftsfamilie und in Ihrem derzeitigen Leben, ob in der Familie oder anderswo, klarer geworden. Sie wissen oder vermuten vielleicht auch, dass es in Ihrer Herkunftsfamilie einige dunkle Geheimnisse gab, und Sie haben möglicherweise ein oder zwei eigene dunkle Geheimnisse entdeckt. Vor allem aber hoffe ich, dass Ihnen bewusst geworden ist, in welchem Ausmaß Ihre Familie Ihre Entscheidungsfreiheit bestimmt hat.

Vielleicht kommen Sie aus einer offenen und spontanen Familie und hatten ein uneingeschränktes und bedingungsloses Recht auf Ihre Privatsphäre. Wenn das der Fall war, dann stand es Ihnen frei, eine eigene Individualität zu entfalten und individuelle Entscheidungen zu treffen.

Leider sind solche idealen Familien selten. Die meisten Menschen, die ich kenne, sind auf einem Kontinuum irgendwo in der Nähe der von mir beschriebenen Familien mit dunklen Geheimnissen angesiedelt. Meine gesamten Erfahrungen bringen mich zu einem eher enttäuschenden Schluss über die menschliche Freiheit: Die meisten von uns sind weit weniger frei, als sie denken!

Wir haben das Leben einer Reihe von Menschen in Augenschein genommen, die sich für Herren über ihre Entscheidungen hielten. Sie lernten Schritt für Schritt, dass sie nur Familiengeheimnisse ausagierten. Ich selbst brauchte 40 Jahre, um zu verstehen, dass auch ich nur die geheime dunkle Wunde meiner Mutter ausagierte, indem ich permanent bestimmte Bindungen einging. Ich kann ehrlich sagen, dass das dunkle Geheimnis meiner Mutter sowohl sie wie mich jahrzehntelang unfähig machte, echte Nähe zuzulassen. Und selbst jetzt, nachdem ich zu dieser Erkenntnis gelangt bin, kämpfe ich immer noch darum, den Menschen, die ich liebe, nahe zu kommen.

Wenn Sie den Verdacht haben, dass in Ihrer Familie dunkle Geheimnisse existieren, wird Ihnen der nun folgende Teil II helfen, sie herauszufinden. Ich möchte Ihnen zeigen, wie bestimmte, auf dunklen Geheimnissen gegründete Muster Ihre persönliche Freiheit eingeschränkt und Ihre Identität in einer Weise geformt haben, die Sie vielleicht nicht mehr ändern wollen. Ich möchte Ihnen zeigen, dass das, was Sie nicht wissen, Ihnen sehr wohl wehtun kann. Doch es soll auch Ihr Verständnis für die reichen Schätze und die mysteriöse Macht Ihrer Familie vertieft werden. Sie entdecken vielleicht auch die Stärken, die Sie entwickelt haben, um die Angst zu bewältigen, die mit den dunklen Geheimnissen verbunden war. Und zu den schönsten Dingen, die Sie herausfinden können, gehört die Entdeckung, dass Sie möglicherweise den edelsten Traum Ihrer Mutter oder Ihres Vaters oder sogar eines Vorfahren verwirklicht haben.

Teil II

Die Reise durch den Zauberwald

Wer weiß, was jeder von uns in sich trägt, nicht nur von seinen Eltern, sondern von deren Eltern und noch weiter zurück, über alle Namen hinaus, die wir kennen, und über jedes Gesicht, das uns vertraut ist, wenn wir in einem Antiquitätengeschäft auf all ihre Porträts stoßen würden?

aus: Frederick Buechner, Telling Secrets

Anfängergeist – Wie Sie ein neues Bild Ihrer Familie gewinnen

> Das ist es, was mich in dieser Familie verrückt macht, Vater ... Ich ertrage es nicht, dass du oder Mutter jedes Mal, wenn ich eine simple Tatsache über die Geschichte dieser Familie erzähle, behaupten, dass das gar nicht passiert ist.
>
> *aus: Pat Conroy, Die Herren der Insel*

Am besten kommen Sie den dunklen Geheimnissen Ihrer Familie auf die Spur, wenn Sie mit der Einstellung darangehen, dass alles und jedes ein Schlüssel dazu sein könnte. Die Entschlüsselung dunkler Familiengeheimnisse gleicht einer archäologischen Expedition in die Psyche. Es ist unmöglich, vollkommen unvoreingenommen zu sein, weil Sie die Geheimnisse auf einer unbewussten Ebene bereits kennen. Aber je weniger vorgefasste Meinungen Sie haben, desto besser. So seltsam es klingen mag, das Beste ist, wenn Sie gar nicht wissen, wonach Sie suchen. Es gibt keine unverfälschten Daten. Jede Vorstellung und jeder Begriff setzt sich aus den Wahrnehmungen zusammen, die wir aus einer riesigen Menge sensorischer Erfahrungen, die ununterbrochen auf unsere Sinne einstürzen, ausgewählt haben. Wir haben bereits erörtert, wie die defensive Angst vor dunklen Geheimnissen unsere Wahrnehmung beeinflussen kann. Uns steht also eine Menge Arbeit bevor. Wie Rachel V. in ihrem Buch *Family Secrets* ausführt, müssen wir »ein Abwehrsystem, eine Rationalisierung, eine Weltanschauung zerpflücken«.

Die buddhistische Philosophie spricht von der Aneignung eines »Anfängergeists« als wesentlichen Schritt zu einer Bewusstseinserweiterung. Zur Veranschaulichung dieses Begriffs möchte ich kurz Hans Christian Andersens Märchen *Des Kaisers neue Kleider* wiedergeben. Wie Sie sich vielleicht erinnern, war der Kaiser so darauf versessen, sich herauszuputzen, dass sein ganzes Leben sich nur darum drehte, seine neuen Kleider vorzuführen.

Eines Tages kamen zwei Betrüger in die große Stadt, in der sich der Palast des Kaisers befand. Sie behaupteten, das wundervollste und schönste Tuch zu weben, dass man sich vorstellen könne. Die Kleider aus diesem Tuch hätten die besondere Eigenschaft, für jeden, der nicht für sein Amt tauge oder dumm sei, unsichtbar zu sein. Der Kaiser bestellte auf der Stelle einige aus dem Tuch gefertigte Kleider.

Die Betrüger stellten ihre Webstühle auf und verlangten vom Kaiser feine Seide und Gold (das sie für sich behielten). Als die Betrüger immer mehr verlangten, schickte der Kaiser – der fürchtete, er selbst könnte unfähig sein, die Kleider zu sehen – seinen wichtigsten Minister, damit er die Arbeit in Augenschein nähme. Als der Minister, der als der tugendhafteste und ehrlichste Mann des Königreichs galt, den Raum betrat, konnte er nicht das Geringste sehen, aber er hatte zu viel Angst, dies laut zu sagen. Die Betrüger sagten, sie seien noch nicht ganz fertig und bräuchten noch mehr Silber, Gold und Geld. Der Minister versicherte dem Kaiser, die Kleider seien es wert.

Als die Betrüger schließlich verkündeten, die Kleider seien fertig, musste der Kaiser selbst zur Begutachtung gehen. Natürlich konnte auch er nicht das Geringste sehen, und er fühlte sich beschämt, weil er dumm und seines Amtes unwürdig sein musste. Doch er behauptete, die neuen Kleider seien wundervoll, und verkündete, er würde sie bei der feierlichen Prozession am nächsten Tag tragen.

Und so schritt der Kaiser splitternackt unter seinem purpurroten Baldachin in der Prozession mit. Alle Bewohner der Stadt, die die Straßen säumten und aus den Fenstern hingen, riefen: »Was für ein prachtvolles Gewand!« Nie zuvor hatte der Kaiser mit seinen Kleidern einen so umwerfenden Erfolg gehabt.

Plötzlich rief ein kleines Kind aus: »Aber er hat ja gar nichts an!« Der Vater des Kindes, der die Wahrheit dieser Behauptung erkannte, rief aus: »Hört des Unschuldigen Stimme!« Bald schon flüsterten die Leute untereinander und wiederholten, was das Kind gesagt hatte. »Er hat ja gar nichts an!«, rief schließlich das ganze Volk.

Das Kind in dieser Geschichte hat Anfängergeist. »Kindermund tut Wahrheit kund«, so lautet ein Sprichwort. »Ein kleines Kind soll sie führen«, heißt es in der Heiligen Schrift. Ein Kind ist noch nicht berührt von den Geheimnissen und den lebensnotwendigen Lügen, die das Gleichgewicht in der Familie aufrechterhalten. Ein Kind ist noch nicht darauf getrimmt, sich den verborgenen Familiennormen über Tabubereiche zu beugen, und hat noch nicht gelernt, was es nicht sehen darf. Anfänger wissen nichts; Fachleute denken, sie wüssten alles.

Wir alle müssen uns wieder auf unsere Augen und Ohren besinnen, wenn wir unsere Freiheit wiedererlangen wollen. Zunächst sollten Sie von der Annahme ausgehen, dass nichts in Ihrer Familie so ist, wie es scheint. Menschliche Kreativität und kritisches Denken haben auch den Zweck, den Status quo in Frage zu stellen. Kreative Menschen sehen das Offensichtliche, das niemand sonst zu sehen scheint. Es erfordert großen Mut, als Einziger aufzustehen und zu sagen: »Aber er hat ja gar nichts an!« Und die meisten auf Sicherheit bedachten, Rollen spielenden, emotional betäubten und gesellschaftlich konditionierten Erwachsenen werden das nicht tun.

Wie man sich den Anfängergeist aneignet

Es gibt eine Reihe von Dingen, die zur Aneignung des Anfängergeists nützlich sein können. In meinem Buch *Wenn Scham krank macht* habe ich eine Technik im Umgang mit Kritik vorgeschlagen, die ich nach dem von Peter Falk gespielten, genial unbeholfenen Fernsehdetektiv »Columbo-Spielen« nannte. Sie besteht darin, sich dumm zu stellen und eine Menge Fragen zu stellen, wenn man von jemandem kritisiert wird. Diese Taktik ist ein gutes Modell für ein mögliches Vorgehen, auch wenn Sie sich den Anfängergeist nicht aneignen sollen, um sich möglicher Kritik zu entziehen. Ausgehend von der Annahme, dass alles in Ihrer Familie anders sein könnte, als es scheint, sollten Sie sich selbst und anderen viele Fragen stellen. Columbos Genie beruht auf seiner Aufmerksamkeit für Einzelheiten. Seine Wahrnehmung ist nicht selektiv.

Die Rolle der Erinnerung

Bevor wir beginnen, möchte ich Sie bitten, auch Ihre eigenen Erinnerungen unvoreingenommen zu betrachten. Das Gedächtnis gehört zu den wertvollsten menschlichen Eigenschaften, aber es leidet auch unter der allgemeinen menschlichen Unvollkommenheit. Es ist Verzerrungen, Vergessen und Lücken unterworfen.

Es ist vollkommen normal, dass man an die ersten sieben Lebensjahre nur sehr spärliche Erinnerungen hat. Spätere Kindheitserinnerungen sind oft verschwommen und bruchstückhaft. Und selbst wenn Sie deutliche Erinnerungen haben, können Ihre *ursprünglichen* Wahrnehmungen sehr verzerrt worden sein. Als Kind, vor allem unter sieben Jahren, haben Sie in einer Weise gedacht, die sich am besten als emotional und magisch beschreiben lässt. Emotionales Denken bedeutet, dass Gefühle sich mit Tatsachen vermischen. Magisches Denken bedeutet, dass die eigene subjektive Erfahrung auf *alles* projiziert wird, so dass keine eindeutige Grenze zwischen Phantasie und Realität besteht.

Ihre Wahrnehmungen, Gefühle und Gedanken wurden vielleicht einfach abgetan, als sie noch klein waren. Das Abtun von Erfahrungen ist eine gängige Verhaltensweise von Eltern, denen das Gleiche durch ihre Eltern widerfahren ist. Kinder sehen oder hören oft ganz genau, was los ist. Mutter und Vater streiten laut im Schlafzimmer – das Kind bekommt Angst und kommt ins Zimmer, um nachzufragen, was der Grund des Streits sei. Es wird ins Bett zurückgeschickt und bekommt zu hören, dass *nichts* los sei! Wenn so etwas passiert, hört ein Kind auf, seinen eigenen Sinnen zu vertrauen.

Auch Gefühle, Bedürfnisse, Wünsche und Gedanken können so abgetan werden, was zu einem Zustand führt, den ich in meinem Buch *Creating Love* als *Mystifikation* beschrieben habe. Eine mystifizierte Person ist nicht in ihrer eigenen Erfahrung verankert. Ihr falsches Abwehrselbst hat das Regiment übernommen und ist vollkommen damit beschäftigt, sich in allen Einzelheiten den Normen entsprechend zu verhalten, die früher Liebe und Sicherheit garantierten. Ein so defensiv geführtes Leben verzerrt die Erinnerung an die Vergangenheit.

Auch aktuelle Sorgen und Leidenschaften können Ihre Erinnerung verfälschen. Das Gedächtnis lässt sich so manipulieren, dass es mit allem übereinstimmt, was Sie zeigen oder beweisen wollen.

Wenn Sie zu den Menschen gehören, die gern den Erwartungen anderer Menschen entsprechen, dann versuchen Sie womöglich sogar, sich an bestimmte Dinge zu erinnern, nur um *mir* einen Gefallen zu tun und die Thesen dieses Buches zu bestätigen. Ich möchte Ihnen unmissverständlich versichern, dass mir nichts daran liegt, dass Sie sich an dunkle Geheimnisse erinnern. Mir wäre es viel lieber, wenn Sie längst vergangene Erinnerungen angenehmer Art wieder entdecken: Erinnerungen an einen fröhlichen Familienausflug, an ein besonderes Geburtstagsfest, an den Tag, an dem Ihr Vater Ihnen eine Geschichte vorlas oder Ihre Mutter Sie in den Schlaf wiegte.

Als Sie die Worte »längst vergangene Erinnerungen angenehmer Art« lasen, ist Ihnen vielleicht wirklich eine längst vergangene Erinnerung angenehmer Art eingefallen! Worte sind machtvoll und haben eine suggestive Kraft, und die bloße Rede kann hypnotische Wirkung haben. Wenn jemand mit uns spricht, aktivieren wir unser Langzeitgedächtnis für sensorische Eindrücke, um mit dem Gesagten einen Sinn zu verknüpfen. Ein Hauptproblem des Gedächtnisses ist, dass es durch Beeinflussung verfälscht werden kann. Wir alle sind empfänglich für die Überzeugungskraft eines Buches, weil wir dazu tendieren, Bücher überzubewerten und Autoren eine ungeheure Autorität zuzusprechen. Ich glaube, wir machen andere so bereitwillig zu Autoritäten, weil wir uns verzweifelt nach klaren und eindeutigen Antworten auf unsere Fragen sehnen. Und es gibt keine wichtigeren Fragen als die nach Liebe, Partnerschaft, Familie und Kindern.

Die Problematik falscher und verdrängter Erinnerungen ist in jüngster Zeit in den Mittelpunkt hitziger Diskussionen, professioneller Verunsicherung und sogar gerichtlicher Auseinandersetzungen gerückt. Auf diese Auseinandersetzung möchte ich im Anhang noch näher eingehen. Fürs Erste soll Ihnen die Erkenntnis, dass nicht jede Erinnerung für bare Münze genommen werden sollte, zu einer verantwortungsbewussteren Haltung beim »Columbo-Spielen« verhelfen.

Die Übungen, die ich Ihnen als Hilfestellung für die Aneignung des Anfängergeists anbieten möchte, sind sicherlich keine narrensicheren Methoden zur Aufdeckung von Erinnerungen. Sie können ein Anstoß für den Erinnerungsprozess sein, sie können aber auch in Fiktionen enden. Ich möchte Ihnen nahe legen, wachsam zu sein und auf die *Gefühle* zu achten, die mit den Erinnerungen aufsteigen. Wenn eine Erinnerung heftige Gefühle in Ihnen auslöst, ist das häufig ein Anzeichen dafür, dass sie tiefer graben sollten. Das mit einer Erinnerung verbundene Gefühl ist oft – wenn auch nicht immer – wichtiger als die bloße erinnerte Tatsache. Und manchmal hängt das Gefühl mit einer anderen unbewussten Problematik zusammen.

Ihre Phantasie kann Ihnen eine große Hilfe bei der Entwicklung des Anfängergeists sein. In den Kapiteln »Die dunklen Geheimnisse Ihres Vaters und Ihrer Mutter« werde ich Sie beispielsweise auffordern, sich fünf oder sechs Dinge auszumalen, die Ihre Mutter oder Ihr Vater nie tun würden, und sich dann vorzustellen, dass sie eben diese Dinge tun.

Achten Sie darauf, ob dabei etwas in Ihnen wachgerufen wird. Denken sie daran, dass jemand, der ein Geheimnis verbirgt, bis zum Äußersten gehen kann, um sicherzustellen, dass es auch wirklich im Verborgenen bleibt. Wenn ich sichergehen muss, dass niemand etwas über mein privates Sexualverhalten oder meine Affären erfährt, kann ich ein genau entgegengesetztes Bild meiner selbst präsentieren – prüde oder ohne jedes Interesse an Sex.

Was wäre, wenn Ihre puritanische Mutter oder Ihr Vater in Wirklichkeit sexuell hoch aktiv war? Wenn solche Überlegungen nichts in Ihnen wachrufen, lassen Sie das fallen und machen Sie mit dem Nächsten weiter.

Ich erinnere mich an eine Frau, die bei mir Rat suchte. Sie war denkbar provozierend gekleidet: Sie trug einen knallengen Minirock und eine fast durchsichtige Bluse über ausladenden Gesäßbacken und üppigen Brüsten. Sie erzählte mir, sie hätte Probleme mit ihrer Bibellektüre! Sie fragte, ob ich an die Wiederauferstehung glaube, an Christi Versprechen, nach seinem Tod und seiner Wiederauferstehung auf die Erde zurückzukehren. Ich gestehe freimütig, dass ich an keinerlei biblische Dinge dachte, als sie diese Frage stellte.

Es stellte sich heraus, dass diese Frau sexuell vollkommen gespalten war. Während sie einerseits eifrig ihren Bibelstudien nachging, war sie zugleich Geliebte eines Mannes, der Geld seiner Firma unterschlug. Später wurde sie der Mittäterschaft beschuldigt und kam ins Gefängnis.

Je dunkler die Geheimnisse sind, die eine Familie hütet, umso wahrscheinlicher wird sie zu Taktiken greifen, die Ronald D. Laing als »Das Spiel der glücklichen Familie« bezeichnete. Dieses Spiel besteht aus Regeln wie: »Wenn du nichts Nettes zu sagen hast, dann sag lieber gar nichts«, denn Mutter und Vater belohnen nur Lächeln und gehorsamen Konformismus. Um von den wahren Vorgängen abzulenken, wird der Welt das Bild einer normalen Familie präsentiert.

Vieles deutet darauf hin, dass ein hoher Anteil von Inzestfamilien rigiden religiösen Praktiken anhängt, besonders solchen, die sie vom Rest der Gesellschaft isolieren. Daniel Goleman bemerkt, dass »in der Literatur belegt ist, dass Inzestfamilien oft *zu* glücklich wirken.«

Hier noch einige weitere »Was wäre, wenn«-Fragen – alle in Anlehnung an reale Beispiele. Was wäre, wenn Ihr antisemitischer Stiefvater tatsächlich aus einer jüdischen Familie stammte? Was, wenn Ihr von der rassischen Überlegenheit der Weißen überzeugter Großvater schwarzes Blut hätte? Was, wenn der Mann, den Sie Onkel Joe nannten, in Wahrheit Ihr Vater wäre? Was wäre, wenn Ihre moralistische Mutter eine Affäre mit dem besten Freund Ihres Vaters von nebenan gehabt hätte?

Egal, welches Image die einzelnen Mitglieder Ihrer Familie haben, setzen Sie den Anfängergeist ein, um Ihre vertraute Sichtweise in Frage zu stellen! Je extremer dieses Bild oder diese Rolle ist, umso mehr würde ich sie hinterfragen. Krank machende Scham manifestiert sich in der Polarisierung von schamlosem, unmenschlichem Perfektionismus und moralischer Rechthaberei einerseits und schamloser, entmenschlichter Promiskuität und Versagen andererseits. Extreme sind von zentraler Bedeutung beim Vertuschen dunkler Geheimnisse.

Das Befragen von Verwandten und Freunden

Detektiv spielen bringt viele Befragungen mit sich. Meiner Erfahrung nach freuen sich ältere Verwandte in der Regel über die Aufmerksamkeit, die ihnen dabei zuteil wird. Oft wissen Großeltern und Großonkel oder -tanten Dinge, nach denen niemand sie je gefragt hat, weil das Thema in der Familie tabu ist oder weil die Familiengeschichten und -legenden eine bestimmte Struktur haben. Warten Sie den richtigen Moment ab, bis die Unterhaltung in einer angenehmen, entspannten Atmosphäre verläuft, bevor Sie Ihre Fragen stellen. Unverhülltes Nachforschen stößt meist auf starken Widerstand. Jeder Angehörige hat eine andere Sicht der Familiengeschichte, und Sie brauchen so viele Sichtweisen wie möglich.

Geschwister können bei der Entschleierung von Familiengeheimnissen eine Fundgrube sein. Während ich mit meinem Bruder und meiner Schwester gemeinsam diesen Prozess der Bewusstwerdung durchlief, sprachen wir über viele Dinge, an die ich mich entweder gar nicht mehr erinnerte oder die mir eine gänzlich andere Sicht bestimmter Familienangelegenheiten vermittelten. Unsere Geschwister sind die Erben desselben, Generationen umfassenden Familienerbes, doch sie sehen diese Geschichte oft mit anderen Augen.

Vergessen Sie nicht, auch Außenstehende mit einzubeziehen. Columbos großes Geschick besteht darin, dass er auch die befragt, die scheinbar niemanden interessieren oder die in dem Fall keine Rolle zu spielen scheinen. Er sucht auch nach trivialen und scheinbar bedeutungslosen Einzelheiten. Ihre Großeltern und Eltern hatten vielleicht Freunde oder Geschäftspartner, die Ihnen Hinweise auf ein dunkles Geheimnis liefern können. Befragen Sie also auch die, die scheinbar nicht relevant erscheinen. Achten Sie auf Einzelheiten, auf die Sie bisher nie geachtet haben.

Das Entschlüsseln von Familienmythen und -geschichten

Familiengeschichten werden manchmal so oft wiedererzählt, dass sie wie glatt polierte Steine werden. Sie gehören zur Familientradition und müssen hinterfragt werden. Familiengeschichten bilden die Familienmythologie. Oftmals sind es Ablenkungsmanöver, die (bewusst oder unbewusst) darauf abzielen, Ihre Aufmerksamkeit auf etwas zu lenken, hinter dem das Geheimnis sich verbirgt. Diese immer wieder gehörte Geschichte über Ihren Großvater, der sich in der Kirche erhob und dem Pfarrer widersprach, entsprang vielleicht vielmehr der Aufsässigkeit eines Betrunkenen als der selbstbewussten Infragestellung eines Dogmas. Die Phasen von Benommenheit bei Ihrer Großmutter hatten vielleicht mehr mit Medikamentenabhängigkeit zu tun als mit der Malaria, an der sie als Kind erkrankt war. Die Geschäftsreisen Ihres Vaters und sein heldenhafter Arbeitseinsatz hatten möglicherweise eine langjährige Geliebte in einer anderen Stadt als Hintergrund.

Fragen Sie sich auch, wer am häufigsten in den Familiengeschichten erscheint. In welcher anderen Hinsicht beherrschte er oder sie die Familie? Und wer kommt nicht darin vor? Manchmal ist eine ganze Seite des »Familienbuchs« unbeschrieben, während die andere angefüllt ist mit bunten Ereignissen und bevölkert mit lebendigen Charakteren. Sie müssen in Erfahrung bringen, was hinter diesem Schweigen steckt.

Das Familienalbum durchforsten

Wenn ich Sie fragen würde, was Sie mit acht Jahren erlebt und wie Sie sich damals gefühlt haben, würde Ihnen vielleicht nichts einfallen. Wenn ich

Ihnen aber Fotos von Ihnen und Ihrer Familie zeigen würde – zum Beispiel von Ihrem achten Geburtstag –, würde die Erinnerung wahrscheinlich zuerst scheibchenweise, dann immer mehr zurückkehren.

Alle Familienfotos, derer Sie habhaft werden können, können eine Fundgrube an Informationen sein und zum Auslöser von Erinnerungen werden. Wer wurde am häufigsten fotografiert? Fehlt jemand? Was erzählen Ihnen Gesichtsausdruck und Körpersprache über die Beziehungen untereinander? Wo war dieser Hinterhof oder dieses Ferienhaus, in dem Sie waren? Wenn auf den meisten Fotos eine posierende, »perfekte« Familie zu sehen ist, können Sie sich erinnern, wie Ihnen hinter diesem Lächeln zumute war? Und was sonst in Ihnen vor sich ging?

Hilfsmittel zum Erinnern

Es gibt noch einige andere Hilfsmittel, die Ihnen den Zugang zu Ihren Gefühlen erleichtern und Ihr Verständnis erweitern können. Im Folgenden werde ich die wichtigsten Techniken umreißen und dann in den restlichen Kapiteln in Teil II spezifische Übungen vorschlagen.

Wenn Sie zu einem Therapeuten gehen und sich durch die hier beschriebenen Anregungen angesprochen fühlen, sprechen Sie mit ihm darüber. Vergewissern Sie sich, dass diese Übungen in Einklang mit Ihrer Therapie stehen. In vielen Fällen werden Sie zusätzlichen Gewinn daraus ziehen, und diese Arbeit kann in Ihren therapeutischen Prozess integriert werden.

Schreiben

Mehr als jede andere Technik, die mir bekannt ist, hat Schreiben sich klinisch als erfolgreiche Methode zur Klärung unserer Gedanken und Gefühle erwiesen. Beim Schreiben sind all unsere Sinne gefordert. Es ist eine körperliche Leistung. Wenn Sie einen Stift in der Hand halten, ist er mit Ihrem gesamten Körper in Verbindung, der die Aufzeichnung Ihrer Sinne speichert.

Es ist wichtig, dass Sie sich beim Schreiben so viele Einzelheiten wie möglich in Erinnerung rufen. Einzelheiten aktivieren sinnliche Erfahrungen – was Sie gesehen, gehört, geschmeckt, berührt, gerochen haben. Sie aktivieren auch Empfindungen. An etwas späterer Stelle werde ich Sie auffordern, Szenen Ihrer Vergangenheit niederzuschreiben, etwa Ihren »schönsten« und Ihren »schlimmsten« Tag mit Ihrem Großvater, Ihrer Großmutter, Ihrem Vater, Ihrer Mutter. Das Niederschreiben dieser Szenen mit so vielen sinnlichen Einzelheiten wie nur möglich hilft Ihnen, diese neu zu durchleben; und wenn Sie Ihre Kindheitsgefühle neu durchleben, bringen Sie Ihre Erwachsenenerfahrung und Ihr Bewusstsein in die Szene mit ein.

Schmerzhafte Momente schriftlich festzuhalten ist auch eine anerkannte Methode zur Bewältigung traumatischer Erfahrungen. Carolyn Foster schreibt in *The Family Patterns Workbook*: »Wenn Sie durch Schreiben die Erinnerung zum Leben erwecken, werden Sie besser imstande sein, ihr einen Teil ihres Stachels zu nehmen. Auch wenn es hart sein mag, sich die Einzelheiten wieder zurückzurufen, so werden Sie damit die Erfahrung aus Ihrem Körper tilgen und zu Papier bringen, und das verringert die Last.«

Spontanes Schreiben

Eine weitere Methode des Schreibens, die besonders nützlich ist, wenn Sie der eingeschränkten Sichtweise eines Familienmitglieds entfliehen wollen, ist das *spontane* Schreiben. Nehmen Sie sich dazu zehn Minuten Zeit und schreiben Sie alles auf, was mit Ihrer Familie oder den Mitgliedern Ihrer Familie in Beziehung steht und worauf Sie sich konzentrieren wollen. Lassen Sie Ihren Gedanken freien Lauf, schreiben Sie auf, was immer Ihnen in den Sinn kommt.

Assoziationsketten

Diese Brainstorming-Technik wurde erstmals von Gabriele Rico in ihrem Buch *Writing the Natural Way* geschildert. Sie soll Ihre Intuition anregen und Sie auf neue Ideen zu einem Thema bringen. Wenn Sie diese Technik anwenden wollen, greifen Sie ein bestimmtes Thema heraus – zum Beispiel »Traurigkeit in meiner Familie« –, das Sie sich bewusster machen wollen. Sie machen aus diesem Satz ein Wort – Traurigkeit –, schreiben es in die Mitte eines weißen Blatt Papiers und kreisen es ein.

Dieses Wort bildet nun den Kern. Ihre erste Assoziation dazu verbinden Sie mit einem Strich. Sie können diese Assoziation als Ausgangspunkt für weitere Assoziationen nehmen. Wenn Ihnen nichts mehr dazu einfällt, kehren

Sie zu Ihrem Kernwort zurück und erweitern das Ganze um eine neue Richtung. Jeder Arm aus dem Kernwort wird zu einem Arbeitsentwurf, der dem Ausgangswort einen neuen Aspekt hinzufügt.

Wenn ich in Bezug auf meinen Großvater von »Traurigkeit« spreche, dann denke ich an seine Strenge. Dann denke ich, dass er »in einem Trott« lebte, über ein sehr »eingeschränktes Wissen« verfügte und voller »Vorurteile und Scheinheiligkeit« war. Das würde ich so zeichnen:

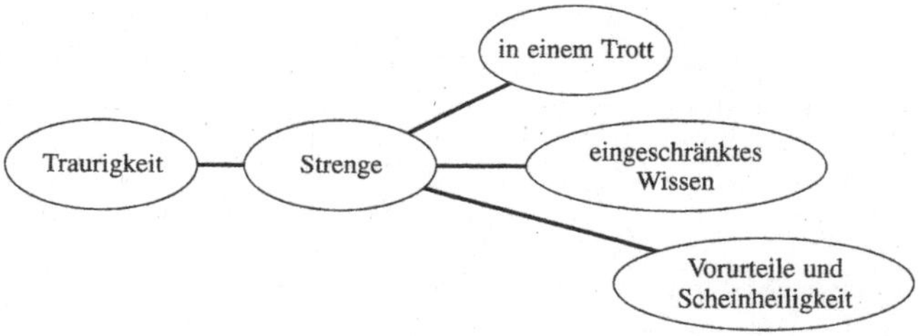

Es erfüllt mich mit Traurigkeit, dass sein Leben so durch seine Strenge bestimmt war.

Assoziationsketten würde ich auch einsetzen, um schöne Erinnerungen an eine Person aus der Vergangenheit wieder wachzurufen. Wenn ich über die schönen Zeiten mit meinem Großvater schreiben würde, sähe das folgendermaßen aus:

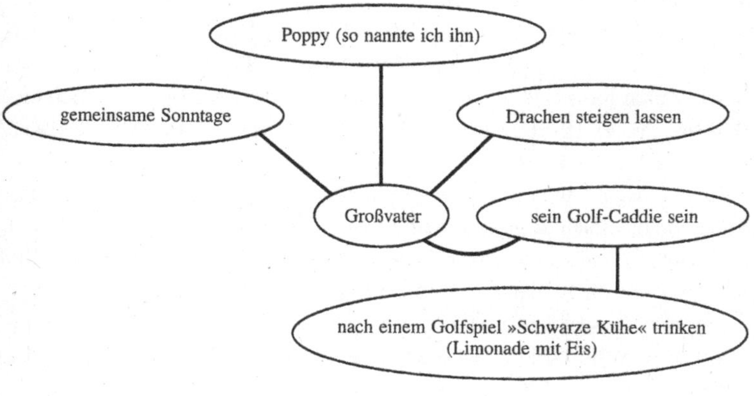

Sätze vervollständigen

Das Vervollständigen unvollendeter Sätze ist eine Methode, mit der Sie Zugang zu den Tiefen Ihres Unbewussten finden. Sie könnten schreiben:

Ich bin wütend, weil mein Vater ...

Dann schreiben Sie das erste Wort oder den ersten Satz auf, der Ihnen dazu einfällt. In noch folgenden Kapiteln werde ich Ihnen weitere Techniken vorstellen, die Ihnen bei der Bewusstmachung unbewusster Geheimnisse helfen können. Sie können Sie ebenfalls unterstützen, die Bedeutung vorhandener Erinnerungen zu erfassen.

Listen

Auch durch die Erstellung von Listen können Sie Tatsachen über Ihre Familie ans Licht bringen. Zum Beispiel:

- Die Lieblingsaussprüche meines Vaters waren: ...
- Die Lieblingsbeschäftigungen meines Vaters waren: ...
- Meine Mutter ärgerte sich am meisten über: ...
- Die Familienmitglieder, bei denen ich mich am wohlsten fühlte, waren: ...

Dialoge

Dialoge mit älteren Verwandten können höchst interessante und unerwartete Antworten hervorbringen. Sie können Dialoge unter Ihren älteren Verwandten, Ihrer Mutter und Ihrem Vater, Ihren Geschwistern oder einem Elternteil und sich selbst aufschreiben. Sie können auch Dialoge zwischen verschiedenen Teilen Ihres Selbst erfinden. In einer späteren Übung werde ich den Teil von Ihnen, der blind für ein Geheimnis ist, zum Dialog mit dem wissenden Teil auffordern.

Ich werde Sie auch zum Dialog mit sich selbst als Kind ermuntern. Ich werde Ihnen vorschlagen, dem Kind in Ihnen (Ihrem inneren Kind) mit Ihrer dominanten Hand zu schreiben und als Kind mit der nicht dominanten Hand zu antworten. Wenn man mit der nicht dominanten Hand schreibt, fühlt man sich zurückversetzt in die Zeit des mühsamen Schreibenlernens. Dadurch können tief vergrabene Bewusstseinseindrücke aus der Kindheit lebendig werden.

Vorstellungen und Zeichnungen

Ein Dialog kann auch nur in der Vorstellung stattfinden. Sie können die Augen schließen und sich ein Gespräch mit Ihrem verstorbenen Großvater oder einem anderen Verwandten vorstellen. Sie können sich vorstellen, wie Sie mit Ihrem unbewussten Selbst sprechen. Darauf werde ich in den Kapiteln »Die dunklen Geheimnisse Ihres Vaters und Ihrer Mutter« noch ausführlicher eingehen.

Ich werde Sie auffordern, die Beziehung zwischen den Mitgliedern Ihrer Familie in einem Bild darzustellen. Sie könnten ein Bild Ihrer Familie zeichnen, wie Sie sie aus der Kindheit in Erinnerung haben. Sie könnten sogar noch speziellere Bilder anfertigen und Ihre Familie beim Abendessen zeichnen. Manchmal fallen Ihnen bestimmte Dinge wieder ein, wenn Sie einen detaillierten Grundriss des Hauses oder der Wohnungen zeichnen, die für Sie wichtig waren.

Am hilfreichsten aber wird Ihnen die Erstellung einer über drei oder vier Generationen reichenden Familienkarte, eines Genogramms, bei der Entdeckung von Familiengeheimnissen sein. Diese Technik werde ich im nächsten Kapitel »Wie Sie Ihr Familiengenogramm anfertigen« erläutern. Die Familienkarte ist eine strukturierte Technik, die von Familientherapeuten angewandt wird, um das Symptomverhalten eines Individuums in einen umfassenderen Bezugsrahmen zu setzen. Sie wird Ihnen helfen, die dunklen Geheimnisse Ihrer Familie weniger zu verurteilen. Sie wird Ihnen mehr Wissen über Ihre Familie entlocken, als Sie je zu haben geglaubt hätten.

Gruppenarbeit

Sie können alle in diesem Buch beschriebenen Übungen allein oder mit jemand anderem durchführen, am sinnvollsten aber ist es, sie in einer Kleingruppe mit drei oder vier Personen durchzuführen. Die Gruppe kann Ihnen auf viererlei Art Feedback geben:

- Sie kann Ihnen bei der Klärung Ihrer Erinnerung helfen.
- Sie kann die Stimmigkeit Ihrer Erinnerungen überprüfen.
- Sie kann die mit der Erinnerung assoziierten Gefühle bestätigen.
- Sie kann einfühlsam auf die mitgeteilten Erinnerungen reagieren.

Die Klärung einer Erinnerung

Die Gruppenmitglieder können Ihnen helfen, Ihre Erinnerungen zu vervollständigen und mit Leben zu erfüllen, indem sie Ihnen Fragen dazu stellen. Gruppenmitglieder sollten behutsam und nicht bohrend nachfragen. Nehmen wir an, ich schreibe über meine Kindheit und in mir steigt die Erinnerung auf, dass ich mich schämte, weil ich mit einem Teddybär schlafen wollte. Ich erinnere mich, dass ich den Teddybär versteckte und nachts heimlich hervorholte.

Wenn ich das in meiner Kleingruppe erzähle, könnte jemand fragen: »Woher weißt du, dass es genau der Wunsch war, mit dem Teddybär zu schlafen, der diese Scham ausgelöst hat?« Dieses Nachfragen hilft dem Betreffenden, auf sensorischen Erfahrungen beruhende Informationen freizulegen. Informationen, die auf sensorischen Erfahrungen basieren, sind am wertvollsten.

Ich würde antworten: »Ich kann mich ganz genau an den Teddybären erinnern. Er war braun, ein Auge und einige Haarbüschel fehlten. Ich kann mich nicht erinnern, dass ich den Bär schon in der Louisiana Street hatte, als ich vier oder fünf war, oder in der McDuffie Street, als ich sechs und sieben war. Ich erinnere mich, dass ich geschimpft wurde, weil ich mit dem Bären schlafen wollte, als ich acht Jahre alt war und wir in Harlingen in Texas wohnten. Ich kann mich auch erinnern, dass ich den Bären versteckte, als wir in 2617 Westgate wohnten und ich neun und zehn Jahre alt war. Ich versteckte ihn immer ganz unten in meiner Spielzeugkiste, und wenn ich ins Bett ging, musste ich ganz leise alle meine Spielsachen ausräumen, um den Bären zu holen, und sie dann am Morgen vorsichtig wieder zurücklegen.«

Meine Antwort enthält sehr viele konkrete, genaue Informationen.

Eine Information, die auf sensorischen Erfahrungen beruht, ist konkret und genau. Sie schließt visuelle (»Ich sah«), auditive (»Ich hörte«), geschmackliche (»Ich schmeckte«), kinästhetische (»Ich spürte«) und olfaktorische (»Ich roch«) Anteile ein. Sie enthält auch Angaben zu Zeit und Raum.

Meine mit dem Teddybär verbundene Erinnerung hat eine hohe Plausibilität, weil sie viele konkrete und besondere Details enthält.

Die Stimmigkeit einer Erinnerung überprüfen

Gruppenmitglieder sollen zwar nicht kontrollieren, ob eine Erinnerung richtig oder falsch ist, aber sie können Ihnen ein Feedback über die Stimmigkeit oder Unstimmigkeit Ihrer Erinnerung geben. Mit *Stimmigkeit* ist gemeint, ob das, was Sie sagen, zu dem passt, wie Sie es sagen. Wenn Sie mit brechender Stimme sagen: »Es ist mir egal, dass meine Geliebte mich verlassen hat«, dann ist das inkongruent. Ihre Worte und Gefühle passen nicht zusammen. Ich habe bereits erläutert, wie aufschlussreich die mit wieder gefundenen Erinnerungen verbundenen Gefühle sind. Es ist auch aufschlussreich, wenn jemand über ein sehr schmerzliches und trauriges Erlebnis berichtet und dabei keinerlei Emotionen zeigt.

Die Gruppenmitglieder können Sie bei Ihren Nachforschungen unterstützen, indem Sie Ihnen Rückmeldung über die Stimmigkeit oder Unstimmigkeit geben. Sie könnten sagen: »Du hast darüber gesprochen, wie dein Bruder dich verletzt hat, aber du hast schnell und mit einem Lächeln auf den Lippen geredet. Es sah so aus, als würdest du nichts dabei empfinden.« Vielleicht wird Ihnen dann langsam der geheime Schmerz bewusst, den Sie vor sich selbst verborgen haben.

Die Bestätigung der mit einer Erinnerung assoziierten Gefühle

Die Gruppenmitglieder unterstützen Sie, indem sie Ihnen eine auf sensorischen Erfahrungen basierende Rückmeldung zu Ihren Gefühlen geben. So könnte jemand sagen, nachdem Sie eine Erinnerung mitgeteilt haben: »Ich habe beobachtet, wie deine Lippen zitterten. Ich habe gehört, wie deine Stimme lauter wurde. Du hast die Schultern eingezogen, den Kopf gesenkt und deine Hände verkrampft. Du hast wirklich ausgesehen wie ein Kind. Ich konnte mir genau vorstellen, wie ängstlich und traurig du warst und wie schmerzlich diese Erfahrung für dich war.« Indem die anderen eine Erfahrung bestätigen, helfen sie dem Betreffenden, sie sich anzueignen. Und wenn der Betreffende sich die Erfahrung aneignet, kann er sie verinnerlichen, anstatt sie zu verdrängen oder nur auf die inneren Stimmen zu hören, die ihm wegen seiner Verletzbarkeit und Schwäche Vorwürfe machen. Die inneren Stimmen waren ursprünglich die Stimmen der Eltern. Wenn unsere Eltern ihre eigene Verletzbarkeit nicht annehmen konnten, projizierten sie dies auch auf uns und lehnten unsere Verletzbarkeit ebenfalls ab. Die Bestätigung hilft uns, in unserer eigenen Erfahrung verankert zu sein. Sie ermöglicht uns, die zuvor abgelehnten und geheimen Teile unseres Selbst anzunehmen.

Die Gruppenmitglieder können der Person, die sich erinnert, durch Mitgefühl helfen. Sie müssen dazu nur ihre eigenen emotionalen Reaktionen (nicht ihre Gedanken!) auf das Gesagte wiedergeben. Diese Form der Rückmeldung kommt am besten dann zum Einsatz, wenn jemand eine leidvolle Erinnerung preisgibt.

Unser Gehirn aktiviert bei schmerzvollen oder traumatischen Erfahrungen Abwehrmechanismen, um den Schmerz zu blockieren. Folglich empfinden wir die Gefühle nicht mehr, die eigentlich durch das Trauma ausgelöst wurden. Diese Gefühle schwelen in den geheimen Winkeln unseres Unbewussten vor sich hin. Häufig verschaffen sie sich auf höchst unangemessene Weise Ausdruck, in so genannten Überreaktionen. Da wir keinen Zugang zu diesen Gefühlen haben, können wir sie nicht ausdrücken und damit ihre Auflösung herbeiführen. Wenn Ihnen in einer Gruppe beim Vorlesen oder Erzählen einer schmerzhaften traumatischen Szene Mitgefühl entgegengebracht wird, hilft Ihnen das vielleicht, wieder Zugang zu Ihren eigenen Gefühlen zu finden. Wenn Sie Ihre eigenen Gefühle empfinden, können Sie sich davon freimachen und angemessenere Reaktionen auf die Ereignisse Ihres Lebens entwickeln.

Einige Abschiedsworte vor dem Beginn Ihrer Reise

Bevor wir fortfahren, möchte ich noch die menschliche Tendenz unterstreichen, relative Dinge zu etwas Absolutem zu erhöhen, Teile als das Ganze zu nehmen. Dunkle Familiengeheimnisse herauszufinden bringt nicht die Erlösung schlechthin. Ich bin selbst oft einem solchen Erlöserdenken verfallen, und ich sehe um mich herum Wagenladungen voller Bücher und Werbespots, die auf die eine oder andere Art Heilsversprechen sind. Die Botschaft lautet: »Sie brauchen nur dieses Buch oder diese Filme zu kaufen, und dann werden Sie reich, glücklich, bekommen Haare oder einen perfekten Golfschlag!«

Die Entdeckung dunkler Familiengeheimnisse wird weder all Ihre Probleme lösen noch Sie erfolgreich, glücklich und frei machen. Und ganz sicher werden Sie damit nicht Ihren Golfschlag verbessern.

Denken Sie auch daran, dass *jetzt* vielleicht nicht der richtige Zeitpunkt ist, um sich auf die Suche nach dunklen Familiengeheimnissen zu machen. Sie müssen vielleicht gerade Ihre Abhängigkeit unter Kontrolle bringen, etwas gegen Ihre Eheprobleme unternehmen oder sich Gedanken über das Verhalten Ihrer Tochter machen. Folgen Sie Ihren eigenen Impulsen und Intuitionen. Je älter ich werde, umso mehr Gefallen finde ich an dem anonymen Aphorismus: »Niemand kann dir einen besseren Rat geben als du selbst!«

Wenn Sie beunruhigende Dinge über Ihre Familie entdecken und beschließen, schlafende Hunde nicht zu wecken, dann ist auch das Ihre Entscheidung. Ich glaube, dass man sich mit den schädlichsten Geheimnissen auseinander setzen muss. Im Kapitel »Wie Sie sich selbst aus der Gewalt dunkler Familiengeheimnisse befreien« werde ich diese als Geheimnisse ersten und zweiten Grades definieren. Aber in Übereinstimmung mit dem großen Therapeuten Milton Erickson glaube ich auch, dass das Unbewusste viel mehr weiß als das Bewusstsein und dass Sie gute Gründe dafür haben können, meine Anregungen aus dem eben genannten Kapitel nicht aufzugreifen. Ihr Unbewusstes ist nämlich auch sehr weise. Sie werden den Inhalt dieses Buchs lange Zeit im Kopf behalten. Wenn jetzt nicht der richtige Moment für seine konkrete Anwendung ist, wird Ihr Unbewusstes Sie wissen lassen, ob und wann der Zeitpunkt günstiger ist.

Schließlich müssen Sie sich darüber im Klaren sein, dass Sie ein gewisses Risiko eingehen, wenn Sie den Vorschlägen der nächsten Kapitel Folge leisten. Sie könnten eine Entdeckung machen, die Sie völlig aus dem Gleichgewicht wirft oder den familiären Status quo durcheinander bringt. Wenn Sie verdrängte Erinnerungen an einen traumatischen Missbrauch haben, können die folgenden Seiten diese aufrühren. Sollte das der Fall sein, so brauchen Sie die kompetente fachmännische Hilfe eines Therapeuten. Falls Sie bereits bei einem Therapeuten in Behandlung sind, holen Sie unbedingt dessen Einwilligung ein, bevor Sie mit den folgenden Übungen beginnen.

Ich kann Ihnen aufrichtig versichern, dass Sie in gewisser Weise gefährdet sind, wenn Sie nichts über die Abgründe Ihrer Familie wissen. Meiner Meinung nach birgt Nichtwissen eine größere Gefahr als Wissen. Bei Geheimnissen ersten und zweiten Grades ist auch die Enthüllung mit Gefahren verbunden. Aber Nichtstun ist auch mit einem Risiko verbunden.

Wie Sie Ihr Familiengenogramm anfertigen – Das Genogramm als Stein von Rosette

Die Vergangenheit ist die Gegenwart, nicht wahr? Sie ist auch die Zukunft. Wir alle versuchen, uns darüber hinwegzutäuschen, aber das Leben lässt das nicht zu.

aus: Eugene O'Neill, Eines langen Tages Reise in die Nacht

Wer sich nicht an die Vergangenheit erinnern kann, ist dazu verurteilt, sie zu wiederholen.

George Santayana

Wenn Sie je in einem großen Einkaufszentrum waren, kennen Sie vermutlich die an strategisch günstigen Stellen platzierten Lagepläne, in denen Ihr Standort eingezeichnet ist. Sie sind äußerst nützlich. Wir müssen wissen, wo wir uns befinden. Und um zu wissen, wo wir uns jetzt befinden, müssen wir wissen, woher wir kommen. Unsere persönliche Geschichte hat unsere innersten Überzeugungen geformt, und wir müssen diese Geschichte kennen, wenn wir uns verändern wollen.

In diesem Kapitel werde ich Ihnen Anleitungen zum Anfertigen einer drei Generationen umfassenden Familienkarte geben, die Familientherapeuten als »Genogramm« bezeichnen. Wenn Sie dunkle Familiengeheimnisse freilegen und entschlüsseln wollen, brauchen Sie eine Familienkarte.

Das Genogramm

Das Genogramm hat sich aus den Arbeiten Murray Bowens entwickelt. Es wurde durch die Anregungen vieler anderer systemischer Familientherapeuten verfeinert und weiterentwickelt.

Ein Genogramm ist eine grafische Darstellung Ihres Familienstammbaums, aber es beinhaltet mehr als nur die faktische Abstammung. Es dient der Sammlung von Informationen über familiäre Beziehungen über mehrere Generationen hinweg. Es bietet einen umfangreichen Bezugsrahmen, in dem Symptome und problematisches Verhalten in einem neuen Licht erscheinen können.

Ein Genogramm kann Ihnen eine umfassendere Sicht Ihres Platzes in der Familiengeschichte vermitteln. Es kann Ihnen eine neue Vorstellung von sich selbst darlegen, wenn die über Generationen hinweg wiederkehrenden Muster sichtbar werden. Diese sich wiederholenden Muster können zur Aufklärung ungelöster emotionaler Probleme beitragen und Hinweise auf Bereiche geben, in denen krank machende Scham und dunkle Geheimnisse verborgen sind. Dieser erweiterte Bezugsrahmen entschärft die bornierte familiäre Fixierung auf ein aktuelles Problem oder auf ein einziges Familienmitglied, das als das »Problem« angesehen wird. Wenn die Familienmitglieder den mehrere Generationen umfassenden Kontext sehen, innerhalb dessen ihre Schwierigkeiten angesiedelt sind, können sie ihre dunklen Geheimnisse von einer weniger schuldgefärbten und pathologischen Warte aus betrachten.

Ein Genogramm ermöglicht Ihnen auch, Ihre Familie zu einem beliebigen Zeitpunkt zu »fixieren«. Das ist besonders dann sinnvoll, wenn es um die Erforschung der Familiendynamik zu einem bestimmten Zeitpunkt in der Vergangenheit geht – beispielsweise um den Zeitpunkt Ihrer Geburt.

Der breitere Bezugsrahmen kann auch positive Strömungen und verborgene Stärken Ihrer Familie aufzeigen. Dadurch entdecken Sie vielleicht Ihr eigenes Potenzial und erkennen, in welche Richtung Sie sich verändern können.

Das Genogramm als Stein von Rosette

Als ich lernte, ein Genogramm zu erstellen, fühlte ich mich, als hätte ich den Stein von Rosette gefunden. Der Stein von Rosette ist jene 1799 in Ägypten gefundene Steinplatte, die altägyptische Hieroglyphen und parallel dazu griechische Inschriften enthält. Bis zu diesem Zeitpunkt hatte niemand Hieroglyphen lesen können, doch der Stein von Rosette war der Schlüssel zu ihrer Entzifferung.

Ich hatte keine Vorstellung von den Familienproblemen, die mein Leben bestimmten, bis ich wusste, wie man ein Genogramm zeichnet und benutzt. Es ermöglichte mir ein weit besseres Verständnis meiner selbst. Ich erkannte plötzlich, dass mein Leben bis zu diesem Moment viel mehr mit meiner Familiengeschichte und deren unbewussten Einflüssen zu tun hatte als mit mir selbst. Dinge, die ich immer als meine höchstpersönlichen Eigenheiten angesehen hatte – meine Leere und das wiederkehrende Gefühl von Sinnlosigkeit, meine Lebensangst, meine begrenzte Hoffnung, je Geld zu verdienen, meine Lebensentscheidungen, selbst einige beunruhigende sexuelle Phantasien –, erschienen mir nun in einem gänzlich anderen Licht. Das Genogramm half mir zu erkennen, dass viele Aspekte meines Lebens eher Teil einer generationsübergreifenden Geschichte waren als Entscheidungen, die auf meinen eigenen, wohl durchdachten Überlegungen beruhten.

Als ich mein eigenes Genogramm anfertigte, stellte ich überrascht verblüffende Ähnlichkeiten über drei Generationen hinweg fest. Ich stieß auf mehrere Frühehen aufgrund von Schwangerschaft. Ich stieß wiederholt auf sexuelle Störungen und gestörte Nähe. Ich stieß auf generationsüberschreitende Bindungen, bei denen ein Kind zum Ehepartnerersatz wurde. Und ich entdeckte einige dunkle Geheimnisse, die sich unmittelbar auf mein Leben ausgewirkt und meine Freiheit beeinträchtigt hatten. Ich hatte Dinge ausagiert, über die nie gesprochen worden war. Das Genogramm war für mich das wichtigste Instrument, um meine Familiengeheimnisse zu entschlüsseln.

Wenn Sie im Folgenden Ihr eigenes Genogramm erstellen, werde ich Sie auf der Grundlage von Bowens Theorie der Familiensysteme, die ich im Kapitel »Wie ist es möglich, nicht zu wissen, was man weiß?« umrissen habe, anleiten, wie Sie Informationen über Ihre Familie sammeln können, und Ihnen Richtlinien für die Interpretation Ihrer Familienkarte geben. Denken Sie daran, dass meine Anregungen auf meiner persönlichen Interpretation von Bowen beruhen, für die ich die volle Verantwortung übernehme. Gelegentlich habe ich die Terminologie verändert, um dem Laien entgegenzukommen, der mit dem klinischen Sprachgebrauch vielleicht nicht so vertraut ist. Zwar birgt die Veränderung wohl durchdachter Bezeichnungen die Gefahr, den präzisen Gedankengang etwas zu verwischen, den der Schöpfer einer Theorie vermitteln wollte. Aber dieses Risiko will ich gerne eingehen, denn technische Begriffe können auch eine Hemmschwelle sein.

Die Symbole des Genogramms

Das Genogramm hat sich im Laufe der letzten 35 Jahre entwickelt, und es gibt bis jetzt keine absolute Übereinstimmung über seine *richtige* Verwendung. Eine Spezialgruppe von Familiensystemtherapeuten hat allerdings unter der Leitung von Monica McGoldrick die Symbole und Durchführungsanweisungen für das Anfertigen eines Genogramms standardisiert. Das Standardformat können Sie im Buch *Genogramme in der Familienberatung* von Monica McGoldrick und Randy Gerson finden. Dies ist ein empfehlenswertes Nachschlagewerk, wenn Sie sich tiefer in das Thema einarbeiten wollen, als es hier möglich ist. Manche meiner Symbole sind von McGoldrick und Gerson übernommen. Andere stammen von mir selbst und helfen mir, meine Familiengeschichte deutlicher zu sehen. Am wichtigsten ist es, sich für einen Satz Symbole zu entscheiden und dann konsequent dabei zu bleiben.

Ich möchte Ihnen außerdem eine an der Menninger Clinic in Topeka, Kansas, produzierte Videoaufnahme empfehlen. Sie trägt den Titel *Die Erstellung des generationsübergreifenden Familiengenogramms: Wie man ein Problem in seinem Kontext erforscht.* Die Einfachheit des Menninger-Ansatzes sagt mir zu, und ich werde seine zentralen Aspekte im Folgenden aufgreifen.

Das Schaubild auf der nächsten Seite zeigt Ihnen die Struktur des Basisgenogramms. Die *Person im Mittelpunkt* ist diejenige, deren Genogramm gezeichnet wird. In Ihrem eigenen Genogramm sind Sie die Person im Mittelpunkt:

Wie Sie sehen, stehen am oberen Blattrand beide Großelternpaare. Darunter stehen Ihre Eltern, zusammen mit deren Geschwistern, Ihren Tanten und Onkeln. Um Ihre Eltern hervorzuheben und mehr Platz zu gewinnen, werden ihre Symbole in einer dritten Zeile vergrößert wiederholt. Sie selbst stehen,

Grundstruktur des Genogramms

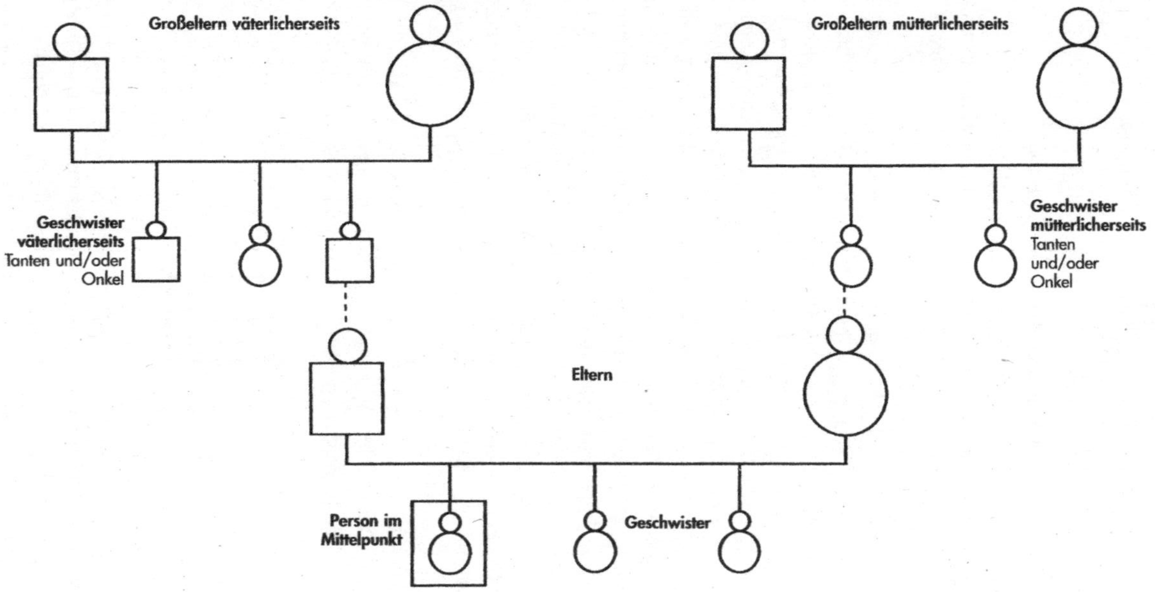

Notieren Sie neben jeder Person den vollen Namen, Geburtsdatum, Schulbildung, Todesdatum und -ursache sowie alle körperlichen und emotionalen Probleme. Tragen Sie in das entsprechende Rechteck beziehungsweise den Kreis das aktuelle Alter ein. Auf die horizontale Linie zwischen Großeltern und Eltern schreiben Sie jeweils das Heiratsdatum und/oder den Scheidungstermin.

umrahmt durch ein zusätzliches Kästchen, mit Ihren Geschwistern in der der Geburtsfolge zuunterst.

In diesem Genogramm werden männliche Personen durch ein 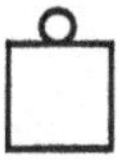 symbolisiert und weibliche durch einen 

Schreiben Sie in jedes Quadrat oder jeden Kreis das aktuelle Alter des Betreffenden. Tragen Sie neben jede Person so viele der folgenden Daten wie möglich ein:

- den vollen Namen,
- das Geburtsdatum,
- die qualifizierteste Schul- oder Universitätsausbildung,
- Todesdatum und -ursache,
- schwer wiegende physische und emotionale Probleme.

Anschließend beginnen Sie die Art der Beziehungen zwischen den verschiedenen Familienmitgliedern zu kennzeichnen. Wenn Sie nicht wissen, welche Art von Beziehung zwischen zwei Familienmitgliedern besteht, können Sie ein Fragezeichen zwischen die beiden Figuren eintragen.

Eine gute Beziehung wird durch drei parallele Linien symbolisiert, deren erste und dritte in den Innenraum des Partnersymbols eindringen:

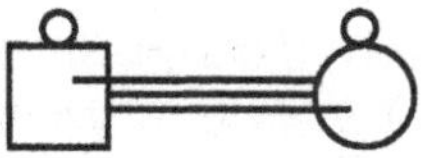

Die erste und die dritte Linie bedeuten, dass die Partner sich gegenseitig Zugang in ihr Inneres gewähren. Ich könnte zum Beispiel meiner Frau erzählen, dass ich Angst habe, Geld zu investieren. Indem ich diese Angst offenbare, lasse ich meine Frau in mein Inneres eintreten. Die zweite der drei parallelen Linien signalisiert, dass auch zwischen sich nahe stehenden Partnern Grenzen bestehen. Jeder hat eine Privatsphäre, die seine eigene Sicherheitszone ist. Dieser Bereich kann körperlicher, sexueller, emotionaler, intellektueller oder spiritueller Natur sein.

In gesunden Beziehungen gibt es flexible Grenzen; die Partner können sich einander öffnen, aber sie können auch auf eigenen Beinen stehen. In ungesunden Beziehungen sind die Grenzen entweder verschwommen, oder es sind Mauern errichtet.

Verschwommene Grenzen werden durch sich überschneidende Figuren symbolisiert:

Eine distanzierte Beziehung mit unüberwindbaren Grenzen wird durch eine gestrichelte Linie dargestellt:

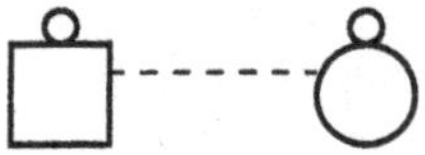

Diese Beziehungssymbole werden, hauptsächlich allerdings aus Platzmangel, im Allgemeinen nicht auf Geschwister angewandt. Geschwisterbeziehungen sind gute Indikatoren für die Intaktheit von Familiengrenzen. Eltern-Kind-Koalitionen stören oft empfindlich das Geschwisterverhältnis in einer Familie und führen zu Konflikten und emotionalen Brüchen. Ältere Geschwister misshandeln und traumatisieren häufig die jüngeren.

Ich kenne mehrere Personen, die von ihren älteren Geschwistern ihre ganze Kindheit hindurch gepeinigt, misshandelt und gequält wurden. Ich kenne andere, deren emotionale Bindung an ein Geschwister ihr ganzes Leben bestimmte. Und ich kenne noch andere, für die die Beziehung zu einem Geschwister die gesündeste und wichtigste im Leben war. Wenn die Beziehung zu Ihren Geschwistern, ob positiv oder negativ, eine wichtige Rolle in Ihrem Leben gespielt hat, können Sie das auf Ihrer Familienkarte mit den gleichen Symbolen darstellen, die ich im Vorhergehenden benutzt habe.

Wenn eine Beziehung konfliktreich ist, zeige ich das folgendermaßen an:

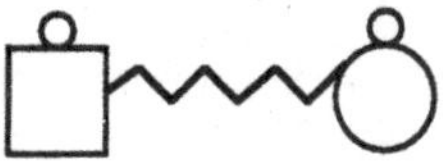

Eine Ehe wird so dargestellt:

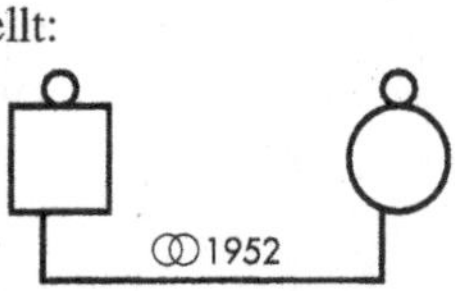

Beachten Sie, dass der Mann in einer bestehenden Ehe immer links eingetragen wird. Tragen Sie über der horizontalen Linie das Heiratsdatum ein.

Um eine Trennung zu symbolisieren, zeichnen Sie einen einzelnen Strich über die Querlinie und tragen die Jahreszahl und ein »Tr« für Trennung ein.

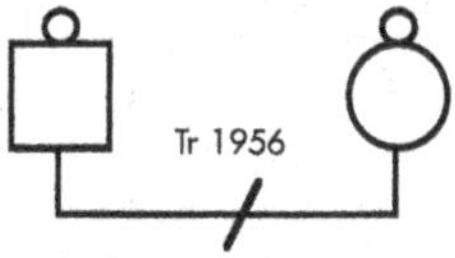

Das gleiche Symbol kann auch für eine homosexuelle oder lesbische Beziehung verwendet werden.

Zur Kennzeichnung einer Scheidung zeichnen Sie zwei parallele Striche über die Querlinie mit dem Zeichen ⚮ für geschieden und dem Datum versehen ein:

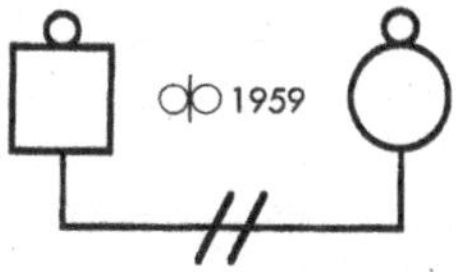

Wenn ein Paar unverheiratet in einer dauerhaften Beziehung zusammenlebt, verwenden Sie diese Symbolik:

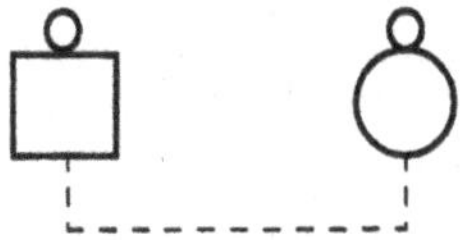

Kinder werden durch senkrechte Linien symbolisiert, die von der waagrechten Ehelinie abzweigen. Sie werden feststellen, dass ich Kinder kleiner als ihre Eltern einzeichne. Tragen Sie sie in der Reihenfolge ihrer Geburt ein, das älteste links und das jüngste rechts. Schreiben Sie Ihr Alter in die Quadrate beziehungsweise Kreise. Notieren Sie auch das Geburtsdatum (und gegebenenfalls das Todesdatum).

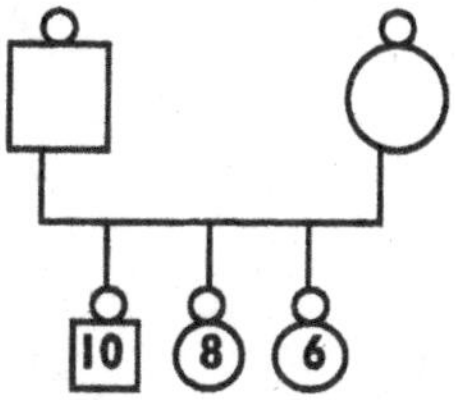

Wenn die Ehe konfliktreich ist, füge ich gern noch ein Symbol hinzu, das für ein Intimitätsvakuum steht. Es sieht folgendermaßen aus:

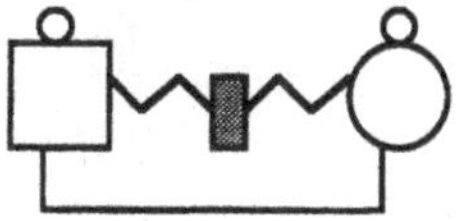

Solange die Konflikte ungelöst bleiben, schafft eine derartige Beziehung immer ein gewisses Intimitätsvakuum. Dieses Intimitätsvakuum ist wichtig für das Verständnis von Familiensystemen. Das in Familien wirksame Gleichgewichtsprinzip bewirkt, dass ein Familienmitglied die Lücke zu füllen versucht, wann immer ein solches Vakuum oder eine Leere auftritt. Wenn die Eltern in ihrer Ehe ein Intimitätsvakuum haben, wird eines der Kinder zwangsläufig versuchen, dieses zu füllen. Wenn das Kind dabei Talent zeigt, können die Eltern vor ihrer Einsamkeit und dem Mangel an Nähe fliehen, indem sie sich auf das Verhalten des Kindes konzentrieren. Auch ein besonders hübsches oder ansehnliches Kind kann zum Mittelpunkt werden. Wenn der Vater arbeitssüchtig ist und keine Zeit für die Mutter hat, könnte eines der Kinder sich um Mutters Einsamkeit kümmern. Ein Mädchen könnte die Rolle einer guten Freundin spielen; ein Junge könnte die Rolle von Mutters Beschützer übernehmen. In all diesen Fällen wird daraus eine Dreiecksbeziehung zwischen Eltern und Kind. »Ehedreiecke« mit einem Kind stelle ich so dar:

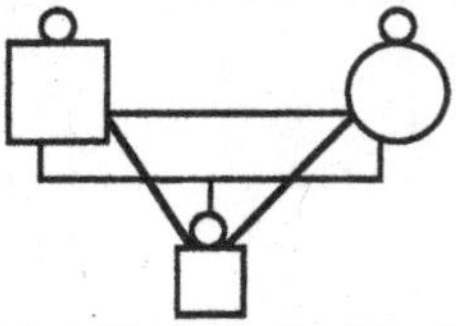

Ehepartner können auch eine Dreiecksbeziehung zu einem angeheirateten Verwandten eingehen:

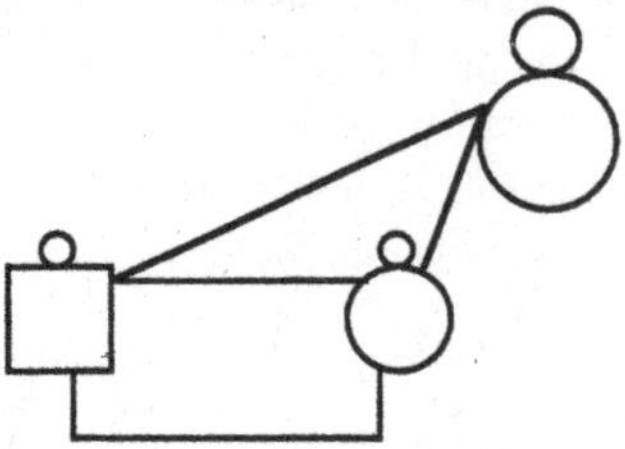

Oder sie können in einer Affäre eine Dreiecksbeziehung zu einem Außenstehenden herstellen.

Falls Sie genügend Platz haben, wollen Sie vielleicht sich überschneidende Dreiecke zeigen:

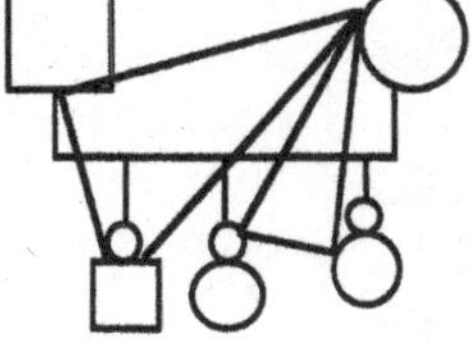

In diesem Diagramm gibt es eine Dreiecksbeziehung zwischen dem ersten Kind und den Eltern; die anderen zwei Geschwister sind in einem Dauerkonflikt gefangen und haben eine Triade mit ihrer Mutter gebildet, um die Spannung zu mildern.

Wenn ein Elternteil ein Kind benutzt, um die ehelichen Spannungen zu mildern, wird die Beziehung zwischen diesen beiden oft als *vertikal* bezeichnet, oder man spricht von *generationsüberschreitender Bindung*. Eine generationsüberschreitende Bindung kann Teil einer Dreiecksbeziehung sein. Ich kennzeichne das gern durch Einrahmen, weil die beteiligte primäre Bindung dabei klarer zum Ausdruck kommt:

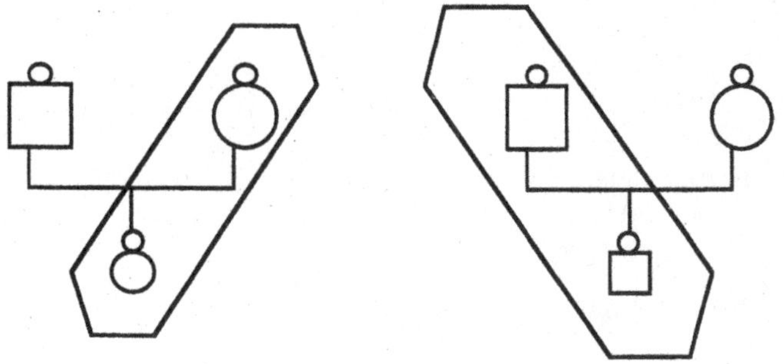

Diese Kennzeichnung ist besonders dann von Nutzen, wenn die Eltern geschieden sind, ein Elternteil verwitwet ist oder wenn für jedermann ersichtlich ist, dass dem betreffenden Elternteil das Kind mehr bedeutet als sein Partner. Das Geschlecht des jeweiligen Elternteils spielt dabei ebenso wenig eine Rolle wie das des Kindes. In meinem Beispiel links besteht eine solche Bindung zwischen einer Mutter und ihrer Tochter und im Beispiel rechts zwischen einem Vater und seinem Sohn.

Manche Beziehungen sind emotional abgebrochen. Eine Mutter spricht vielleicht jahrelang nicht mehr mit ihrer Tochter, nachdem die Tochter jemanden geheiratet hat, der in keinster Weise in das Weltbild der Mutter passt. Brüder streiten sich vielleicht über das Familieneigentum und sehen sich dann nie wieder. Einen emotionalen Bruch stelle ich folgendermaßen dar:

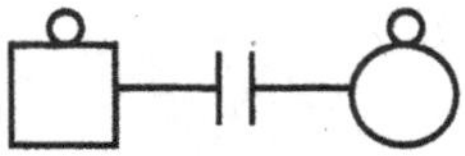

Die beiden folgenden Beispiele zeigen emotionale Brüche zwischen zwei Geschwistern und zwischen einem Vater und seinem Sohn.

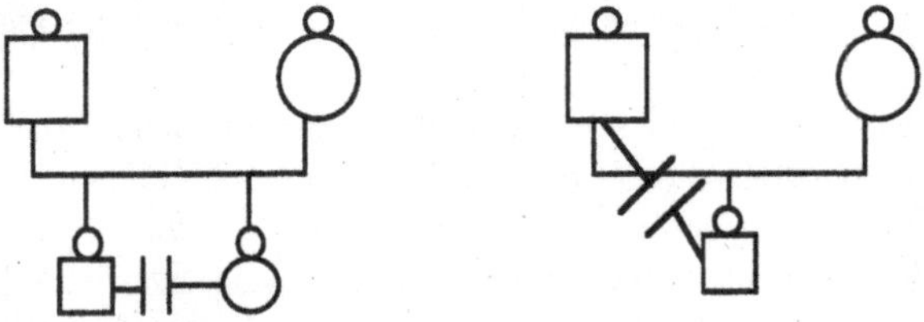

Eine Schwangerschaft kennzeichnen Sie mit folgendem Zeichen:

Eine Fehlgeburt kennzeichnen Sie so:

Eine Abtreibung stellen Sie folgendermaßen dar:

Eine Totgeburt kennzeichnen Sie derart:

Zweieiige Zwillinge symbolisieren Sie durch:

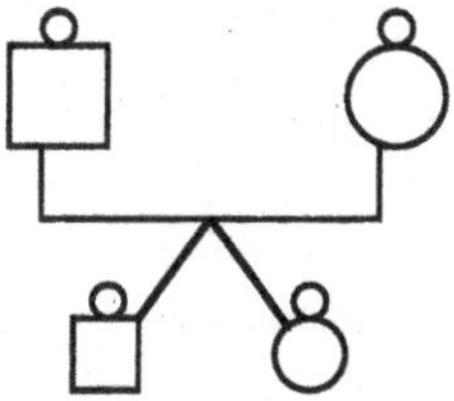

Eineiige Zwillinge symbolisieren Sie folgendermaßen:

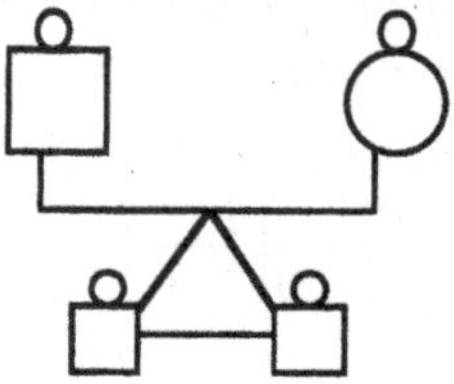

Wenn jemand bereits tot ist, zeichne ich vorn auf dem »Körper« ein angedeutetes »X« mit dem Todesalter ein:

Wenn jemand Selbstmord begangen hat, zeichne ich ein »S« in das »Gesicht«:

Wenn jemand ermordet wurde, zeichne ich ein »M« in das Gesicht:

Wenn jemand bei einem Unfall ums Leben gekommen ist, zeichne ich ein »U« ins Gesicht:

Ein mehrmals verheirateter Mann wird mit seinen früheren Frauen zur Linken eingezeichnet, wobei die letzte seiner früheren Ehefrauen ihm am nächsten steht. Seine derzeitige Frau wird rechts eingetragen.

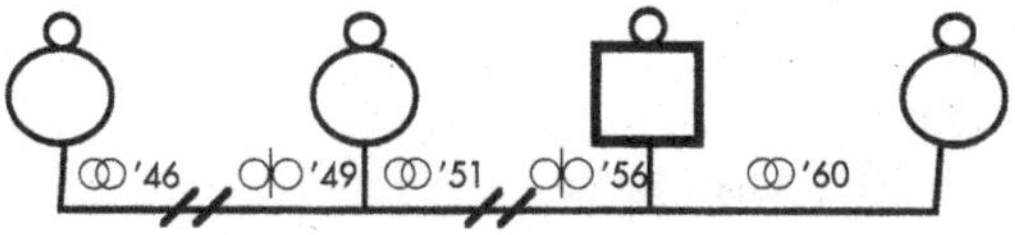

Bei einer Frau mit mehreren Ehen werden die früheren Ehemänner rechts von ihr eingetragen, wobei der letzte ihrer früheren Ehemänner am nächsten steht. Der jetzige Mann steht links von ihr.

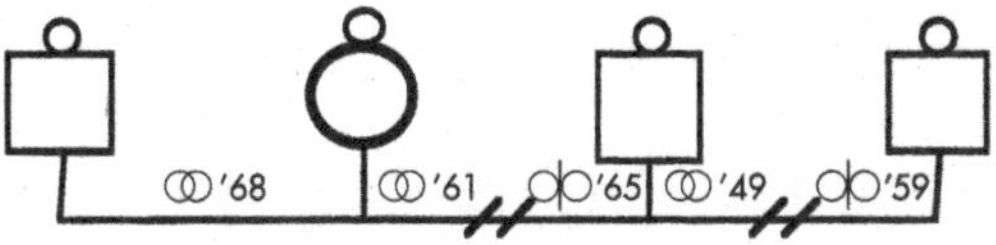

Wenn ein Mann und eine Frau heiraten, die beide bereits mehrmals verheiratet waren, werden die Dinge sehr kompliziert. Die Standardlösung besteht dann darin, die derzeitige Beziehung in der Mitte darzustellen und die früheren Ehepartner zu beiden Seiten einzutragen:

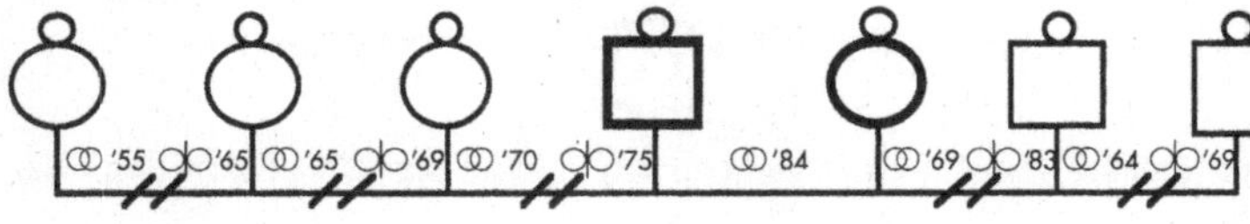

Die Situation wird noch komplizierter, wenn die früheren Ehepartner bereits davor verheiratet waren:

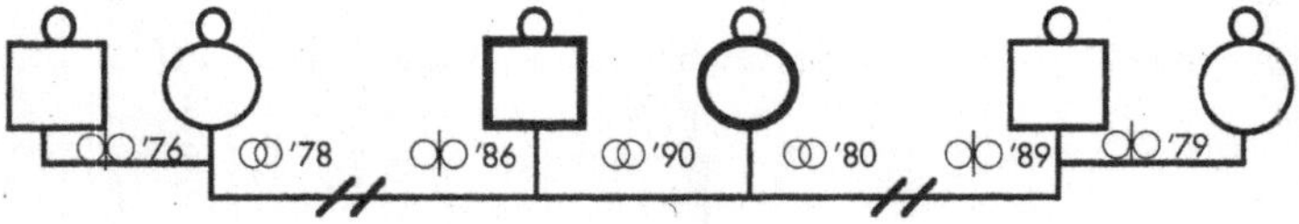

Schließlich können wir, um die Sache völlig kompliziert zu machen, noch einen Blick auf gemischte beziehungsweise Stieffamilien werfen. Nehmen wir Joe und Sue, die beide schon zweimal verheiratet waren. Jeder hat ein Kind aus einer früheren Ehe. Ihrer eigenen Ehe entstammen zwei Kinder. In solch gemischten Familien besteht ein sehr komplexes Beziehungsgefüge, und die Geheimnisse in solchen Familien werden extrem kompliziert. Ich halte mich hier an die gängige Praxis, die Mitglieder der aktuellen Lebensgemeinschaft mit einer gestrichelten Linie einzurahmen. Das ist sinnvoll bei Familien, wo Kinder aus früheren Ehen in der gegenwärtigen Lebensgemeinschaft leben.

Sues Sohn lebt bei Sue und Joe und seinen beiden Halbgeschwistern, Joes Sohn jedoch lebt bei seiner Mutter.

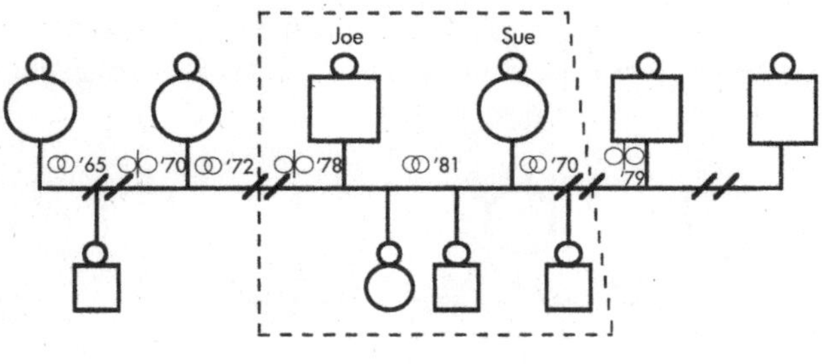

Ein adoptiertes Kind trägt ein »A« auf dem Gesicht. Leibliche Eltern werden durch eine gestrichelte Linie gekennzeichnet. Tragen Sie bitte Geburts- und Adoptionsdatum ein.

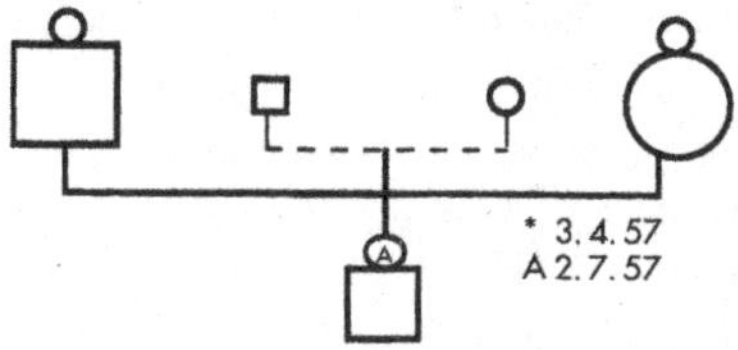

Ein uneheliches Kind trägt ein »ue« auf dem Gesicht. Wenn der Vater unbekannt ist, zeigen Sie das durch ein Fragezeichen an.

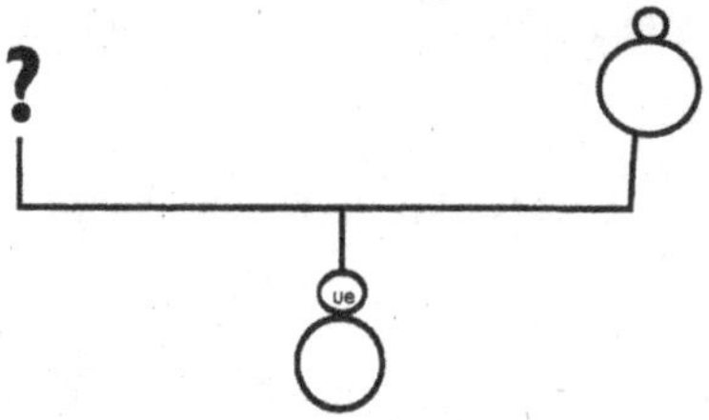

Wenn ein Kind in einem Pflegeheim untergebracht ist, tragen Sie bitte das Geburtsdatum und das Datum der Einweisung (mit einem »H« für »Heim«) ein. Zeichnen Sie ein gestricheltes Kästchen um die ganze Figur.

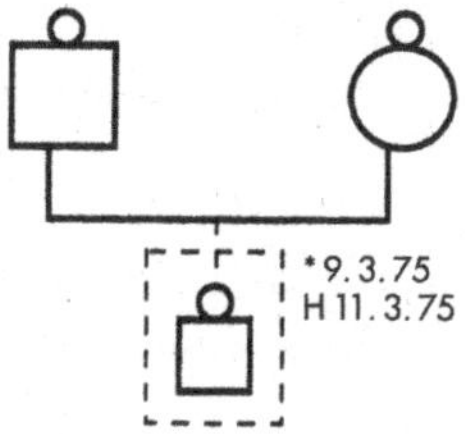

Im folgenden Kapitel »Die dunklen Geheimnisse Ihrer Vorfahren« werden Sie mit der Erstellung Ihres eigenen Familiengenogramms beginnen. Ich werde Sie, beginnend mit Ihren Großeltern (oder Ihren Urgroßeltern, falls Sie von ihnen etwas wissen), Schritt für Schritt darin anleiten. Zuvor möchte ich jedoch einige Aspekte der Genogramm-Erstellung anhand Beverly Sues Familie, die wir an früherer Stelle schon kennen gelernt haben, veranschaulichen, um das Ganze noch lebendiger werden zu lassen. Ich habe mir meine ersten Sporen als systemischer Familientherapeut mit Beverly Sues Therapie verdient, und ich bin der Familie Smith dankbar, dass ich sie als Beispiel hier anführen darf.

Beverly Sues Genogramm

Das Genogramm kann Ihnen helfen, auf Veranlagung beruhende Faktoren zu entdecken, die den Boden dafür bereitet haben, dass Sie zum Träger eines dunklen Geheimnisses oder zum bevorzugten Projektionsobjekt der Familiengeheimnisse wurden. Es kann Ihnen auch verstehen helfen, warum gerade Sie zu dem wurden, der die Familiengeheimnisse ausagiert. Wir können diese prädisponierenden Faktoren in Beverly Sues Genogramm deutlich erkennen.

Familientherapeuten lassen sich häufig von vier grundlegenden Fragen leiten, wenn sie mit einem Genogramm arbeiten. Ich schlage Ihnen vor, dies bei jeder Person zu tun, auf die Sie sich konzentrieren.

1. Was ist das derzeitige Problem?

Sie erinnern sich vielleicht, dass Beverly Sue sich im Oktober 1971 sehr merkwürdig und untypisch zu verhalten begann. Bis dahin war sie ein fröhliches, neugieriges kleines Mädchen gewesen, eine Siebenjährige, die in der Schule Bestleistungen erzielte und eine hervorragende Turnerin war. Nun aber weigerte sie sich plötzlich, in die Schule zu gehen, und sie weigerte sich zudem, über ihren Kummer mit ihren Lehrern oder Eltern zu sprechen. Sie verhielt sich sehr feindselig ihren Eltern gegenüber.

2. Welche Fakten in der Drei-Generationen-Familie bilden den Kontext des gegenwärtigen Problems?

Zusätzlich zu den im Kapitel »Wie ist es möglich, nicht zu wissen, was man weiß?« erörterten familiendynamischen Prozessen sollen hier auch die Erkenntnisse meines befreundeten Therapeuten über die Familie Smith aus dem Jahre 1971 mit einfließen.

Beverly Sues Vater, Sidney Smith, ist tief deprimiert über die tödliche Krankheit seines Vaters. Er lebt sehr zurückgezogen und will mit niemandem etwas zu tun haben. Wenn Sie das Schaubild der nächsten Seite betrachten, sehen Sie, dass Sidney das dritte Kind von Harold Smith ist, der bis zu seiner Krebserkrankung ein hart arbeitender Selfmademan war.

Sidneys älterer Bruder Sam kam in seinem ersten Collegejahr bei einem

Die Familie Smith 1971

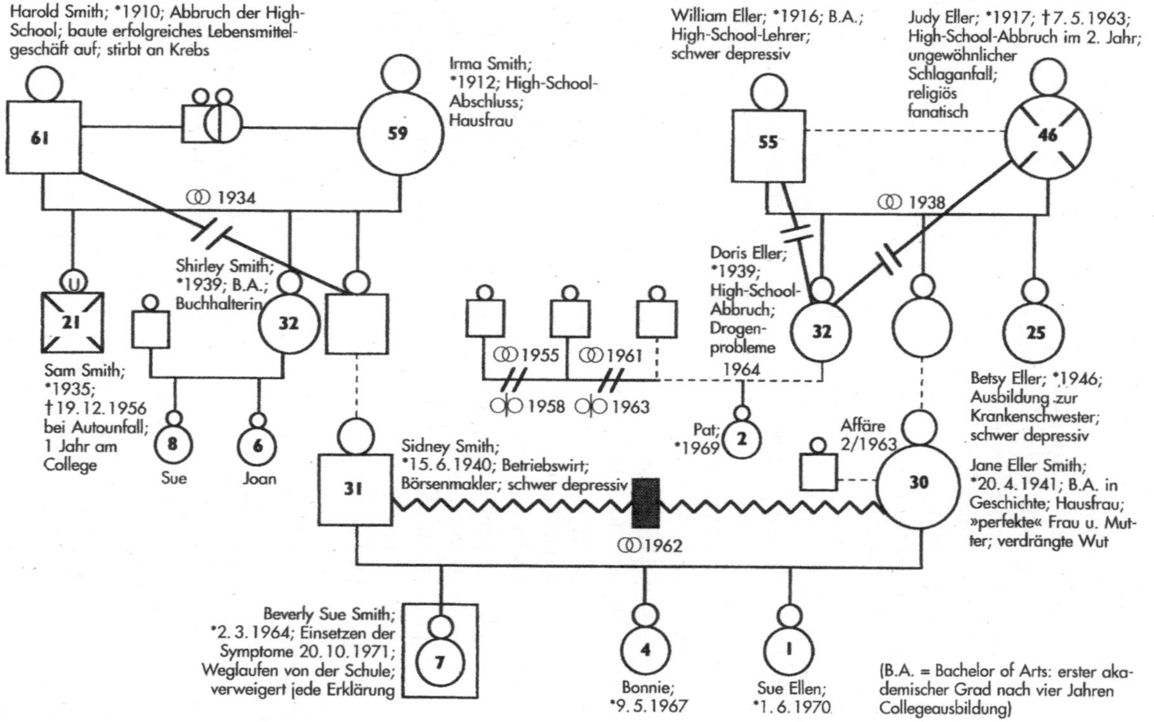

(B.A. = Bachelor of Arts: erster akademischer Grad nach vier Jahren Collegeausbildung)

tragischen Autounfall ums Leben, der von einem betrunkenen Autofahrer verursacht worden war. Ihr Vater Harold ist nie über seinen Tod hinweggekommen. Sam hatte sich ernsthaft für die Übernahme des erfolgreichen Lebensmittelgeschäfts interessiert, das sein Vater aufgebaut hatte. In ihn hatte sein Vater auch große Hoffnungen gesetzt. Sidney zeigte dagegen kein Interesse am Unternehmen seines Vaters. Das war, besonders nach Sams Tod, ein ständiger Konfliktherd. Sidneys Schwester Shirley ist glücklich verheiratet und erledigt die gesamte Buchhaltung für das Lebensmittelgeschäft. Sie ist die Vertraute ihrer Mutter. Sidney ist so vollkommen zum Außenseiter geworden. Er fühlt sich wie ein verlorenes Kind.

Jane Eller Smith, Sidneys Frau und Beverly Sues Mutter, wurde von Sidney als die perfekte Frau geschildert. Ihre Mutter, Judy Eller, erzog sie in ihrer eigenen, mit allen Mitteln verteidigten bibelgläubigen, religiösen Tradition, »in der Frauen ihren Platz kennen«. Jane war das Lieblingskind ihrer Mutter. Janes Mutter hatte 1962 einen Schlaganfall, an dessen Folgen sie 1963 starb. Janes Vater ist ein guter, ehrlicher Mann, der noch immer an der High-School Chemie unterrichtet. Er geht in die Kirche, ohne ein religiöser Fanatiker wie seine Frau zu sein. Immer schon von düsterem Gemüt verfiel er nach dem Tod seiner Frau in eine heftige Depression. Janes ältere Schwester Doris ist der Rebell in der Familie. Sowohl ihre Mutter wie auch ihr Vater brachen den emotionalen Kontakt zu ihr ab, als sie mit 16 weglief und heiratete. Drei Jahre später ließ sie sich scheiden, heiratete wieder und ließ sich erneut scheiden. Nun lebt sie mit einem Mann zusammen, den ihr Vater verachtet. 1969 bekam sie eine Tochter von ihm, Pat. Betsy, die dritte Tochter, ist fünf Jahre jünger als Jane und in die Beziehung zu ihrem Vater verstrickt. Sie ist schwer depressiv. Sie schließt gerade eine Ausbildung zur Krankenschwester ab, lebt bei den Eltern und ist kaum je mit Jungen ausgegangen.

Ein Jahr nach ihrer Hochzeit mit Sidney hatte Jane eine heimliche Affäre, und zwar kurz nach dem Schlaganfall ihrer Mutter. Jane sagt, sie wüsste nicht, warum sie überhaupt einen Seitensprung beging. Es war ein Mann aus der Kirche, und es passierte einfach! Sie hat schreckliche Schuldgefühle deswegen und hat versucht, die Sache wieder gutzumachen, indem sie Sidney immer eine perfekte Frau und ihren Töchtern eine perfekte Mutter sein wollte. Ihre Töchter sind ihre Freude und ihr ganzer Stolz. Sie hängt besonders an Bonnie, ihrer zweiten Tochter, die eine Frühgeburt war und bei der Geburt beinahe gestorben wäre.

Diese Informationen ermöglichen es uns, Beverly Sues Verhalten in einen größeren Kontext zu setzen. Wir können uns fragen, in welchem Ausmaß Beverly Sue in den beständigen ungelösten Ängsten und emotionalen Geheimnissen gefangen ist, die in dieser Familie weitergegeben werden. Zusätzlich zu den bereits angestellten Überlegungen, dass Beverly Sue die Ehekrise ihrer Eltern entschärfte, kommen wir nicht umhin, uns zu fragen, ob Beverly Sues Feindseligkeit nicht Ausdruck der unausgesprochenen Wut in diesem gesamten Familiensystem ist.

3. In welches emotionale Klima wurde die zentrale Person des Genogramms hineingeboren?

Die Beantwortung dieser Frage hilft uns zu erkennen, ob die Person, die im Mittelpunkt des Interesses steht, Gefahr läuft, in Krisenphasen des Familienlebens zum Symptomträger der Familiengeheimnisse zu werden.

Das Schaubild der nächsten Seite zeigt eine »Momentaufnahme« von Beverly Sues Familie zum Zeitpunkt ihrer Geburt.

Als Beverly Sue am 2. März 1964 geboren wird, trauert ihre Mutter noch über den frühzeitigen Tod ihrer Mutter ein Jahr zuvor. Im Februar 1963, etwas mehr als ein Jahr vor Beverly Sues Geburt, hatte sie eine Affäre. Beverly Sues Großvater Harold trauert noch immer über den viel zu frühen Tod seines Lieblingssohnes vor acht Jahren. Sidney hat soeben seinen Universitätsabschluss als Betriebswirt gemacht und seinem Vater mitgeteilt, dass er das Familiengeschäft nicht übernehmen wolle. Sein Vater tobt und bricht die emotionale Beziehung zu ihm ab. Beverly Sues Tante Doris, der Familienrebell, hat gerade ihre zweite Scheidung hinter sich und begonnen, mit dem Mann zusammenzuleben, den ihr Vater zutiefst ablehnt. Auch Beverly Sues Großvater mütterlicherseits ist in tiefer Trauer über den Tod seiner Frau. Man kann annehmen, dass Janes Trauer über den Tod ihrer eigenen Mutter widersprüchliche Gefühle von Liebe und Hass auslöste. Sie war das Lieblingskind ihrer Mutter gewesen und dazu auserwählt, die Leere ihrer Mutter auszufüllen. Sie war außerdem emotional misshandelt durch die fanatische Religiosität ihrer Mutter.

Beverly Sue wird in eine Welt voller Spannungen und ungelöster Konflikte hineingeboren. Es ist daher nur wahrscheinlich, dass die Wahl ihrer Eltern auf sie als Projektionsobjekt fallen wird. Sie ist ihr erstes Kind – das

Das emotionale Klima zum Zeitpunkt von Beverly Sues Geburt 1964

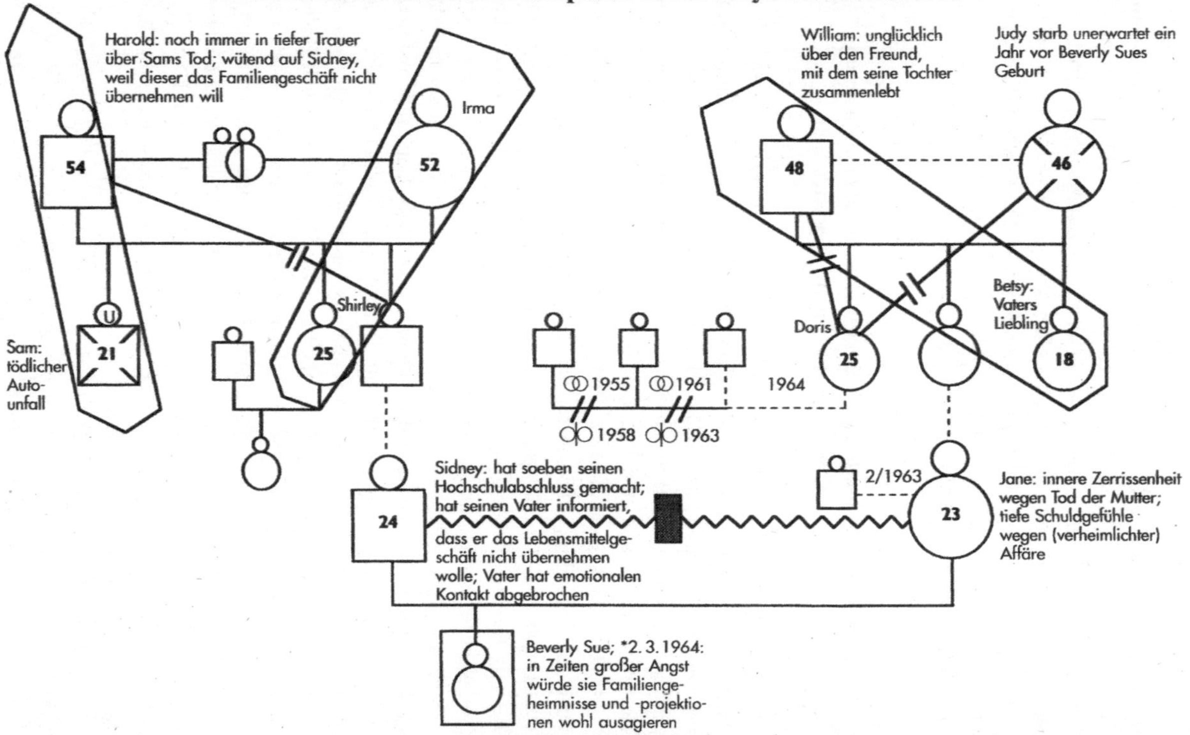

Kind, das Jane so innigst herbeigesehnt hatte, um ihrer Mutter zu gefallen, und das Kind, das vielleicht ihre Schuldgefühle wegen ihres Seitensprungs lindern könnte. Sie ist das Kind, für das Sidney vielleicht Nähe empfinden könnte, während er immer noch unter der Ablehnung seines Vaters und dem Schmerz über die Enttäuschung, die er ihm bereitet hatte, litt. Das emotionale Klima in dieser Familie würde unschwer zu übermäßig intensiven und hochgradig belastenden Eltern-Kind-Beziehungen führen. Es ist leicht erkennbar, dass Beverly Sue in Zeiten großer Angst wie etwa beim Einsetzen von Harolds Krebsleiden die Rolle des Sündenbocks übernehmen und die unverarbeiteten Geheimnisse ausagieren könnte, mit denen ihre Eltern und die übrige Familie sich nicht auseinander setzen wollten.

4. Welche Probleme ergeben sich aus der Geschwisterposition?

Beverly Sue weist unverkennbar einige typische Merkmale eines erstgeborenen Kindes auf. Sie hat eine enge Beziehung zu ihrem Vater und nimmt sein verborgenes emotionales Leid auf sich. Ihr Bedürfnis, sich seiner anzunehmen, steht im Widerspruch dazu, als Älteste produktiv und erfolgreich zu sein. Je mehr sich die Feindseligkeit zwischen ihren Eltern verstärkt, umso mehr übersehen sie Beverly Sues Bedürfnis als ältestes Kind, das von den Eltern für seine Leistungen gelobt werden möchte. Hinzu kommt, dass bei beiden Elternteilen, wie Sie aus dem Genogramm von Seite 152 ersehen können, die jeweils ältesten Kinder der Familie selbst ungelöste Probleme mit sich herumtragen. Auf der einen Seite steht Onkel Sam, dessen Status als Held, der sein Leben dem Geschäft seines Vaters gewidmet hätte, durch seinen tragischen Tod nur noch verfestigt wurde. Auf der anderen Seite steht Tante Doris, die gegen ihre kontrollierende und strenggläubige Mutter und ihren kraftlosen, depressiven Vater kompromisslos rebellierte. Beverly Sue kann von den gegensätzlichen Möglichkeiten, die andere Familienmitglieder mit der gleichen Geschwisterposition wie sie im Drei-Generationen-Familiensystem verkörperten, überfordert gewesen sein. Ihre scheinbare Kehrtwendung um 180 Grad vom fröhlichen Kind, dem alles leichthändig gelingt, zu einer unberechenbaren Rebellin wirkt wie ein zielsicheres Ausagieren der Polarisierung zwischen den ältesten Kindern in dieser Familie.

Dieses kleine Mädchen ist in vielerlei Hinsicht Träger der Hoffnungen und Schmerzen der Familie. Es liegt nahe, dass ihre Eltern vielleicht glaubten,

Die Geschwisterposition in der Familie Smith

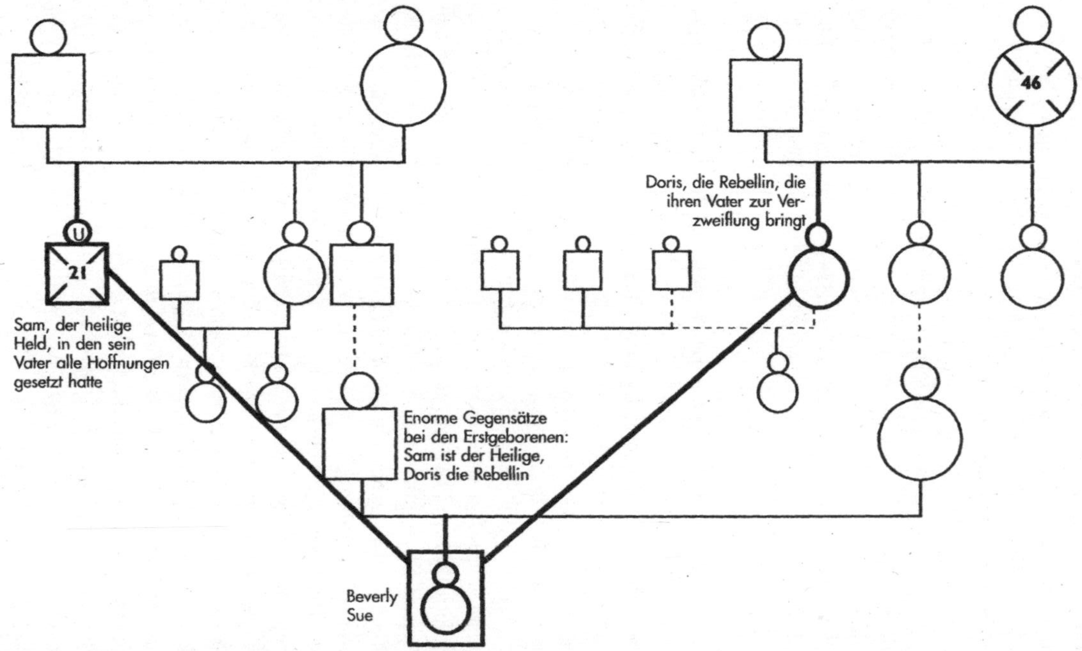

sie würde sie einander wieder näher bringen. Auf einer unbewussten Ebene war ihre Geburt ein neues Leben, das die kurz zuvor verstorbene Großmutter ersetzen sollte. Nun liegt ein anderer Großelternteil im Sterben. Das ist eine riesige, unbewusste Bürde für ein einziges Kind. Und es kann kein Zweifel daran bestehen, dass all diese Fakten Beverly Sue dazu prädisponieren, diese Geheimnisse zu diesem besonders konfliktreichen Zeitpunkt in der Familiengeschichte auszuagieren.

Denken versus Reagieren

Ich hoffe, Sie haben jetzt bereits verstanden, inwiefern das Genogramm zu einem klareren, objektiveren Bild Ihrer Herkunftsfamilie beitragen kann. Es zwingt Sie zum Nachdenken – und das hilft Ihnen, über das emotionale Feld Ihrer Familie hinauszugehen. Ich habe dieses emotionale Feld als eine Art Trance geschildert, die sich aus vielen hypnotischen Elementen zusammensetzt. Ich habe dabei auch von einer Art Gruppenbewusstsein gesprochen.

Wenn wir uns im emotionalen Feld unserer Familie befinden, haben wir oft keine Entscheidungsfreiheit mehr. Verborgene Gefühle diktieren unsere Reaktionen auf die aktuelle Situation; wir handeln, ohne nachzudenken. Beverly Sue kennt die Familiengeheimnisse, ohne zu wissen, dass sie sie kennt. Da sie ein Kind mit sensiblen Grenzen ist, kann sie von den geheimen Emotionen der Familie sehr schnell überwältigt werden. Im Lichte des Genogramms erscheint Beverly Sues Verhalten, in dem man früher die Eskapaden eines unerzogenen und starrköpfigen kleinen Mädchens gesehen hätte, nun als dynamische Metapher für Gefühle, die über drei Generationen hinweg unaufgearbeitet geblieben waren.

Vielleicht hilft Ihnen dieses Beispiel, Ihr eigenes, manchmal überempfindliches und geheimes Verhalten in neuem Licht zu sehen, indem Sie es, ohne zu verurteilen und zu tadeln, in einen größeren Kontext stellen.

Die dunklen Geheimnisse Ihrer Vorfahren

> Meine beiden Großeltern kamen nie mit der grundlegenden Aufgabe zurecht, ihr einziges Kind zu erziehen. Der Zwist zwischen meinem Vater und der Welt hatte etwas ... Unversöhnliches an sich. Seine Kinder waren ein sanktioniertes Debakel an Vernachlässigung, und meine Großeltern waren die bleichen, unanklagbaren Vollstrecker der Gewalttätigkeiten meines Vaters gegen seine eigenen Kinder.
>
> *aus: Pat Conroy, Die Herren der Insel*

Wir wollen unsere Seelensuche mit einem Blick auf unsere Vorfahren beginnen. Ich werde Ihnen eine Checkliste an die Hand geben, die Ihnen bei der Erstellung Ihres Familiengenogramms helfen soll. Ich werde Ihnen außerdem Beispiele liefern anhand der Familie Jeder.

Die Familie Jeder ist in diesem Buch ein Konstrukt aus mehreren Elementen: Ein kleiner Teil ihrer Geschichte ist autobiografisch. Der Rest der Familiengeschichte stammt aus meinen klinischen Aufzeichnungen, aus Berichten anderer Therapeuten, aus der Arbeit am John Bradshaw Treatment Center am Ingleside Hospital und aus verschiedenen Beratungen. Die Einzelheiten sind wahrheitsgetreu wiedergegeben, allerdings wurde alles, das zur Identifizierung bestimmter Personen führen könnte, verändert. Ich habe diese Familie, in der eine große Bandbreite von familiendynamischen Prozessen abläuft, erfunden, um Ihnen ein Beispiel zu geben, das in Bezug auf Ihre eigene Familie wichtige Erkenntnisse auslösen oder Ihnen einen Anhaltspunkt für Ihre Nachforschungen geben kann.

Meine Person im Mittelpunkt ist ein Mann namens James Jeder. Wir werden uns zunächst mit James' Urgroßeltern befassen, seinen Großeltern väter- und mütterlicherseits und seinen Großonkeln und -tanten. Während ich Sie durch James Jeders Genogramm führe, werde ich Ihnen gleichzeitig erklären, wie Sie Ihr eigenes erstellen können.

Die Person im Mittelpunkt

Bei der Erstellung Ihrer eigenen Familienkarte sind natürlich Sie selbst die Person im Mittelpunkt. Der erste Schritt besteht nun darin, eine kurze Zusammenfassung Ihres Lebens einschließlich Ihrer Hauptprobleme, soweit vorhanden, Ihrer Beziehungsmuster, Ihrer Eigenarten und Ihrer eigenen dunklen Geheimnisse aufzuschreiben. Wenn Sie wollen, können Sie sich dabei an James Jeders Geschichte orientieren.

James Jeder ist 54 Jahre alt. Er ist ein erfolgreicher Professor für Anglistik an einer großen Universität. Er hat eine Anthologie englischer Gedichte herausgegeben und selbst zwei Gedichtbände verfasst.

Er ist geschieden und wiederverheiratet und hat einen Sohn aus erster Ehe und eine Tochter aus zweiter Ehe. James ist exzessiver Trinker und hat viele Male zu trinken aufgehört und immer wieder angefangen. Er ist sexuell triebhaft und hatte in beiden Ehen diverse Affären. Er hat ein geheimes Versteck in einem Garagenschrank, das voller pornografischer Bücher und Hefte ist. Er verbringt mehrmals im Jahr verlängerte Wochenenden an einem Ort am Meer, wo er Pornofilme und -bücher konsumiert und stundenlang masturbiert.

James hat immer wieder versucht, mit dem Trinken aufzuhören. Zur Zeit ist er seit acht Monaten trocken. Seine Affären lösten schwere Krisen in seiner ersten Ehe aus, und seine jetzige Frau Karen misstraut ihm. Das hat zu starken Spannungen geführt, und ihr Sexualleben ist zu einem pflichtgemäß absolvierten monatlichen Ritual verkommen. James' Tochter Hannah ist sein Liebling. Mit ihr verbringt er den größten Teil seiner Freizeit und vernachlässigt so häufig seine Frau. James' erwachsener Sohn Jack ist nicht gut auf ihn zu sprechen und hat die Beziehung emotional abgebrochen, er sieht ihn nur noch sporadisch an Weihnachten.

James' einsame sexuelle Aktivitäten mit sich selbst sind sein größtes dunkles Geheimnis. Mit Ausnahme seines früheren Therapeuten hat er nie mit jemandem darüber gesprochen. Je älter James wurde, umso mehr erfüllten ihn krank machende Scham und Hoffnungslosigkeit über seine zwang-

Vier-Generationen-Genogramm von James Jeder

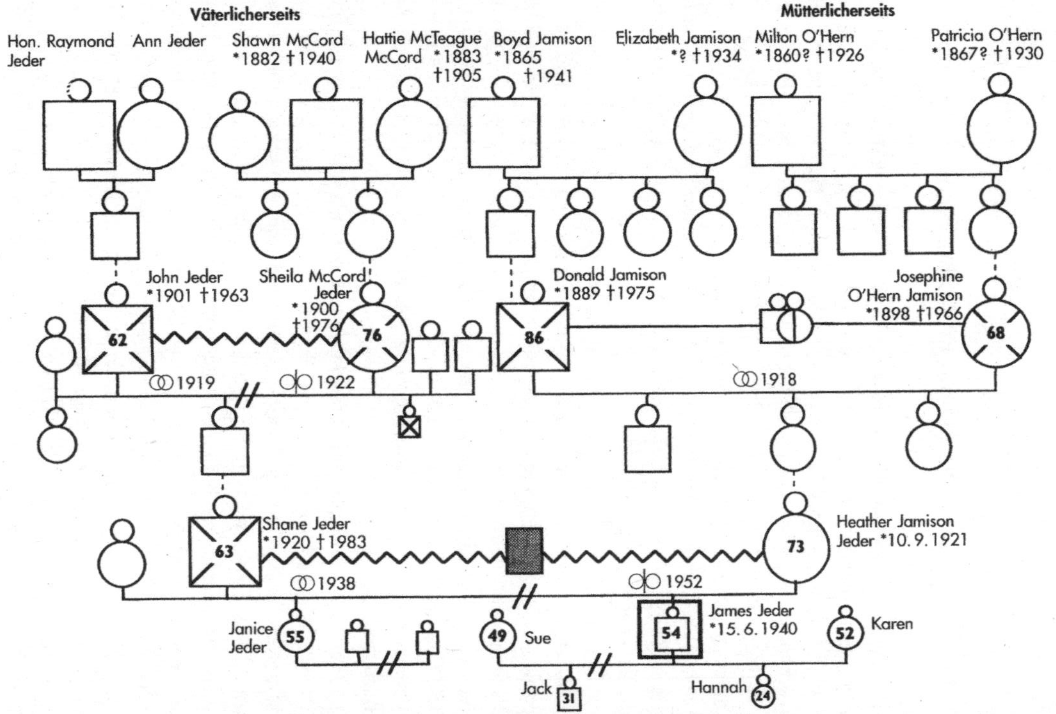

haften Gewohnheiten. Er kam zu mir, nachdem er bereits zehn Jahre klassische Psychoanalyse hinter sich hatte.

In den zehn Jahren seiner Analyse hatte James viele Informationen über sich und seine Familie angesammelt. Das Genogramm auf Seite 156 gibt nur in Umrissen eine vier Generationen umfassende Darstellung von James Jeders Familie wieder. Wir werden im Verlauf unserer Bearbeitung die Einzelheiten für jede Generation hinzufügen.

Wenn möglich, sollten Sie in Ihr eigenes Genogramm mindestens drei Generationen aufnehmen. Ich werde ein paar Informationen in Bezug auf Urgroßeltern aus der Familie Jeder verwenden. Es ist nicht schlimm, wenn Sie so gut wie nichts über Ihre Urgroßeltern wissen, aber schreiben Sie alles auf, was Ihnen einfällt. Zum Beispiel: Kamen Sie aus einem anderen Land? Welchem ethnischen und religiösen Milieu entstammten sie? Gibt es Familiengeschichten über sie?

Die Urgroßeltern väterlicherseits

James weiß sehr wenig über seine Urgroßeltern väterlicherseits. Was er weiß, stammt von seiner Mutter und einer Großtante namens Maureen (vgl. dazu das Schaubild auf Seite 158).

Seine Mutter erzählte ihm, dass sein Großvater väterlicherseits, John Jeder, der einzige Sohn des Abgeordneten Raymond Jeder war, der ein angesehener Richter in South Carolina gewesen war. James weiß mit Bestimmtheit, dass sein Großvater Mitglied der anglikanischen Kirche, sehr gebildet und »vornehm« war. Er nimmt an, dass auch seine Urgroßeltern väterlicherseits wohlhabend und sehr gebildet waren. Sein Urgroßvater musste Jura studiert haben, um Richter zu werden. Über Richter Jeders Frau waren keine Geschichten in der Familie überliefert, angeblich hieß sie Ann.

Unpassende Verbindung

Ganz offensichtlich waren John Jeder, James' Großvater, und seine Familie der Ansicht, dass er einen schrecklichen Fehler begangen hatte, als er sich mit einer Frau wie Sheila McCord, James' Großmutter, einließ, die ungebil-

Urgroßeltern väterlicherseits

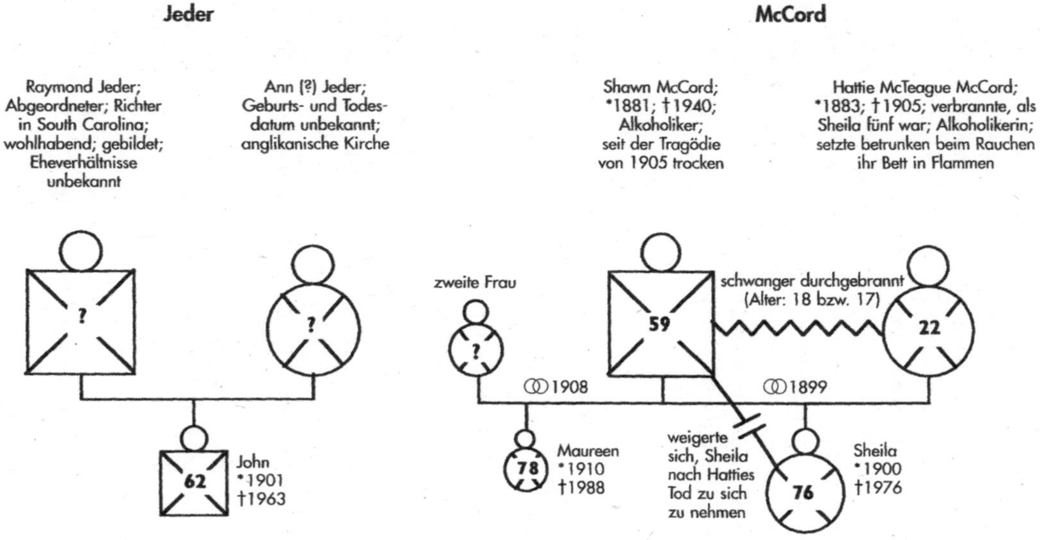

det und weit unter seinem Niveau war. Wie Sie sehen werden, versuchte John sich später davon zu distanzieren, indem er seinen Sohn Shane enterbte.

Die feurige, rothaarige Irin Sheila McCord war die Tochter von Shawn McCord und Hattie McTeague, die weniger als ein Jahr, nachdem sie mit knapp 20 durchgebrannt waren, zur Welt gekommen war. Shawn wie auch Hattie waren Alkoholiker. Als Sheila fünf Jahre alt war, erwachte sie durch die Schreie ihrer Mutter, die im Schlafzimmer verbrannte. Ihre Mutter hatte betrunken mit einer Zigarette in der Hand die Besinnung verloren. Sheila war durch dieses Ereignis so traumatisiert, dass sie anscheinend kaum darüber sprach. Sheila wurde zu den zwei unverheirateten Schwestern ihres Vaters geschickt. Shawn kam vom Alkohol los, führte ein anständiges Leben und heiratete wieder, aber er holte Sheila nicht mehr zu sich, weil seine zweite Frau sie nicht mochte. Er sah nie Sheilas Sohn Shane, und er starb zwei Monate vor der Geburt seines Urenkels James.

Zwei Jahre nach seiner zweiten Eheschließung bekam Shawn McCord noch ein zweites Kind, Maureen. Maureen hatte zu Sheila in deren Kindheit keinen Kontakt. Sie nahm heimlich Verbindung zu ihr auf, als sie in die Pubertät kam. Sheila hielt die Beziehung nicht aufrecht, doch James suchte später nach Maureen, als er in psychoanalytischer Behandlung war.

Die Urgroßeltern mütterlicherseits

Über seine Urgroßeltern mütterlicherseits fand James sehr viel heraus (vgl. das Schaubild der folgenden Seite). Er entdeckte auch, dass die wichtigste Person in der Familie in Bezug auf dunkle Geheimnisse jemand war, über den er bislang noch nie ein Wort gehört hatte: Milton O'Hern, der Vater seiner Großmutter.

Die Person, über die nie jemand sprach

James kann sich nicht daran erinnern, dass seine Großmutter je den Namen ihres Vaters erwähnt hätte. Als Kind kam es ihm nie in den Sinn, dass das ein wenig ungewöhnlich war. Und dabei war Josephine O'Hern eine sehr fromme Frau, die oft über die Tugend des Gehorsams und die heilige Pflicht eines Kindes sprach, Vater und Mutter in Ehren zu halten!

Urgroßeltern mütterlicherseits

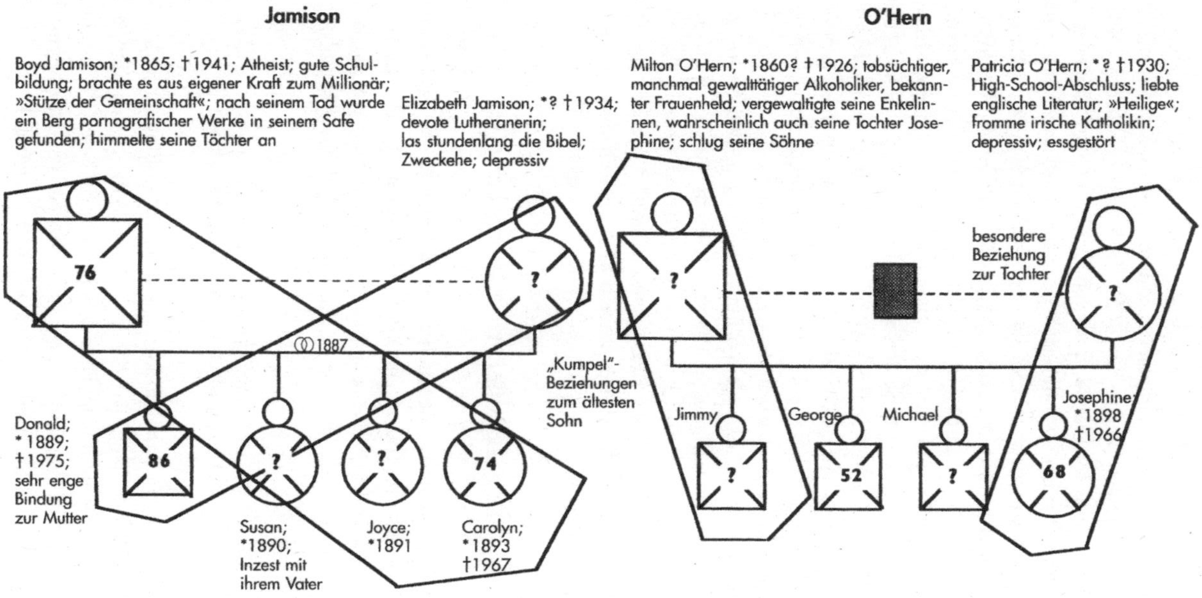

Es ist nicht normal, wenn in einer Familiengeschichte eine so offensichtliche Lücke existiert. Ich habe oft festgestellt, dass das Familienmitglied, über das nie jemand sprach, die Hauptquelle dunkler Geheimnisse in der Familie war. Achten Sie auf solche »fehlenden Personen« in Ihrer eigenen Geschichte.

James erfuhr während einer Auseinandersetzung mit seiner Mutter Heather ganz zufällig von Milton O'Hern. Anfänglich bagatellisierte sie die Verhaltensweisen ihres Großvaters und bezeichnete ihn als »Original«, weil er Löcher in die Badezimmerwand bohrte, um die Frauen der Familie zu beobachten. Später enthüllte sie, dass Milton O'Hern ein tobsüchtiger und manchmal gewalttätiger Alkoholiker gewesen war. Er vergewaltigte seine zwei Enkelinnen – James Jeders Mutter und ihre Schwester, James' Tante Virginia. Er misshandelte seine drei Söhne, die sich ihrerseits zu gewalttätigen Männern entwickelten. Der mittlere Sohn George wurde schwerer Alkoholiker. Es ist ziemlich wahrscheinlich, dass sowohl Milton wie auch sein ältester Sohn Jimmy Josephine vergewaltigten.

Die Heilige

Heather erzählte James, dass Patricia O'Hern, seine Urgroßmutter mütterlicherseits, eine »Heilige« war, die sich pflichtbewusst mit den Umtrieben ihres Mannes abfand. Patricia war eine fromme irische Katholikin, die Sex für ihre Pflicht hielt und glaubte, dass es das Schicksal einer Frau war, jeder erdenklichen Laune ihres Mannes nachzugeben. Sie hatte eine »besondere« Beziehung zu ihrer einzigen Tochter Josephine. Sie hingen sehr aneinander. Patricia war jedoch nicht fähig, Josephine vor ihren drei Brüdern zu beschützen, die sie ärgerten, quälten und misshandelten. Milton ließ seine Söhne nach Lust und Laune walten, ausgenommen in seiner Gegenwart.

Patricias große Liebe galt der englischen Literatur, und sie gab dieses Interesse an Josephine und Heather weiter. James liebte es als Kind zuzuhören, wenn seine Großmutter und seine Mutter ihm Geschichten vorlasen. Seine Liebe zur englischen Literatur und Lyrik stammte von diesen beiden Frauen.

Die Eltern von James' Großvater mütterlicherseits waren Boyd und Elizabeth Jamison.

Boyd hatte es aus eigener Kraft zum Millionär gebracht. Als wahre »Stütze der Gemeinschaft« opferte er großzügig sein Geld und seine Zeit für die Gemeinde. Als in dem Bezirk kurz vor seinem Tod ein Flughafen eröffnet wurde, wurde er nach ihm benannt. Er gab sich als Atheist aus. Er heiratete Elizabeth Heatherly, eine devote Lutheranerin, die sich stundenlang dem Bibelstudium widmete und sexuell vollkommen verklemmt war – obwohl James' Großmutter Josephine später behauptete, dass die Beziehung ihres Mannes Donald zu seiner Mutter irgendwie »komisch« gewesen wäre. Die enge Bindung zwischen ihrer Schwiegermutter und Donald war ihr ein großer Dorn im Auge, und sie machte daraus keinen Hehl. Der einzige Sohn Donald hatte noch drei jüngere Schwestern. Boyd wiederum hatte unverhüllt intensive Beziehungen zu seinen Töchtern. Er hatte fast eine Art Liebesbeziehung zu ihnen, und Donald bemerkte oft, dass sein Vater mehr mit seinen Schwestern – besonders mit Susan – verheiratet war als mit seiner Mutter. Später war klar, dass Boyd und Elizabeth eine Zweckehe führten, und James kam zu der Überzeugung, dass Boyd eine inzestuöse Beziehung zu Susan hatte.

Boyd verlangte, dass die Familie nach außen einen guten Eindruck machte, und so inszenierten sie in der Öffentlichkeit das Bild einer großen glücklichen Familie. Nach Boyds Tod fand Donald im Safe seines Vaters eine umfangreiche Sammlung pornografischer Bücher und Filme.

Auch wenn viele Menschen ihre Herkunft nicht bis zu den Urgroßeltern zurückverfolgen können, zeigen Ihnen diese Beispiele, dass Sie die Geheimnisse Ihrer Familie umso besser verstehen können, je mehr sie darüber wissen. James Jeder ist Alkoholiker und hat sexuelle Probleme. *Beide Probleme waren bereits bei seinen Urgroßeltern aufgetaucht.* Eine Urgroßmutter starb an ihrem übermäßigen Alkoholkonsum, und ihr Mann war ebenfalls Alkoholiker. Ein anderer Urgroßvater hatte einen Berg pornografischer Bücher und Filme. James' größtes Geheimnis sind seine einsamen Sexorgien mit pornografischen Werken.

Informationen zusammentragen

Nachdem Sie die grundlegenden Beziehungen in Ihrer Familie eingetragen haben, nehmen Sie die gleich folgende Checkliste zur Hand und bearbeiten diejenigen Fragen daraus, die Sie ansprechen. Das wird Ihnen helfen, sich den Anfängergeist anzueignen. Wenn Sie bereits viel über Ihre Vorfahren wissen, ist die Auseinandersetzung mit diesen Fragen vielleicht nicht erforderlich. Sie können diese Checkliste aber auch dazu verwenden, noch mehr Informationen über Ihre Eltern zutage zu fördern.

Manchmal ist es ganz einfach, Informationen zusammenzutragen, es genügt, wenn Sie Ihre Großmutter oder Ihren Großvater oder jemand anderen, der etwas wissen könnte, über die Dinge befragen, über die Sie sich schon lange Gedanken machen. Die meisten Familien, die in ungesunden Mustern erstarrt sind, entwickeln Regeln über »Tabuthemen«. Sowie diese Regeln in Kraft sind, wird auch eine »Frag-nicht-Regel« in Gang gesetzt. Die meisten von uns sind als Kinder überhaupt nicht *auf die Idee gekommen*, nach bestimmten Dingen zu fragen. Wir haben auch die Botschaft erhalten, nicht nach anderen Dingen zu fragen. Manchmal wird es allein dadurch leichter, über alte Geheimnisse zu sprechen, weil viel Zeit vergangen ist und die gesellschaftlichen Haltungen dazu sich verändert haben. Manchmal reicht es, nach Hinweisen und Anzeichen zu suchen.

Checkliste für Fragen an die älteren Generationen

Geburt und Kindheit

Wann wurden Ihre Großeltern geboren? Das finden Sie wahrscheinlich ganz leicht heraus, andernfalls müssen Sie ein wenig in alten Unterlagen suchen. Wichtig ist auch, dass Sie alles Ungewöhnliche an der Geburt Ihrer Großeltern notieren. Haben ihre Eltern aufgrund einer Schwangerschaft geheiratet?

In welche sozialen Verhältnisse wurden sie hineingeboren? Waren sie arm, reich, Angehörige der Mittelschicht? Welche historischen Umstände könnten einen wichtigen Einfluss auf ihr Leben gehabt haben (wie etwa Kriege, wirtschaftliche Notzeiten, Vertreibung, rassische Diskriminierung)? Gab es in ihrer Kindheit bestimmte Traumata – eine lange Krankheit, Krankenhausaufenthalte, einen schrecklichen Unfall, den Tod eines Elternteils oder Geschwisters, die Ermordung oder den Selbstmord eines Angehörigen?

Welche Ausbildung hatten sie? Das ist insofern wichtig, weil Geheimnisse sich oft, wie im Fall von John Jeder, James' Großvater väterlicherseits, um Eheschließungen bilden, die Klassengrenzen überschreiten.

Wie wurden Ihre Großeltern erzogen? Streng? Liberal? Wer erzog sie? Wie erzogen sie Ihre Eltern?

Jahrestage

Jahrestage spielen eine wichtige Rolle bei einer Familienkarte. Ungelöste Probleme aus der Vergangenheit werden oft an Jahrestagen virulent.

Ohne erkennbaren Grund fiel meine Klientin Mildred jedes Jahr ungefähr Mitte Oktober in eine tiefe Depression. Dann erfuhr ich eines Tages, dass ihre Mutter ganz plötzlich Anfang Oktober gestorben war, als Mildred vier Jahre alt war. Sie hatte nie über den Tod ihrer Mutter getrauert, und ihre Depression war eine Folge ihrer unaufgearbeiteten Trauer.

Bestimmte Reaktionen an Jahrestagen können Anzeichen für unbetrauerte Familientraumata, Todesfälle, einschneidende Weichenstellungen wie die Scheidung der Eltern, die Unterbringung eines Familienmitglieds in einer Anstalt, den Verlust des Arbeitsplatzes, die Pensionierung und/oder für Veränderungen im Lebenszyklus sein, zum Beispiel, wenn die Kinder aus dem Haus gehen. Sie können wichtige Hinweise auf Geheimnisse sein, die individuelle oder familiäre Störungen hervorrufen.

Ehen

Führten Ihre Großeltern und Urgroßeltern gute Ehen? Möglich ist, dass sie ein sehr distanziertes Verhältnis hatten oder sehr miteinander verstrickt waren. Das ist typisch für patriarchalische Ehen. Der Mangel an Nähe in diesen Ehen hinterließ eine Leere. Die Kinder wurden dabei oft in Dreiecksbeziehungen verwickelt. Sie wurden vielleicht in das »ungelebte Leben« des einen oder anderen Elternteils hineingezogen. Die generationsüberschreitenden Bindungen zu den Eltern, die ungelöste sexuelle Probleme hatten, waren katastrophal für die Kinder der Familie Jeder.

Machten der gesellschaftliche Druck oder religiöse Überzeugungen Frühehen aufgrund einer Schwangerschaft notwendig? Früher waren Schwangerschaft bei der Hochzeit, Unehelichkeit und Adoption ein Nährboden für dunkle Geheimnisse. Hatte jemand unter Ihren Großeltern ein uneheliches

Kind oder ein Kind aus einer früheren Ehe – vielleicht ein Kind, das heimlich zur Adoption freigegeben wurde? Ich hatte mehrere Klienten, die nach dem Tod eines Elternteils herausfanden, dass sie einen Halbbruder oder eine Halbschwester hatten. Manche machten diese Entdeckung, als beide Eltern noch am Leben waren. Sie waren alle rasend vor Wut, fühlten sich getäuscht und verloren das Vertrauen in ihre Eltern. »Wenn sie mich schon über meinen Bruder oder meine Schwester belogen haben, worüber würden sie dann sonst noch lügen?«, dachten sie.

Ich hatte auch Gespräche mit verschiedenen Leuten, die das Gefühl hatten, dass der oder die Älteste nicht wie der Rest der Familie war. In der Abgeschiedenheit der Therapie enthüllten ihre Mütter dann, dass sie bei der Hochzeit das Kind eines anderen Mannes in sich trugen. Solche Geschichten sind höchst heikel, und es ist ratsam, in diesem Bereich mit größter Vorsicht vorzugehen.

Sexualität

Der sexuelle Bereich liefert mit weitem Abstand den umfangreichsten Fundus dunkler Geheimnisse. Wir alle blicken auf Jahrhunderte der Heuchelei und der doppelten Moral in puncto Sexualität zurück. Lange Zeit über waren Inzest und Vergewaltigung in der Ehe dunkle Geheimnisse.

Andere Formen elterlichen Fehlverhaltens wie etwa Tätscheln, sexuell aufreizendes Verhalten, Voyeurismus und sexuelle Belästigung, die heute oft unter dem Begriff *emotionaler sexueller Missbrauch* zusammengefasst werden, wurden früher nicht einmal als Übergriffe betrachtet. Mit *Tätscheln* sind hier sexuell getönte Küsse und Berührungen mit sexuellem Charakter gemeint. *Aufreizendes Verhalten* ist das Ergebnis einer Generationsgrenzen überschreitenden Bindung an einen Elternteil, der selbst ungelöste sexuelle Probleme hat. Der betreffende Elternteil hat vielleicht nur schwache sexuelle Grenzen und verhält sich exhibitionistisch, oder er bringt in die Beziehung zum Kind unverhüllt Komponenten einer Liebesbeziehung hinein. *Voyeurismus* bezeichnet das übermäßige Interesse eines Elternteils an den Geschlechtsteilen eines Kindes und/oder die Verletzung des kindlichen sexuellen Schamgefühls.

Wenn so etwas in Ihrer Familie geschah, kann es verräterische verbale Hinweise darauf geben. Aussagen wie die folgenden *können* ein Indiz dafür sein, dass ein Angehöriger sexuell schamlos oder gewalttätig war: »Er liebte

Frauen und Pferde.« »Er war ein Schwerenöter.« »Er war ein schmutziger alter Mann.« »Großvater war schrecklich, wenn es um Sex ging.« »Er behandelte sie wie ihre Mutter.« »Sie nahm ihrem Sohn das Versprechen ab, dass er nie heiraten würde, damit er sich um sie kümmern konnte.«

Jede Extremposition kann ein deutliches Signal für große Geheimnisse sein. Die Aussage, welches sexuelle Verhalten Ihre Großmutter oder Ihr Großvater *niemals* gezeigt hätte, kann ein Hinweis auf ihr heimliches Sexualverhalten sein. Was sie sexuell geradezu entsetzte, kann sich als Schlüssel zu ihrem verdrängten Sexualleben oder zu ihren Phantasien erweisen. Geheime sexuelle Phantasien können unbewusst von anderen Familienmitgliedern weitergegeben werden. Vielleicht bekommen Sie im Verlauf der Beschäftigung mit den dunklen Geheimnissen der Generation Ihrer Eltern eine klarere Vorstellung von den dunklen Geheimnissen Ihrer Großeltern.

Religion

Welchen religiösen Hintergrund hatten Ihre Großeltern? Waren sie echte Gläubige oder nur Scheinheilige? Oder war ihnen die Religion weitgehend gleichgültig, gingen sie nur in die Kirche, weil »sich das so gehörte«? Kinder *wissen* das schon sehr früh. Waren sie streng und unnachsichtig in religiösen Dingen? Waren sie persönlich nachlässig, verlangten sie jedoch von ihren Kindern strenge Einhaltung der Gebote?

Ethnische Zugehörigkeit

Die ethnische Zugehörigkeit Ihrer Großeltern kann der Ursprung von Stolz und Stärke sein, sie kann zugleich zum Verständnis des Familienhintergrunds beitragen. Ausländer zu sein, einer Minderheitskonfession anzugehören oder eine andere Hautfarbe als die Mehrheit zu haben, das alles kann tief greifende Auswirkungen auf die Familie haben. Zur Zeit von James Jeders Urgroßeltern hielten viele in Amerika geborene Amerikaner die irischen Einwanderer für eine minderwertige Bevölkerungsgruppe. Die arme irische Familie, aus der Sheila McCord stammte, hatte Nachwirkungen bis in James' Generation, wie wir noch sehen werden.

Erfolg und Misserfolg

In der Jeder-Familie findet sich, was das öffentliche Ansehen betrifft, eine ganze Reihe von Erfolgsmenschen. Ein Urgroßvater war Richter, ein anderer hat es aus eigener Kraft zum Millionär gebracht und ist ein Wohltäter der Menschheit. Dennoch gibt es viele dunkle Geheimnisse in dieser Familie.

Erfolg deckt häufig eine Vielzahl von negativen Seiten zu. Die Leute glauben oft einfach nicht, dass jemand, der sehr erfolgreich ist, unmoralisch oder kriminell sein könnte.

Auf der anderen Seite kann der Umstand, einem bestimmten kulturellen Standard nicht zu entsprechen, der Grund dafür sein, weshalb ein bestimmter Verwandter so wütend, deprimiert oder zurückgezogen war. In der Generation meiner Eltern beispielsweise wurde eine Familie, in der die Frau arbeiten musste, oft als anormal angesehen. Die Männer hatten für das Auskommen der Familie zu sorgen, und eine Frau, die arbeitete, war ein demütigendes Indiz für das Versagen eines Mannes, seine Familie ordentlich zu ernähren.

Finanzielle Fragen

Ob es uns gefällt oder nicht, finanzieller Wohlstand ist ein Erfolgsfaktor in unserer Gesellschaft. Viele Männer schämen sich heimlich zutiefst über ihre Unfähigkeit, finanziell erfolgreich zu sein. Geld und Erfolg können aber auch Neid und Konkurrenzdruck unter den Familienmitgliedern hervorrufen. Ich kenne viele Familien, deren Erben sich über dem Nachlass zerstritten haben und die jede emotionale Beziehung abgebrochen haben.

Heilige

Galt Großmutter oder Großvater als Heilige(r), wurde er oder sie übermäßig idealisiert? Es ist durchaus wahrscheinlich, dass Ihre »Familienheiligen« hochanständige Menschen waren, aber dennoch besteht nur eine geringe Wahrscheinlichkeit, dass sie von der römisch-katholischen Kirche heilig gesprochen werden! Wenn Menschen als »Heilige« gelten, werden sie oft überhaupt nicht mehr in Frage gestellt.

Heilige beziehen ihren Ruf gewöhnlich aus dem, was sie erdulden mussten. Ein langes Leid war immer schon ein sicheres Zeichen von Heiligkeit.

Olives Mutter war mit 16 schwanger geworden und hatte den Kindsvater (einen unreifen Spielsüchtigen) unter dem ungeheuren Druck ihrer Familie geheiratet. 14 Monate nach der Hochzeit bekam ihre Mutter ein zweites Kind – dank des religiösen Verbots der Empfängnisverhütung. Olives Vater verließ ihre Mutter sechs Monate nach der Geburt ihres Bruders. Er zahlte keine Alimente und verschwand für die nächsten zehn Jahre von der Bildfläche.

Olive erinnert sich, dass ihre Mutter ständig als Heilige angesehen wurde, weil sie ihre beiden Kinder allein großzog. Olive erinnert sich auch, dass ihre Mutter sie auf gemeine Art demütigte. Sie hatte immer das Gefühl, dass ihre Mutter sie hasste. Olive und ihr Bruder taten alles in ihren Kräften Stehende, um »das Leid ihrer armen Mutter« zu lindern.

Tatsache ist, dass Olives Mutter keine Heilige war. Stattdessen litt sie an den Folgen ihrer eigenen Erforschung der Sexualität, an der fehlenden sexuellen Aufklärung, die ihre Mutter ihr vorenthalten hatte, und an den strengen Überzeugungen ihrer Familie hinsichtlich Sexualmoral und Empfängnisverhütung.

Sünder, schwarze Schafe und Skandale

Hatte jemand unter Ihren Großeltern einen besonders schlechten Ruf? Auf Sheila McCord, James' Großmutter väterlicherseits, traf das zu! Doch wie Sie noch sehen werden, lastete ein großer Kummer und unaufgearbeitete Trauer auf dieser Frau. Sie war allein gelassen und zurückgewiesen worden und hatte nie in ihrem Kummer irgendwo Trost gefunden.

Oft tragen die schwarzen Schafe oder die »Komischen« sehr dunkle Geheimnisse mit sich. Oft sind sie diejenigen, die sehen, wie gestört die Familie ist, und deshalb steigen sie aus.

Gibt es unter Ihren Großeltern jemand, über den nie gesprochen wird? Denken Sie daran, dass während James' gesamter Kindheit niemand je über Milton O'Hern gesprochen hatte.

Vielleicht stoßen Sie auf sorgfältig vertuschte Familienskandale. Gehen Sie der gesellschaftlichen Stellung Ihrer Großeltern im Heimatort nach. Vielleicht können Sie alten Freunden oder Geschäftspartnern etwas entlocken. Ich erinnere mich an eine Frau, die zutiefst getroffen war, als sie herausfand, dass sich hinter den Sommerurlauben ihrer Großmutter in der Hütte der Familie Affären mit Einheimischen verbargen, die sich in den Kneipen der Stadt herumtrieben.

Todesfälle

Achten Sie besonders auf Todesfälle, von denen Sie nichts wussten. Versuchen Sie, mehr Informationen über mysteriöse Todesfälle herauszufinden. Dahinter verbirgt sich vielleicht ein Selbstmord oder ein anderes dunkles Geheimnis.

Weitere Anregungen

Das Haus zeichnen

Manchmal ist es hilfreich, ein Bild vom Haus Ihrer Großeltern zu zeichnen und sich vorzustellen, dass man durch die verschiedenen Räume geht. Vielleicht gab es ein Zimmer, in das Sie nicht gehen durften. Falls ja, warum? Wer schlief wo? Eine Klientin erinnerte sich, dass ihr Großvater auf dem Dachboden geschlafen hatte, »weil er schnarchte«, während die Großmutter in einem eleganten Schlafzimmer ein Stockwerk darunter geschlafen hatte.

In einem anderen Fall suchten zwei Brüder bei mir Rat. Sie waren Anfang 20 und waren beide wegen exhibitionistischer Handlungen angezeigt worden. Beide erinnerten sich an sodomistische Praktiken im Alter von elf Jahren. Ein sexuelles Verhalten, das so altersuntypisch ist, ist häufig ein Hinweis auf sexuellen Missbrauch.

Bis zum Alter von 13 Jahren hatten sie jeden Sommer auf dem Bauernhof ihrer Großeltern verbracht. Nachdem sie Zeichnungen des Hauses angefertigt hatten, erinnerten sich die Brüder an gewisse Partys in der Scheune, von denen sie ausgeschlossen waren. Dann erinnerte sich einer, dass er von seiner Großmutter betätschelt worden war. Später fanden sie heraus, dass ihr Großvater wegen unzüchtiger Zurschaustellung festgenommen worden war.

Gegensätze erkunden

Wenn Sie sich an Ihre Großeltern erinnern, schreiben Sie zehn Sätze auf, die auf jeden von ihnen zutreffen. Verkehren Sie dann jeden Satz in sein Gegenteil und vertreten Sie so überzeugend wie möglich, dass dieses entgegengesetzte Persönlichkeitsmerkmal auf Ihre Großmutter oder Ihren Großvater zutrifft. Machen Sie das mit jedem wichtigen Verwandten. Diese Methode ist besonders gut zur Aufdeckung dunkler Geheimnisse geeignet, denn manchmal verbergen sich Geheimnisse gerade hinter dem, was jemand zu leugnen oder zu vermeiden versucht. Wie Sam Keen es formulierte: »Die Ängste, die verbotenen Möglichkeiten und die unvorstellbaren Alternativen einer Generation werden unausgesprochen an die nächste weitergegeben.«

Hier noch einige weitere Fragen, die Sie sich selbst stellen oder mit Ihren Geschwistern oder Onkeln und Tanten diskutieren können:

Welche Themen waren in Bezug auf Ihre Großeltern absolut tabu? Woher wissen Sie das?

Was entsetzte Ihre Großmutter?

Was hat Ihr Großvater Ihrer Meinung nach nie getan? Warum?

Was haben Ihre Großeltern in ihrer Ehe Ihrer Meinung nach nie getan? Warum?

Legenden, Mythen und Geschichten

Wie lauteten die Lieblingsaussprüche Ihrer Großväter väterlicher- und mütterlicherseits? Können Sie eine Liste mit ihren Lieblingsaussprüchen zusammenstellen? Machen Sie das Gleiche für Ihre Großmütter väterlicher- und mütterlicherseits.

Können Sie eine Liste mit ihren »zehn Geboten« erstellen?

An welche Geschichten, die Ihre Großmutter oder Ihr Großvater erzählten, können Sie sich erinnern? Welche geheime Bedeutung könnten diese Geschichten haben?

Die Großmutter einer Klientin erzählte beispielsweise eine Geschichte, wie ihre Brüder ihr an Halloween einen so furchtbaren Schrecken eingejagt hatten, dass sie hysterisch wurde und ins Krankenhaus eingeliefert werden musste. Irgendwie hatte meine Klientin immer das Gefühl gehabt, an dieser Geschichte fehlte noch etwas. Sie forschte in der Vergangenheit ihrer Großmutter nach. Ein Bruder, der Großonkel meiner Klientin, lebte noch und war froh über die Nachforschungen meiner Klientin. Er enthüllte, dass sein Vater, der Urgroßvater meiner Klientin, Alkoholiker war und seine Tochter jahrelang sexuell missbraucht hatte. Einmal waren die physischen Verletzungen ihrer Vagina und das damit verbundene emotionale Trauma so gravierend, dass sie ins Krankenhaus gebracht werden musste.

Die Großmutter meiner Klientin glaubte ihre eigene Halloween-Geschichte. Tatsächlich handelte es sich dabei aber um eine so genannte *verdeckte Erinnerung*. Häufig spaltet das Opfer die Erinnerung ab, wenn ein Ereignis zu traumatisierend war. Diese Abspaltung ist ein Abwehrmechanismus, den der Betroffene einsetzt, um seinen Körper zu verlassen, um aus der Gegenwart eines Ereignisses zu fliehen. Die Betroffenen schildern diese Abspaltung als ein Gefühl des Über-der-Szene-Schwebens, als würden sie den Geschehnissen als unbeteiligte Beobachter beiwohnen. Ein Opfer kann einen Gedächtnisschwund entwickeln, der einen oder alle Aspekte des Ereignisses einschließt. Eine neue Erinnerung, die für den Betroffenen erträglicher ist, kann dann an die Stelle der alten treten.

Geschichten, die unvollständig wirken oder nicht greifbare Zweifel hinterlassen, bestehen vielleicht aus solchen verdeckten Erinnerungen. Bevor Sie daraus Schlüsse ziehen, sollten Sie jedoch unbedingt nach weiteren Bestätigungen für Ihre Vermutungen suchen. Mehrere zusätzliche Faktoren erhärteten die Entdeckungen meiner Klientin. Ihre Großmutter litt an Platzangst und zeigte mehrere andere Symptome, die auf Inzest hindeuteten. Ihre eigene Mutter und drei Tanten gaben zu, dass sie vom Vater ihrer Mutter vergewaltigt worden waren. Der noch lebende Bruder bestätigte, dass sein Vater ein brutaler Kerl war.

Bei Geschichten, die vollständig zu sein scheinen, sollten Sie sich fragen, welche *Werte* darin vermittelt werden. Warum wurden genau *diese* Geschichten immer wieder erzählt? Sind es moralische Geschichten, in denen das Menschliche übertrieben und zum Übermenschlichen gesteigert wird? Falls ja, verbergen sich dahinter möglicherweise krank machende Elemente von Scham in der Familie.

Witze

Können Sie sich erinnern, welche Witze Ihr Großvater oder Ihre Großmutter erzählten? Was war sein oder ihr Lieblingswitz? Erzählten sie »dreckige Witze«? Falls ja, was galt damals als dreckig oder schmutzig?

Einer meiner Klienten erinnerte sich, dass die Witze in seiner Familie sich immer um Kot und Blähungen drehten. Derselbe Patient erinnerte sich, dass er immer Angst vor dem Stuhlgang hatte, weil er fürchtete, jemand könnte seine Privatsphäre verletzen. Bevor er ins Badezimmer ging, in dem sich auch die Toilette befand, ging er zu jedem einzelnen Familienmitglied und bat es, nicht ins Badezimmer zu gehen, während er die Toilette benutzte. Er hatte außerdem masochistische Phantasien, in denen Frauen auf ihn defäkierten. Diese Phantasien waren das Einzige, was ihn sexuell erregte. Er begann zu begreifen, dass seine Großmutter wie auch seine Mutter Männer hassten. Später erfuhr er, dass beide von demselben Mann, einem Großonkel, vergewaltigt worden waren. Keine von ihnen hatte die sexualisierte Wut über den eigenen Missbrauch aufgearbeitet. Mein Klient glaubte, dass sie ihn als Kleinkind anal missbraucht hatten. Seine Mutter gab unumwunden zu, dass sie es hasste, ihn zu wickeln, und dass sie sein Gesicht in die schmutzigen Windeln gedrückt hatte, um ihm beizubringen, dass er auf den Topf gehen sollte! So offenbarten sich in den Witzen dunkle Geheimnisse in dieser Familie.

Szenen aufschreiben

Schreiben stellt eine wichtige Methode dar, um an Gefühle und schmerzhafte Wahrheiten der Vergangenheit heranzukommen. Wählen Sie fünf Szenen mit Ihren Großeltern väterlicherseits aus, einzeln oder zusammen, die für Sie wichtig waren, und schildern Sie diese so detailliert wie möglich. Wird Ihnen beim Schreiben etwas Neues klar? Machen Sie das Gleiche mit Ihren Großeltern mütterlicherseits.

Abschlussübung

Wenn Sie sich eine Zeit lang diesen Übungen gewidmet haben, machen Sie eine Bestandsaufnahme Ihrer Reaktionen:

Haben die Übungen starke körperliche Reaktionen bei Ihnen ausgelöst? Haben Sie sich angespannt gefühlt, hatten Sie Nacken- oder Rückenschmerzen, hatten Sie Kopfschmerzen, Magenschmerzen, oder wurde Ihnen schwindlig? Körperliche Symptome können auf etwas hindeuten, dem nachzugehen sich lohnt. Ihr Körper will Ihnen vielleicht etwas mitteilen. Ein Trauma kann im Körper gespeichert sein. Der Körper erinnert sich. Achten Sie auch auf heftige Gefühlsregungen während der Übungen oder danach. Diese Gefühle können Empfindungen sein, die sie als Kind hatten, jedoch nicht zum Ausdruck bringen durften.

Vielleicht wollen Sie sich auch Notizen machen, um sich an Ihre Träume während und kurz nach diesem Prozess zu erinnern. Traumbilder sind ein anderer Weg, wie unsere Psyche alte Wunden zum Ausdruck bringt.

Achten Sie schließlich auf jeden Moment der Bewusstwerdung und auf jede neue Erkenntnis. Wenn Ihnen eine Idee in den Sinn kommt, schreiben Sie sie nieder und lassen Sie sie eine Weile in sich wirken. Wenn Ihnen keine Fakten zu ihrer Untermauerung einfallen, *lassen Sie es dabei bewenden.*

Das Genogramm der Großeltern

Nach der Durchführung dieser Übungen sind Sie fähig, das Genogramm Ihrer Großeltern zu erstellen. Ich hoffe, Sie haben eine Menge Material gefunden, das für Ihre Familienkarte von Bedeutung ist.

Beginnen Sie mit Ihren Großeltern väterlicherseits. Tragen Sie Geburtsdatum, Todesdatum, Todesart, das Ausbildungsniveau, die Tätigkeit und alle bekannten Probleme Ihres Großvaters väterlicherseits in das Genogramm ein. Fügen Sie alle anderen Fakten hinzu, die Ihnen bedeutsam erscheinen. Fahren Sie anschließend fort mit den Eintragungen zu Ihrer Großmutter väterlicherseits und weiter mit Ihren Großeltern mütterlicherseits.

Ein Erbe des Verlassenseins

John Jeder, James Jeders Großvater väterlicherseits, war ein äußerst erfolgreicher Geschäftsmann (vgl. das Schaubild auf Seite 174). Er verdiente viel Geld an der Börse und zog sich Mitte 50 aus seinen Geschäften zurück, starb aber bereits mit 62 an einem Herzinfarkt. James bekam seinen Großvater nie zu Gesicht, und in späteren Jahren bedrückte es ihn sehr, dass sein Großvater ihn nie kennen lernen oder etwas mit ihm zu tun haben wollte.

Als James Ende 30 war, sah er im Sammelalbum seines Vaters ein Foto seines Großvaters. Es war das erste Mal, dass er ihn zu Gesicht bekam. James konnte die Ähnlichkeit kaum fassen – er sah genauso aus wie sein Großvater. Laut James' Vater Shane ließen sich James' Großeltern scheiden, als Shane zwei Jahre alt war. Sie hatten nur wegen Shane geheiratet. John Jeder heiratete Sheila McCord, um seine religiöse Pflicht zu tun, doch

Großeltern väterlicherseits

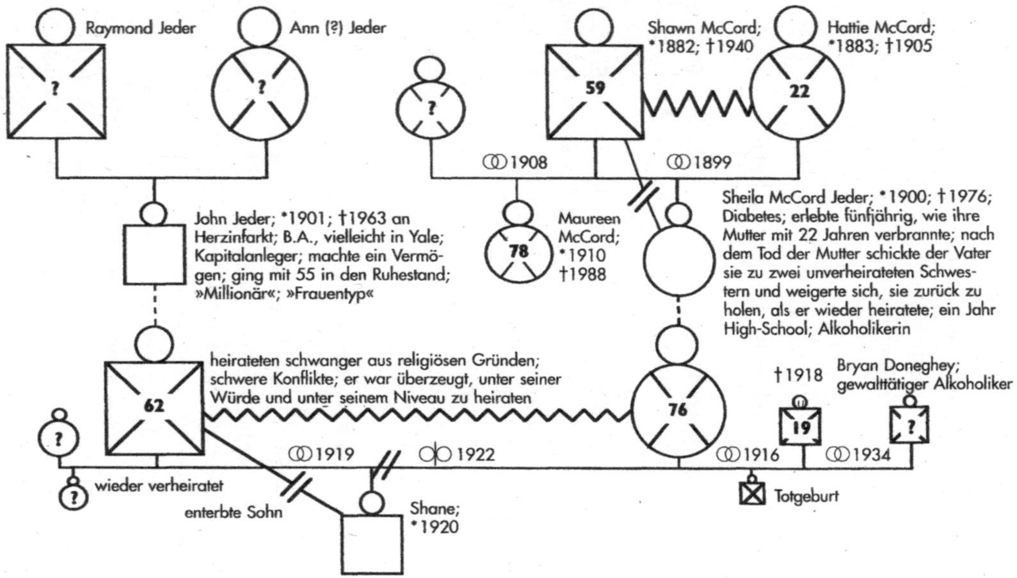

sowohl er wie auch seine Eltern waren überzeugt, dass er unter seinem Niveau heiratete.

Shane erzählte James, dass er mit sieben Jahren versucht hatte, seinen Vater zu sehen. Er lief von seiner Mutter weg und fuhr mit dem Bus in die Stadt in Arkansas, in der sein Vater lebte. Aber John wollte nichts von seinem Sohn wissen und steckte ihn umgehend wieder in den Bus.

Shane berichtete James auch, dass seinem Vater seine Gegenwart unangenehm zu sein schien. Außerdem, dass bei seiner Ankunft bei seinem Vater eine Party mit Yale-Wimpeln im Zimmer lief. Das brachte ihn zu der Annahme, sein Vater sei Absolvent von Yale, was er jedoch nie näher überprüfte. Fünf Jahre später, als Shane seinen Vater anrief und ihn anflehte, sich mit ihm zu treffen, wurde er erneut abgewiesen.

Der letzte Akt dieser Tragödie fand statt, als John Jeder starb. Shane erzählte James, dass er vom Tod seines Vaters aus der Zeitung erfahren hatte. Shane ging zur Beerdigung und musste dort hören, dass Mr. Jeder keinen Sohn hatte. Shane bestand darauf, an dem Begräbnis teilzunehmen. Später stellte er fest, dass er im Testament seines Vaters vollkommen enterbt worden war. Shane war bereits ein schwerer Trinker und hatte nur geringe Selbstachtung. Er erzählte James, er sei weggegangen und habe sich betrunken, weil er es nicht der Mühe wert fand, um sein rechtmäßiges Erbe zu kämpfen. Das war typisch für Shane, der sehr passiv-aggressiv war.

Heiraten, weil ein Kind unterwegs ist

Über seine Großmutter väterlicherseits, Sheila McCord, wusste James weit mehr, denn sie kannte er aus seiner Kindheit. Am deutlichsten erinnerte er sich an ihre Trunksucht. Wenn sie betrunken war, neigte sie zu starken Gefühlsausbrüchen, fing entweder Streit an und tobte, oder sie bekam Heulkrämpfe. James empfand nicht die geringste Zuneigung ihr gegenüber.

Sheila war von frühester Jugend an aufsässig und renitent gewesen. Mit 16 brannte sie mit einem Nachbarsjungen durch und heiratete ihn. Sie war damals schwanger, das Baby kam tot zur Welt. Ihr Mann starb zwei Jahre später an einem Stromschlag am Arbeitsplatz. Sheila erhielt 60.000 Dollar als Unfallentschädigung. Das war eine Menge Geld 1918. Sie trank weiter und lebte zwei Jahre lang von diesem Geld. Sie hatte mit den verschiedensten Männern Geschlechtsverkehr und wollte in die bessere Gesellschaft aufsteigen. So lernte sie James' Großvater John Jeder kennen. Sie hatten eine Affäre, sie wurde schwanger, darauf heirateten sie, und sie bekam Shane. Heiraten, weil ein Kind unterwegs war, war eine Neuauflage dessen, was schon ihre Eltern ihretwegen getan hatten. James wiederholte später das gleiche Muster mit beiden Ehefrauen.

Nachdem John Jeder sich von Sheila hatte scheiden lassen und Shane verlassen hatte, ging Sheila wieder auf die Überholspur. Sie hatte die Hälfte ihres Geldes bereits vor Ihrer Ehe mit John ausgegeben. Die nächsten zehn Jahre lang setzte sie ihr Lotterleben fort. Sie nahm Shane mit in Bars und brachte einen steten Strom von Liebhabern in sein Leben. Als Shane zwölf Jahre war, heiratete sie schließlich den gewalttätigen irischen Trinker Bryan Doneghey. Shane erzählte James Geschichten, in denen er nachts nach Hause kam und seinen Stiefvater betrunken mit einem Fleischermesser vorfand und von ihm mit dem Tod bedroht wurde.

Nach Donegheys Tod klammerte sich Sheila an Shane. Sie rief ihn fast täglich an und überhäufte ihn mit Forderungen und Kritik. Sie hatte ihm nie erlaubt, sich emotional von ihr zu trennen. Diese Verstrickung war eine tiefe Wunde, die Shane mit sich herumtrug.

Die Krankheiten einer Großmutter

James hatte seine Großmutter mütterlicherseits, Josephine O'Hern, als schöne, aber streng religiöse Frau in Erinnerung, die oft krank war und nur selten das Haus verließ. Chronische Krankheit kann ein Alarmsignal sein und auf dunkle Familiengeheimnisse hindeuten (vgl. das Schaubild der nächsten Seite).

Selbstverständlich kann eine Krankheit wirklich bestehen, ihre Ursache in einem Virus und in biologischen Faktoren haben, aber sie kann auch das Symptom tiefer liegender Probleme sein. Wir haben festgestellt, dass Opfer schweren emotionalen und sexuellen Missbrauchs häufig Abwehrmechanismen entwickeln, die ihre Gefühle betäuben, um dem Schmerz zu entkommen, den sie empfinden. Ein betäubter emotionaler Schmerz kann sich auf verschiedene Art Ausdruck verschaffen. Eine Möglichkeit besteht darin, den emotionalen Schmerz in somatische Störungen oder chronische Krankheiten umzuwandeln. Der natürliche Zustand unseres Körpers ist Gesundheit, nicht Krankheit. Wenn jemand ohne erkennbare Krankheitsursache sehr häufig krank ist, wandelt er die schmerzhaften Gefühle eines sexuellen oder emo-

Großeltern mütterlicherseits

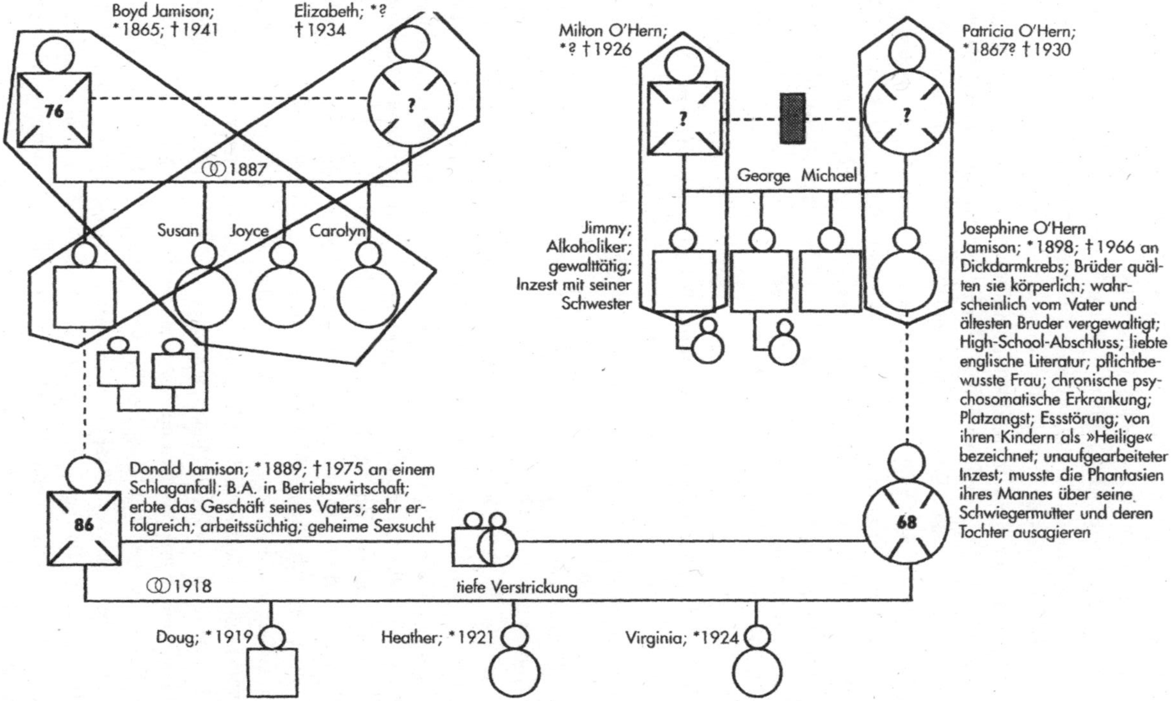

tionalen Missbrauchs in eine somatische Störung um. James Jeder wusste nie mit Bestimmtheit, ob seine Großmutter Josephine vergewaltigt worden war. Es waren die Erzählungen seiner Mutter über Milton O'Hern und Josephines Brüder, die ihn zu dieser Annahme brachten.

James erinnert sich auch, dass seine Großmutter sehr prüde und sexuell abweisend war. Sie war eine fromme Katholikin und schien Männern bis zur Verachtung zu misstrauen, wobei sie sich häufig darüber lustig machte, dass sie unter der Fuchtel ihrer Genitalien stünden. Sex bezeichnete sie oft als die Plage einer Frau. Doch in der Beziehung zu ihrem Mann Donald war sie sehr pflichtbewusst und gehorsam und schien immer bereit, für ihn da zu sein. Als ihre verschiedenen Gebrechen sich verschlimmerten, wurde sie bettlägerig. Schließlich diagnostizierte man Dickdarmkrebs, und wenige Monate später starb sie.

Die verborgenen Phantasien eines Großvaters

Donald Jamison erbte ein Viertel von den 15 Millionen seines Vaters und führte 25 Jahre lang das Familienunternehmen.

Donald und Josephine hatten drei Kinder, Doug, Heather (James Jeders Mutter) und Virginia. Donald war nicht gläubig, erklärte sich aber einverstanden, alle drei Kinder im katholischen Glauben aufzuziehen.

Doug, der Älteste, war homosexuell und nie in der Lage, die Erwartungen seines Vaters zu erfüllen, obwohl er sich jahrelang im Familienunternehmen abmühte. Sein Vater stellte ihn regelmäßig ein, um ihn dann immer wieder zu feuern. Er war der Sündenbock seines Vaters.

James' Mutter Heather war sehr hübsch und wurde zum Liebling ihres Vaters. Sie war ziemlich zurückhaltend und emotional verschlossen. Dennoch begann sie etwa mit 15 Jahren, sexuell »in Szene zu treten«. Heather wirkte zwar oberflächlich verklemmt und prüde, es war jedoch unübersehbar, dass sie recht verführerisch war. Ich werde später im Kapitel über die dunklen Geheimnisse von Müttern nochmals auf diesen Punkt zurückkommen.

James erinnert sich, dass Heather stundenlang mit ihrer Mutter Josephine zusammen war, von der sie immer als von einer »Heiligen« sprach. Während Josephine im Sterben lag, erzählte sie Heather, dass Donald hochgradig perverse sexuelle Phantasien gehabt hatte und sie in den ersten 35 Jahren ihrer Ehe seinen Wünschen entsprochen hatte.

Denken Sie daran, dass Donald Jamison nach dem Tod seines Vaters Boyd einen großen Vorrat an pornografischen Filmen und Büchern im Safe seines Vaters gefunden hatte. Er selbst wurde süchtig danach, diese Filme anzusehen, und er verlangte von Josephine, dass sie gewisse sexuelle Handlungen ausführte, die er darin gesehen hatte. Manche Paare genießen es, erotische Filme als Anreiz zu benutzen, doch Donalds Forderungen waren für Josephine zutiefst entwürdigend. Er hatte außerdem einige weitere ungewöhnliche Sexualrituale, wie James später noch entdeckte.

Großonkel und Großtanten

Es gelang James nicht, viele Informationen über andere Verwandte auf der mütterlichen Seite der Familie zu sammeln. Seine Mutter erzählte ihm, dass Jimmy O'Hern seine Schwester Josephine nicht nur gehänselt hatte, sondern dass er dafür bestraft worden war, dass er sie »komische« sexuelle Sachen mit sich machen ließ. Das war nur eine verschwommene Erinnerung, und er ging ihr nie näher nach. Aber Geschichten wie diese entstehen nicht aus heiterem Himmel. Als Erwachsener war Jimmy trunksüchtig und gewalttätig. Großonkel George war schwerer Alkoholiker, der noch vor seinem 53. Geburtstag in einem Krankenhaus für Kriegsveteranen starb. Alle O'Hern-Brüder starben vor Erreichen des 60. Lebensjahres.

James fand durch seine Tante Virginia heraus, dass seine Großtante Susan von ihrem Vater Boyd Jamison zu einer inzestuösen Beziehung gezwungen worden war (vgl. Schaubild von Seite 160). Sie behauptete auch, dass seine Großtante Carolyn irreführend über die körperliche Zuneigung ihres Vaters sprach und dass sie seine »ekligen« Küsse hasste und sich in seiner Gegenwart unwohl fühlte. James' Tante Virginia erlitt in der Zeit seiner Nachforschungen für das Genogramm einen »Nervenzusammenbruch«. Das passierte, als sie über all diese Dinge sprach, einschließlich ihrer eigenen Belästigung durch Boyd. James' Großtante Maureen, Sheila Jeders Halbschwester, erzählte James die Geschichte vom traumatischen Tod seiner Urgroßmutter, die verbrannte, weil sie betrunken ihr Bett in Flammen gesetzt hatte. Einmal sprach sie darüber, dass sie nie verstanden hätte, warum ihr Vater Sheila so ablehnte. Sie sagte James, es käme ihr so vor, als würde er Sheila irgendwie für den Tod seiner Frau verantwortlich machen.

An diesem Punkt Ihrer Nachforschungen sollten Sie ein Genogramm erstellt haben, das alles enthält, was Sie über Ihre Urgroßeltern und Großeltern wissen.

Sie haben vielleicht schon bemerkt, dass einige Ihrer eigenen Probleme und/oder Geheimnisse bereits in früheren Generationen aufgetreten sind. Die nächsten beiden Kapitel werden Sie dazu befähigen, das Bild mit noch weit mehr Leben zu füllen, indem Sie sich auf das Leben Ihrer Eltern konzentrieren.

Die dunklen Geheimnisse Ihres Vaters

Auch wenn ich meinen Vater hasste, brachte ich diesen Hass beredt zum Ausdruck, indem ich sein Leben nachahmte, indem ich von Tag zu Tag ineffektiver wurde, indem ich all die düsteren Prophezeiungen, die meine Mutter über mich und meinen Vater verkündet hatte, erfüllte.

aus: Pat Conroy, Die Herren der Insel

Ich wüsste kein anderes Bedürfnis in der Kindheit zu nennen, das so stark ist wie das nach dem Schutz des Vaters.

Sigmund Freud

Auch wenn der Tod meinem Vater ein Ende bereitete, so beendete er deshalb nicht meine Beziehung zu ihm – ein Geheimnis, das ich früher nie so klar verstanden hatte.

aus: Frederick Buechner, Telling Secrets

Richard hatte als Kind sehr unter seinem Übergewicht, seinen Sommersprossen und seiner, wie er es nannte, »totalen Hässlichkeit« gelitten. Er empfand in jedem Wesenszug krank machende Scham. Er wehrte sich gegen die Hänseleien seiner Familie und Spielkameraden, indem er sich isolierte und seine gesamte Energie aufs Lernen konzentrierte. Er war sehr gut und wurde im Laufe der Jahre immer noch besser. Er wurde mit seiner eigenen Selbstverachtung fertig, indem er sie gegen die richtete, die ihm intellektuell unterlegen waren. Er machte sich über Freundschaften und die meisten Formen gesellschaftlichen Lebens lustig und bezeichnete sie als Zeitverschwendung. Am College fand er eine Freundin, die seinem Intellekt entsprach und ihre eigenen Probleme mit Übergewicht und geringer Attraktivität hatte. Sie heirateten und bekamen zwei Kinder, einen Jungen und ein Mädchen.

Obwohl ihre Kinder recht hübsch waren, zwang Richard ihnen seinen eigenen defensiven Intellektualismus auf. Sie wuchsen in dem Glauben auf, Intellekt und Wissen seien das Einzige, was im Leben zähle. Weder Richard noch seine Frau sprachen je über den geheimen Kummer, den die Wunden ihrer Kindheit zurückgelassen hatten, auch nicht über ihre eigenen Gefühle körperlicher Unzulänglichkeit.

Ihre Kinder wurden in einem intellektuell anspruchsvollen Klima groß, jedoch in sozialer Isolation und ohne Freunde. Richard und seine Frau bemühten sich beispielsweise in keinster Weise, ihnen die Kleidung zu kaufen, die bei den Gleichaltrigen üblich war. Als Richards Sohn ihn bat, ihm Polohemden und Schuhe einer bestimmten Marke zu kaufen, die die anderen Jungs trugen, hatte Richard nur Hohn für ihn übrig. »Kleider machen keine Leute. Wichtig ist nur, was du im Kopf hast«, sagte er zu seinem Sohn. Beide Kinder litten unter sozialer Ächtung und kamen zu der Überzeugung, dass sie hässlich, voller Fehler und schlichtweg inakzeptabel seien. Richards Sohn agierte das Familiengeheimnis am College durch schweren Drogenmissbrauch aus und war später auf Entzug in einem Behandlungszentrum. Die Tochter ging eine Reihe von Beziehungen ein, in denen sie sexuell ausgenutzt und misshandelt wurde. Richard und seine Frau waren vollkommen fassungslos. »Ich begreife einfach nicht, wie Kinder mit einem hervorragenden Verstand und einer ausgezeichneten Erziehung sich so entwickeln können«, sagte sie in der ersten Beratungsstunde zu mir. Mit der Zeit wurde der gesamten Familie klar, welche Prozesse sich abspielten. Die beiden Kinder – die inzwischen erwachsen waren – konnten nachvollziehen, wie Richards dunkles Geheimnis zu einem Energiefeld geworden war, das die ganze Familie prägte. Diese Erkenntnis befähigte sie, ihren eigenen Geheimnissen ins Auge zu sehen, sich zu verändern und ihr eigenes Leben zu führen.

Während meiner Arbeit mit dieser Familie benutzte ich bewusst einen von der Psychologin Alice Miller geprägten Ausdruck, um den Prozess zu beschreiben, der in ihrem Leben wirksam war. Sie spricht von der »Logik des Absurden«. Als Richard die *logische* Erklärung für das scheinbar irrationale Verhalten seiner Kinder verstand, durchbrach er seine Verleugnung und war bereit, sich seiner Verletzbarkeit zu stellen.

Richards Geschichte zeigt, welche tief greifenden Wirkungen das dunkle

Geheimnis eines Vaters – selbst ein so banales – auf das Leben seiner Kinder haben kann. Es unterstreicht auch die Tatsache, dass dunkle Geheimnisse oft von einer Generation zur nächsten an Macht gewinnen. Richards Kinder litten unter schlimmeren Symptomen als er. Das kindliche Bedürfnis nach Schutz, Anerkennung und Zuneigung ist so groß, dass das Kind gar nicht anders kann, als sich in die psychischen Abwehrmechanismen und die unbewussten Probleme seiner Eltern zu verstricken.

Auch abwesende Väter üben einen nachhaltigen Einfluss auf unser Leben aus. Ich hatte das Glück, mich mit meinem Vater im Alter zu versöhnen, aber während meiner Kindheit war er schlicht nicht da. Er war Alkoholiker und selten zu Hause. Und dennoch beschäftigte er mich die ganze Zeit, ständig war ich besorgt, wo er wohl war, und ich fragte mich, wann er nach Hause käme. Wenn er getrunken hatte, erstarrte ich vor Angst. Ich kann mich nicht erinnern, dass ich mich jemals beschützt gefühlt und keine Angst gehabt hätte. Als ich zwölf war, ließ er sich von meiner Mutter scheiden und verließ uns endgültig.

Aus klinischen Untersuchungen geht hervor, dass es Kindern, die ohne Vater aufwachsen, häufig schwer fällt, Befriedigungsaufschub zu erlernen. Die Abwesenheit des Vaters führt oft zu Armut, und die Kinder versuchen alles, was sie ergattern können, schnellstmöglich in die Finger zu bekommen. Außerdem wurde festgestellt, dass Kinder ohne Vater oft eine tiefe Scham empfinden. Das traf ganz bestimmt auch auf mich zu. Meine Mutter versicherte mir ständig, dass mein Vater mich liebte – eine Versicherung, die mir nie echt vorkam, denn sie wurde durch sein Verhalten in keinster Weise bestätigt. Dass mein Vater mich im Stich gelassen hat, wird immer eine tiefe Wunde bleiben, mit der ich leben muss.

Sich an den Vater erinnern

In diesem Kapitel werde ich Sie zunächst ermuntern, am Genogramm Ihres Vaters zu arbeiten. Dann werde ich auf James Jeder zurückkommen und zeigen, was er über das Leben seines Vaters Shane herausfand. Falls Sie Ihren leiblichen Vater nicht kennen und keine Informationen über ihn sammeln können, konzentrieren Sie sich auf Ihren Adoptiv- oder Stiefvater oder die Person, die am ehesten die Vaterfunktion bei Ihnen erfüllte.

Wenn Sie bestimmte Vorstellungen über Ihren Vater haben, sollten Sie diese überprüfen, seien Sie jedoch vorsichtig mit Schlussfolgerungen, die sich nicht auf reale Fakten stützen. Ihr »Phantasievater« mag ein machtvoller Bestandteil Ihres Innenlebens sein. Vielleicht sind Sie auf der Suche nach jemandem, der Ihrer Phantasie entspricht – einem Liebhaber, einem Vorgesetzten, einem Freund. Wenn diese Phantasie keinen Bezug zur Realität hat, kann Ihnen Ihr Phantasievater viele Probleme bereiten.

Was Sie über Ihren wirklichen Vater oder auch Vaterersatz herausfinden, kann Ihnen dabei helfen, verborgene Stärken zu entdecken, derer Sie sich gar nicht bewusst sind.

Lassen Sie sich nicht von dem natürlichen Bedürfnis leiten, Ihre Eltern zu schützen. Dies kann den Blick auf ihre wahren Persönlichkeiten verschleiern. Es war und ist das tatsächliche Leben Ihrer Eltern, das Sie geformt hat – nicht das, was sie sagten, sondern das, was sie taten.

Bei den folgenden Nachforschungen wird der Nachdruck vor allem auf Ihrer eigenen Wahrnehmung Ihres Vaters liegen. Aber es ist auch wichtig, nach Bestätigung von außen und nach unterschiedlichen Ansichten zu suchen.

Befragen Sie Ihre Onkel und Tanten, falls es welche gibt, um Informationen über Ihren Vater zu sammeln. Vielleicht kennen Sie einen alten Jugendfreund Ihres Vaters. Befragen Sie ihn nach der Jugend Ihres Vaters. Vielleicht kennen Sie ein paar Geschäftspartner, einen früheren Vorgesetzten oder jemanden, der für ihn gearbeitet hat. Es gibt verschiedene wertvolle Quellen für persönliche wie berufliche Informationen. Falls Ihre Großeltern noch leben, befragen Sie auch diese. Fragen Sie Ihre Mutter nach Ihrem Vater. Oft weiß sie Dinge, nach denen zu fragen Ihnen als Kind nie in den Sinn gekommen wäre – und die sie Ihnen wahrscheinlich nicht erzählt hätte, als Sie noch jünger waren.

Ihre vielleicht beste Informationsquelle sind Ihre Geschwister. Denken Sie daran, dass jede Stellung in der Geschwisterreihe mit einer spezifischen Form der Wahrnehmung einhergeht. Ihre Ansichten können sich gewaltig von den Ihrigen unterscheiden. Fügen Sie die Informationen Ihrer Geschwister dem Bild Ihres Vaters hinzu.

Ihr Bild von Ihrem Vater

Lassen Sie sich die folgenden Fragen von jemand anderem stellen, oder nehmen Sie sie auf Kassette auf. Machen Sie eine Minute Pause zwischen jeder Frage.

Welche früheste Erinnerung an Ihren Vater haben Sie? Schließen Sie die Augen und versinken Sie so tief wie möglich in Ihre Erinnerung. Was ist die früheste Erinnerung an einen Ort, an dem Sie mit Ihrem Vater lebten? Welche Kleidung trägt Ihr Vater? Was macht er? Welches Gefühl erfüllt Sie, wenn Sie als kleines Kind mit Ihrem Vater zusammen zu Hause sind?

Lassen Sie nun andere Erinnerungen in sich aufsteigen. Wie behandelte Ihr Vater Sie? Wie bestrafte er Sie? Wie zeigte er Ihnen seine Zuneigung? Wie schnell begannen Sie sich um Ihren Vater zu kümmern? Was gefiel Ihnen an Ihrem Vater am besten? Was mochten Sie am wenigsten an ihm? Wie kümmerten Sie sich um Ihren Vater? Öffnen Sie nun langsam die Augen.

Nehmen Sie sich nun ein paar Minuten Zeit, um Folgendes festzuhalten:

- Ihre körperliche Verfassung. Fühlen Sie sich angespannt, unruhig, ruhig, ist Ihnen übel?
- Jegliche heftige emotionale Reaktion – Traurigkeit, Angst, Wut, Scham, Schuld usw.
- Ihre Sehnsüchte und Wünsche. Haben Sie Kummer, Enttäuschung, Frustration, Glück empfunden?
- Alle neuen Gedanken oder bewusst gewordenen Erkenntnisse, die in Zusammenhang mit Geheimnissen stehen. Haben Sie Gefühle in Bezug auf Ihren Vater empfunden, die Sie nie zuvor bemerkten?

Schließen Sie alle folgenden Übungen mit denselben Fragen ab.

Falls es Ihnen schwer fällt, sich die Dinge bildlich vorzustellen (was bei vielen Menschen der Fall ist), versuchen Sie die Antworten auf die Fragen nach Ihrem Vater niederzuschreiben. Halten Sie sich beim Schreiben an sinnlich erfahrbare Tatsachen. Schreiben Sie nicht: »Mein Vater war glücklich«, sondern: »Ich sah ein breites Lächeln auf dem Gesicht meines Vaters, er blickte mich an und sprach mit ruhiger Stimme.«

Denken Sie daran, sich beim Schreiben die Abschlussfragen zu stellen.

Eine andere Möglichkeit wäre, so viele alte Fotos Ihres Vaters wie möglich zu suchen. Wählen Sie die aus, die etwas in Ihnen ansprechen, und betrachten Sie sie. Lassen sie sich Zeit dabei (vielleicht drei bis fünf Minuten), und schreiben Sie dann zehn Minuten lang alles auf, was Ihnen spontan einfällt. Machen Sie das mit mehreren Fotos. Gehen Sie dann das Geschriebene durch und überprüfen Sie, welche Themen sich dabei herauskristallisieren. Machen Sie die Abschlussübung.

Charakterzüge

Welches waren die fünf positivsten Charakterzüge Ihres Vaters? (Zum Beispiel, dass er freundlich war, sanft, großzügig.) Nennen Sie ein Beispiel für jeden Charakterzug. Welche waren die fünf schlimmsten Charakterzüge Ihres Vaters? (Er log viel, er war ein schlechter Verlierer.) Nennen Sie auch hierfür jeweils ein Beispiel.

Die Lebensregeln Ihres Vaters

Wie lauteten die »zehn Gebote« Ihres Vaters? Lassen Sie sich Zeit beim Überlegen und schreiben Sie sie nieder. Versuchen sie sich zu erinnern, in welchem Kontext, das heißt wann er diese Lebensregeln zum ersten Mal aufstellte. Falls es die ursprünglichen Zehn Gebote der Bibel sind, was fügte Ihr Vater ihnen hinzu? Zum Beispiel: »Du sollst nicht ehebrechen – außer wenn du die Diskretion dabei wahrst.«

Welche verborgenen Regeln hatte Ihr Vater? Diese Regeln sind nonverbaler Art, es sind Verhaltensvorschriften. Beispielsweise war Ihr Vater vielleicht der Einzige, der unverhohlen seinen Blähungen freien Lauf lassen konnte. Es gab keine festgeschriebene Regel dazu, aber die Dinge lagen so in Ihrer Familie. Ein weniger ordinäres Beispiel wäre, dass Ihr Vater vielleicht Lobgesänge auf Demokratie und Gleichheit anstimmte, durch sein Verhalten jedoch deutlich machte, dass er Ihre Mutter als ihm unterlegen betrachtete. Er setzte sich, und sie bediente ihn. Sie sahen am Gesichtsausdruck Ihrer Mutter, dass dieses Bedienen nicht freiwillig war.

Lieblingsaussprüche und Witze

Erstellen Sie eine Liste mit den Lieblingsaussprüchen Ihres Vaters. Sagen sie Ihnen etwas Neues über ihn? Hielt er sich an diese Aussprüche? Stellen Sie sich vor, er täte genau das Gegenteil dessen, und achten Sie darauf, ob dabei etwas in Ihnen berührt wird. Der Ausspruch könnte eine Tarnung sein. Gary erinnert sich beispielsweise an den Ausspruch seines religiös autoritären Vaters, der sagte, Gott habe den Penis erschaffen, damit er in eine Vagina eindringe – deshalb würden Schwule und Lesbierinnen die Gesetze der Natur pervertieren. Als Gary Anfang 30 war, lud ihn ein schwuler Freund zum Besuch einer Schwulenbar ein. Aus Neugier ging er mit. Er war schockiert, als er dort seinen Vater traf.

Was waren die Lieblingswitze Ihres Vaters? (Vielleicht fällt Ihnen nur ein einziger ein.) Erkennen Sie ein Muster in seinen Witzen? Was schließen Sie daraus? Wenn Ihr christlicher Vater beispielsweise immer Witze über Menschen anderer Hautfarbe, über Schwule oder Juden machte, kann das nicht nur bedeuten, dass er Vorurteile hatte, sondern auch, dass er über seinen eigenen gesellschaftlichen Status oder seine Sexualität unsicher war.

Geheime Erwartungen und Enttäuschungen

Ihr Vater hat möglicherweise viele Dinge wie etwa seinen geheimen Groll gegen seine Eltern oder seine Enttäuschung über Ihre Mutter verschwiegen. Hinter den Enttäuschungen stehen seine heimlichen Erwartungen, von denen einige vielleicht auch ziemlich unrealistisch waren. Ihr Vater ist eventuell auch insgeheim enttäuscht über sein eigenes Leben. Er hat unter Umständen das Gefühl, dass er seine Möglichkeiten nie voll ausgeschöpft hat. Seine Verbitterung und sein Zynismus sind möglicherweise Ausdruck seiner enttäuschten Erwartungen.

Nur sehr wenige Menschen finden ihr Glück im Leben, und nur sehr wenige Männer erfüllen die strengen Erfolgskriterien unserer Gesellschaft. War Ihr Vater in seinen eigenen Augen erfolgreich? Verdiente er viel Geld? Erreichte er die Ziele, die er sich selbst gesetzt hatte? Was wissen Sie über seine Wünsche und Sehnsüchte? Hatte er den sportlichen Erfolg, nach dem er vielleicht strebte? Wie steht es mit seiner Ehe mit Ihrer Mutter? War er glücklich und zufrieden mit ihr?

Inwiefern haben Sie sich der Enttäuschungen Ihres Vaters angenommen? Sind Sie so etwas wie eine Weiterführung Ihres Vaters? Haben Sie studiert, weil er es nicht konnte? Wurden Sie Arzt, Anwalt, Ingenieur, um seine Träume zu erfüllen? Wie haben Sie sich um die Traurigkeit und Enttäuschung Ihres Vaters gekümmert? Denken Sie über diese Fragen nach, und schreiben Sie alles auf, was Ihnen dazu einfällt. Versuchen Sie, Assoziationsketten ausgehend vom Thema »Die Enttäuschungen meines Vaters« zu bilden.

Kinder kennen die unbewussten Wünsche ihrer Eltern und versuchen ihnen zu entsprechen. Selbst wenn Ihr Vater nie bewusst Enttäuschungen zum Ausdruck brachte, haben Sie sie ganz gewiss mitbekommen. Sie haben vielleicht Ihr Leben damit zugebracht, das ungelebte Leben Ihres Vaters für ihn zu leben.

Arbeit und Geld

Welche Ansichten hatte Ihr Vater über Geld und Arbeit? Achten Sie besonders auf etwaige Unstimmigkeiten zwischen Worten und Taten. Ihr Vater sagte vielleicht, dass Arbeit und Geld nur Mittel zum Zweck seien, bewertete sie aber in Wirklichkeit höher als Familie oder Beziehungen.

Notieren Sie, welche Kriterien für Ihren Vater Erfolg ausmachten. Woher wissen Sie, dass das seine Kriterien waren? Hatte er in seinen eigenen Augen Erfolg? War er erfolgreich in den Augen *seines* Vaters? Vielleicht verhielt er sich wie ein erfolgreicher Mann, aber Sie wissen, dass er ein geheimes Gefühl des Versagens dahinter verbarg.

Welche Bedeutung hatte Geld für Ihren Vater? Stellte er alles hintan, um Geld zu verdienen? Lebte er über seine Verhältnisse, um nach außen das Image eines wohlhabenden Mannes zu verkörpern? Fühlte er sich insgeheim als Versager, weil er nicht viel Geld verdiente? Verlangte Ihr Vater von der Familie Opfer, während er selbst sich teure Sportausrüstungen oder andere »Spielsachen« (wie etwa teure Autos) leistete? Hat Ihr Vater sich für die Familie aufgearbeitet, damit Sie schöne Sachen bekamen?

Religion (Moral)

Möglicherweise haben Sie bereits einige moralische Prinzipien Ihres Vaters berührt. Denken Sie über diese Fragen nach. Welche religiösen Überzeugungen hatte Ihr Vater, falls er überhaupt religiös war? Lebte er seinen Glauben? War er ausgeglichen, streng oder lax in seinem Glauben? War sein Verhalten deutlich von anderen Zielen als Religiosität bestimmt, zum Beispiel von Geld, Sex oder Sport? Investierte er in sie den Großteil seiner Zeit? Gab er sich als Atheist oder Agnostiker aus? Hatte er eine wohl durchdachte eigene Meinung, oder reagierte und rebellierte er nur gegen seine strenge, vielleicht verlogene religiöse Erziehung? War er, alles in allem, ein ehrlicher Gläubiger oder ein Ungläubiger?

Sexualität

Unsere Sexualität ist nicht etwas, das wir »haben«, sondern ein zentraler Bestandteil unseres Seins. Ihr Vater beeinflusste Ihre sexuelle Entwicklung positiv oder negativ. Ihre ersten Überzeugungen, Haltungen und Gefühle in Bezug auf Sexualität stammten von einem oder beiden Elternteilen. Sie mussten das Modell einer gesunden Sexualität für Sie verkörpern. Sie mussten Ihnen vermitteln, dass Sexualität etwas Schönes ist, etwas Wunderbares, und letztlich etwas Geheimnisvolles und Heiliges. Sie mussten passende Grenzen und angemessene Scham um ihre Sexualität demonstrieren. Die Sexualität ist für viele Menschen ein Hort dunkler Geheimnisse. Lassen Sie sich Zeit beim Beantworten der folgenden Fragen, und achten Sie darauf, dass Sie sich Ihre Abschlussfragen stellen.

Was haben Sie von Ihrem Vater über Sexualität erfahren? Glauben Sie, dass Ihr Vater ein erfülltes Sexualleben mit Ihrer Mutter hatte? Woher wissen Sie das? Wie wurde über Sexualität gesprochen? Hatte Ihr Vater positive Grenzen um die sexuellen Bereiche seiner Privatsphäre gezogen? Respektierte und achtete Ihr Vater Ihre Sexualität? Hatte Ihr Vater Affären? Woher wissen Sie das? Hatte Ihr Vater sexuelle Komplexe? Woher wissen Sie das? Fühlten Sie sich in der Gegenwart Ihres Vater sexuell unbehaglich? Warum? Zeigte Ihr Vater auf irgendeine Weise, dass er Ihre Mutter nicht achtete? Seien Sie genau. Legte Ihr Vater Ihrer Mutter gegenüber ein Beschützerverhalten an den Tag, durch das er ihr seine Überlegenheit demonstrierte? Verwöhnte er sie zum Beispiel mit Unmengen Süßigkeiten und trug er so zu ihrem Übergewicht bei? War das eine Möglichkeit, um sexuelle Intimität mit ihr zu vermeiden? Verhätschelte er sie in ihrem krankhaften psychosomatischen Verhalten und hielt er sie so in seiner Abhängigkeit gefangen?

War sein überbehütendes Verhalten eine Art, ihr zu sagen: »Du bist sexuell schwach und zurückhaltend«, damit er dahinter sein geheimes Bedürfnis verbergen konnte, stark und dominant zu sein, und er seine labile männliche Identität vor Erschütterungen schützen konnte?

Freunde

Nennen Sie fünf Freunde Ihres Vaters. Hatten diese Freunde irgendetwas gemeinsam? Falls Ihr Vater keine engen Freunde hatte, was schließen Sie daraus? Versuchte Ihr Vater, Sie zu seinem besten Freund zu machen? Welche Gefühle löste das in Ihnen aus?

Hobbys und Freizeit

Zählen Sie fünf Dinge auf, die Ihr Vater zum Spaß und zur Erholung tat. Schien er das Leben zu genießen? Vernachlässigte er Sie, weil er zu sehr mit seinen Hobbys oder anderen Aktivitäten beschäftigt war? Oder hatte Ihr Vater keine Hobbys?

Assoziationsketten

Versuchen Sie Ihren Vater zu beschreiben, indem Sie assoziative Ketten bilden. Greifen Sie sich einen Bereich seines Lebens heraus – beispielsweise seine »Verleugnungen«. Schreiben Sie das Wort *Verleugnung* in die Mitte eines Papiers und kreisen Sie es ein. Dieser Kreis soll nun inmitten mehrerer Kreise stehen, zu denen Sie assoziative Verbindungen herstellen. Warten Sie, bis sich eine Assoziation dazu einstellt – zum Beispiel *Lügen* –, und fahren Sie dann fort.

Was mir einfällt, sind die Gedanken »gebrochene Versprechen«, »betrog meine Mutter«, »wollte seine Trunksucht nicht wahrhaben« und schließlich das Gefühl, verraten worden zu sein.

Die Erinnerung an den Tag, an dem mein Vater versprach, mit mir Golf zu spielen, und mich dann allein und enttäuscht vor seinem Büro stehen ließ, weckt immer noch heftige Gefühle in mir. Ich weinte so sehr im Bus, dass

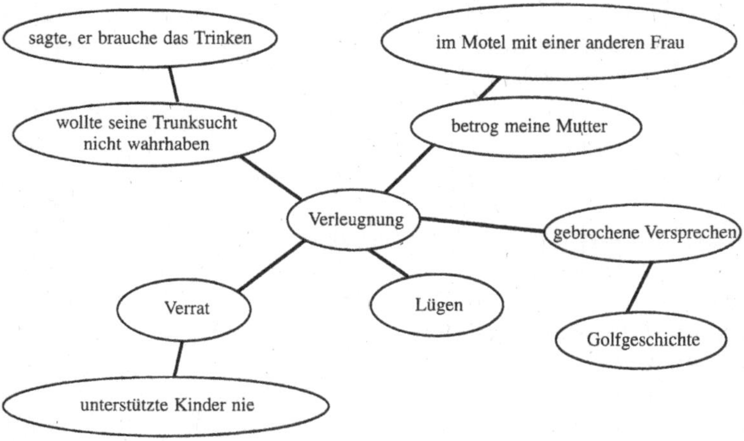

der Fahrer stehen blieb, um nachzusehen, was los war, und aller Augen auf mir ruhten. Eine äußerst schmerzliche Erfahrung! Mein Vater log so viel!

Der schönste Tag mit Ihrem Vater

Im Film *City Slickers* gibt es eine Szene, in der Billy Crystal, Daniel Stern und Bruno Kirby sich beim Autofahren unterhalten und jeder den schönsten Tag mit seinem Vater und dann den schlimmsten beschreibt. Das ist eine gute Übung, die man mit ein paar guten Freunden oder seiner Partnerin machen kann – oder mit jedem Menschen, der Ihnen *wirklich* zuhört. Zuerst sollte jeder aufschreiben, was der schönste Tag mit seinem Vater war. Sie können das auch nicht schriftlich machen, aber meiner Erfahrung nach intensiviert das Schreiben das Erlebnis. Lesen Sie dann die Schilderungen der Reihe nach vor. Nach jeder Schilderung sollte der Partner oder die Gruppe Rückmeldung geben.

Wenn Sie selbst zuhören, achten Sie genau auf die Gefühle, die bei der Schilderung Ihres Partners in Ihnen aufsteigen. Wenn der Vorlesende fertig ist, erzählen Sie ihm, was *Sie* während des Vorlesens empfanden. Tauschen Sie dann die Rollen. Wenn beide fertig sind, sprechen Sie über diese Gefühlsrückmeldung. Häufig hilft Ihnen das, wieder einen Bezug zu Ihren eigenen Gefühlen herzustellen. Sie werden vom Ergebnis vielleicht überrascht sein, besonders wenn Sie in einer Gruppe sind und alle Ihnen Rückmeldung über ein Gefühl geben, zu dem Sie keinen Bezug hatten.

Der schlimmste Tag mit Ihrem Vater

Wenn Sie wissen, dass Sie Opfer eines Inzests, von Misshandlungen oder eines schweren emotionalen Missbrauchs sind, führen Sie die folgende Übung bitte nicht durch. Die Gefahr, dass Sie wieder in die Hoffnungslosigkeit und Hilflosigkeit versinken, die sie als Kind erlebten, ist zu groß. Es gibt therapeutische Gruppen für Opfer von Inzest und anderen Formen schweren Missbrauchs, die Ihnen die nötige Sicherheit für eine solche Aufarbeitung bieten. Die Gruppe muss unter der adäquaten Anleitung eines Gruppentherapeuten stehen, der sich um Sie kümmern kann, falls sie in eine Kindheitsphase zurückfallen. Für jemanden, der noch nie eine solche Regression erlebt hat, kann das ein sehr beängstigendes Erlebnis sein. *Falls Sie unter irgendeiner Form von schwerem Missbrauch gelitten haben, sollten Sie diese Übung nicht ohne adäquate Unterstützung durchführen.*

Schreiben Sie die Szene nieder, die Ihrer Erinnerung nach der schlimmste Tag mit Ihrem Vater war. Denken Sie daran, wieder sinnlich erfahrbare Details zu verwenden. Was sahen Sie? (»Ich sah, wie mein Vater den Gehsteig entlangtaumelte.« »Er kam mit einem Glas in der linken Hand in mein Zimmer, und seine rechte Hand zitterte.«)

Lesen Sie Ihre Schilderungen der Reihe nach in Ihrer Gruppe oder mit Ihrem Partner vor, und achten Sie auf ihre Rückmeldungen.

Denken Sie auch über folgende Fragen nach: Welche Entscheidungen bezüglich Ihres eigenen Lebens trafen Sie als Folge dieser Erfahrung? Ist diese Entscheidung Ursprung eines in ihrem jetzigen Leben wirksamen Verhaltensmusters? Diese Entscheidung war die beste Möglichkeit, die Sie damals hatten, aber heute können Sie sie verändern.

Wenn Sie nach Beginn dieser Übung merken, dass Sie Angst bekommen oder sich irgendwelche körperlichen Symptome zeigen, brechen Sie sie sofort ab. Gehen Sie Ihrer Reaktion dann mit einem kompetenten Therapeuten nach. Sie könnten eine verdrängte Erinnerung dabei freilegen. Im Kapitel »Die Entdeckung Ihrer dunklen Geheimnisse« werde ich ausführlicher auf verdrängte Erinnerungen eingehen.

Die Bestätigung Ihrer Gefühle

Wenn Sie eine Szene vorgelesen haben, ist es wichtig, dass sie durch die Gruppe oder den Partner bestätigt wird. Als Kinder wurden unsere Gefühle selten bestätigt.

Wenn wir wütend waren, hieß es: »Widersprich mir ja nicht noch einmal!«, anstatt dass jemand zu uns sagte: »Ich höre oder sehe, wie wütend du bist.« Unsere Wut wurde *weggeredet.* Das Gleiche geschah vielleicht auch mit unserer Traurigkeit, unserer Angst oder sogar mit unserer Freude, wenn wir sie zu überschwänglich ausdrückten. Wir können uns gegenseitig helfen, wieder einen Bezug zu unserer eigenen Erfahrung herzustellen, wenn wir dem anderen sagen, was wir *hören* und *sehen*, während er seine Schilderung vorliest. (Sie könnten zum Beispiel sagen: »Ich höre, wie traurig du bist. Deine Stimme ist hoch und bricht. Ich sehe die Tränen in deinen Augen und sehe deine Lippen zittern.«)

Unsere Eltern ließen unsere eigene Erfahrung deshalb nicht zu, weil sie ein dunkles Geheimnis hatten. Sie hatten vielerlei Gefühle, die von ihren inneren Stimmen kritisiert wurden. Ihre eigenen Eltern waren nicht in der Lage gewesen, ihre Wut, ihre Angst oder Traurigkeit oder auch ihre Sehnsucht oder Freude zuzulassen. Wenn in uns Gefühle wach werden, lösen wir auch in ihnen Gefühle aus, und da ihre inneren Stimmen Dinge sagen wie: »Gefühle sind ein Zeichen von Schwäche«, »Echte Männer weinen nicht« oder: »Anständige Frauen sind keine Sexobjekte«, weisen sie unsere Gefühle zurück und projizieren ihr inneres Verbot auf uns. Die innere Stimme, die sagt, dass es nicht gut ist, wütend, traurig, froh oder ängstlich zu sein, war früher die Stimme der Eltern. In der Psychologie nennt man diese verinnerlichte Stimme *Introjektion* oder hier *Elternaufnahme*. Die Introjektion ist wörtlich die Speicherung der Stimme unseres Vaters oder unserer Mutter in unserem zentralen Nervensystem. Wir haben auch die guten Ratschläge unserer Eltern gespeichert und können sie bei Bedarf abrufen. In dem Maße, wie die Gefühle unserer Eltern mit Scham und Verbot belegt wurden, in dem Maße wurden ihre Gefühle abgespalten und nicht integriert. Gerade die abgespaltenen und nicht integrierten Teile der Eltern werden am meisten vom Kind introjiziert.

Die Gefühle, die Ihr Vater in Ihnen verbot, sind ein Schlüssel zu seinen dunklen Geheimnissen. Ein Vater, der seine Kinder nicht weinen lassen kann (gewöhnlich die Knaben), hat ein Geheimnis. Er hat selbst das Bedürfnis zu weinen, aber er verachtet dieses innerliche Bedürfnis. Ein Vater, der sich über die Ängste seiner Kinder lustig macht, versteckt seine eigene heimliche Angst.

Unbeherrschte Gefühle

Auch ein Vater, der seine Gefühle nicht beherrschen kann, kann ein Geheimnis haben. Ihr Vater hat vielleicht getobt und seinen Zorn auf vollkommen unangemessene Weise ausgedrückt. Das hat Sie vielleicht dazu gebracht, Ihre eigene Wut zu verdrängen, weil sein Zorn Sie so geängstigt hat. Was Sie nicht wussten, war, dass sich hinter seiner Raserei möglicherweise Gefühle der Unfähigkeit und Angst verbargen.

Unbeherrschte Gefühle können ebenso wie verdrängte Gefühle Hinweise auf etwas genau Entgegengesetztes sein. Suchen Sie nach entsprechenden Gefühlen, die geheim gehalten werden.

Ihre Mutter interpretierte möglicherweise die Gefühle Ihres Vaters und versuchte Ihnen eine vernünftige Erklärung dafür zu geben. Vielleicht sagte sie so etwas wie: »Dein Vater liebt dich wirklich. Er steht nur zur Zeit unter großem Druck im Büro.« Solche Aussagen lösen in einem Kind meist Verwirrung und Schuldgefühle aus. Anstatt zu sehen, dass der Vater die Beherrschung verloren hat, hat das Kind das Gefühl, dass das irgendwie sein Fehler ist.

Die Bestätigung von Gefühlen rückt die krank machende Scham zurecht, die die meisten von uns als Kinder erfuhren.

Die Verdrängung von Gefühlen als dunkles Geheimnis

Ich halte die Verdrängung von Gefühlen für ein dunkles Geheimnis. Unsere Gefühle sind Teil unserer natürlichen Macht. Unsere Wut ist unsere Stärke, unsere Angst ist aus Vorsicht geborenes Erkennen von Gefahr, unsere Traurigkeit ist die Energie, die es uns ermöglicht, uns von Dingen zu trennen, unsere Scham signalisiert und schützt unsere Grenzen, unsere Neugier und unsere Sehnsucht schenken uns die Energie, um zu erkunden, voranzuschreiten und zu wachsen, und unsere Freude ermöglicht es uns, spontan zu feiern, wenn all unsere Bedürfnisse befriedigt sind. Wenn unsere Gefühle intakt sind, *funktionieren* wir so, wie Menschen funktionieren sollten. Wenn unsere

Gefühle von unseren Introjektionen verdrängt werden, verschließen wir uns und werden *dysfunktional.* Die Verdrängung von Gefühlen gehört ebenso wie das Verheimlichen von Ereignissen und Verhaltensweisen in den Bereich der dunklen Geheimnisse.

Die heimliche Scham unseres Vaters über seine Gefühle wird an uns weitergegeben, indem er unsere Gefühle beschämt. Sein dunkles Geheimnis ist gefährlich, weil es unsere Funktionstüchtigkeit beeinträchtigt. Emotionale Betäubung ist der beste Nährboden für Sucht. Wer nicht mehr fühlen kann oder seine Gefühle betäuben will, wird auf Sucht zurückgreifen, um seiner Betäubung zu entfliehen.

Die Sucht Ihres Vaters

Wenn Ihr Vater süchtig war, war dies das äußere Anzeichen seines dunklen Geheimnisses in Bezug auf seine Gefühle. Sucht ist immer ein Mittel, um Gefühle zu verbergen. Süchte können den Zweck verfolgen, Gefühle zu verändern, wie etwa beim Alkohol- oder Drogenmissbrauch, oder sie können von bestimmten Gefühlen ablenken, die jemand nicht empfinden will, wie etwa Spielsucht, Arbeitssucht oder sexuelles Suchtverhalten. Bei diesen Süchten besteht die Ablenkung in der Tätigkeit selbst.

Wenn Ihr Vater süchtig war, war ihm sein dunkles Geheimnis wahrscheinlich nicht bewusst. Der Mechanismus der Verdrängung von Gefühlen setzt schon in früher Kindheit ein. Sehr wahrscheinlich verdrängte Ihr Vater seine Gefühle der Verletzbarkeit. Bei Männern waren Gefühle der Verletzbarkeit stärker tabuisiert als bei Frauen.

Die Gefühle des Vaters in sich tragen

Wenn die Gefühle Ihres Vater sich Bahn brachen, ohne dass er sich ihrer bewusst war, war das verwirrend und bestürzend für Sie. Sie empfanden ihn vielleicht als widersprüchlich, wenn er Sie schlug und Ihnen dabei sagte, dass er das nur aus Liebe tue. Vielleicht stieg dabei in Ihnen das Gefühl auf, verrückt zu sein.

Hinter der Grausamkeit der ruhigen, wohl überlegten Bestrafung und Demütigung, die er Ihnen antat, verbarg sich die verdrängte Wut über die eigenen Demütigungen der Kindheit. Sie konnten nicht verstehen, was Sie angestellt hatten oder warum etwas so schlimm war. Und in der Tat war das, was Sie getan hatten, nichts besonders Schlimmes, aber es erinnerte Ihren Vater an ähnliche Taten aus seiner eigenen Kindheit, für die er streng bestraft worden war. Als das hilflose Kind von damals aus Selbstschutz wütend wurde, reagierten seine Eltern mit der Androhung von noch mehr Bestrafung und Demütigung, so dass es keine Möglichkeit hatte, seine Wut über das ihm Zugefügte auszudrücken. *Jetzt* sind *Sie* zur Zielscheibe einer Wut geworden, die all diese Jahre hindurch insgeheim an ihm fraß.

Jane Middelton Moz schreibt: »Die Tabus, die uns verbieten, Wut zu empfinden oder auszudrücken, sind so mächtig, dass es schon schwierig ist, überhaupt zu wissen, wann wir wütend sind.« Hat Ihr Vater seine geheime Wut erst einmal auf Sie übertragen, dann verdrängen Sie diese vielleicht so sehr, dass Sie den Zugang dazu verlieren. Sie wissen gar nicht mehr, wann Sie sie empfinden, weil Sie ein breites Spektrum von alternativen Methoden entwickelt haben, um Ihrer Wut Ausdruck zu verschaffen – Krankheit, Rückenschmerzen, Kopfschmerzen, Passivität, Betäubung, intellektuelle Kritiksucht, verletzendes passiv-aggressives Verhalten oder das Abwälzen der eigenen Wut auf die Kinder. Die Weitergabe von Wut von einer Generation an die nächste gehört zu den dunkelsten Geheimnissen patriarchalisch/matriarchalischer Kindererziehung. Kinder sind die Empfänger und Träger der unausgelebten Emotionen ihrer Eltern. Sie können ein dunkles Geheimnis Ihres Vaters gut erkennen, wenn Sie überlegen, welche einer Situation adäquaten Gefühle er *nicht* zum Ausdruck brachte, oder wenn Sie sich seiner nicht übereinstimmenden Kommunikationsbotschaften bewusst werden.

Ein Gespräch: Die größte Angst Ihres Vaters

Lassen sie sich das Folgende entweder von jemandem vorlesen, oder nehmen Sie es auf Kassette auf. Sie können dieses Gespräch auch dann durchführen, wenn Ihr Vater bereits gestorben ist oder wenn Sie ihn seit Jahren nicht mehr gesehen haben.

Schließen Sie die Augen und stellen Sie sich vor, Ihr Vater säße Ihnen gegenüber. Wenn er noch am Leben ist, stellen Sie ihn sich in seinem jetzigen Alter vor. Wenn er tot ist, stellen Sie ihn sich zum Zeitpunkt seines Todes vor. Stellen Sie sich vor, er wäre gekommen, um Wiedergutmachung für das zu leisten, was er Ihnen mit seinen Geheimnissen angetan hat. Er hat nicht mehr lange zu leben, und er ist bereit, jede Frage zu beantworten, die Sie ihm stellen wollen. Fragen Sie ihn: »Wovor hast du am meisten Angst?« Lassen Sie wirklich das Bild Ihres Vaters antworten. Versuchen Sie nicht zu beeinflussen, was er sagt. Lassen Sie seine Antwort so spontan wie möglich kommen. (Warten Sie etwa fünf Minuten auf seine Antwort.) *Fragen Sie Ihren Vater nun: »Welche Sicherheiten brauchst du?« Lassen Sie wieder das Bild Ihres Vaters antworten* (fünf Minuten Pause). *Stellen Sie nun eine beliebige andere Frage, die Ihnen am Herzen liegt* (Pause).

Stellen Sie sich jetzt vor, Ihr Vater verließe Sie. Fragen Sie sich jetzt selbst: »Was hätte mein Vater nie getan?« Lassen Sie Ihrer Phantasie freien Lauf, bis etwas in Ihnen angesprochen wird und Ihre Antwort Ihnen richtig erscheint. Fragen Sie sich nun: »Welche Lebensweisen kamen für meinen Vater nie in Frage?« Lassen Sie Ihrer Phantasie wieder freien Lauf. Wenn Sie fertig sind, öffnen Sie die Augen.

Denken Sie an Ihre Abschlussübung. Das, wovor Ihr Vater am meisten Angst hat, die Sicherheiten, die er braucht, Dinge, die er nie tun würde, Lebensweisen, die nie für ihn in Frage kämen, all das sind Ansatzpunkte, um zu verstehen, wovor er insgeheim Angst hatte. All diese Ängste hat er an Sie weitergegeben.

Suchen Sie nach dem Schatten Ihres Vaters

Carl Jung bezeichnete die verdrängten und abgelehnten Teile unseres Selbst als *Schatten*. Unser Schatten-Selbst ist der Teil von uns, der unsere Geheimnisse birgt. Häufig haben wir so große Angst vor diesen Bestandteilen unseres Selbst, dass wir ins entgegengesetzte Extrem fallen, um sie zu verbergen. Ein Mensch, der von tiefer krank machender Scham erfüllt ist, versteckt dies vielleicht, indem er nach Perfektion strebt oder nur Dinge tut, die er beherrscht, um nie in die Gefahr des Scheiterns zu kommen.

Feinde

Erstellen Sie eine Liste aller Menschen oder Typen von Menschen, die Ihr Vater hasste. Kreuzen Sie dann diejenigen an, die er leidenschaftlich hasste. Je mehr Energie er darauf verwandte, sie herabzusetzen, umso wichtiger sind sie.

Stellen Sie sich vor, all diese Feinde verkörperten Teile des Selbst Ihres Vaters, die er nicht wahrhaben wollte, Teile, die er an sich selbst ablehnte. Vielleicht hat er lautstark über Homosexuelle gewettert. Kann es sein, dass er Angst vor diesem Teil seiner selbst hatte, der »unmännlich« oder verletzbar war? Hatte er Angst vor seiner eigenen Männlichkeit?

Menschen, die sich zutiefst minderwertig und fehlerhaft fühlen, schließen sich oft Sekten oder starren Glaubensgemeinschaften an, die ihnen mit absoluter Bestimmtheit verkünden, dass sie zu den Erretteten gehörten. Das gibt ihnen das Gefühl, im Recht zu sein. Sie streben in ihrem Leben zwanghaft nach Perfektionismus und Rechtschaffenheit, um ihrer emotionalen Labilität zu entfliehen. Sie verlieren den Zugang zu ihrer eigenen Menschlichkeit, und der anfällige und unvollkommene Teil des Selbst wird zum Schatten.

Gegensätze formulieren

Welche Charakterzüge würde Ihr Vater vehement abstreiten, wenn Sie sie ihm unterstellen würden? Mit welchen fünf Wesenszügen haben Sie Ihren Vater vorher charakterisiert? Stellen Sie sich nun vor, er sei genau das Gegenteil dieser fünf Beschreibungen. Tun Sie so, als wären Sie ein Anwalt, der darlegt, dass er genau das Gegenteil dessen ist, wie alle Welt ihn sieht.

Worüber konnten Sie nie mit Ihrem Vater sprechen? Woher wussten Sie, dass Sie nicht darüber sprechen konnten? Schreiben Sie alles auf, was Teil des Schattens Ihres Vaters war.

Die Wunde Ihres Vaters

Was wissen Sie über die Kindheit Ihres Vaters? Waren Ihre Großeltern streng? Oder verwöhnten sie Ihren Vater? Hat ein Elternteil Ihren Vater verlassen? Wurde er körperlich, sexuell oder emotional misshandelt? Wurde er vernachlässigt? Wurde er auf andere Weise traumatisiert? Jedes Trauma, ob es sich um Missbrauch oder Misshandlung, Verlassenwerden, Vernachlässigung, Krankheit, Katastrophe oder Unfall handelt, hat weit reichende Folgen, die wir erst langsam verstehen lernen.

Posttraumatische Belastungsstörung

Ein Teil unseres neuen Verständnisses für die Folgen von Traumata stammt aus der Arbeit mit Kriegsheimkehrern. Bei vielen von ihnen wurde ein Zustand diagnostiziert, den man als posttraumatische Belastungsstörung oder Stressreaktion bezeichnet. Dieser Zustand ist als Kombination klar umschriebener Symptome definiert, die dadurch ausgelöst werden, dass das schwere Kriegstrauma während des realen Ereignisses nicht in vollem Umfang integriert werden kann. Um zu überleben, müssen die Soldaten sich auf die Gefahren konzentrieren, die sie unmittelbar umgeben. Sie müssen ihre ganze Kraft und ihre volle Aufmerksamkeit darauf konzentrieren, nicht getötet zu werden. Sie können dabei nicht innehalten und über die Gewalt und das Grauen trauern, das sie ständig erleben.

Ihr unaufgearbeitetes Trauma und ihre unerledigte Trauerarbeit nehmen sie dann mit nach Hause. Später manifestiert sich ihre traumatische Belastungsstörung in Symptomen wie dem zwanghaften Bedürfnis nach Kontrolle, in Alpträumen, dem blitzartigen Aufflackern bestimmter Erinnerungen, in übermäßiger Schreckhaftigkeit und extremer Wachsamkeit sowie in anderen Anzeichen für traumatische Erinnerungen.

Ihr Vater muss nicht unbedingt Soldat gewesen sein, um Anzeichen einer posttraumatischen Belastungsstörung zu zeigen. Ein Verlassenwerden, Vernachlässigung, körperliche, seelische, geistige Misshandlung oder sexueller Missbrauch können für ein Kind ebenso traumatisch sein wie eine Kriegssituation für einen Erwachsenen.

In einer im Juni 1990 in *The New York Times* veröffentlichten Untersuchung über die posttraumatische Belastungsstörung kam das National Center for the Study of Post-Traumatic Stress Disorder zu dem Schluss, dass dann, wenn ein Mensch machtlos ist, eine einzige katastrophale Erfahrung genügt, um den Stoffwechsel des Gehirns dauerhaft zu verändern. Wie ist das möglich? Eine solche Erfahrung setzt einen unauslöschlichen Lernprozess in Gang. Während einer traumatischen Erfahrung kommt es zu einem dramatischen Adrenalinschub, ein Hormon, das dem Gehirn die Gegenwart einer Gefahr signalisiert. Auch der Endorphinspiegel steigt an, ein Hormon, das schmerzlindernd wirkt und Erinnerungsprozesse im Gehirn fördert. Folgende Botschaft wird in den Zellen gespeichert: »Das ist eine lebensgefährliche Situation. Vergiss das nie.« Dies wirkt wie eine Schutzmaßnahme des Gehirns, damit es nie wieder unvorbereitet in eine solche Situation gerät. Es ist, als bliebe ein Schalter, der nur für kurzfristige Krisensituationen gedacht ist, hängen und auf Dauer angeschaltet. Zurück bleibt ein Zustand extremer Wachsamkeit, der Panik- oder Angstattacken, erhöhte Reizbarkeit, Angst und Schlafstörungen auslösen kann.

Wenn ein Trauma chronisch geworden ist, entwickeln sich häufig Vermeidungssymptome, zum Beispiel Motivationsverlust, Rückzug, Dissoziation, Gedächtnisschwund, Isolation und Depression. In extremen Fällen verfällt das Opfer in einen Dauerzustand der Hilflosigkeit und Hoffnungslosigkeit.

Erregungsausbrüche

Das verbreitetste Symptom einer posttraumatischen Belastungsstörung sind Erregungsausbrüche aus heiterem Himmel. Dabei genügen schon unbedeutende Ereignisse, die für gesunde Menschen nur minimale Stresssituationen bedeuten, damit der Betreffende völlig die Nerven verliert. Sie haben vielleicht Ihre Schlittschuhe liegen lassen oder das Radio zu laut aufgedreht oder sind mit dem Fahrrad an Vaters Auto gestoßen – alles scheinbar bedeutungslose Kleinigkeiten –, und Ihr Vater bekam einen Tobsuchtsanfall. Es ist, als könnte Ihr Vater sich nie entspannen, als sei er ständig am Rande oder in einem Zustand der Übererregung. Raymond B. Flannery Junior bemerkt in seinem Buch *Post-Traumatic Stress Disorder*, dass »bei einem Opfer mit Erregungsausbrüchen negative wie positive Ereignisse jenen geringfügigen Ausstoß von Norepinephrin auslösen können, der die unangenehme Erregungs- und Wachsamkeitssteigerung hervorruft.« Das bedeutet, dass alles, was nur die geringste Aufregung auslöst, Ihren Vater in Rage bringt, wenn er von einer posttraumatischen Belastungsstörung betroffen ist. Banale Dinge wie Auseinandersetzungen, Verkehr oder lange Warteschlangen beim Einkaufen können bereits eine Überreaktion nach sich ziehen. Die gleiche Wirkung haben prinzipiell angenehme Ereignisse mit hohem Energiepegel wie etwa Partys, Einladungen, Sportereignisse und dramatische oder traurige Filme.

Flannery zufolge versuchen solche Menschen häufig, ihren chronisch erhöhten Gefühlspegel zu dämpfen, indem sie Menschen und Menschenansammlungen so weit wie möglich vermeiden. Er sagt: »Dazu gehören Strategien wie etwa die Benutzung öffentlicher Verkehrsmittel außerhalb der Hauptverkehrszeiten, der Einkauf im Supermarkt außerhalb der Haupteinkaufszeiten oder Ferien im Herbst an abgelegenen Stränden, wenn die meisten Menschen wieder an ihre Arbeitsplätze zurückgekehrt sind.«

Wenn Sie einige dieser Symptome an Ihrem Vater feststellen können, besteht die Möglichkeit, dass er in seiner Kindheit oder Jugend ein Trauma erlitten hat. Unter Umständen ist er auch Kriegsveteran. Ihr Vater ist vielleicht nicht der seltsame, sorgenvolle, antisoziale Muffel, den Sie kannten, sondern ein Opfer eines Kindesmissbrauchs oder schrecklicher Kriegserlebnisse.

Sucht und posttraumatische Belastungsstörung

Auch eine eventuelle Sucht Ihres Vaters kann ihre Wurzeln in einer posttraumatischen Belastungsstörung haben. Wenn eine traumatische Krise vorüber ist, erleben die Opfer einen starken Rückgang der vorher vermehrt ausgeschütteten Hormone. Dies führt zu Symptomen wie Unruhe, innerem Aufruhr, leichtem Zittern und anderen grippeähnlichen Symptomen. Diese Symptome treten nach jedem derartigen Erregungsausbruch auf. Paradoxerweise verspürt das Opfer während des Entzugs oft Angst. Das bewirkt einen weiteren Hormonanstieg, und es kommt erneut zum Erregungsausbruch. Ein Teufelskreis beginnt.

Die am häufigsten angewandte Methode, etwas gegen die unangenehmen Entzugserscheinungen zu unternehmen, besteht darin, sie durch irgendeine Form von Suchtverhalten auszugleichen. Sexsucht, Fressanfälle, Selbstverstümmelung, Drogen, Alkohol und rücksichtsloses Autofahren bewirken alle eine kurze, intensive Freisetzung von Endorphin. Da diese Freisetzung aber nur kurze Zeit anhält, muss der Betreffende sie immer wieder herbeiführen.

Vielleicht sind diese Ausführungen zu den Symptomen der posttraumatischen Belastungsstörung für Ihren Vater ohne Bedeutung. Ich allerdings schließe aus dem Wissen, dass Kindesmissbrauch und Kindesmisshandlung häufig Bestandteil einer patriarchalisch/matriarchalischen Erziehung sind, dass manche Verhaltensweisen unserer Eltern in diesem Geheimnis ihre Wurzeln haben können. Ich hoffe, meine Kinder lesen dies, denn ein großer Teil meiner Erziehung war so geprägt.

Wie Sie Zugang zu Ihrem unbewussten Wissen finden

Fast immer wissen wir mehr über unsere Eltern, als wir uns eingestehen. Die folgenden drei Übungen sollen diesem Wissen den Weg zu unserem Bewusstsein ebnen.

Das Haus zeichnen

Zeichnen Sie ein Bild des ersten Hauses, in dem Sie Ihrer Erinnerung nach mit Ihrem Vater gelebt haben. Tragen Sie in einem Grundriss jeden Raum ein, an den Sie sich erinnern. Versuchen Sie sich an alle möglichen Details in jedem Raum zu erinnern. Markieren Sie dann den Platz, den Ihr Vater meistens einnahm. Stellen Sie sich vor, Sie würden in diesen Raum gehen und sähen, wie Ihr Vater etwas darin versteckte. Fragen Sie ihn, was er versteckt. Stellen Sie sich dann vor, wie er Ihnen etwas zeigt, das sein Geheimnis erklärt.

Ein Brief Ihres Vaters

Stellen Sie sich vor, Sie erhalten einen Brief Ihres Vaters. In dem Brief bittet er Sie um Verzeihung und schreibt Ihnen, wie sehr er Sie liebt. Sie lesen ihn durch, bis Sie zu diesem Satz kommen: »Und jetzt möchte ich dich in meine dunkelsten Geheimnisse einweihen ...« Sie müssen den Brief nun zu Ende schreiben. Schreiben Sie mutig und ohne zu zögern. Denken Sie daran, dass Sie im Unbewussten alle Geheimnisse bereits kennen.

Ein Gespräch mit Ihrem Unbewussten

Nehmen Sie diese Übung auf Kassette auf oder lassen Sie sich von jemandem vorlesen.

Schließen Sie die Augen und entspannen Sie sich fünf Minuten lang. Konzentrieren Sie sich auf Ihren Atem ... Achten Sie nur darauf, wie Sie ein- und wieder ausatmen. Entspannen Sie Ihre Muskeln ... Beim Einatmen sagen Sie: »Ich werde ...« und beim Ausatmen: »Ruhig.« Stellen Sie sich nun vor, Sie sähen einen großen Bildschirm, auf dem zwei Menschen in ein intensives Gespräch verwickelt sind. Während die Kamera Ihres inneren Auges das Paar näher fixiert, wird Ihnen klar, dass beide Menschen Sie selbst sind. Sie sprechen mit sich selbst. Die Person auf der rechten Seite ist der bewusste Teil Ihres Selbst. Lassen Sie sich eine Minute Zeit, um dieses Bild von sich selbst wirklich zu sehen. Sehen Sie dann die andere Person an. Dieser Teil Ihres Selbst ist Ihr Unbewusstes, das weit mehr weiß als Ihr bewusstes Selbst. Lassen Sie sich eine Minute Zeit und sehen Sie diesen Teil Ihrer selbst wirklich an. Woran erkennen Sie, dass dieser Teil anders ist?

Beobachten Sie nun, wie Ihr bewusstes Selbst Ihr unbewusstes Selbst nach den Geheimnissen Ihres Vaters fragt.

Warten Sie ein paar Minuten und lassen Sie Ihr unbewusstes Selbst wirklich spontan antworten. Wenn Ihr Unbewusstes geantwortet hat, befragen Sie es zur Verdeutlichung noch weiter. Blenden Sie sich allmählich aus dieser Szene aus und kehren Sie in Ihr normales Bewusstsein zurück.

Schreiben Sie anschließend auf, welche Erkenntnisse Sie aus der Beobachtung dieses Dialogs zwischen Ihrem bewussten und Ihrem unbewussten Selbst gewonnen haben.

Einige abschließende Fragen

Inwiefern sind Sie wie Ihr Vater? Welche dunklen Geheimnisse haben Sie? Sehen Sie eine Verbindung? Inwiefern unterscheiden Sie sich von Ihrem

Vater? Sind Sie sicher, dass Sie wirklich anders sind? Vielleicht sind Sie das genaue Gegenteil von ihm. Er war schwach und nachgiebig, Sie sind stark und unnachgiebig. Es ist in Ordnung, das Gegenteil Ihres Vaters zu verkörpern, wenn Sie wirklich das Gegenteil von ihm sein wollen. Wenn Sie aber das Gegenteil sein »müssen«, um sicherzustellen, *dass* Sie sich von Ihrem Vater unterscheiden, dann ist das keine echte Wahl, und Sie sind nicht Herr Ihrer Entscheidung.

Diese Übung ist für Söhne wie für Töchter geeignet. Richards Tochter, die wir zu Beginn dieses Kapitels kennen gelernt haben, war getrieben von ihrer geheimen Angst, hässlich zu sein. Sie wurde eine intellektuelle Außenseiterin – genau wie ihr Vater. Eine Frau kann die Charakterzüge ihres Vaters ebenso gut verkörpern wie ein Mann.

Jetzt sind Sie bereit, das Genogramm Ihres Vaters zu zeichnen.

Das Genogramm Ihres Vaters

Beginnen Sie mit dem Genogramm Ihres Vaters, indem Sie die Grunddaten seines Lebens eintragen. Gehen Sie dann den vier Fragen nach, die ich bereits im Kapitel »Wie Sie Ihr Familiengenogramm anfertigen« diskutiert habe:

1. Welche Hauptprobleme hat/hatte Ihr Vater? Welche Symptome zeigte er?
2. In welcher Beziehung stehen seine Probleme zu den Fakten in Ihrer Drei-Generationen-Familienkarte? Gibt es ähnliche Muster in anderen Bereichen Ihrer Familiengeschichte?
3. Welches emotionale Klima herrschte in Ihrer Familie zum Zeitpunkt der Geburt Ihres Vaters?
4. Welche Probleme ergeben sich aus der Geschwisterposition Ihres Vaters? In welchem Verhältnis stehen diese Probleme zu anderen wichtigen Familienmitgliedern in der gleichen Geschwisterposition?

Ich will wieder anhand des Genogramms der Familie Jeder alle diese Problemstellungen erläutern. Ich habe absichtlich ein Beispiel gewählt, das sehr klar und offensichtlich ist. Ihre Familie mag komplizierter sein.

1. Hauptprobleme (Symptome)

James Jeders Vater Shane war Alkoholiker und Frauenheld. Er hatte die High-School besucht und als Kind unter Asthma gelitten. Mit 43 hatte er einen schweren Herzinfarkt, hörte danach aber nicht auf zu rauchen und zu trinken. Er wechselte ständig den Arbeitsplatz, bis er schließlich bei einer Stelle bei der Union Pacific Railroad blieb, wo er bis zu seiner Pensionierung mit 60 Jahren arbeitete. Drei Jahre später starb er an einem Herzinfarkt, verbunden mit einem schweren Emphysem, das durch Rauchen und schwere Trunksucht verursacht war.

2. Probleme im Drei-Generationen-Kontext

Das Genogramm von Seite 206 enthält einige Informationen, die Shanes Probleme im größeren Kontext der Familien seiner Mutter und seines Vaters zum Zeitpunkt seiner Geburt im Jahr 1920 erscheinen lassen. Shane wird hineingeboren in die Angst und das Konfliktfeld von John und Sheila Jeders erzwungener Heirat. Er ist kein Wunschkind, sondern das Produkt sexueller Triebhaftigkeit, religiöser Schuldgefühle und Pflichterfüllung. Sein Vater wird ihn binnen zwei Jahren verlassen, um nie wieder mit ihm zu tun zu haben, und ihn später zudem enterben. Shanes Stiefvater ist Alkoholiker, der ihn nicht leiden kann. Als Shane als Teenager einmal von einer Verabredung nach Hause kommt, erwartet ihn sein betrunkener Stiefvater mit dem Fleischermesser und droht ihn umzubringen. Diese Familie hält für Shane nur negative männliche Vorbilder bereit.

Shanes Mutter Sheila ist voller Angst, weil sie weiß, dass ihr zweiter Mann sie wahrscheinlich wieder verlassen wird. Mit 17 hat sie bereits drei traumatische Verluste hinnehmen müssen – den Tod ihrer Mutter, ihres ersten Mannes und ihres ersten Kindes, das eine Totgeburt war – und ist von ihrem Vater verlassen worden. Verlassen zu werden und unaufgearbeitete Trauer ziehen sich wie ein roter Faden durch diese Familie.

Sheila ist Alkoholikerin wie schon ihr Vater Shawn McCord. Shawn ist zwar inzwischen trocken, aber er hat keinen Kontakt zu Sheila oder Shane. Sheila wird ihrem Sohn auch das Vorbild für sexuelle Promiskuität sein.

Shanes Probleme sind bereits seit zwei Generationen in seiner Familie gegenwärtig. Er wurde von allen wichtigen männlichen Bezugspersonen in

Shane Jeders Probleme im Drei-Generationen-Kontext

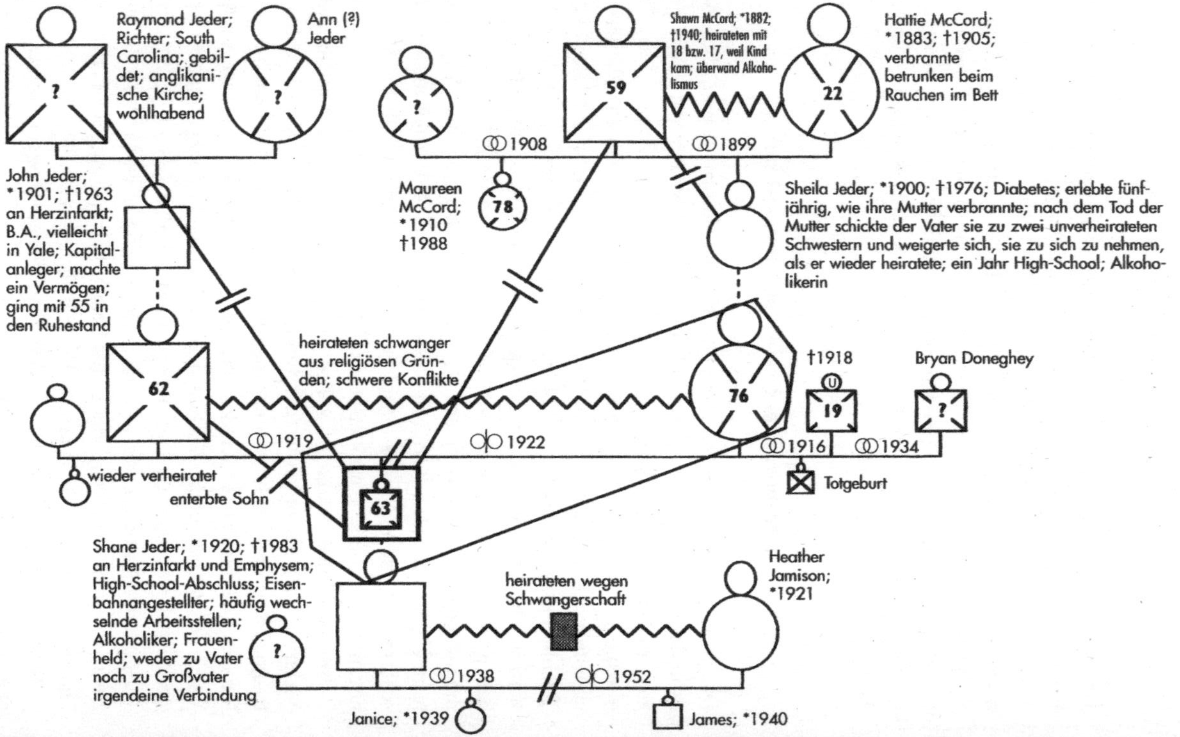

seiner Familie verlassen und im Grunde in der engen Bindung an seine tief verletzte und gestörte Mutter zurückgelassen.

3. Das emotionale Familienklima zum Zeitpunkt der Geburt

Der Blick auf das emotionale Klima in der Familie Ihres Vaters zum Zeitpunkt seiner Geburt kann Ihnen helfen, die Faktoren zu verstehen, die ihn dazu prädestinieren, in einer besonders krisenhaften Situation im Leben der Familie zum Symptomträger zu werden. Vielleicht wird dadurch auch klarer, warum er möglicherweise dunkle Geheimnisse hüten und/oder ausagieren würde.

Shane Jeders Mutter Sheila erlitt ein schweres Trauma, als sie mit fünf Jahren zusehen musste, wie ihre Mutter verbrannte. Mit 17 verlor sie ihren ersten Mann, der bei einem Arbeitsunfall durch einen elektrischen Schlag ums Leben kam. Damals war sie bereits Trinkerin. Sie ist Opfer einer posttraumatischen Belastungsstörung. Diese Faktoren machen es höchst wahrscheinlich, dass sie Shane zum vorrangigen Objekt ihrer Projektion machen wird.

Während seiner Kindheit klammerte sich Shanes Mutter an ihn und verwickelte ihn in eine tiefe Verstrickung. Sie nannte ihn ihren »kleinen Mann« und erzählte ihm Dinge wie: »Keine Frau wird dich je so lieben wie ich.« Sie himmelte ihn an und behandelte ihn als Ersatzehemann. In ihrer sexuellen Schrankenlosigkeit verstrickte sie ihren Sohn in eine emotionale Inzestbeziehung.

Angesichts all dieser Faktoren – des Verlassenwerdens durch den Großvater, der totalen Zurückweisung durch den Vater und der Sündenbockrolle, die er für diesen hatte, des emotionalen sexuellen Missbrauchs durch seine Mutter, die ihn benutzte, um ihre unaufgearbeitete Trauer und Leere auszufüllen – können wir mit gutem Grund annehmen, dass Shane gravierende Probleme mit Verpflichtungen haben wird und sich nach unmittelbarer Zuneigung sehnen wird. Wir können ebenfalls mit einiger Wahrscheinlichkeit vorhersagen, dass er für sexuelles Suchtverhalten anfällig sein wird.

Das emotionale Klima zu Shane Jeders Geburt 1920

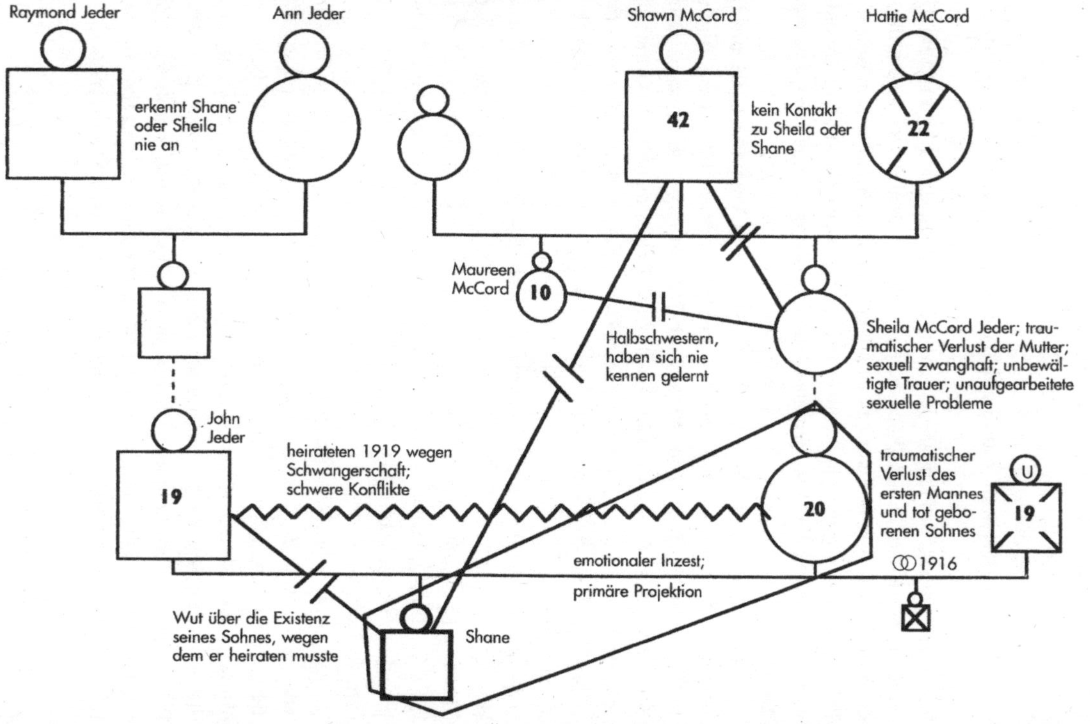

4. Probleme, die sich aus der Geschwisterposition ergeben

Vergegenwärtigen Sie sich beim Erstellen des Genogramms Ihres Vaters die Person oder Personen, deren Geheimnisse ihm aufgrund seiner Stellung in der Geschwisterreihe am nächsten liegen. Achten Sie auf emotionale Brüche, die sich über Generationen hinweg in Ihrer Familie wiederholen. Solche Brüche sind Hinweise auf geheime Gefühle oder eine geheime Abneigung, die nie aufgearbeitet wurden.

Beide Großeltern Shanes mütterlicherseits waren Einzelkinder, ebenso seine Mutter und sein Vater. Wie Walter Toman in seinem Buch *Familienkonstellationen* schreibt, verhalten sich weibliche Einzelkinder Männern gegenüber häufig verwöhnt und egozentrisch. Shane gegenüber war seine Mutter schrill und fordernd. Manchmal nannte er sie Xanthippe oder auch hysterische Hexe. Sie litt unter einer zwanghaften Verschwendungssucht und hatte massive Probleme, Grenzen zu ziehen. Sheila verwöhnte Shane maßlos, und er wuchs in der Erwartung auf, auch andere, besonders Frauen, würden so nachsichtig mit ihm umgehen.

Männliche Einzelkinder müssen immer im Mittelpunkt stehen. Genauso wie Shanes Vater John sind sie oft sehr erfolgreich. Shane allerdings schlug ins andere Extrem aus, auch wenn sein Alkoholismus in gewisser Weise ebenfalls narzisstische Züge aufweist.

Shane steht in Wahrheit allerdings an zweiter Stelle der Geschwisterreihe, wenn man an Sheilas tot geborenes Kind denkt. Daher war er wegen ihrer unaufgearbeiteten Trauer über den Verlust des ersten Kindes an sie gebunden, was in ihm die unbewusste Bereitschaft weckte, sich ihres Kummers anzunehmen. Die geheime Botschaft an Shanes Adresse lautete: »Es ist deine Aufgabe, mich glücklich zu machen, den Verlust meines ersten Kindes auszugleichen.« Kinder sind an die unbewussten Wünsche ihrer Eltern gebunden.

Das einzige andere Kind in der Familie, das eine zweite Position einnimmt, ist Maureen, aber wir wissen zu wenig über sie, um Vergleiche anstellen zu können.

Klar ist, dass die Beziehungen in Shanes Familie entweder abgebrochen werden, voller Konflikte sind oder in Verstrickung enden. Er wird das ausagieren und in seinem eigenen Leben wiederholen.

Dunkle Geheimnisse

Es gibt eine ganze Reihe dunkler Geheimnisse in dieser Familie. Shanes Vater schämt sich seiner selbst und verheimlicht die Tatsache, dass er überhaupt einen Sohn hat. Seine Mutter hat keinen Zugang zu ihrer unaufgearbeiteten Trauer und ihrer narzisstischen Wunde und benutzt Alkohol, Sex und Geldverschwendung, um ihren Schmerz zu betäuben. Sie tritt laut und schrill auf und verdeckt ihre Verletzbarkeit und ihr tiefes Trauma hinter grandiosem Getue. Hinter den abgebrochenen Beziehungen in dieser Familie verbirgt sich ein ungeheures Maß an heimlichem Groll und Wut. Shane kann nicht wissen, was mit ihm geschieht. Er kann das dunkle Geheimnis seiner Kindheit nicht kennen, dass er »benutzt« wird. Er befindet sich in einer hochgradig »verrückt-machenden« Situation.

James spürte, dass das dunkelste Geheimnis seines Vaters seine tief sitzende krank machende Scham war.

Shane sagte einmal zu James, dass er sich als Mann ziemlich unzulänglich fühlte. Das Verlassenwerden durch seinen Vater und die Verstrickung mit seiner alkoholkranken Mutter ließen Shane unausweichlich ebenfalls zum Alkoholiker werden und verhinderten, dass er in seiner Ehe mit Heather wirkliche Nähe aufbauen und seinen Kindern James sowie dessen Schwester Janice ein guter Vater sein konnte.

Sowohl James wie Janice hatten das Gefühl, dass Shane sie als Kinder vollkommen im Stich gelassen hatte. Er war nur selten zu Hause, und wenn er es war, verhielt er sich mehr wie ein weiteres Kind als wie ein Vater. James' liebevollste Erinnerung an Shane betrifft einen Tag, als er acht Jahre alt war und die Familie in McAllen in Texas lebte. Heather war für einen ganzen Tag verreist, weil ihr Vater krank war. Shane ging an einem einzigen Nachmittag und Abend dreimal mit James und Janice ins Kino.

James konnte sich nur an eine einzige Bestrafung durch Shane erinnern. James hatte seiner Mutter offen den Gehorsam verweigert und freche Antworten gegeben. Sie erzählte Shane von seinem Benehmen und bestand darauf, dass er James bestrafte. Shane ging mit James in dessen Zimmer, verschloss die Tür und sagte ihm, er solle so tun, als weine er, während Shane so tat, als würde er ihn mit einem Gürtel schlagen. Der Grund dafür war nicht etwa, dass Shane plötzlich seinen lang gehegten Glauben an körperliche Züchtigung in Frage stellte. Shane war einfach zu unreif, um seinen Sohn verantwortungsvoll zu strafen.

Ein paar Jahre, nachdem James' eigener Sohn Jack geboren war, warf James Shane vor, er kümmere sich nicht um seinen Enkel. Shane antwortete James, er glaube, dass er kein Recht habe, sich mit seinem Enkel abzugeben, weil er James und Janice ein so miserabler Vater gewesen wäre.

James erzählte mir, der einzige Rat, den er je von seinem Vater erhalten hätte, wäre gewesen: »Geh und kauf dir ein paar neue Klamotten, wenn du wirklich nicht mehr weiterweißt.«

Eine zum Scheitern verurteilte Ehe

Shanes Ehe mit Heather schien von Anfang an zum Scheitern verurteilt zu sein. Es ist zweifelhaft, ob Shane Heather wirklich liebte. Sie heirateten, weil Heathers Familie sie aufgrund ihrer Schwangerschaft massiv zur Hochzeit drängte. Damals war ein unehelich gezeugtes Kind noch ein sehr dunkles Geheimnis.

Shane inszenierte eine Neuauflage eines seit zwei Generationen bestehenden Musters in seiner Familie, indem er wegen einer Schwangerschaft heiratete. Sowohl seine Großeltern mütterlicherseits wie auch seine Eltern hatten aus diesem Grunde geheiratet.

Die ersten Jahre seiner Ehe waren schrecklich für Shane. Sein Schwiegervater Donald Jamison verabscheute ihn, weil er seine »teure« Tochter geschwängert hatte. Und weil Donald sich inzestuös zu seiner Tochter hingezogen fühlte, projizierte er seine sexuelle Scham auf Shane. Shane und Heather lebten in Donalds Haus, und Donald ließ Shane deutlich spüren, dass er deshalb wütend auf ihn war. Zwar verschaffte er Shane schließlich eine Stelle, aber das half Shane nicht wirklich weiter. Donald hätte Shane finanziell unterstützen können, damit er seine Ausbildung fortsetzte. Stattdessen gab er ihm den schlechtbezahltesten und niedrigsten Job in seiner Firma.

Shane war von jeder männlichen Autoritätsperson in seinem Leben zurückgestoßen worden. Die Zurückweisung seines Schwiegervaters steigerte sein Gefühl der Beschämung noch mehr.

Heather war es peinlich, weiter bei ihren Eltern zu wohnen. Sie zog sich sexuell von Shane zurück. Sie fing außerdem an, ihn zu kritisieren, und drängte ihn, sich eine bessere Stelle zu suchen.

Heather und Shane brauchten dreieinhalb Jahre, bis sie so weit waren, dass sie das Haus der Jamisons verlassen konnten. Jahrelang mühten sie sich ab, um durchzukommen. Shanes Trunksucht wurde immer schlimmer, und er war kaum in der Lage, seine Stelle zu behalten.

James und ich kamen zu dem Schluss, dass Shane wahrscheinlich die erste seiner zahlreichen Affären hatte, als James vier Jahre alt war. Je mehr Shane trank und hinter Frauen her war, umso mehr ging es mit seiner Ehe bergab. In den 14 Jahren ihrer Ehe trennten und versöhnten sich Shane und Heather fünfmal. Als Shane einen ganzen zweiwöchigen Urlaub, den sie seit einem Jahr geplant hatten, betrunken von zu Hause weg war, hatte Heather endgültig die Nase voll. Kurz nach diesem Trunksuchtsanfall reichte sie die Scheidung ein.

Bald nach seiner Scheidung schickte Shanes Firma ihn in eine Entzugsanstalt. Er hörte auf zu trinken, verliebte sich in die Schwester, die sich um ihn kümmerte, und heiratete drei Monate später. Sechs Monate nach seiner Hochzeit fing Shane wieder zu trinken an. Shanes neue Frau war extrem co-abhängig, und mit ihrer Unterstützung war er weitere 15 Jahre lang alkoholabhängig.

Als Shane Anfang 50 aus seiner Firma entlassen wurde, fand er schließlich Halt. Er beschloss, endgültig mit dem Trinken aufzuhören, schloss sich den Anonymen Alkoholikern an und blieb bis zu seinem Tode trocken. Die letzten Jahre seines Lebens lebte Shane ruhig und friedlich mit seiner zweiten Frau. Shanes Alkoholismus und sein starker Zigarettenkonsum forderten am Ende ihren Tribut. Mit 63 Jahren starb er an einem Emphysem und seinem schwachen Herzen.

Die dunklen Geheimnisse Ihrer Mutter

Nichts hat einen stärkeren psychischen Einfluss auf die Kinder als das ungelebte Leben der Eltern.

C.G. Jung

Meine Mutter brachte die Aufgabe, sich selbst zu erschaffen, nie ganz zu Ende ... Sie erzählte selten eine Geschichte über ihre Kindheit, die keine Lüge war ... An tausend Tagen meiner Kindheit stellte sie mir tausend verschiedene Mütter zur Ansicht vor.

aus: Pat Conroy, Die Herren der Insel

Peggy wird mit 14 schwanger. Sie bekommt das Kind, ein Mädchen, gibt es aber zur Adoption frei. Sie wird von Schuldgefühlen geplagt und gequält. Zehn Jahre später heiratet sie, und sie und ihr Mann bekommen ein Mädchen. Peggy trägt noch immer ihr dunkles Geheimnis in sich. Sie schwört sich, dass ihre Tochter Emily nie durchmachen soll, was sie selbst erlebt hat. Sie überwacht Emilys sexuelle Entwicklung mit Argusaugen und scheut auch nicht vor strengen Moralpredigten zurück. Sie schließt sich einer Glaubensgemeinschaft an, die Höllenfeuer und Verdammung für die Übel von Begierde und Fleischeslust verspricht.

Emily wächst mit einer schrecklichen Angst vor Sexualität auf. In ihrer Jugend verdrängt sie ihre Sexualität massivst. Mitte 20 heiratet sie als Jungfrau und leidet in den ersten acht Monaten ihrer Ehe an Scheidenkrampf. Mit Hilfe einer Therapie gelingt es, ihre sexuelle Störung zu beheben. Sie bekommt ein Mädchen und schwört sich, es anders aufzuziehen, als ihre Mutter sie erzog.

Emily gesteht ihrer Tochter Jenny viele Freiheiten zu und erzählt ihr, wie großartig und wunderbar Sex sei. Jenny beginnt schon früh mit sexuellen

Erfahrungen zu experimentieren, wird mit 14 schwanger, lässt mit Hilfe eines Freundes abtreiben und leidet unter schrecklichen Schuldgefühlen. Sie erzählt niemandem von ihrem dunklen Geheimnis, heiratet und schwört, dass *ihre* Tochter niemals durchmachen soll, was sie erleben musste. Und das Spiel geht weiter!

Wenn ein Kind bei einer Mutter aufwächst, die ein dunkles Geheimnis in sich trägt, wird es dadurch Schaden nehmen. Um ihr Geheimnis zu wahren, muss die Mutter bestimmte Vorsichtsmaßnahmen ergreifen. Sie sendet die unmissverständliche Botschaft aus, dass ein bestimmter Bereich tabu ist. Peggys verbotener Bereich ist Sex. Peggys Tochter Emily lernt, um ihrer Mutter zu gefallen, eine bestimmte Form der Wahrnehmung. Sie lernt, *nichts* wahrzunehmen, das in irgendeinem Zusammenhang mit Sexualität stehen könnte. Gleichzeitig entwickelt sie eine starke Empfänglichkeit für Moral und ist ständig besorgt, in jeder Situation »das Richtige« zu tun. Es ist für sie äußerst wichtig, dass sie lernt wahrzunehmen, was ihrer Mutter gefällt, und nicht wahrnimmt, was ihr missfällt. Tatsächlich festigt sich dadurch auch ihr Selbstwertgefühl, weil sie für ihr Verhalten belohnt wird.

Peggys dunkles Geheimnis formt also das Selbstwertgefühl ihrer Tochter. Letztendlich wird es aber auch Ursache ihrer Probleme. In der realen Welt ruft die Gleichsetzung von Selbstwertgefühl und antisexueller Einstellung Leid hervor. Emilys sexuelle Störung ist eingebettet in Scham und Leid und wird ihr dunkles Geheimnis. Als Reaktion darauf verkündet sie die einseitige Botschaft über die Lust am Sex. In den Augen ihrer Tochter Jenny ist Selbstachtung gleichzusetzen mit sexueller Aktivität. Sie handelt zwar aufgrund ihrer bewussten Überzeugung, aber sie trägt auch das dunkle Geheimnis sexueller Scham. Sie wiederholt das dunkle Geheimnis ihrer Großmutter Peggy, und nun hat sie noch ein weiteres dunkles Geheimnis, das sie ihrem Kind aufbürden wird.

Die dunklen Geheimnisse unserer Mütter können unser Leben verderben, und deshalb müssen wir sie aufdecken.

Das gefährliche »Geheimnis« der narzisstischen Deprivation

Ich werde dieses Kapitel mit einem dunklen Geheimnis beginnen, das ich bis jetzt noch nicht genannt habe. Ich vermute, es ist das häufigste dunkle

Geheimnis der Mutterschaft. Es prägt das Verhalten von Müttern, die ihre Kinder innig lieben und nur das Beste für sie wollen. Dieses Geheimnis ist als *narzisstische Deprivation* bekannt.

Wir alle werden mit narzisstischen Bedürfnissen geboren. Mir müssen in das Antlitz einer Mutterfigur blicken und uns darin gespiegelt sehen. Wir brauchen das, und obwohl wir ein angeborenes und unbewusstes Selbstwertgefühl besitzen, können wir dessen nur gewahr werden, wenn wir bedingungslose Annahme, Wertschätzung und Bewunderung in den Augen unserer Mutter lesen. Augen und Gesicht sind der Schauplatz, auf dem die Urszene des menschlichen Lebens spielt. Wir sind weiterhin davon abhängig, dass unsere Gefühle und Bedürfnisse von einer aufmerksamen, einfühlsamen und liebevollen Mutter ernst genommen werden. Wenn wir auf diese Weise geliebt und geschätzt werden, werden unsere narzisstischen Bedürfnisse befriedigt.

Was aber, wenn die Mutterfigur selbst sich nicht in den Augen ihrer Mutter spiegeln konnte? Angenommen, ihre eigene Mutter war kalt und uninteressiert? Oder angenommen, sie war durch eine unglückliche Ehe, mehrere andere Kinder oder eine langwierige Wochenbettdepression überfordert? Dann blickt das Kind suchend um sich und kann sich nicht sehen. Vielmehr sieht es Verwirrung und vielleicht sogar zornige Zurückweisung und Bedürftigkeit. Ein Kind erfasst intuitiv die Bedürftigkeit seiner Eltern und verzichtet auf die Äußerung seiner eigenen Bedürfnisse, um sich seiner Mutter anzunehmen. Es handelt sich dabei natürlich nicht um eine aus Selbstlosigkeit getroffene bewusste Entscheidung; es ist vielmehr eine unbewusste Anpassung, die aus dem Überlebenswillen vollzogen wird.

»Es ist das spezifische unbewusste Bedürfnis der Mutter«, schreibt die Entwicklungspsychologin Margaret Mahler, »das aus den unendlichen Potentialen des Kindes jene besonderen aktiviert, die für jede Mutter ›das Kind‹ schaffen, das ihre eigenen, einzigartigen und individuellen Bedürfnisse widerspiegelt.« Die Mutter vermittelt auf unbeschreiblich vielfältige Weise einen »Spiegelrahmen«, an den das primitive Selbst des Kindes sich anpasst.

Wenn eine Frau ihre eigenen narzisstischen Bedürfnisse in der Kindheit verdrängen muss, erwachen sie wieder aus den Tiefen ihres Unbewussten und suchen durch ihr eigenes Baby nach Befriedigung. *Dies geschieht vollkommen unabhängig vom Bildungsgrad und vom guten Willen einer Mutter und unabhägig davon, wie sehr sie sich der Bedürfnisse eines Kindes bewusst ist.*

Die machtvollen ursprünglichen Verlassenheitsgefühle der Mutter werden durch die Geburt ihres eigenen Kindes wieder ausgelöst und brechen sich Bahn. Während Eltern mit ihrem Kind dessen Entwicklungsstufen durchlaufen, werden auf jeder Entwicklungsstufe ihre eigenen Entwicklungsdefizite, sofern vorhanden, wieder aktuell.

Selbstverständlich können auch Väter Probleme mit narzisstischer Deprivation haben. Männern stehen jedoch in unserer Gesellschaft weit mehr Wege zur Verfügung, ihre Bedürfnisse nach Bewunderung und Spiegelung zu befriedigen. In der traditionellen Familie ist die Mutter allein mit den Kindern zu Hause, während der Vater draußen das Geld verdient. Der Vater erhält die Gehaltsüberweisung, erntet die Kameradschaft und Bewunderung der anderen Mitarbeiter und erlebt ein Leben in der weiten Welt. Die Mutter hat keinen Spiegel, abgesehen von ihrem Mann und ihrem Kind.

Alice Miller schreibt in *Das Drama des begabten Kindes:* »Ein Kind steht in der Verfügungsgewalt der Mutter. Ein Kind kann nicht weglaufen, wie es die eigene Mutter der Mutter tat ... Einem Kind kann sie beibringen, Respekt zu zeigen, sie kann ihm die eigenen Gefühle aufzwingen, *sich selbst in seiner Liebe und Bewunderung gespiegelt sehen* ... Die Mutter kann sich selbst als *Mittelpunkt* seiner Aufmerksamkeit erleben, denn die Augen ihres Kindes folgen ihr überallhin.«

So wird das Kind auf eine paradoxe und seltsame Weise zum narzisstischen Versorger der Mutter. Doch das Kind selbst bleibt dabei sehnsüchtig nach Zuwendung zurück. Nach dieser Deprivation wird das Kind aufwachsen und in Ersatzgesichtern nach sich selbst suchen.

Männer, die unter narzisstischer Deprivation litten (ich gehöre auch dazu), verbringen ihr ganzes Leben damit, in den bewundernden Gesichtern der anderen nach sich selbst zu suchen. Letzten Endes aber wird, wie ich selbst schmerzlich feststellen musste, kein Ersatz je genügen. Kein Geld, keine weltweite Bewunderung kann das fehlende Gesicht ersetzen, denn es ist unser eigenes Gesicht, das wir suchen. Am Ende müssen wir über diese ursprüngliche Verlassenheit trauern, und diese Trauer ist so stark und so schmerzvoll, dass es klar ist, dass wir sie als kleine Kinder nicht überlebt hätten.

Eine Mutter, die selbst depriviert ist, benutzt ihr Kind nicht aus böser Absicht, um ihr eigenes Bedürfnis nach Liebe und Bewunderung zu befriedigen, und man kann ihr auch keinen Vorwurf daraus machen. Ohne Hilfe von außen kann sie ganz einfach nicht anders. Wenn sie eine gute Liebesbeziehung hat, kann die Wunde zu heilen beginnen. Wie Eric Berne einmal sagte: »Die Liebe ist die Psychotherapie der Natur.« Wenn sie jedoch nie wirklich geliebt, geschätzt und ernst genommen wurde, wenn sie sich selbst nie in einem empathischen, aufmerksamen und liebevollen Gesicht gespiegelt sah, ist ihr Bedürfnis nach Liebe und Bewunderung automatisch vorhanden und zugleich unbewusst. Es ist ein dunkles Geheimnis aus *Unwissenheit*, das in einer tiefen, über Generationen bestehenden Wunde wurzelt. Diese Wunde wird weiter bestehen, solange wir darüber im Dunkeln tappen.

Ihre Mutter und Sie selbst

Lassen Sie sich Zeit und denken Sie gründlich über Ihre Antworten auf die folgenden Fragen nach:

Haben Sie Ihr Leben damit verbracht, Ihre Mutter glücklich zu machen? Schildern Sie einige typische Vorkommnisse. Ruft Ihre Mutter Sie häufig an und ermahnt Sie, weil Sie sich nicht melden oder sie besuchen? Fühlen Sie sich schuldig, wenn sie das tut? Ändern Sie Ihrer Mutter zuliebe Ihr sonstiges Verhalten, wenn Sie mit ihr zusammen sind? (Gehen Sie zum Beispiel mit ihr in die Kirche, obwohl Sie sonst gar nicht mehr zur Kirche gehen?) Haben Sie Ihr Leben lang versucht, andere zu beeindrucken und auf ihren Gesichtern Bewunderung für sich zu lesen?

Mit jedem Ja auf diese Fragen erhöht sich die Wahrscheinlichkeit, dass Sie unter einer narzisstischen Deprivation leiden.

Konnten Sie Ihrer Mutter je Ihre wahren Gefühle zeigen? Konnten Sie je Wut ihr gegenüber zum Ausdruck bringen? Sind Sie fähig, Ihr zu sagen, in welchen Punkten Sie nicht Ihrer Meinung sind? Hat Ihre Mutter Ihnen je wirklich »zugehört«? Können Sie bei Ihr nach Bestätigung suchen?

Mit jedem Nein auf diese Fragen erhöht sich ebenfalls die Wahrscheinlichkeit, dass Sie unter einer narzisstischen Deprivation leiden.

Wir alle verspüren das natürliche Bedürfnis, denen zu gefallen, die wir lieben, aber wir brauchen nicht auf Kosten unseres Selbst geliebt werden, nicht einmal von unseren Müttern. Schließlich ist es die Aufgabe einer Mutter, sich um ihre Kinder zu kümmern. Sie hat ihre Aufgabe gut gelöst, wenn sie später für sich selbst sorgen können. Es zeugt jedoch von mystifizierter Liebe, die in narzisstischer Deprivation begründet ist, wenn die Kinder ein Leben lang an die Mutter gebunden sind und von Pflichterfüllung, Gehorsam und Schuldgefühlen zerfressen sind.

Sich an die Mutter erinnern

In diesem Kapitel sollen Sie zunächst Material für das Genogramm Ihrer leiblichen Mutter sammeln. Dann werde ich auf James Jeders Entdeckungen bei seinen Nachforschungen über Heathers Leben eingehen. Wenn Sie Ihre leibliche Mutter nicht kennen und nichts über sie herausfinden können, machen Sie mit Ihrer Adoptivmutter, Ihrer Stiefmutter oder wem auch immer weiter, der am ehesten die Mutterfunktion bei Ihnen eingenommen hat.

Das Bedürfnis, die Eltern zu beschützen, ist meist noch stärker, wenn es um die Mutter geht. Konzentrieren Sie sich auf das Verhalten Ihrer Mutter, auf das, was sie tatsächlich sagte oder tat.

Ihr Bild von Ihrer Mutter

Lassen Sie sich die folgenden Fragen von jemandem stellen, oder nehmen Sie sie auf Kassette auf. Machen Sie eine Minute Pause zwischen den Fragen.

Welches Bild Ihrer Mutter steigt in Ihnen auf, wenn Sie die Augen schließen? Machen Sie sich das Bild so klar wie möglich. Wie alt ist sie? Welche Kleidung trägt sie? Stellen Sie die Farbe ihrer Kleidung fest, wenn Sie können. Können Sie ihre Schuhe sehen? Wie fühlen Sie sich, wenn Sie sie so ansehen?

Gehen Sie nun zu einer früheren Erinnerung an Ihre Mutter zurück. Dringen Sie so tief wie möglich in die Erinnerung vor. Was hat Ihre Mutter jetzt an? Was tut sie? Wie fühlen Sie sich, während Sie sie ansehen? Gehen Sie zu einer Erinnerung aus Ihrer Kindheit zurück ... Wie war es, als kleines Kind mit ihrer Mutter zu Hause zu leben? Lassen Sie nun alle möglichen Erinnerungen an Ihre Mutter in sich aufsteigen. (Machen Sie hier drei Minuten Pause.) *Wie behandelte Ihre Mutter Sie als Kind? Wie bestrafte sie Sie? Wie zeigte Sie Ihnen ihre Zuneigung? Was liebten Sie am meisten an Ihrer Mutter? Was mochten Sie nicht an ihr? Wie haben Sie sich um Ihre Mutter gekümmert? Öffnen Sie nun langsam die Augen.*

Wenn es Ihnen schwer fällt, sich diese Dinge bildlich vorzustellen, versuchen Sie Ihre Antworten auf die obigen Fragen niederzuschreiben. Achten Sie auf konkrete Details. Schreiben Sie nicht: »Meine Mutter war mürrisch.« Schreiben Sie stattdessen, was Sie sahen, hörten und fühlten, so dass Sie daraus schlossen, Ihre Mutter sei mürrisch. Zum Beispiel: »Meine Mutter starrte in die Luft und antwortete kaum, wenn ich sie begrüßte. Sie wandte mir nicht einmal den Kopf zu.«

Achten Sie auf Ihre Reaktionen, nachdem Sie Ihre Antworten aufgeschrieben haben oder während Sie sie aufschreiben.

Eine andere Möglichkeit wäre, so viele Fotos Ihrer Mutter wie möglich zu suchen. Versuchen Sie, Bilder aus verschiedenen Phasen *Ihres* Lebens und aus verschiedenen Phasen im Leben Ihrer Mutter zu finden. Wählen Sie diejenigen aus, die etwas in Ihnen ansprechen. Nehmen Sie sie dann der Reihe nach vor, und schreiben Sie zehn Minuten lang alles auf, was Ihnen spontan dazu einfällt. Nach fünf oder sechs Fotos lesen Sie das Geschriebene durch und prüfen Sie, ob sich bestimmte Themen herauskristallisieren.

Lassen Sie sich nun einige Minuten Zeit, um festzuhalten:

- Ihre körperlichen Empfindungen. Fühlen sie sich unruhig, angespannt, betäubt, friedlich, ist Ihnen übel? Achten Sie auf alles, was Sie spüren.
- Alle heftigen emotionalen Reaktionen – Angst, Wut, Scham, Traurigkeit, Schuld usw.
- Alle Sehnsüchte, Wünsche. Sind sie auf Kummer, Enttäuschung, Frustration, Glück gestoßen?
- Alle neuen Erkenntnisse und Einsichten, die Ihnen zu Ihrer Mutter und deren Geheimnissen eingefallen sind. Hatten Sie eine Empfindung bezüglich Ihrer Mutter, die Sie bisher nie zuvor hatten?

Die Lebensregeln Ihrer Mutter

Wie lauteten die »zehn Gebote« Ihrer Mutter? Lassen Sie sich Zeit und schreiben Sie sie nieder. Versuchen Sie sich zu erinnern, wann Sie sie zum ersten Mal darüber sprechen hörten. Falls ihre zehn Gebote mit denen in der Bibel übereinstimmten, fügte sie diesen noch etwas hinzu? (Wie etwa: »Ehre deinen Vater und deine Mutter, *aber besonders deine Mutter.*«) Nach welchen *verborgenen* Regeln lebte Ihre Mutter? Diese Regeln wurden vielleicht nie in Worte gefasst, vielleicht standen sie sogar in *Widerspruch* zu den verbal formulierten Regeln. Am besten finden Sie sie heraus, indem Sie auf ihr Verhalten achten. Was hat Ihre Mutter tatsächlich getan? Eine verborgene Regel meiner Mutter lautete beispielsweise: »Sei immer nett zu den Nachbarn, und zerreiß dir das Maul über sie, sobald du zu Hause bist.« Sie war die reizendste Person, der man in der Öffentlichkeit begegnen konnte, aber privat zerpflückte sie jeden in seine Einzelteile.

Lieblingsaussprüche und Witze

Erstellen Sie eine Liste mit den Lieblingsaussprüchen Ihrer Mutter. Geht Ihnen dabei ein Licht auf? Hielt sie sich an diese Sprüche? Stellen Sie sich vor, wie Ihre Mutter das genaue Gegenteil davon tut. Einer der Lieblingsaussprüche meiner Mutter lautete zum Beispiel: »Sei nicht so emotional.« Tatsächlich war meine Mutter ein sehr emotionaler Mensch. Ihre Stimme klang schneidend; sie war ziemlich ängstlich und übervorsichtig. Sie war auch voller Zorn. Ihre eigenen inneren Stimmen warfen ihr ihre Gefühle vor, und sie projizierte ihre Scham auf mich. Die Stimmen ihrer Eltern lebten in ihr weiter und wurden meine inneren Stimmen, die mich mit den Worten tadelten: »Sei nicht so emotional.«

Was waren die Lieblingswitze Ihrer Mutter? (Vielleicht können Sie sich nur an einen einzigen erinnern?) Hatte sie Humor? Erkennen Sie ein Muster in ihren Witzen? Drehen sie sich um bestimmte Themen? Was könnte dieses Muster über sie offenbaren?

Geheime Erwartungen

Was ließ Ihre Mutter unausgesprochen? Tom Wingo sagt in *Die Herren der Insel*: »Ich lernte die Dinge zu fürchten, die sie unausgesprochen ließ.« Es kann machtvolle Erwartungen geben, über die nie ein Wort fällt, von denen Sie jedoch wissen, dass Sie dafür zur Verantwortung gezogen werden. Gefühle von Wut oder Groll sind oft unterschwellig vorhanden, und doch herrscht dicke Luft ihretwegen.

Charakterzüge

Welches waren die fünf besten Charakterzüge Ihrer Mutter? (Sie war geduldig, sie war liebevoll usw.) Schildern Sie je ein typisches Verhaltensbeispiel dafür.

Welches waren die fünf schlimmsten Charakterzüge Ihrer Mutter? (Sie war überkritisch, sie war rechthaberisch usw.) Nennen Sie wieder je ein typisches Verhaltensbeispiel hierfür.

Arbeit und Geld

Welche Einstellung hatte Ihre Mutter zu Arbeit und Geld? Stimmten Ihre Äußerungen mit Ihren Handlungen überein? Mäkelte sie zum Beispiel immer an Ihrem Vater herum, weil er so viel arbeitete, verlangte sie aber zugleich, dass Sie in der »richtigen« Gegend lebten und das »richtige« Auto fuhren? Kritisierte und kränkte sie Ihren Vater ständig, weil er nicht genug Geld verdiente? Falls sie zur Arbeit ging, machte ihr das Spaß, oder verhielt sie sich wie eine überlastete Märtyrerin? Können Sie Ihre eigenen Einstellungen zu Arbeit und Geld mit ihr in Verbindung bringen?

Religion (Moral)

Möglicherweise sind Sie bereits im Abschnitt über die zehn Gebote Ihrer Mutter auf das Thema Religion eingegangen. Welche religiösen Überzeugungen hatte Ihre Mutter? Bezeichnete sie sich als Agnostikerin oder Atheistin, falls sie nicht gläubig war? Hatte sie eine gründlich durchdachte Position, die sie mit einiger Überzeugung vortrug? Oder waren ihr diese Dinge gleichgültig? Behauptete sie, an Gott zu glauben, und handelte dann nach Maximen, die Geld, Besitz oder körperliche Schönheit zu absoluten Werten erhoben? Der evangelische Theologe Paul Tillich sagte, der wahre Gott eines Menschen sei das, was ihm am meisten am Herzen liege. Als ich noch Alkoholiker war, war mein Gott der Alkohol. Ich dachte an nichts anderes und organisierte mein Leben darum herum. Alles, was ich tat, war dem Alkohol untergeordnet. Meine Sucht war eine Götzenverehrung.

Wenn Ihre Mutter gläubig war, war sie eine glühende und überzeugte Gläubige? Stimmte ihr Verhalten mit ihrem Glauben überein? War sie fanatisch oder rigide? Oder ging sie nur deshalb in die Kirche, weil es der gesellschaftlichen Norm entsprach?

Zusammengefasst, war Ihre Mutter wirklich gläubig oder ungläubig?

Sexualität

Meiner Erfahrung nach kreisen dunkle Geheimnisse mehr um Sexualität als um jeden anderen Bereich menschlichen Seins. In der Generation Ihrer Mutter wurden sexuelle Themen wahrscheinlich noch stärker im Verborgenen gehalten. Können Sie sich Ihre Mutter als sexuelles Wesen vorstellen? Sexuelle Dinge spielten sich in vielen Familien so im Geheimen ab, dass die erwachsenen Kinder sich ihre Eltern kaum bei sexuellen Aktivitäten vorstellen können. Lassen Sie sich Zeit bei der Beantwortung der folgenden Fragen, und achten Sie darauf, die Abschlussübung durchzuführen (körperliche Empfindungen, heftige Gefühle usw.), nachdem Sie Ihre Antworten niedergeschrieben haben. Halten Sie sich auch vor Augen, wie Sie selbst sexuelle Geheimnisse kaschieren. Vielleicht haben Sie unbewusst von einem oder beiden Ihrer Eltern gelernt, wie man sexuelle Geheimnisse verbirgt.

Wie sexuell aktiv war Ihre Mutter vor ihrer Heirat? Nach ihrer Heirat? Woher wissen Sie das? Hatte sie eine gute sexuelle Beziehung zu ihrem Vater? Woher wissen Sie das?

Sprach sie je mit Ihnen über Sex? Welche Empfindungen zu Sex hatten Sie, wenn sie mit Ihnen darüber sprach? Was hob sie hervor? Was ließ sie aus? Waren Sie der »kleine Mann« Ihrer Mutter oder ihre »beste Freundin«? Waren Sie Ihre sexuelle Vertraute? Das heißt, erzählte sie Ihnen über ihr Sexualleben? Wie fühlten Sie sich dabei?

Über welche sexuellen Themen hätten Sie niemals mit Ihrer Mutter gesprochen?

Freunde

Zählen Sie fünf gute Freunde beziehungsweise Freundinnen Ihrer Mutter auf. Hatten ihre Freunde etwas gemeinsam? Wenn ja, was? Sagt ihr Freundeskreis etwas über sie aus? Falls sie keine engen Freunde hatte, was schließen Sie daraus? Versuchte sie, Sie zu ihrem besten Freund zu machen? Wie geht es Ihnen damit?

Hobbys und Freizeit

Nennen Sie fünf Dinge, die Ihre Mutter zum Spaß und in ihrer Freizeit machte. Schien sie das Leben zu genießen? Vernachlässigte sie Sie, weil sie zu sehr mit ihren Hobbys und anderen Aktivitäten beschäftigt war? Hatte sie keine Hobbys?

Assoziationsketten

Versuchen Sie, über Ihre Mutter zu schreiben, indem Sie Assoziationsketten bilden. Beginnen Sie mit irgendeiner Umschreibung in Bezug auf Ihre Mutter, die Ihnen einfällt. Mir zum Beispiel kam gerade der Ausdruck *zornige Hausfrau* in den Sinn. Nehmen Sie das wichtigste Wort daraus und kreisen Sie es ein. Beginnen Sie dann, Ideen dazu zu assoziieren. Meine erste Idee dazu war *freier Tag*, weil meine Mutter den größten Teil ihrer Hausarbeit an ihrem freien Tag erledigte. Andere Worte, die mir einfielen, waren *unglücklich*, dann *toben*. Dann kam mir eine neue Idee. Ich sollte helfen, und ich fühlte mich immer schuldig, weil ich nicht genug half. Meine Mutter war unglücklich über ihre Lebensbedingungen. Sie war eine junge Frau, die drei Kinder alleine großzog, und sie musste ihren einzigen freien Tag opfern, um das Haus zu putzen. Das muss für sie sehr hart gewesen sein. Ich weiß, dass es das für mich war.

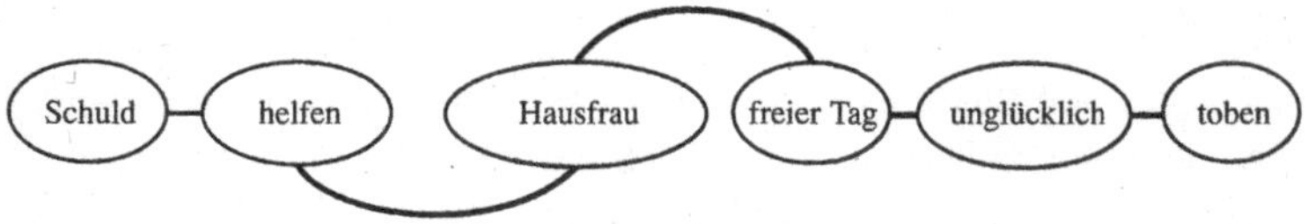

Während ich so darüber nachdenke, kommt mir plötzlich eine andere Idee. Mutter war wütend, weil sie uns am Hals hatte! Ihr tiefstes Geheimnis war womöglich, dass sie alles andere als drei Kinder wollte, nicht mit 34, ganz auf sich allein gestellt, ohne jede finanzielle Unterstützung durch meinen Vater und ohne Zukunftsperspektive, denn ihre religiöse Überzeugung erlaubte ihr keine erneute Heirat nach einer Scheidung. Das scheint mir sehr einleuchtend. Ich könnte mir gut vorstellen, dass es mir genauso erginge, wenn ich die Verantwortung für uns drei Kinder hätte. Das war vielleicht ein großes Geheimnis, das meine Mutter in sich trug.

Der schönste Tag mit Ihrer Mutter

Schildern Sie in allen Einzelheiten den schönsten Tag, den Sie mit Ihrer Mutter erlebt haben. Wenn Sie damit fertig sind, lesen Sie das Geschriebene jemandem vor, dem Sie vertrauen, und lassen Sie ihn erzählen, was er dabei empfindet.

Der schlimmste Tag mit Ihrer Mutter

Die gleiche Warnung, die ich schon im letzten Kapitel gab, gilt auch hier: Schreiben Sie *nicht* über sexuellen Missbrauch oder schwere Misshandlungen.

Wenn Sie wissen, dass Ihre Mutter Sie auf andere Weise missbraucht hat, machen Sie diese Übung mit jemandem, der Sie unterstützt. Schreiben Sie das schlimmste Erlebnis mit Ihrer Mutter auf, und lesen Sie diese Szene dann einem Freund oder Helfer vor. Die Bestätigung eines anderen kann Ihnen helfen zu erkennen, dass das, was Sie durchgemacht haben, wirklich *schrecklich* war. Im Mittelpunkt stehen dabei *Ihr Schmerz und Ihr Leid, nicht die Absicht Ihrer Mutter.* Als Kind war Ihnen verboten, Ihr schützendes Gefühl (Wut) auszuleben und ihre Verletzung zu verarbeiten (Trauer). Wenn jemand, dem Sie vertrauen, Ihren Schmerz bestätigt, ermöglicht Ihnen das, sich selbst und Ihre Erfahrung anzunehmen. Was Sie erlebten, war wirklich schrecklich, und es ging von Ihrer Mutter aus – nicht von Ihnen. Das Geheimnis über sich selbst, das Sie hüteten – dass Ihre Mutter Sie so behandelte, weil Sie böse waren –, kann enthüllt werden. Sie waren nicht böse. Sie waren ein ganz normales Kind, das sich ganz normal verhielt.

Mit einigen wenigen Ausnahmen war auch Ihre Mutter nicht böse. Sie tat, was sie konnte. Wahrscheinlich agierte sie nur aus, was ihr in ihrer Kindheit widerfahren war.

Das Gefühl, »schlecht« oder mit einem Makel behaftet und fehlerhaft zu sein, ist ein Geheimnis, das alle Menschen in sich tragen, deren Identität auf Scham basiert.

Geheime Entscheidungen

Schreiben Sie noch einige andere Szenen nieder, in denen Ihre Mutter Ihnen wehtat. Denken Sie daran, diese Übungen mit einem Freund oder einer

Gruppe durchzuführen. Lassen Sie sich Zeit, und schildern Sie die Szenen auf der Basis möglichst vieler sinnlich erfahrbarer Einzelheiten. Lesen Sie das Geschriebene dem oder den anderen Helferpersonen vor. Fragen Sie sie nach ihren Gefühlen, suchen Sie nach ihrer Bestätigung. Welche Entscheidung in Bezug auf sich selbst trafen Sie wohl nach dieser Erfahrung? Ist diese Entscheidung die Quelle eines dysfunktionalen Verhaltens in Ihrem jetzigen Leben? Diese Entscheidung war die beste, die Sie damals treffen konnten, aber heute können Sie sie revidieren.

Ich erinnere mich, dass ich weinte, weil meine Mutter keinen Pfennig mehr hatte und meine Schwester nicht zum Schulball gehen konnte. Ich *beschloss* damals, dass ich nicht arm sein würde, wenn ich groß wäre, und dass meine Kinder auf nichts verzichten müssten. Ich blieb dieser Entscheidung treu.

Ich erinnere mich auch an eine schreckliche Szene im Haus meiner Großmutter. Meine Mutter und meine Großmutter stritten sich. Meine Mutter knallte meiner Großmutter die Tür an den Kopf! Ich erstarrte vor Entsetzen. Ich beschloss, dass ich nie Kinder haben würde. Ich wollte nicht Kinder in die Welt setzen und riskieren, dass sie leiden mussten wie wir. Zum Glück revidierte ich diese Entscheidung später.

Die Sucht Ihrer Mutter

Im Kapitel »Dunkle Geheimnisse« bin ich auf das eingegangen, was Laura Gait Robert als »das Geheimnis« von Frauen bezeichnet, ihre Hilflosigkeit, Wut und Frustration, die der Druck der Rollenerwartung an sie auslöst. Anstatt diese schmerzlichen Gefühle zum Ausdruck zu bringen, wenden viele Frauen sie gegen sich selbst und suchen Zuflucht in Essen und Essstörungen. Natürlich zeigen Frauen auch andere Formen von Suchtverhalten, aber Mutter und Essen gehören irgendwie zusammen!

Man kann aus allem eine Sucht machen. Gängige Varianten sind: Filme, Serien oder Talkshows im Fernsehen ansehen; einkaufen gehen; Medikamenten-, Alkohol-, oder andere Drogenabhängigkeit; vollkommen in der Sorge für die Kinder und/oder den Mann aufgehen; religiöse Abhängigkeit; Sexsucht (besonders in Affären); Sucht nach Angst (ständige Sorge). War oder ist Ihre Mutter süchtig? Wie haben Sie sich um Ihre Sucht gekümmert? Wie wurde Ihr Leben davon in Mitleidenschaft gezogen?

Hinter jeder Sucht verbirgt sich ein dunkles Geheimnis. Das Geheimnis sind die Gefühle, die nicht ausgedrückt werden. Welche Gefühle verbargen sich hinter der Sucht Ihrer Mutter? Wie haben Sie sich um die Gefühle Ihrer Mutter gekümmert? Wie manifestierten sich diese Gefühle in Ihrem eigenen Leben?

Ein Gespräch mit Ihrer Mutter

Lassen Sie sich das Folgende vorlesen oder nehmen Sie es auf Kassette auf.

Schließen Sie die Augen und stellen Sie sich vor, dass Ihre Mutter Ihnen gegenübersitzt. Sie ist zu Ihnen gekommen, weil Sie für jeden Schmerz, den sie Ihnen durch ihre Geheimnisse zugefügt hat, Wiedergutmachung leisten will. Fragen Sie sie: »Wovor hast du am meisten Angst?« Lassen Sie das Bild Ihrer Mutter antworten. Versuchen Sie nicht Einfluss auf ihre Antwort zu nehmen. Lassen Sie sie so spontan wie möglich antworten. Nach etwa fünf Minuten fragen Sie Ihre Mutter: »Welche Sicherheiten brauchst du unbedingt?« Überlassen Sie die Antwort wieder ihrem Bild. Fragen Sie dann: »Was hätte meine Mutter niemals getan?« Lassen Sie Ihrer Phantasie freien Lauf, bis etwas in Ihnen angesprochen wird und Ihre Antwort Ihnen richtig erscheint. Warum würde sie so etwas nie tun?

Fragen Sie sich nun selbst: »Welche Lebensformen kamen für meine Mutter überhaupt nicht in Frage?« Lassen Sie sich Zeit mit der Antwort. Warum kamen diese Lebensformen nicht in Frage?

Suchen Sie nach dem Schatten Ihrer Mutter

Welche Charakteristika würde Ihre Mutter heftig abstreiten, wenn Sie sie ihr zuschreiben würden?

Denken Sie an fünf Merkmale, mit denen Sie Ihre Mutter gekennzeichnet haben. Stellen Sie sich nun vor, sie sei genau das Gegenteil dieser fünf Merkmale. Tun Sie so, als seien Sie ein Anwalt, der beweisen will, dass Ihre Mutter genau das Gegenteil von dem ist, wie Sie sie beschrieben haben.

Worüber hätten sie nie mit Ihrer Mutter sprechen können? Woher wussten Sie, dass Sie darüber nicht sprechen konnten? Stellen Sie sich vor, dass Sie mit ihr über diese verbotenen Themen sprechen.

Die Feinde Ihrer Mutter

Wer waren die erbittertsten Feinde Ihrer Mutter? Versuchen Sie sich zu erinnern, wen sie mit Verachtung überhäufte und kritisierte. Der Feind muss keine bestimmte Person sein. Sie kann auch Ideen oder Bewegungen angegriffen haben. Zählen Sie so viele Personen, Institutionen, Ideen, Bewegungen oder Ähnliches wie möglich auf, wogegen Ihre Mutter war. Ordnen Sie sie nach der Energie (Leidenschaft), mit der Ihre Mutter sie attackierte. Vielleicht war sie auf einem regelrechten Kreuzzug! Versuchen Sie sich auf das zu konzentrieren, was sie am meisten bewegte. Wenn sie noch am Leben ist, fragen Sie sie, wie dieser Hass seinen Anfang genommen hat. Welches Ereignis veranlasste sie, so viel Energie für etwas oder jemand aufzuwenden?

Stimmen ihre Angriffe mit ihrer Lebensweise überein? Verkörpert sie Werte, die ihr Feind verletzt?

Ist dieser Feind etwas in ihr selbst, das sie nicht wahrhaben will? Anders gesagt, projiziert Ihre Mutter einen verbotenen Teil ihrer selbst auf ihren Feind? Wenn sie von »Frauen, die ihren Körper zur Schau stellen« spricht, wünscht sie sich vielleicht insgeheim, sie könnte selbst Shorts oder einen Bikini tragen?

Die Wunde Ihrer Mutter

Sehen Sie sich die folgende Auflistung von Symptomen der posttraumatischen Belastungsstörung an. Überprüfen Sie, wie viele davon auf Ihre Mutter zutreffen. Falls einige davon zutreffend sind, können Sie die Hypothese aufstellen, dass Ihre Mutter in ihrer Kindheit oder Jugend ein Trauma erlitten hat.

Symptome der posttraumatischen Belastungsstörung

- extreme Wachsamkeit (extreme Nervosität oder Beunruhigung)
- leichte Erregbarkeit oder Schreckhaftigkeit
- Panik- oder Angstattacken
- chronische Reizbarkeit
- Angst bis zum blanken Terror
- Schlaflosigkeit (oder andere Schlafstörungen)
- blitzartige Erinnerungen an traumatische Erlebnisse (erneutes Durchleben eines Teils einer traumatischen Szene)

- Antriebsmangel
- Rückzug und Isolation
- Platzangst (vollständige Isolation aufgrund extremer Angst)
- Depression
- chronisches Gefühl der Hilflosigkeit
- chronisches Gefühl der Hoffnungslosigkeit
- Erregungsausbrüche (emotionale Ausbrüche aufgrund einer beliebigen Aufregung angenehmer oder unangenehmer Art)
- jede Form von Sucht
- Neuinszenierung eines traumatischen Erlebnisses
- Unfähigkeit zu Nähe
- psychosomatische Erkrankung (Hypochondrie)

Was wissen Sie genau über die Kindheit Ihrer Mutter? Fragen Sie Ihre Großeltern nach ihrer Kindheit, falls sie noch leben. Fragen Sie Ihre Tanten, Onkel und ihre Freunde nach ihrer Kindheit. Fragen Sie sie selbst! Ist es möglich, dass sie Opfer eines Missbrauch ist? Diese Wunde könnte der Ursprung ihrer Sucht oder ihrer scheinbar irrationalen Ängste sein. Traumatische Wunden könnten auch aus der Pubertät oder dem frühen Erwachsenenalter stammen.

Die Enttäuschungen Ihrer Mutter

Schreiben Sie über die größte Enttäuschung Ihrer Mutter. War es Ihr Vater? Das Gefängnis ihrer Ehe? Die Kinder, denen sie 25 Jahre ihres Lebens opferte? Diese Fragen bilden möglicherweise den Kern dessen, was Carl Jung das »ungelebte Leben« nannte. Früher verzichteten viele Frauen zugunsten einer Ehe auf ihre Karriere und brachten den Rest ihres Lebens mit Phantasien über das zu, was aus ihnen hätte werden können. Oder sie kamen zu der Überzeugung, dass sie den falschen Mann geheiratet hatten, und phantasierten jahrelang darüber, welches Leben sie geführt hätten, wenn sie einen anderen Freund oder sonst jemand geheiratet hätten. Wie haben Sie sich um ihre Enttäuschung gekümmert? Sind Sie eine Forsetzung ihres Ich? Fühlen Sie sich verantwortlich, wenn sie unglücklich ist? Versuchen Sie ihre Leere und ihr Leid auf sich zu nehmen? Inwiefern kümmern Sie sich um die Ehe Ihrer Mutter? Haben Sie etwas aus sich gemacht, damit Ihre Mutter mit sich zufrieden sein kann?

Geschwister und andere

Fragen Sie Ihre Geschwister nach den Themen, die wir bis jetzt angesprochen haben. Fragen Sie sie nach ihrer Sicht Ihrer Mutter. Sie sind ungeheuer wichtige Informationsquellen, die Ihnen einen anderen Standpunkt vermitteln können. Mit jeder Geschwisterposition ist eine spezifische Sichtweise verbunden.

Erstellen Sie eine Liste aller Menschen, die etwas über Ihre Mutter wissen könnten – Ihre Großeltern, Ihre Onkel und Tanten, die alten Freunde, Bekannten und Nachbarn Ihrer Mutter, die Menschen, mit denen sie zusammenarbeitete. Stellen Sie ihnen einige der Ihnen bedeutsamen Fragen. Eine besonders wertvolle Informationsquelle kann Ihr Vater sein. Vielleicht ist er nur zu gern bereit, Ihnen einiges über Ihre Mutter zu erzählen. Vielleicht offenbart er auch eine Menge durch das, worüber er *nicht* sprechen will.

Die Familie zeichnen

Zeichnen Sie spontan ein Bild Ihrer Familie. Sie können Strichmännchen malen oder möglichst realistische Figuren oder was immer Sie wollen. Als ich diese Übung zum ersten Mal durchführte, sah meine Zeichnung so aus:

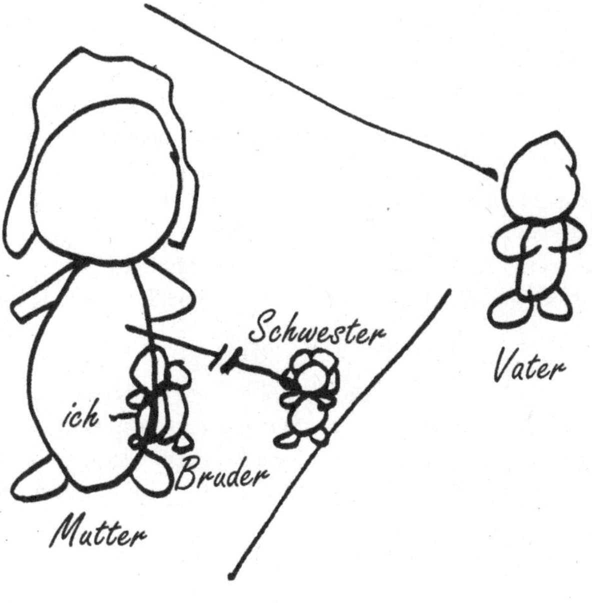

Meine Mutter ist die große Figur in der Mitte, mein Vater ist die Figur auf der rechten Seite. Er ist weit weg, aber er wirft seinen Schatten über die ganze Familie. Meine Schwester ist von meiner Mutter abgeschnitten, und mein Bruder und ich sind mit ihr verschmolzen. Als ich diese Zeichnung der Gruppe zeigte, in der ich damals war, fiel sofort jemandem auf, dass meine Mutter viermal so groß war wie alle anderen. Sie dominiert das Bild vollkommen. Ich war verblüfft, weil ich das Bild nicht bewusst so gemalt hatte! Spontane Zeichnungen sind hilfreich, um unbewusste Dinge auszudrücken. Meine Kindheit war beherrscht von dem Ziel, das Leid meiner Mutter zu lindern.

Im Kapitel »Die dunklen Geheimnisse Ihres Vaters« sollten Sie zeichnen, wo Sie Ihrer frühesten Erinnerung nach mit Ihrem Vater wohnten. Waren Ihr Vater und Ihre Mutter damals zusammen? Gab es Räume, die besonders von Ihrer Mutter genutzt wurden?

Ein Brief Ihrer Mutter

Stellen Sie sich vor, Sie erhielten einen Brief von Ihrer Mutter. Es ist ein Brief, in dem sie Sie um Vergebung bittet und Ihnen sagt, wie sehr sie Sie liebt. Sie lesen bis zu dem Satz: »Und jetzt möchte ich dir mein dunkelstes Geheimnis offenbaren.« Sie sollen den Brief nun zu Ende schreiben. Schreiben Sie frei von der Leber weg und ohne zu zögern. Denken Sie daran, Sie kennen das Geheimnis bereits ...

Einige abschließende Fragen

Inwiefern sind Sie wie Ihre Mutter? Was sind *Ihre* dunklen Geheimnisse? Erkennen Sie irgendwelche Zusammenhänge? Das heißt, glauben Sie, dass Sie die gleichen Geheimnisse haben wie Ihre Mutter?

Inwiefern sind Sie anders als Ihre Mutter? Sind Sie sicher, dass Sie anders sind?

Wenn Sie ein Mann sind, identifizieren Sie sich vielleicht noch immer mit Ihrer Mutter. Ich war so mit meiner Mutter verstrickt, dass ich in meiner Ehe das Ebenbild meiner Mutter war. Ich machte mir Sorgen und Gedanken und hatte genau die gleichen Ängste, die sie hatte, als ich noch ein Kind war.

Nehmen Sie nun die beiden gegensätzlichsten Bilder, die Sie von Ihrer Mutter haben, und lassen Sie sie ineinander übergehen. Was entsteht daraus? Wie geht es Ihnen mit dem neuen Bild?

Schlussgespräch

Erinnern Sie sich an die letzte Übung, die Sie in Bezug auf Ihren Vater durchführten, bevor Sie sein Genogramm erstellten. Führen Sie nun das gleiche Gespräch mit Ihrer Mutter. Ein Teil von Ihnen kennt das Geheimnis oder die Geheimnisse. Lassen Sie diesen Teil von sich nun erzählen, was Sie wissen wollen.

Nehmen Sie diese Übung auf Kassette auf oder lassen Sie sich vorlesen:

Schließen Sie Ihre Augen und lassen Sie sich fünf Minuten Zeit zum Entspannen. Konzentrieren Sie sich auf Ihren Atem ... Achten Sie nur darauf, wie Sie ein- und wieder ausatmen. Entspannen Sie Ihre Muskeln ... Beim Einatmen sagen Sie: »Ich werde ...«, und beim Ausatmen: »Ruhig.« Stellen Sie sich nun vor, Sie sähen einen großen Bildschirm, auf dem zwei Menschen in ein intensives Gespräch verwickelt sind. Während die Kamera Ihres inneren Auges das Paar näher fixiert, wird Ihnen klar, dass beide Menschen Sie selbst sind. Sie sprechen mit sich selbst. Die Person auf der rechten Seite ist der bewusste Teil Ihres Selbst. Lassen Sie sich eine Minute Zeit, um dieses Bild von sich selbst wirklich zu sehen. Sehen Sie dann die andere Person an. Dieser Teil Ihres Selbst ist Ihr Unbewusstes, das weit mehr weiß als Ihr bewusstes Selbst. Lassen Sie sich eine Minute Zeit und sehen Sie diesen Teil Ihrer selbst wirklich an. Woran erkennen Sie, dass dieser Teil anders ist?

Beobachten Sie nun, wie Ihr bewusstes Selbst Ihr unbewusstes Selbst nach den Geheimnissen Ihrer Mutter fragt.

Warten Sie ein paar Minuten und lassen Sie Ihr unbewusstes Selbst wirklich spontan antworten. Wenn Ihr Unbewusstes geantwortet hat, befragen Sie es zur Verdeutlichung noch weiter. Blenden Sie sich allmählich aus dieser Szene aus und kehren Sie in Ihr normales Bewusstsein zurück.

Schreiben Sie dann alle Erkenntnisse auf, die Sie aus diesem Gespräch zwischen Ihrem unbewussten und Ihrem bewussten Selbst gezogen haben.

Das Genogramm Ihrer Mutter

Sie sind jetzt bereit, das Genogramm Ihrer Mutter zu erstellen. Denken Sie an unsere vier zentralen Fragestellungen:

1. Welche Hauptprobleme hat/hatte Ihre Mutter? Welche Symptome zeigte sie?
2. Welcher familiäre Rahmen bildet den Hintergrund für die Probleme oder Symptome Ihrer Mutter? Führen Sie sich dabei die emotionalen Probleme Ihrer Mutter im Kontext von drei Familiengenerationen vor Augen. Achten Sie auf die Beziehungsmuster und die Eltern-Kind-Koalitionen.
3. Welches emotionale Klima herrschte in der Familie Ihrer Mutter zum Zeitpunkt ihrer Geburt? Das erklärt möglicherweise, ob sie dazu prädestiniert war, die Familiengeheimnisse auszuagieren.
4. Welche Probleme ergeben sich aus der Geschwisterposition Ihrer Mutter? In welchem Bezug stehen diese Probleme zu anderen Angehörigen in der Familie, die die gleiche Geschwisterposition haben? Wessen Geheimnis würde sie am wahrscheinlichsten übernehmen?

Wenden wir uns nun James Jeders Mutter Heather Jamison Jeder zu.

1. Hauptprobleme (Symptome)

Heather war eine paradoxe und interessante Frau. Sie war jahrelang immer wieder krank gewesen. Schon in relativ jungen Jahren bekam sie Arthritis und war zeitweise vollkommen bewegungsunfähig. Es war, als würde ihr Körper gegen eine schreiende und geheimnisvolle Ungerechtigkeit protestieren. Es schien beinahe aus heiterem Himmel über sie zu kommen, und es gab keinen Zweifel daran, dass sie wirklich Schmerzen litt. Aber warum? Niemand schien das wirklich zu wissen. Es gab bislang keinen Fall von rheumatischer Arthritis in der Familie.

Heather Jamison war eine intelligente junge Frau. Sie ging mit 16 aufs College, brach es jedoch ab, als sie schwanger wurde. Sie verschlang Unmengen von Büchern und las James und Janice mehrmals in ihrer Kindheit ganze Romane vor. Sie betonte immer wieder den Wert von Bildung.

Zugleich verkörperte sie eine seltsame Mischung aus sexueller Prüderie, Verachtung für Männer und einer merkwürdigen Verführungslust. Im Laufe seiner langen Psychoanalyse konfrontierte James einmal seine Mutter mit ihren verführerischen Anwandlungen. Sie war entsetzt, denn dieses Verhalten war ihr vollkommen unbewusst. Heather hatte zwar ihre Sexualität aus ihrem Bewusstsein verdrängt, aber sie löste sich deshalb nicht in nichts auf. Stattdessen verschaffte sie sich unter verschiedenen Tarnungen Ausdruck. James erinnert sich, dass seine Mutter urinierte, während er in der Badewanne lag. Er erinnert sich, dass sie ihn immer wieder bat, ihr beim Öffnen ihres Büstenhalters und ihres Hüftgürtels zu helfen. Er erinnert sich auch, dass sie im Nachthemd mit nichts darunter die Hausarbeit erledigte. Ihre Grenzüberschreitung war für James viel zu aufreizend. Später fühlte er sich zu älteren Frauen hingezogen, und ein großer Teil seiner Pornografiesammlung bestand aus Fotos älterer Frauen im Hüftgürtel.

James erinnerte sich voller Wut, wie sich seine Mutter bei Tisch über seinen kleinen Penis lustig machte. Das verletzte ihn sehr.

Als James sie deshalb zur Rede stellte, war Heather vollkommen entsetzt. Sie machte unmissverständlich klar, dass sie nichts davon mit böser Absicht getan hatte. Sie wollte James helfen, deshalb beschloss sie, ihm ein dunkles Geheimnis zu offenbaren, das sie von ihrer Mutter Josephine erfahren hatte, als diese im Sterben lag.

Josephines dunkles Geheimnis

Donald Jamison sammelte nach dem Tod seiner Mutter heimlich deren Unterwäsche ein und verlangte von seiner Frau Josephine, dass sie sie beim Verkehr trug.

Als Heather in die Pubertät kam und sich sexuell entwickelte, verlangte Donald, dass Josephine nun ihre eigene Wäsche beim Sex trug und so tat, als sei sie Heather. Heather scheint das sexuell ausagiert zu haben, obwohl sie bewusst nichts davon wusste. Sie war ein verführerischer Teenager und gestand James einmal, dass sie Phantasien über ältere Männer hatte, die durch sie in Unterwäsche erregt wurden, besonders über den Pfarrer an ihrer Kirche. Sie erzählte James auch, dass der Hausarzt der Familie sie zweimal gestreichelt hätte, während er sie untersuchte. Sie sagte, dass sie wegen dieser Dinge große Schuldgefühle hätte und dass sie, nachdem sie von Shane schwanger geworden war, überzeugt gewesen wäre, sie sei sexuell unersättlich und böse.

Wie ich bereits erwähnte, können die geheimen Phantasien eines Familienmitglieds durch ein anderes Familienmitglied ausagiert werden. Diese

Situation ist dann am gefährlichsten, wenn es sich um die geheime Phantasie eines Elternteils über sein Kind handelt. Donald und Josephine lebten Donalds Phantasien in einem Schlafzimmer aus, während Heather nebenan schlief.

Heather rebellierte und agierte das sexuell aus, indem sie eine sexuelle Beziehung zu Shane einging und in jungen Jahren schwanger wurde. Nach ihrer Scheidung von Shane jedoch blockte sie ihre Sexualität ab, ging nie wieder mit einem Mann aus und rührte auch keinen mehr an. Sie hat möglicherweise heimlich weiter masturbiert. Das lässt sich nicht mehr überprüfen, aber James erzählte mir von einem merkwürdigen Vorfall nach der Scheidung, als Heather ins Krankenhaus musste, weil ein Gegenstand in ihrer Vagina steckte. Für diesen Vorfall gab es nie eine vernünftige Erklärung; er wurde einfach abgehandelt, als passiere jeder Frau so etwas ab und an. Im Kontext dieser Familie scheint ein heimliches Leben der Selbstbefriedigung als durchaus vorstellbare Hypothese.

Heathers sexuelle Isolation nach ihrer Scheidung war James unbegreiflich. Zweimal hatte er sie sagen hören: »Ich konnte nicht mit Männern ausgehen – ich war zu leicht erregbar.« Nach diesem mysteriösen Eingeständnis fügte sie hinzu: »Ich musste für dich und Janice da sein.« James wurde im Lauf der Therapie bewusst, wie sehr eine solche Aussage den Boden dafür bereitete, dass er sich die Sexualität seiner Mutter aufbürdete.

Auch James' Schwester Janice war stark durch ihre Mutter beeinflusst. Janice war ein ungewolltes Kind und ein schwieriges, häufig krankes Baby. Später wurde sie trotzig und renitent. Heather beschimpfte sie ständig, und James berichtete, dass Heather und Janice andauernd in Streit miteinander lagen.

Janice ging mit 17 von zu Hause weg, fing an zu arbeiten und heiratete einen Mann, der sie ständig beschimpfte. Sie lebte 15 Jahre bis zu seinem Tod mit ihm zusammen. Danach heiratete sie einen Mann, der keinerlei Verantwortung auf sich nahm und sich im Grunde weigerte, zu arbeiten oder für sie zu sorgen. Nach zehn Jahren ließ sie sich von ihm scheiden.

Janice suchte beständig die Anerkennung ihrer Mutter und hatte jeden emotionalen Kontakt zu ihrem Vater Shane abgebrochen, bis sie sich einer Therapie unterzog. Sowie sie auf dem Weg der Besserung war, versuchte sie ihrem Bruder James zu helfen.

Wie wir schon gehört haben, glaubte Carl Jung, dass das »ungelebte Leben« der Eltern zu den Hauptursachen für kindliche Neurosen zählt.

James' Mutter schuf die Voraussetzung dafür, dass er ihre ungelebte Sexualität auf sich nahm, was er in seinen Masturbationsphantasien auch tat.

2. Probleme im Kontext von drei Generationen

Wenn Sie Heathers Genogramm auf der nächsten Seite betrachten, wird klar, dass offene und verdeckte sexuelle Probleme ihr Familienleben beherrschten. Ihre Großväter Milton O'Hern und Boyd Jamison verkörpern diese beiden Extreme. Der eine war ein offener Frauenheld und hatte möglicherweise eine inzestuöse Beziehung zu seiner Tochter; der andere hielt das Bild der heilen Familie aufrecht, während er zugleich seine Töchter missbrauchte.

Klar ist auch, dass die Frauen in Heathers Familie belastet sind durch das, was ich an früherer Stelle als das »geschlechtsspezifische Geheimnis« bezeichnet habe, dass Frauen aufgrund ihrer gesellschaftlich vorgegebenen Rolle als aufopferungsvolle Wesen angesehen werden.

Die Frauen in Heathers Familie sind allesamt Modelle für die Verdrängung von Wut. Sie alle genügten ihrer Pflicht und den Normen der Konformität. Heathers Großmutter Elizabeth Jamison setzte ihrem Mann gewisse sexuelle Grenzen, aber sie wandte sich der Bibel, der Religion und ihrem Sohn zu, um ihrem Schmerz und ihrer Einsamkeit zu entfliehen. Ihre zweite Großmutter Patricia O'Hern und ihre Mutter Josephine waren beide stark übergewichtig und verwandelten ihre Wut in psychosomatische Erkrankungen. James erinnert sich, dass die rheumatische Arthritis seiner Mutter so massiv wurde, dass sie oft im Haus herumgetragen werden musste. Die Last, die sie trug, war zu schwer. Ihre Beine verweigerten den Dienst. Ihr Körper sagte bildhaft: »Ich kann nicht mehr weiter.«

Im Kontext ihrer Familiengeschichte können Heathers Probleme kaum verwundern. Ihre weiblichen Rollenvorbilder vermittelten ihr insgeheim:

- Unser Geschlecht ist minderwertig.
- Sex ist die mühevolle und lästige Pflicht einer Frau.
- Eine Frau zu sein, bedeutet eine ungeheure Last zu tragen.

Heather lehnte sich durch ihre frühreife sexuelle Promiskuität offen gegen diese Last auf, nur um letztlich die Vorhaltungen der Älteren zu bestätigen. Um den Preis ihres Lebens lebte sie ihre Sexualität aus. Sie lief mit einem Mann davon, weil sie schwanger war, und verbrachte die nächsten 25 Jahre

Heather Jamison Jeders Probleme im Drei-Generationen-Kontext

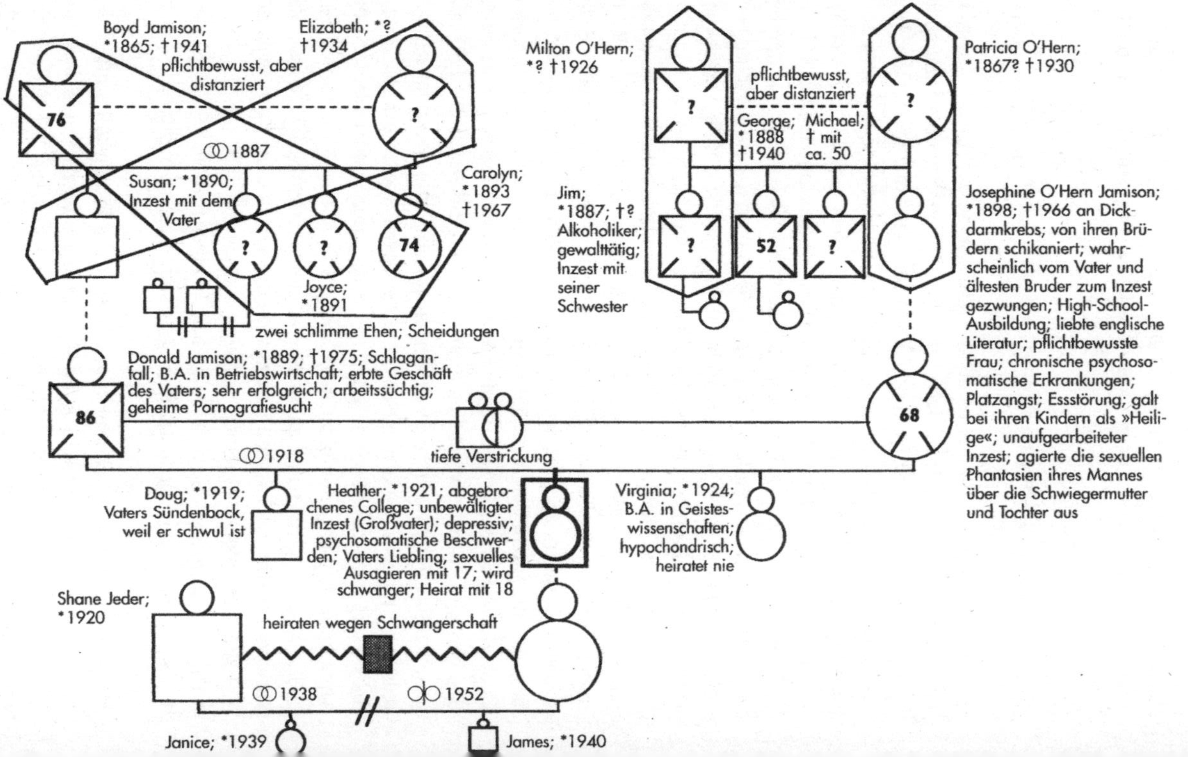

damit, seine beiden Kinder allein aufzuziehen. Ihre Rebellion musste sie teuer bezahlen. Sie gab entweder auf oder lebte ihre Sexualität nur noch im Verborgenen aus.

3. Das emotionale Familienklima zum Zeitpunkt der Geburt

Wenn Sie sich das Schaubild auf Seite 238 ansehen, können Sie eine Reihe prädestinierender Faktoren sehen, die Heather zur vorrangigen Kandidatin für die Übernahme der Familiengeheimnisse machen.

Sie ist die Erfüllung der Sehnsüchte und Gebete ihrer Eltern. Donald hat die emotionale Beziehung zu seinem Sohn Doug bereits abgebrochen mit der Begründung, er möge keine Jungen, weil sie unordentlich und schwierig im Umgang seien. Im Lauf der Zeit stellt sich heraus, dass Doug homosexuell ist. Donald lehnt ihn deshalb emotional noch mehr ab. Man sollte jedoch nicht übersehen, dass dies nur bewusste Rationalisierungen für das Ausagieren des tieferen Familienmusters sind: des emotionalen Bruchs zwischen Vater und Sohn.

Zum Zeitpunkt von Heathers Geburt sind Josephine und Donald glücklich verheiratet und noch heftig ineinander verliebt. Donald hat Josephine noch nicht in sein heimliches sexuelles Ausagieren hineingezogen. Doch vom Tag ihrer Geburt an macht er Heather zu seiner »kleinen Prinzessin«.

Heathers Großeltern dagegen führen beiderseits kühle und distanzierte Ehen. Beide Großmütter haben generationsüberschreitende Bindungen zu Heathers Eltern: Elizabeth zu Donald und Patricia zu Josephine. Ihre Tanten und Onkel sind in verschiedenen, sich überschneidenden Dreieckskonstellationen gefangen. Sowohl in der Familie ihrer Mutter wie in der ihres Vaters besteht eine sexuelle Zwanghaftigkeit, und beide Eltern haben ungelöste sexuelle Probleme.

Die Familie Jamison machte nach außen hin einen sehr guten Eindruck. Heather liebte die Sonntage im Hause ihrer Großeltern. Jahrelang hielt sie die Jamisons für den Inbegriff der »glücklichen Familie«. James zufolge sprach Heather nie viel über ihre Erfahrungen mit der Familie der O'Herns, den Eltern ihrer Mutter. Als James Heather wegen ihrer sexuellen Verführungstendenzen zur Rede stellte, erwähnte sie nur, dass sie ihren Großvater nicht mochte und dass er Alkoholiker war.

Ein paar Jahre später erzählte Heather ganz beiläufig über den sexuellen

Das emotionale Klima zu Heather Jamisons Geburt 1921

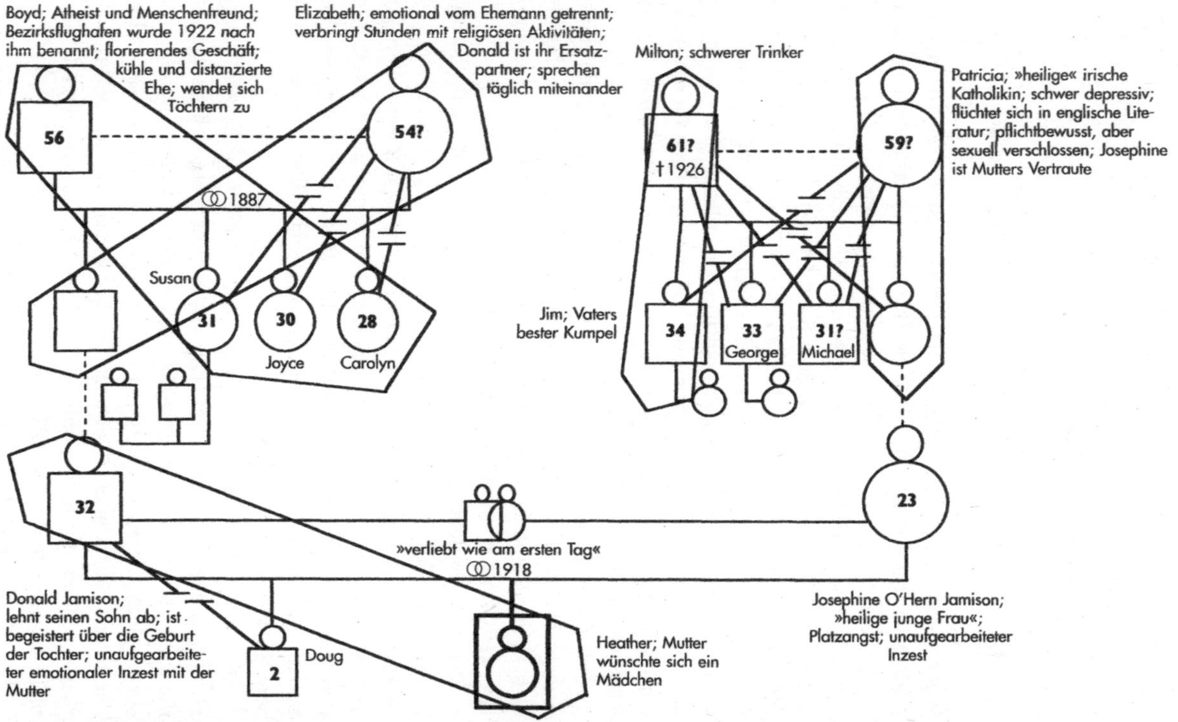

Missbrauch, den sie durch ihren Großvater erlitten hatte. James berichtete mir, sie hätte sich verhalten, als wüsste er bereits davon, und sie hätte die ganze Geschichte heruntergespielt. Auf James' Nachfragen erzählte ihm Heather, dass es zweimal passiert sei, einmal mit zehn und das zweite Mal mit zwölf Jahren, und dass sie immer das Gefühl gehabt hätte, sie hätte ihn vielleicht »dazu gereizt«. In beiden Fällen ließ ihr Großvater sie auf seinem Schoß sitzen. Beim ersten Mal legte er ihre Hand auf seinen erigierten Penis und brachte sich mit ihrer Hilfe zum Orgasmus. Beim zweiten Mal rieb er mit seinen Fingern ihre Vagina, während er ihre Hinterbacken über seinem erigierten Penis bewegte, bis er zum Höhepunkt kam. Ein anderes Mal erzählte Heather beiläufig von ihrem Großvater O'Hern, dass er ein Loch in die Badezimmerwand gebohrt hatte.

Mein eigener Eindruck von dem Ganzen war, dass Heather realitätsfern und isoliert lebte. Sie hielt das Verhalten ihres Großvaters für ein normales Männerverhalten und akzeptierte den Missbrauch als weibliches Schicksal. Diese Haltung war damals weit verbreitet. James fand auch von seiner Tante Virginia heraus, dass sie sexuell missbraucht worden war, obwohl sie nicht im Einzelnen darüber sprechen wollte.

Für mich war eindeutig, dass James' Mutter Heather von ihrem Großvater missbraucht worden war, einem Kinderschänder und Alkoholiker. Heather trägt einige der dunklen Geheimnisse der Familie in sich. Sie ist dazu prädestiniert, zum Objekt der Projektionen ihrer Eltern in Krisenphasen ihrer Ehe zu werden, und sie ist die wahrscheinlichste Kandidatin, um die Geheimnisse dieses Familiensystems auszuagieren.

4. Probleme im Zusammenhang mit der Geschwisterposition

Heather ist das zweite Kind in der Geschwisterreihe. Betrachten Sie ihr Geschwisterpositionsprofil auf dem Schaubild der nächsten Seite.

Zweitgeborene sind diejenigen, die die impliziten, ungelösten Geheimnisse der ganzen Familie und der Mutter im Besonderen am intensivsten erfassen. Heather befindet sich in einer prekären Situation. Ihre Großmutter Patricia O'Hern, die ebenfalls das zweite Kind in ihrer Familie war, ist eine schwer geprüfte, pflichtbewusste Frau, die von ihrem Mann gepeinigt wurde. Heathers Onkel George O'Hern, ebenfalls ein zweites Kind, war der Rebell, der von zu Hause fortlief und mit 18 ein Mädchen schwängerte. Er gab dem

Heather Jamisons Geschwisterpositionsprofil

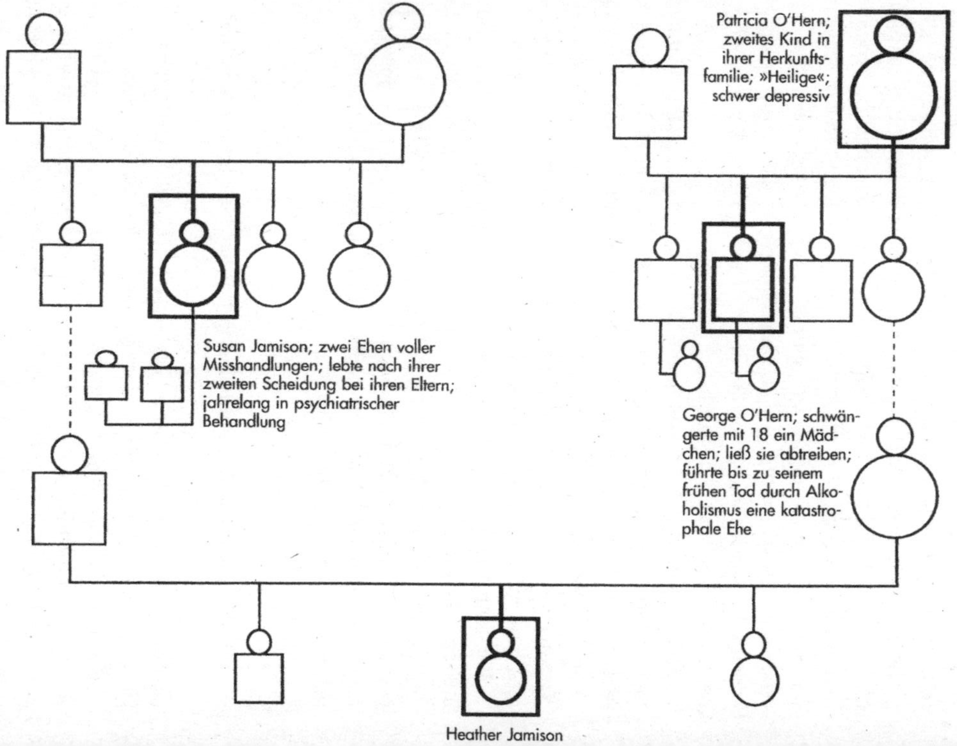

Mädchen Geld, damit sie das Kind abtreiben ließ, was seine eigene fromme irisch-katholische Mutter »fast ins Grab brachte«, als sie es erfuhr. Er heiratete drei Jahre später und führte eine unglückliche Ehe, bis er an Alkoholismus starb.

Heathers Tante Susan Jamison, die Frau, die in der Familie Jamison Heathers Geburtsposition innehatte, war die Tante, der sie als Kind am nächsten stand. Susan war von ihrem Vater und von zwei sie misshandelnden Ehemännern gequält worden. Jahrelang ging sie in der Psychiatrie ein und aus. Nach ihrer zweiten Scheidung lebte sie bis zu ihrem Tod bei ihren Eltern.

Heather folgte schließlich dem Beispiel ihrer Großmutter Patricia O'Hern. Sie übte sich in Treue zur katholischen Kirche und versank in eine pflichtbewusste, leidvolle Verstrickung zu ihren Kindern. Die Perspektiven, die sich aus ihrer Geschwisterposition ergaben, waren ziemlich trostlos, und ihre frühe Auflehnung war wohl ihr mutigster Versuch, um sich aus dem Würgegriff ihrer Familienbindungen zu befreien.

Die Auswirkungen auf James Jeder

James Jeder erbte einen ganzen Berg dieser ungelösten Familiengeheimnisse, insbesondere die unbewusste Wut seiner Mutter über ihren sexuellen Missbrauch. Da James' Identität in erster Linie von seiner Mutter bestimmt war, musste er die Projektion ihres sexuellen Zorns und ihrer Verachtung für Männer auf sich nehmen. Er verinnerlichte diese Verachtung und agierte sie in seiner zwanghaften Beschäftigung mit pornografischen Fotos älterer Frauen aus. James' kindliches und verzweifeltes Anhänglichkeitsbedürfnis und seine unterentwickelte männliche Identität wurden in seinen Affären ausagiert. Er sehnte sich verzweifelt nach der Liebe einer Frau, und gleichzeitig fürchtete er, von dieser Liebe verschlungen zu werden.

Als ich seine Frau Karen in die Therapie einbezog, charakterisierte sie James mit den Worten: »Er lehnt aus dem Fenster seiner Burg heraus und ruft mich verzweifelt zu sich, und wenn ich dann komme, zieht er die Zugbrücke hoch.« Sie hatte das Gefühl, in einer widersprüchlichen Doppelbindung gefangen zu sein.

Es war ein großer Fortschritt in James' Therapie, als er lernte, wie man die Zugbrücke herablässt und sich auf das Risiko der Verletzbarkeit einlässt. Karen half ihm dabei – aber das führt hier zu weit.

So negativ Heathers Einfluss auf James auch war, es ist wichtig, dabei nicht aus den Augen zu verlieren, dass er auch ein hervorragender Professor für Englisch und ein glänzender Dichter war. All dies wurde mit Sicherheit durch Heathers Wissbegierde und durch ihre Liebe zur Literatur angeregt. In seiner Kindheit las sie ihm viele Stunden lang vor und war immer sehr stolz auf seine schulischen Leistungen.

Ich hoffe, Sie sind nun in der Lage, das Genogramm Ihrer Mutter zu zeichnen. Machen Sie sich keine Gedanken, wie sie all die Einzelheiten, die ich bei Heather hinzugefügt habe, darin aufnehmen können. Nur sehr wenige Genogramme sehen am Ende so klar und eindeutig aus. Wichtig ist, dass Sie eine umfassendere Sicht Ihrer Familie als Bezugsrahmen für *Ihre* Probleme und *Ihre* eigenen dunklen Geheimnisse entwickeln. Wir sind jetzt an dem Punkt angelangt, an dem wir herausfinden können, wie all unsere Entdeckungen sich auf *Sie* auswirken.

Teil III

Zurück nach Kansas

»Wo liegt Kansas?«, fragte der Mann überrascht. »Ich weiß es nicht«, antwortete Dorothy bekümmert, »aber es ist mein Zuhause, und ich bin sicher, es liegt irgendwo.«

aus: Lyman Frank Baum, Der Zauberer von Oz

Die Entdeckung Ihrer dunklen Geheimnisse

Nimmt man dem Durchschnittsmenschen seine Lebenslüge, dann beraubt man ihn zugleich seines Glücks.

Henrik Ibsen

Jeder Mensch hat Dinge, die er nicht einmal vor seinen Freunden preisgeben will, sondern nur vor sich selbst und das nur insgeheim. Doch es gibt noch andere Dinge, die ein Mensch nicht einmal sich selbst einzugestehen wagt.

Fjodor Dostojewskij

Als ich die Geschichte vom Zauberer von Oz las, war mir unbegreiflich, *warum* Dorothy zurück nach Kansas wollte. In Lyman Frank Baums Schilderung schien es ein schrecklicher Ort zu sein. An dem Ort, den sie ihr Zuhause nannte, konnte sie »nichts als graue Prärie sehen. Nicht einmal das Gras war grün, denn die Sonne hatte die Spitzen der langen Halme verbrannt, bis sie ebenso grau aussahen wie alles ringsum.« Tante Em »lächelte nie«, und Onkel Henry »lachte nie. Er schuftete vom frühen Morgen bis zum späten Abend und wusste nicht, was Freude war ... und sprach nur selten«. Warum sollte irgendjemand dorthin zurückkehren wollen? Aber Dorothy sehnt sich nach diesem Zuhause.

Man könnte diese Bilder von einem unfruchtbaren Land, verbranntem Gras und ernsten Verwandten so interpretieren, als sei Dorothys Rückkehr nach Kansas ein Symbol für unseren eigenen Kampf um uneingeschränkte Ehrlichkeit uns selbst gegenüber. Wenn ich in mir selbst »zu Hause«, authentisch sein will, muss ich den Zauber und die Selbsttäuschungen der Kindheit aufgeben und der grauen Wahrheit über mich selbst ins Gesicht sehen. Das Kernstück jeglicher Seelenarbeit besteht darin, unsere eigene Sehnsucht nach Unschuld zu bekämpfen, und darin ist niemand vollkommen. Selbst die Ehrlichsten unter uns schaffen leicht geschönte Bilder von sich – und verdrängen dann die Tatsache, dass sie unehrlich sind. Eine gewisse Portion Selbsttäuschung scheint untrennbar zur menschlichen Natur zu gehören. Wir können einfach nicht alles wissen, was es über uns zu wissen gibt – geschweige denn über irgendjemand sonst in unserer Familie.

Als wir in den Genogrammen unserer Eltern nach unbekannten dunklen Geheimnissen suchten, sprachen wir von ihren *Schatten*. Wenn Sie Ihr Genogramm jetzt vervollständigen wollen, müssen Sie mutig in sich gehen, um Ihren eigenen Schatten zu finden.

Als Leitfaden für Ihre Selbsterforschung möchte ich Sie mit »Joharis Fenster« vertraut machen. Ich lernte dieses optische Arbeitsmittel auf einem Gruppenwochenende für Therapeuten kennen, und ich möchte Ihnen im Folgenden zeigen, wie ich es zu meiner eigenen Selbsterforschung benutzte.

Joharis Fenster

Joharis Fenster basiert auf der Annahme, dass jeder von uns blinde Flecken in seinem Bewusstsein hat und dass wir uns selbst nicht so vollständig sehen können, wie andere uns sehen oder wie wir sind (vgl. Tabelle der nächsten Seite). Das Sprossenfenster mit vier Scheiben beziehungsweise Ausschnitten stellt unser ganzes Selbst dar, aber nur die Aspekte in den beiden oberen Fensterausschnitten sind für Sie sichtbar. Diese Ausschnitte beinhalten Ihr öffentliches und privates Selbst, einschließlich Ihrer bewussten dunklen Geheimnisse. Der dritte und vierte Fensterausschnitt stellen Aspekte dar, die Sie nicht kennen. Sie beherbergen Wahrheiten über Ihre Identität, die andere sehen oder die Ihnen noch unbewusst sind. Ausschnitt 3 enthält die Selbsttäuschung, die Sie davon abhält zu erkennen, wer Sie wirklich sind. Selbsttäuschung ist auch der Grund, weshalb ein Mensch sich langsam selbst zerstören kann, ohne sich wirklich darüber im Klaren zu sein, wie sehr sein Leben aus dem Ruder gelaufen ist – selbst wenn es für andere offensichtlich ist. Ausschnitt 4 enthält die Geheimnisse, die Sie vor sich selbst verbergen und die auch anderen unbekannt sind. Dazu gehören verdrängte Erinnerungen an Traumata und Missbrauch, die verdrängten Teile Ihres Selbst, die von

JOHARIS FENSTER		
	anderen bekannt	**anderen unbekannt**
Ihnen bekannt	*Ausschnitt 1* **Ihr öffentliches Selbst**	*Ausschnitt 2* **Ihr privates Selbst**
	Soziale Rollen Das Gesicht, das Sie anderen zeigen Job, Arbeit Zeitvertreib, Rituale, Spiele Werte	Alle Bereiche des Privatlebens Komplexe (geheime Ängste) Dunkle Geheimnisse, die Sie bewusst wahren: Ärger, krank machende Scham Ausgelebte private Verhaltensweisen
Ihnen unbekannt	*Ausschnitt 3* **Ihre blinden Flecken**	*Ausschnitt 4* **Ihr Unbewusstes**
	Was andere über Sie bemerken und wissen, was Sie aber vor sich selbst verbergen Hinweise: widersprüchliches Verhalten, Überreaktionen	Die Tiefen Ihrer Seele Verdrängte Erinnerungen Dunkle Geheimnisse im Gruppenbewusstsein Ihrer Familie Ihre unentdeckten Potenziale Hinweise: sich wiederholende Verhaltensmuster, Verleugnung, Projektionen, Ich-Abwehrmechanismen

Ihren Eltern oder anderen Bezugsfiguren als verabscheuungswürdig und unannehmbar eingestuft wurden, und die unbewussten dunklen Geheimnisse, die Teil des Gruppenbewusstseins Ihrer Familie sind. Ausschnitt 4 enthält auch die Teile Ihres Selbst, die Ihre bis dato ungenutzten Potenziale enthalten.

Fensterausschnitt 1: Ihr öffentliches Selbst

Auf dem Gruppentherapiewochenende für Therapeuten stellte sich jeder von uns mit Vorsicht dar. Meine eigene Scham begann sich bemerkbar zu machen, sowie ich den Raum betrat. Die anderen Therapeuten wirkten und klangen viel schlauer, viel geschickter und klüger als ich. Einer war so lässig angezogen, dass ich das Gefühl hatte, er könnte auf keinen Fall so ängstlich wie ich sein. (Ich hatte mein grünes Sportjackett mit den Ledereinsätzen am Ellbogen gewählt und die Krawatte gelockert – das entsprach meinem Bild von einem smarten aktiven Therapeuten.) Zwei Männer trugen dreiteilige Anzüge und behaupteten, sie kämen direkt aus ihren Büros. Ich fühlte, wie sich die Spannung im Raum ausbreitete, als jemand ein Spiel ankündigte, nach dem Motto: »Ist es nicht schrecklich«, wenn die Versicherungen nicht genug zahlen, um die emotionale Gesundung eines Menschen zu gewährleisten. Jemand anders plauderte über die relativen Vorzüge von Luxusautos. Dann trat der Gruppenleiter ein. Er war ein angesehener und geachteter Therapeut. Rank und schlank sah er mit seinem marineblauen T-Shirt und den gut sitzenden Jeans vollkommen aus in meinen Augen. Er reichte jedem von uns eine Kopie von Joharis Fenster und zeigte uns, wie man damit arbeitete.

Fensterausschnitt 1 beherbergt Ihr öffentliches Selbst. Die ersten drei darin enthaltenen Aspekte bedürfen keiner Erklärung. Sie sind allgemein bekannt durch die gesellschaftlichen Rollen, die Sie in Ihrem Leben spielen. Das Gesicht, das Sie der Öffentlichkeit zeigen, enthält viele Vorspiegelungen – manche davon sind notwendig. Jeder kennt die grundlegenden Regeln des gesellschaftlichen Lebens, und dazu gehört mehr leicht verdauliche Oberflächlichkeit als aus dem Bauch kommende Intimität. Ihre Bescheidenheit sorgt dafür, dass Sie auf der Hut bleiben, bis Sie sich sicher genug fühlen, um Ihre Deckung zu verlassen. Ihre Arbeit – der dritte Aspekt – bildet einen wesentlichen Teil Ihrer öffentlichen Identität. Wir stellen Freunde oft vor, indem wir gleich nach ihrem Namen ihren Beruf nennen.

Es ist allgemein anerkannt, dass wir unser öffentliches Leben auf bestimmte konventionelle Weise strukturieren. Eric Berne, der Begründer der Transaktionsanalyse (TA), führte mehrere Formen der Zeitstrukturierung auf. Dazu gehören Einsamkeit (Zeit für sich selbst) und Intimität (sein Selbst und seine Zeit mit anderen teilen). Zwischen diesen beiden Extremen siedelte er die Dinge an, die wir üblicherweise in Gruppen machen, einschließlich Arbeit, Freizeitaktivitäten, rituelle Dinge und Spiele.

Zur Freizeit gehören Dinge wie Hobbys und Gespräche über das Wetter, Sportereignisse, Autos, Kinder und die Ehefrau. Rituale beinhalten Begrüßungen und Verabschiedungen, Anstandsregeln und Dinge wie stehend die Nationalhymne zu singen. In Ihrem Berufsleben führen Sie ebenfalls bestimmte Rituale durch. Familien haben Rituale rund um die Mahlzeiten, den Kirchgang und Feste. Büroorganisationen weisen Rituale wie Planungssitzungen, wöchentliche Treffen, Pausen und Kaffeeklatsch auf.

Bernes Ausführungen zu den »Spielen, die Leute spielen« sind besonders relevant für Ausschnitt 1. Die gängigen gesellschaftlichen Spiele implizieren heimliche strategische Bewegungen, die uns in eine Spitzenposition versetzen und uns ein Gefühl der Macht über andere vermitteln. Das geschieht häufig in der Arbeit wie in der Familie. Ein unsicherer Chef, der Bestätigung für seine Autorität braucht, gibt vielleicht nur ein vages Zeitlimit für eine Arbeit vor und ereifert sich dann maßlos, weil die Arbeit um 17.00 Uhr noch nicht erledigt ist. Er kann dann den Arbeiter mit Bemerkungen wie »Das hätten Sie doch wissen müssen« zurechtweisen.

Ein anderes Spiel geht so: Billy Jones sucht beispielsweise die Aufmerksamkeit seines ältesten Bruders Tom. Eines Abends sieht die ganze Familie eine Fernsehshow an. An einem bestimmten Punkt lachen alle mit Ausnahme von Billy über eine komische Szene. Am Ende der Sendung fragt Tom, der gerne die erste Geige spielt, Billy, ob er die Szene lustig fand (wohl wissend, dass Billy nicht gelacht hat). Billy, der die Pointen in der Szene nicht verstanden hat, verneint. Anstatt die Witze zu erklären, redet Tom ihm ein, er hätte keinen Sinn für Humor. Billy hat das Gefühl, mit ihm stimme etwas nicht.

In jedem Spiel gibt es immer eine *heimliche* Aufforderung, ein »Komm schon«, das den anderen zum Spielen auffordert. Tom bietet nur scheinbar eine Erklärung an, in Wirklichkeit aber will er Billy nur herabsetzen.

Jedes Spiel hat einen Gag. Der Gag ist die Verletzbarkeit der anderen, die sie zu Mitspielern macht. In der Familie Jones sucht Billy Toms Zuwendung – deshalb beantwortet er die Frage. In jedem Spiel gibt es einen Punkt der Verkehrung, an dem einer unvorbereitet angetroffen und in eine unterlegene Position gedrängt wird. Billy beantwortet Toms Frage im Glauben, Tom interessiere sich für ihn, und erntet dann nur Herabsetzung.

Spiele können in unterschiedlicher Weise krank machend sein. Manche sind einfach gemein. Andere sind sadistisch und grausam. Eltern, die selbst unter unbewältigten Misshandlungen oder Missbrauch leiden und kaum persönliche Autorität haben, verwickeln ihre Kinder oft in verletzende Spiele. Eine meiner Klientinnen schilderte, dass ihr Vater oft ins Badezimmer kam, wenn sie sich vor dem Spiegel die Haare bürstete. Er fragte sie dann, ob sie sich für hübsch halte. Wenn sie in ihrer Antwort irgendwie andeutete, dass das der Fall sei, fing ihr Vater an, sie ins Gesicht zu schlagen und dabei die Bibel zu zitieren mit den Worten, wie böse es sei, eitel zu sein, und dass sie den Teufel im Leib habe.

Zeit und Werte

Berne regte an, darüber nachzudenken, wie viel von unserer Zeit wir in jedem Bereich verbringen. Angenommen, Ihr Zeitdiagramm sieht folgendermaßen aus:

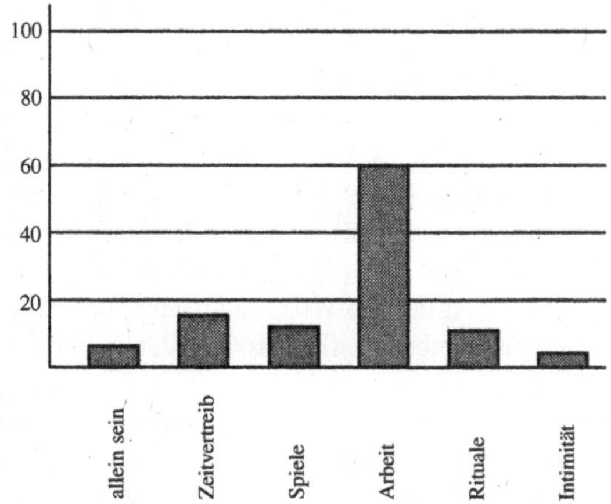

Dieses Beispiel würde bedeuten, dass Ihr Privatleben und Ihr öffentliches Leben aus dem Gleichgewicht geraten sind. Rund 90 Prozent Ihrer Zeit verbringen Sie in der Öffentlichkeit. Weniger als zehn Prozent sind für Ihr Privatleben reserviert. Das gesellschaftliche Leben erfordert einen gewissen Grad an Selbstzurücknahme, und Sie gestehen sich nicht genug Zeit zu, um sich zu regenerieren und neue Kraft zu tanken. Ein Zeitdiagramm kann Ihnen helfen zu erkennen, wo Ihre Werte liegen, denn Sie verwenden Ihre Zeit für die Dinge, an denen Ihnen etwas liegt. Wenn Sie zum Beispiel 70 Prozent Ihrer Zeit mit Arbeit verbringen, sollten Sie sich überlegen, ob Sie sich selbst etwas vormachen mit der Behauptung, sie hingen so an Ihrer Familie.

Ihr öffentliches Leben kann zudem ein guter Maßstab für die Abklärung Ihrer Werte auch in anderer Hinsicht sein. Setzen Sie sich beständig und immer wieder für Dinge ein, die Ihnen am Herzen liegen? Sind Sie bereit, öffentlich für Ihre Überzeugungen einzustehen?

Eine Übung zu Rollen und Werten

Stellen Sie eine Liste aller Rollen auf, die Sie in Ihrem Leben spielen (zum Beispiel Installateur, Torhüter, Mitglied der Kirchengemeinde, Vater, guter Nachbar, Komiker in der Herkunftsfamilie, Mutters Sündenbock). Stellen Sie sich nun vor, dass Sie eine Rolle nach der anderen aufgeben, von der unwichtigsten bis zur wichtigsten. Das wird Ihnen ein Gefühl dafür vermitteln, wie sehr Sie an jeder Rolle hängen und wie viel Wert Sie ihr beimessen. Die Rollen, die aufzugeben Ihnen am schwersten fallen, bedeuten Ihnen am meisten.

Fensterausschnitt 2: Ihr privates Selbst

Fensterausschnitt 2 beinhaltet den Teil Ihres Selbst, der anderen unbekannt ist und den nur Sie kennen. Zu diesem Bereich gehören alle im Kapitel »Wenn Schweigen Gold ist« geschilderten privaten Verhaltensweisen. Das sind Dinge, die vor Mitwissern geschützt werden müssen, wie etwa unsere sexuellen Phantasien und unsere eigene besondere Art des Betens.

Dieser Ausschnitt beinhaltet auch all Ihre Komplexe (Ihre geheimen Ängste), Ihre bewusst zurückgehaltenen dunklen Geheimnisse, Ihren Ärger, Ihre Bereiche krank machender Scham und Ihre ausgelebten privaten Verhaltensweisen.

Der Therapeut, der mit meiner Gruppe arbeitete, erklärte, dass wir uns einander offenbaren würden, wenn wir uns dazu entschließen könnten, den Inhalt von Ausschnitt 2 in Joharis Fenster einander mitzuteilen. Als andere Gruppenmitglieder sich offenbarten, stellte ich fest, dass es auch mir leicht fiel, das Gleiche zu tun.

Ein Mann offenbarte sein Gefühl der Unzulänglichkeit als Therapeut. Er erzählte uns, er fühle sich oft ratlos und unfähig, seinen Klienten zu helfen. Ein anderer offenbarte, dass er mit einer jungen Klientin schlief. Er gestand uns, dass er fast verrückt vor Angst war, sie könnte ihn anzeigen, und dass er sich »gemein vorkomme, sich wie Abschaum fühle«. Ich offenbarte, dass ich Erwachsenen Theologie lehrte und schwer an meinem Glauben zweifelte. Ich erzählte ihnen, wie sehr mich meine autoritäre religiöse Erziehung aufbrachte. Ein anderer Mann gestand seine Angst, vor einer Gruppe zu sprechen.

Mich so zu offenbaren, hatte eine starke Wirkung auf mich. Ich rührte an meine Gefühle und teilte meine ehrlichen Überzeugungen und Sehnsüchte mit. Ich erzählte Geheimnisse, die mir schrecklich erschienen, und dennoch *akzeptierten* mich diese Männer uneingeschränkt.

Ich möchte Sie auffordern, dass Sie sich selbst offenbaren. Das ist jetzt eine gute Gelegenheit. Vielleicht haben Sie es obenhin satt, zu lügen, zu betrügen und mit einer krank machenden Scham zu leben. Vielleicht ist es an der Zeit, ehrlich zu sich selbst zu sein. Falls Sie süchtig sind, nehmen Sie Kontakt zu einer Selbsthilfegruppe auf, die sich mit Ihrer Sucht befasst, oder suchen Sie einen Therapeuten oder eine Therapiegruppe auf. Sie brauchen einen Freund, der sie nicht beschämt und Ihnen ohne Verurteilung oder Interpretation zuhört.

Sie müssen Ihre Geheimnisse jemandem erzählen. Der einzige Ausweg aus krank machender Scham und Heimlichtuerei besteht darin, die Scham anzunehmen und sie zu offenbaren.

Das bestgehütetste Geheimnis

Ich kann Ihnen versichern, dass das bestgehütetste Geheimnis, das Sie je entdeckt haben, jenseits all Ihrer Vorstellungskraft von Zurückweisung liegt, die Sie nach der Offenbarung Ihrer wohl gehüteten Geheimnisse befürchten. Ich habe am Ende meines Buches *Wenn Scham krank macht* über dieses letzte Geheimnis geschrieben: Wenn krank machende Scham revolutionär ist, so ist Scham an und für sich eine *Offenbarung*. Krank machende Scham verbirgt Ihr wahres Selbst nicht nur vor anderen, *sie verbirgt es auch vor Ihnen selbst.* Nur wenn wir die Scham annehmen und das Versteckspiel beenden, werden wir fähig, uns in den Augen eines anderen gespiegelt zu sehen. Nur wenn wir uns selbst in den Augen eines geschätzten anderen Menschen gespiegelt sehen, kann der Prozess der Selbstentdeckung einsetzen. Wenn die Menschen, die uns etwas bedeuten, uns so akzeptieren, wie wir im Akt der Enthüllung unseres geheimen Selbst sind, können wir ihre spiegelnden Augen verinnerlichen und uns selbst annehmen. Sich zu offenbaren ist eines der zentralen Mittel der Selbstentdeckung. Die Offenbarung des eigenen Selbst zu riskieren macht sehr viel Angst. Es ist ein großer Schritt auf dem Weg durch den Zauberwald.

Fensterausschnitt 3: Die blinden Flecken des Selbst

Der Ausschnitt 3 beinhaltet Ihre blinden Flecken – die Geheimnisse, die Sie nicht kennen, über die jedoch andere informiert sind. Die Menschen enthüllen sich durch ihr Verhalten. Und gleichgültig, wie viel Mühe sie sich mit dem Verbergen auch geben, was sie tatsächlich *tun*, verrät sie.

Sie sind sich Ihrer Wirkung in den Aspekten des Ausschnitts 3 nicht bewusst, aber dieser Fensterausschnitt ist für andere einsehbar. Das ist ein Grund, weshalb ein vertrauenswürdiger Freund oder eine Selbsthilfegruppe so wichtig sind. Wir brauchen eine andere Person, die uns sagt, wie wir auf sie *wirken.*

Wenn wir durch unsere Offenbarungen eine Vertrauensbasis geschaffen haben, können wir Konfrontationen wagen. Wir alle brauchen die Rückmeldung und – gelegentlich – die Konfrontation mit anderen.

Meine Gruppe konfrontierte mich mit zwei Problemen, die mich später zur Entdeckung tieferer Geheimnisse führten. Das erste Geheimnis betraf meine alles durchdringende *Angst.* Als ich eines Abends über meinen familiären Hintergrund sprach, konfrontierte mich der Therapeut mit der sinnlich erfahrbaren Tatsache, dass ich sehr schnell und mit viel höherer Stimme als gewöhnlich sprach. Er sagte, meine Enthüllung hätte etwas »Flehendes«, beinahe Verzweifeltes an sich. Andere Gruppenmitglieder stimmten dem zu. Sie sagten, ich klänge wie ein kleiner Junge, der sie anbettelte, sie sollten den Schmerz und den Terror bestätigen, die meine Kindheit beherrscht hatten und die ich offensichtlich immer noch empfand. Ich konnte mir nicht vorstellen, dass ich verzweifelt und flehend wirkte. Als sie mir diese Rückmeldung gaben, fand ich wieder Zugang zu dem brutalen Terror, der meine Kindheit gekennzeichnet hatte. Plötzlich erinnerte ich mich, wie ich mich auf dem Schulweg an meine Schwester geklammert hatte. Ich erinnerte mich an die panische Angst, die mich befiel, wenn wir an älteren und größeren Jungen vorbeigingen. Später erkannte ich, dass diese Angst das emotionale System meiner Herkunftsfamilie beherrschte.

Die Gruppe bohrte auch nach, als ich schilderte, wie glücklich ich in meiner Ehe wäre. Tatsächlich kriselte es bereits seit zwölf Jahren. Ich war einsam und konnte meine Bedürfnisse nicht befriedigen. Meiner Frau erging es ebenso, obwohl wir nie darüber sprachen. Als ich später mein erstes Genogramm erstellte, erkannte ich, dass ich in meiner Ehe meine Beziehung zu meiner Mutter wieder inszeniert hatte. Der Grund dafür war meine geheime Bindung an meine Mutter, die mich verpflichtet hatte, für ihr Glück zu sorgen.

Aus solche Konfrontationen habe ich gelernt, dass andere Menschen uns am deutlichsten durch unser *Verhalten* kennen lernen. Wie wir jemanden ansehen oder den Blick von ihm abwenden, unser Erröten und unsere Gesichtsfarbe, unsere Handbewegungen – all diese nonverbalen Hinweise teilen anderen mit, ob wir uns kongruent (stimmig) oder inkongruent (unstimmig) verhalten. Kongruenz bedeutet, dass das, was wir sagen, und die Art, wie wir es sagen, übereinstimmen. Wenn wir mit anderen sprechen, wird uns manchmal bewusst, dass der Inhalt ihrer Äußerung nicht zu der Art der Äußerung passt. Wenn ein Mann mit langsamer, schleppender Stimme erzählt, wie glücklich er sei, ziehen wir seine Aufrichtigkeit in Zweifel, aber es ist schwer, dergleichen *an uns selbst* zu bemerken.

Oft erfahren andere Menschen etwas über unsere Geheimnisse, weil ihnen unsere verteidigenden Überreaktionen auffallen. Häufig verrät jemand, der »zu heftig protestiert«, dass er lügt. Ich achte immer auf die Energie, die jemand in seine Verteidigung legt. Wenn jemand unschuldig ist, sagt er das gewöhnlich sofort und in sachlichem Tonfall.

Nichts löst so heftige Abwehrreaktionen in mir aus wie die Tatsache, dass jemand mich in einem Punkt kritisiert, den ich insgeheim selbst an mir kritisiere, oder dass ich weiß, dass ich Unrecht habe, es aber nicht eingestehen will. Meine lautstarken Proteste sind häufig das blanke Eingeständnis. Sie enthüllen anderen, was ich vor mir selbst verleugne oder mich zu sehen weigere.

Je mehr meine Selbstwahrnehmung durch Konfrontation und Feedback geschärft wurde, umso mehr habe ich über Ausschnitt 4 gelernt.

Fensterausschnitt 4: Die Geheimnisse, die Sie vor sich selbst haben

An meinem Therapiewochenende hatten wir damals keine Zeit mehr, um über den Ausschnitt 4 zu sprechen. Dieser Ausschnitt steht für die Dinge, die Sie nicht bewusst wissen und die auch andere nicht bewusst über Sie wissen, die Sie jedoch trotzdem tief verletzen können. Er kann auch für Teile Ihres Selbst stehen, die geheime Stärken und Potenziale darstellen. Erst im Laufe der Zeit entdecken wir unser Unbewusstes. Seine Inhalte tauchen in wiederkehrenden Verhaltensmustern, in unseren Verleugnungen, in unseren Projektionen und in unseren Ich-Abwehrmechanismen auf. Wir können dieses Unbewusste auch entdecken, wenn wir die Familienmuster im Genogramm betrachten.

Bevor ich mich nun wieder Ihrem persönlichem Genogramm zuwende, möchte ich Ihnen noch am Beispiel von James Jeder und anderen Klienten einige konkrete Tipps zur Erforschung von Ausschnitt 4 an die Hand geben.

Hinweise auf unbewusste dunkle Geheimnisse

Wiederkehrende Verhaltensmuster

Freuds größte Erkenntnis war, dass Verdrängung zu Wiederholung führt. Wenn unsere Bedürfnisse in der Kindheit unbefriedigt und unerfüllt bleiben, versuchen wir weiterhin, Erfüllung für diese Bedürfnisse zu finden. Unbewusst suchen wir nach einer Person oder einer Situation, die der ursprünglichen Situation ähnelt, und wiederholen sie. *Da wir aus einer unbewussten Motivation handeln, wissen wir nicht, dass es sich um eine Wiederholung handelt, und sobald sich eine neue und ähnliche Situation einstellt, fallen wir wieder in das gleiche Muster zurück.* Manchmal brauchen wir eine dritte erniedrigende Beziehung, eine dritte Scheidung, einen dritten Stellenverlust, bis wir realisieren, dass etwas nicht in Ordnung ist. Wir fangen an, ein wiederkehrendes Muster zu erkennen, und vermuten, dass etwas Unbewusstes in uns abläuft.

James Jeders Entdeckung bezüglich des emotionalen Inzests seiner Mutter zwang ihn, den wiederkehrenden Mustern in seinen Beziehungen zu Frauen einschließlich seiner beiden Ehefrauen ins Auge zu blicken. Das Schaubild der nächsten Seite gibt Ihnen einen kurzen Überblick über dieses Muster.

James Jeders Teufelskreis aus Sex- und Liebessucht

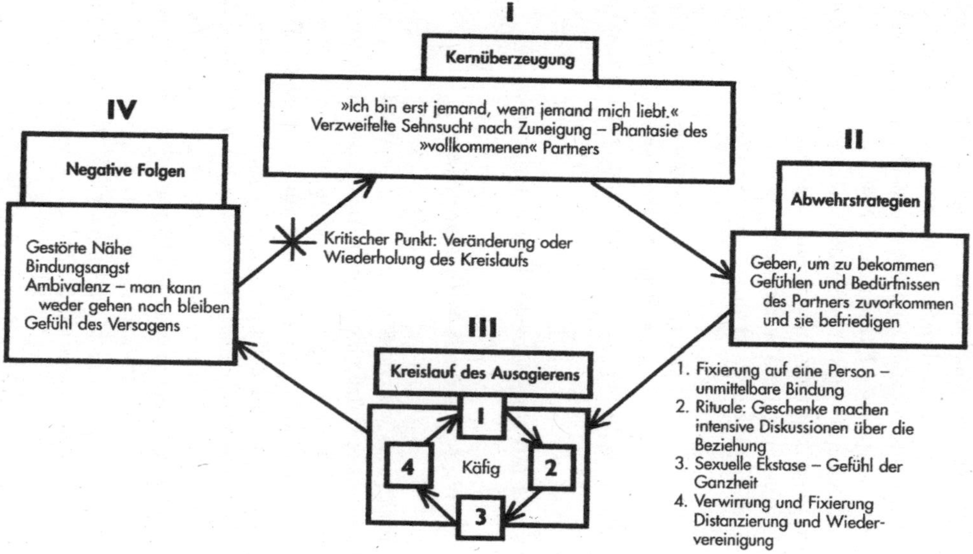

James lernte seine erste Frau Sue in seinem letzten Jahr am College kennen. Sie arbeitete als Bibliotheksgehilfin in der Universitätsbibliothek. James verliebte sich Hals über Kopf in sie. Sie konnte sich aus finanziellen Gründen keinen Collegebesuch leisten, war mit 17 Jahren ziemlich jung, klug und vollkommen fasziniert von James' Ansichten.

James liebte es, von ihr verwöhnt und vergöttert zu werden. Er fühlte sich »high« durch die narzisstische Befriedigung, die sie ihm verschaffte. Damit war die Bühne frei für eine große Enttäuschung, denn diese glanzvolle wechselseitige Phantasie war zum Verblassen verurteilt. Als sie sich auflöste, wurde jeder sich der tiefen Bedürftigkeit und der allzu menschlichen Schwächen des anderen bewusst. Aber Sue war bereits schwanger mit Jack. Sie legten ihr Ehegelöbnis voller Zwiespältigkeit ab. James war immer mit einem Bein in und mit dem anderen außerhalb dieser Ehe. Dieses Muster blieb in all seinen Affären und auch in seiner zweiten Ehe bestehen.

James war im Abschlussjahr, als er ein Verhältnis mit Karen, einer Kommilitonin im gleichen Jahr, anfing. Dieses Verhältnis begann mit spontaner Leidenschaft und heftigen Gefühlen. Als Karen mit Hannah schwanger wurde, ließ James sich von Sue scheiden und heiratete Karen. Doch schon bald verloren sie ihre Illusionen und stürzten in eine tiefe Enttäuschung über den anderen. Karen hatte ein heftiges Misstrauen gegenüber James entwickelt, was oft der Fall ist, wenn eine Frau einen Mann heiratet, der ihretwegen seine Frau verlassen hat. Karen wurde zu einer alles »verschlingenden« Ehefrau und spionierte unablässig James' Umtrieben nach. James empfand schon bald seine vertraute *Ambivalenz*. Seine Phantasievorstellung von Karen als der »perfekten« Frau stürzte in sich zusammen. Er wollte die Ehegemeinschaft verlassen, fühlte sich jedoch schuldig wegen der Versprechen, die er in der Zeit seiner Verliebtheit gemacht hatte – Versprechen von ewiger Liebe und Anbetung. Er fühlte sich auch schuldig wegen ihrer Tochter Hannah, die sein Liebling war und bald schon zu seiner »kleinen Prinzessin« wurde.

In James' Leben wechselten sich Phasen, in denen er versuchte, an seiner Ehe zu arbeiten, ab mit Perioden, die von Alkoholmissbrauch, Affären und Selbstbefriedigungsexzessen mit Hilfe von Pornografie geprägt waren. Das alltägliche Leben mit Karen bestand häufig in heftigen nächtlichen Auseinandersetzungen, die endlose Wiederholungen waren und gewöhnlich mit wutentbrannten Drohungen endeten.

Diese wiederkehrenden Muster spiegeln einen emotionalen Inzest wider. Es sind die »Lieblingskinder«, die Opfer eines emotionalen Inzests werden.

Sie werden vom entsprechenden Elternteil benutzt (meistens unbewusst), um seinen oder ihren verzweifelten Hunger nach Zuneigung auszufüllen. Doch indem das Opfer die Leere eines Elternteils ausfüllt, wird es selbst emotional allein gelassen und extrem liebesbedürftig. Das war auch bei James der Fall. Seine Mutter Heather wurde von ihrer eigenen Bedürftigkeit und *ihrem* unaufgearbeiteten Inzest dazu verleitet, ihren erstgeborenen Sohn zu verführen. Sie wurde die »perfekte« Mutter, die James in jeder Frau suchte, in die er sich verliebte. Opfer eines emotionalen Inzests kreieren eine idealisierte Phantasieelternfigur, um sich selbst vor der schmerzhaften Erkenntnis zu schützen, dass die reale Elternfigur sie benutzt. Diese Idealisierung geschieht unbewusst. Die Phantasie der Vollkommenheit und seine eigene Bedürftigkeit machten es James unmöglich, eine realistische Beziehungswahl zu treffen. Als die Illusion zusammenbrach, begann der Kampf mit der familiären Verpflichtung.

Zu Beginn einer Beziehung nahm James alle Bedürfnisse seiner Geliebten auf sich (so wie er sich um seine Mutter gekümmert hatte), um seine eigenen enormen Bedürfnisse zu befriedigen (was seine Mutter nie getan hatte). James gab, um zu bekommen, und sein emotionales Engagement galt einer Phantasie. Aber seine Hingabe und die Intensität seines anfänglichen Engagements machten ihm ein Weggehen unmöglich. Schon der bloße Gedanke daran flößte ihm tiefe Schuldgefühle ein. Diese Schuldgefühle, die ihren Ursprung in einer Phantasie des Gebens hatten, verhinderten zugleich, dass James seine eigenen Bedürfnisse erkannte und sie auf eine gesunde Art zum Ausdruck brachte, die die Beziehung gefördert hätte. Stattdessen entfloh James seiner Ambivalenz und Unsicherheit mit Hilfe von Alkohol und Selbstbefriedigung.

Dass James im Laufe der Therapie zu dieser Erkenntnis kam, war von ungeheurer Bedeutung für ihn. Wie wir später noch sehen werden, versetzte sie James in die Lage, seine Mutter zu entmythologisieren, über den erlittenen Missbrauch zu trauern, ihn zu verzeihen und die Beziehung zu seiner Mutter aufrechtzuerhalten und zugleich an seiner Beziehung zu Karen und seinen Kindern zu arbeiten.

Verleugnung

Durch Verleugnung und der mit ihr verwandten Illusion verbergen wir unsere Geheimnisse vor uns selbst. *Verleugnung* wird definiert als »Glauben, der im Gegensatz zu den Fakten steht«. Ein Beispiel wäre, wenn die Frau eines seit 30 Jahren alkoholkranken Mannes, der ein paar Tage mit dem Trinken aufgehört hat, sagt, er sei kein echter Trinker. Eine *Illusion* ist eine ehrliche Verleugnung. Die Mutter glaubt *wirklich*, dass alle Familien Probleme haben und dass Männer eben Männer sind – deshalb besäuft Vater sich zweimal die Woche.

Die Verleugnung steht gewöhnlich am Ende eines Prozesses, der mit Lügen beginnt. Lügen schaffen Geheimnisse. Die Geheimnisse werden durch Schweigen bewahrt, und sie führen zu Verleugnung.

Edgar P. Nace führt in seinem Buch *The Treatment of Alcoholism* vier Kennzeichen der Verleugnung an:

- Sie ist weitgehend unbewusst und unterscheidet sich darin vom Lügen.
- Der Betreffende bewahrt sich so die Möglichkeit, weiterhin zu tun, was er verleugnet. Im Falle einer Sucht hält er das für eine Frage auf Leben oder Tod.
- Sie schützt das labile Selbst davor, von einem Gefühl der Hoffnungslosigkeit und Verzweiflung überflutet zu werden.
- Sie hält den Betreffenden von der Erkenntnis seiner eigenen Geheimnisse ab. Indem er diese Geheimnisse wahrt, fördert er die Verleugnung.

Eine Übung zu blinden Flecken und Verleugnung

Schreiben Sie ehrlich auf, welche Charakterschwächen oder negativen Verhaltensweisen Ihnen von anderen Menschen vorgehalten wurden. Das sind schmerzhafte Aussagen, und wahrscheinlich haben Sie sich vehement dagegen gewehrt.

Vielleicht sind Sie so herrisch und cholerisch, dass Ihre Freunde und Angehörigen Angst vor Ihnen haben. Falls dem so ist, wissen Sie wenig über sich selbst. Denken Sie gründlich darüber nach. Vergewissern Sie sich, ob Sie wirklich bereit sind, sich einer Konfrontation zu stellen, ohne deshalb »Vergeltungsmaßnahmen« zu ergreifen. Wenn dies der Fall ist, bitten Sie Ihre Frau, Ihre Kinder oder Ihre besten Freunde, Ihnen offene Rückmeldung darüber zu geben, wie sie Sie erleben.

Projektion

Projektionen sind weitere hilfreiche Hinweise, um den Geheimnissen, die wir vor uns selbst haben, auf die Spur zu kommen. Projektionen ermöglichen es, mit verbotenen Gefühlen, Impulsen oder Gedanken umzugehen, indem man zwischen sich und dem Unerträglichen eine Distanz legt. Wir kehren nach außen, was wir eigentlich im Inneren empfinden. Gerade extrem selbstgerechte Menschen, die andere verurteilen und verdammen, fliehen häufig vor eben diesen Dingen in sich, da sie es nicht ertragen, ihnen ins Gesicht zu sehen. Der Paranoiker sieht überall Gefahren und Bedrohungen, aber die wahre Gefahr sind die Stimmen in ihm, die seine Gefühle, Wünsche und Bedürfnisse verurteilen.

Ist ein Gefühl, ein Impuls oder eine Idee erst einmal projiziert, wird daraus ein tiefes und unbewusstes Geheimnis, das keinen Zugang zu unserem Bewusstsein hat. Wenn wir auf einen projizierten Teil unseres Selbst stoßen, erscheint er uns als seltsame und fremde Erfahrung, die wir leidenschaftlich bekämpfen. Carl Jung führte aus, dass eine verdrängte innere Erfahrung uns oft als äußerliches Schicksal entgegentritt. Wir halten etwas für Schicksal, was in Wirklichkeit ein verleugneter Teil unseres Selbst ist, der heimlich Energie sammelt und wie ein hungriges, im Keller eingesperrtes Tier versucht, auszubrechen.

Zwei sehr berühmte Fernsehprediger ruinierten sich selbst, weil sie sich der dynamischen Kraft ihrer eigenen Projektionen nicht bewusst waren. Der eine hielt erbitterte Predigten gegen jede Form von Sex und verurteilte sogar Frauen, die Shorts trugen – er wurde zweimal bei Prostituierten gesehen. Der andere stritt jedes persönliche Streben nach Bereicherung ab, selbst dann noch, als er wegen betrügerischer Veruntreuung der Gelder seiner Anhänger in Millionenhöhe angeklagt wurde.

Wir sind auf Rückmeldung und Konfrontation angewiesen, weil unsere frühesten Abwehrmechanismen zumeist unbewusst sind. Ein Beobachter von außen kann manchmal unsere Projektionen sehen und uns durch Konfrontation damit helfen. Aber eine Projektion zu erkennen ist nicht so leicht, wie eine fehlende Kongruenz im Verhalten zu entdecken. Normalerweise muss man den Betreffenden und seine Umgebung eine Zeit lang kennen, bevor man seine Projektionen ausmachen kann.

Viele von uns wissen nicht, wer sie wirklich sind, weil wir uns mit Menschen umgeben, die uns nur das sagen, was wir hören wollen, oder weil wir in Familien leben, die Lügen und Freundlichkeiten irrtümlich für die Wahrheit halten.

Projektionsübung

Erstellen Sie eine Liste mit allen Menschen, die Sie häufig kritisieren oder zutiefst verachten. Schreiben Sie neben jeden Namen den Charakterfehler oder das Persönlichkeitsmerkmal, das Ihnen besonders missfällt.

Gehen Sie dann die Liste durch, und fragen Sie sich ehrlich, ob Sie das gleiche Merkmal haben könnten und es insgeheim in sich verachten. Möglicherweise entdecken Sie Dinge, die Sie vor sich selbst verborgen haben, wenn Sie über die Dinge und Menschen nachdenken, die Ihnen missfallen und Ihre Ablehnung hervorrufen.

Ich-Abwehrmechanismen

Die vordringliche Aufgabe Ihres Gehirns ist Selbsterhaltung und Vermeidung von Schmerz. Wann immer die Realität für Sie als Kind unerträglich wurde, setzten natürliche Mechanismen der Schmerzreduzierung ein, die als Ich-Abwehrmechanismen bezeichnet werden. Sie waren damals die beste Möglichkeit, die Sie hatten, und sobald Sie sie einmal eingesetzt hatten, wurden sie automatisch und unbewusst.

Die Ich-Abwehrmechanismen, die für Ihr Überleben in der Kindheit so notwendig waren, gehören heute zu Ihren Geheimnissen. Da sie noch immer unbewusst sind, müssen Sie sie erst bewusst machen, um Sie einsetzen zu können, wenn es sinnvoll ist, und darauf verzichten, wenn sie nicht sinnvoll sind. Elvins Geheimnis beispielsweise war, dass er als Kind sexuell missbraucht worden war. Er hatte keine bewusste Erinnerung an seinen Missbrauch, bis er einen Vortrag über Inzest hörte. Während des Vortrags war er sehr aufgeregt und verspürte das starke Bedürfnis, dem Vortragenden zuzurufen, er sollte endlich den Mund halten. Nach dem Vortrag ging er nach Hause und weinte mehrere Stunden lang. Er dachte über sich und sein Leben nach. Er hatte 60 Kilo Übergewicht. Sein adrettes Gesicht und sein Körper gingen unter in den runden Fleischbergen, die alle Anzeichen männlicher Sexualität verbargen. Er war nur selten mit Frauen ausgegangen und hatte kaum ernsthafte Beziehungen gesucht. Seine beiden sexuellen Erfahrungen, beide mit Prostituierten, waren schmerzlich und demütigend verlaufen. Er schwor sich, Hilfe zu suchen.

Im Laufe seiner Behandlung »erinnerte« er sich, dass er mehrmals oralen Sex mit seiner Großmutter vollzogen hatte. Langsam tauchten qualvolle Erinnerungen auf, während er die Gefühle dieser Vergewaltigung wieder durchlebte. Er brauchte mehrere Jahre, um all seine Gefühle wieder in sich wachzurufen, besonders seine Wut und seinen Hass wegen dieser Vergewaltigung. Er kam zu der Einsicht, dass viele seiner Störungssymptome – sein Übergewicht, seine Platzangst, sein Hass und seine Angst vor Frauen – Symptome der erlittenen Vergewaltigung und des Missbrauchs waren. Diese Verhaltensweisen passten perfekt zu den schützenden Ich-Abwehrmechanismen, die er gewählt hatte, um sich vor weiteren Verletzungen zu schützen. Genau diese Abwehrmechanismen, die ihm das Leben gerettet hatten, hielten ihn zugleich davon ab, ein richtiges Leben zu führen.

Das dunkle Geheimnis eines Missbrauchs in der Kindheit

Die stärkste Ich-Abwehr, die es gibt, ist das dunkle Geheimnis eines Missbrauchs in der Kindheit. Dieses Geheimnis enthält zwei weitere Geheimnisse: die wahren Begebenheiten, die sich in der Kindheit ereigneten, aus dem Gedächtnis zu streichen und der Zwang, die Eltern zu schützen.

Wer sich des dunklen Geheimnisses eines Missbrauchs in der Kindheit nicht bewusst ist, kann davon größeren Schaden nehmen als vor jedem anderen Geheimnis, das man vor sich selbst verbirgt.

Die Wahrheit aus dem Gedächtnis streichen

Wir haben deshalb so lange gebraucht, bis uns die Problematik des körperlichen, emotionalen und sexuellen Missbrauchs bewusst geworden ist, weil Opfer von Missbrauch und Misshandlung sich entweder mit den Tätern identifizieren, ihre Erinnerung verdrängen oder sich in einen Zustand der Selbsthypnose versetzen, um den Missbrauch zu überleben. Die Opfer neigen dazu, ihr Gefühl für das eigene Selbst zu verlieren, und deshalb verbieten sie sich selbst zu wissen, was mit ihnen geschehen ist. Doch wie die Schweizer Psychotherapeutin Alice Miller ausführte, trägt jedes Kind, das nach patriarchalisch-matriarchalischen Erziehungsnormen erzogen wurde, bis zu einem bestimmten Grad ein dunkles Geheimnis in sich. Das Geheimnis ist, *dass es die Wahrheit über seine eigene Kindheit nicht wissen kann.* Lassen Sie mich dies näher erklären.

Von einem Kind in einem patriarchalisch/matriarchalischen Familiensystem wird erwartet, dass es seinen Willen, sein Denken und seine Gefühle aufgibt und den Anweisungen seiner Eltern gehorcht. Das ist gleichbedeutend mit einer Entfremdung des Selbst. Diese Selbstentfremdung wird erreicht durch körperliche Bestrafung, emotionale Demütigung und die beständige Verletzung des Anstandsgefühls, der gesunden Scham, die die Privatsphäre des sich entwickelnden Selbst schützt. Wenn wir kein Selbst zum Beschützen mehr haben, dann akzeptieren wir nur die Verhaltensweisen, die unsere Familie für erstrebenswert hält.

Manche Menschen leiden offenbar unter größerer Selbstentfremdung als andere. Körperliche Misshandlung erfordert von Körper und Psyche des Kindes den massiven Einsatz von Abwehrmechanismen. Kinder verinnerlichen die Verhaltensweisen ihrer Eltern umso mehr, je schlimmer die Eltern sind – das heißt, je mehr sie das Leben des Kindes bedrohen. Körperliche Bestrafung ist hochgradig bedrohlich. Das körperlich misshandelte Kind muss eine Form sensorischer Betäubung einsetzen, um zu überleben.

Kinder, die sexuell, emotional und körperlich misshandelt werden, müssen machtvolle Verteidigungsmechanismen entwickeln. Schwerer Missbrauch oder schwere Misshandlung zerstört Spontaneität, das Staunen und das, was ich als realistische Vorstellungskraft bezeichnet habe. Eine freie Entfaltung der Phantasie setzt eine Atmosphäre voraus, in der es keine dauernde oder chronische Bedrohung gibt. Wo ständig Bedrohung und Angst herrschen, wird das ganze Leben von Misstrauen und Wachsamkeit bestimmt. Im Kopf wird eine Art Denkverbot errichtet, denn spontane freie Assoziationen sind unter massiver Bedrohung unmöglich.

Da die Vorstellungskraft eine natürliche Fähigkeit ist, verschwindet sie nicht einfach. Unter chronischem physischen Stress verliert sie jedoch ihre Verankerung im Körper und wird phantastisch – sie speist sich aus Übertreibung und Phantasie. Ein Kind kann so eine Phantasieelternfigur erschaffen, die gut ist, so dass das Kind die Eltern als gut wahrnimmt, unabhängig davon, wie grausam sie in Wirklichkeit handeln. Wenn man leugnen will, dass der Vater oder die Mutter einen wütend machen oder verletzen, muss man ein imaginäres Bild von ihnen entwerfen, in dem sie *nicht* verletzen, *nicht* tun, was sie tun. Das elementare Bedürfnis des Kindes, das geliebt und geschätzt werden will, verwandelt den abweisenden und grausamen (realen) Elternteil in eine Phantasieelternfigur, die rundum gut ist und das Kind liebt. Das Kind verleugnet so die Realität der tatsächlichen Grausamkeit seiner Eltern.

Da Kinder ihre Identität durch ihre Eltern beziehen und die reale Elternfigur (die nun zur guten, liebevollen Elternfigur idealisiert worden ist) sie schlägt und ihnen körperliche Schmerzen zufügt, schließen sie daraus, dass sie selbst böse und schlimm sind – sonst würde die liebende Elternfigur ihnen nicht so Schreckliches antun. Verleugnung *löscht Geschichte aus* – das heißt, ein Kind, das die selbsthypnotischen Abwehrmechanismen der Verleugnung und der positiven Halluzination einsetzt, *löscht die Erfahrung aus, die es real macht.* Ohne eigenes Selbst (ohne Willen, Gefühle, Bedürfnisse) und mit einer Phantasieelternfigur hat ein Kind keinen Zugang mehr zur Wahrheit seiner eigenen Kindheit. Dies ist ein äußerst schädliches dunkles Geheimnis. Es legt auch den Grundstein für den Zwang, die Eltern zu schützen.

Der Zwang, die Eltern zu schützen

Wenn zur normalen patriarchalischen Forderung nach Verdrängung des kindlichen Wollens, Denkens und Fühlens sowie seiner Bedürfnisse und Wünsche noch körperlicher, sexueller und schwerer emotionaler Missbrauch hinzukommen, ist das Ergebnis etwas, das man als *Seelenmord* bezeichnen kann. Je mehr das wahre Selbst des Kindes beschämt und zurückgestoßen wird, umso mehr wird das Kind sich selbst entfremdet und bindet sich an den beherrschenden Elternteil. Diese Selbstentfremdung ruft das zwanghafte Bedürfnis hervor, die Elternfigur oder den entsprechenden Elternteil zu beschützen.

Dr. Leonard Shengold schrieb ein Buch über Missbrauch mit dem Titel *Soul Murder. Seelenmord.* Er entnahm diesen Ausdruck einem Buch aus dem Jahre 1832 von Anselm von Feuerbach, einem Richter und Rechtsgelehrten. Das Buch trug den Titel *Kaspar Hauser. Beispiel eines Verbrechens am Seelenleben des Menschen.* Es erzählt die Geschichte des Jungen Kaspar Hauser, der von frühester Kindheit bis zum Alter von 17 Jahren in einem dunklen Verlies, abgeschnitten von jeglicher Kommunikation, gefangen gehalten worden war. Wenn Kaspar geschlagen wurde, erhaschte er gelegentlich einen Blick auf seinen Kerkermeister, den er »den Mann, der immer da war« nannte. Als Kaspar aufgefunden wurde, hatte er zwar den Körper eines Mannes, verhielt sich jedoch wie ein Kind von zwei oder drei Jahren. Er verfügte über eine große natürliche Intelligenz und über außergewöhnliche Fähigkeiten (er konnte zum Beispiel im Dunkeln Farben unterscheiden). Innerhalb relativ kurzer Zeit lernte er zu sprechen, lesen und schreiben. Doch Kaspar schien bar jeden Gefühls und unfähig zu Wut zu sein. Am meisten überraschte Feuerbach die Tatsache, dass Kaspars sehnlichster Wunsch darin bestand, zu »dem Mann, der immer da war«, zurückzukehren.

Kaspar veranschaulicht die bemerkenswerte Tatsache, dass ein Opfer seinen Peiniger umso mehr idealisiert und schützt, je mehr es gequält worden ist. Tatsächlich kann es sich so sehr mit ihm identifizieren, dass es selbst schließlich auch zum Peiniger wird. Oder es bleibt für immer Opfer und sucht nach seinem idealisierten Peiniger, sei es tatsächlich so oder in Form einer Ersatzfigur. Daher kann ein Kind, das von einem autoritär-patriarchalischen Vater erzogen wurde, nach einem Chef oder einer religiösen Autorität suchen, die sich ebenso strafend und autoritär verhält wie der Vater.

Dieser selbstverordnete hypnotische »Schlaf«, in den Missbrauchsopfer sich versetzen müssen, bringt sie dazu, ihre reale Geschichte auszulöschen und die Elternfigur zu idealisieren.

Es *kann* vorkommen, dass Menschen ihre Eltern mit Vorwürfen überhäufen, sie verprügeln, ja gar misshandeln, aber darum geht es nicht bei diesem Muster dunkler Geheimnisse. Es geht um etwas weitaus Subtileres und schwerer Fassbares. Diesen Mechanismus wirklich zu begreifen kommt dem Erwachen aus einer Trance gleich.

Als ich mit Lorna arbeitete, der Frau, die sich ihre Pulsadern aufschnitt (wir lernten sie im Kapitel »Dunkle Geheimnisse« kennen), war ich verblüfft, mit welcher Entschlossenheit sie ihren Vater schützte. Ich fragte sie, welche Gefühle der Befehl ihres Vaters, sie sollte über den sexuellen Missbrauch durch den Großvater schweigen, in ihr weckte. Sie erzählte mir, sie verstehe, dass ihr Vater das Ansehen der Familie schützen musste. »Aber Ihr Vater war in erster Linie für Ihren Schutz, für den Schutz seiner Tochter verantwortlich«, sagte ich. »Sie begreifen einfach nicht, was das für das Ansehen unserer Familie und unsere Stellung in unserem Ort bedeutet hätte«, erwiderte sie. »Wir wären aus der Juniorenmannschaft und aus dem Countryclub hinausgeworfen worden. Er musste den guten Ruf seiner Familie verteidigen.« Lorna brauchte mehr als zwei Jahre, bis sie fähig war, echten Zorn über den Verrat ihres Vaters zu empfinden. So etwas kann man bei Opfern eines schweren körperlichen, sexuellen und emotionalen Missbrauchs sehr häufig beobachten. Es ist auch gang und gäbe bei jedem, der in einer patriarchalischen Familie aufwuchs. Kinder haben ein absolutes Bedürfnis, ihre Eltern zu idealisieren. Sie brauchen den Glauben, dass ihre Eltern in Ordnung sind, weil ihre Eltern für sie überlebensnotwendig sind.

Wenn einem Kind Gewalt angetan wird, ist seine natürliche Reaktion Leid, Schmerz und Wut. Der gewalttätige Elternteil erträgt die Wut des Kindes nicht und sorgt dafür, dass schon der geringste Ausdruck von Wut bestraft wird.

Das Opfer steht unter der absoluten Gewalt der misshandelnden Eltern. Die Eltern können jederzeit, ohne irgendeinen Grund, zuschlagen. Die Eltern sind die einzigen Beschützer des Kindes, und dem Kind bleibt keine andere Wahl, als bei seinem Peiniger Trost zu suchen. Das weckt ein ungeheuer starkes Bedürfnis im Kind, seinen Peiniger als gut und gerecht wahrzunehmen. Die Eltern können daher nicht für die Gefühle von Leid, Schmerz und Wut verantwortlich gemacht werden. Dies wird noch verstärkt, wenn die Eltern von sich behaupten, dass sie im Recht sind (»Ich will nur dein Bestes«), und wenn sie nach religiösen Überzeugungen handeln.

Verdrängte Erinnerungen an sexuellen Missbrauch

Unsere dunkelsten Geheimnisse betreffen verdrängte Erinnerungen an sexuellen Missbrauch. Solche verdrängten Erinnerungen sind meist das Ergebnis chronischer Traumatisierungen als Kind.

Was ich in diesem Abschnitt sage, dient ausschließlich Informationszwecken. Es darf auf keinen Fall die Diagnose eines in diesen Fragen geschulten Fachmannes ersetzen. Erinnerungen an einen sexuellen Missbrauch sollte man nur unter der Aufsicht eines Therapeuten freilegen und aufarbeiten.

Erinnerungen an einen Missbrauch dem Bewusstsein wieder zugänglich zu machen ist ein sehr schmerzhafter Prozess, der äußerst beängstigende und überwältigende Gefühle auslösen kann. Wenn beim Lesen heftige Gefühle in Ihnen wach werden, sollten Sie nach professioneller Hilfe suchen.

Dr. Renée Fredrickson gehört zu den Pionieren auf dem Feld der Forschung über sexuellen Missbrauch. Viele der nachfolgenden Aussagen sind ihren Vorlesungen und ihrem Buch *Repressed Memories* entnommen. Sofern meine Interpretationen darüber hinausgehen, stehe ich selbstverständlich dafür ein.

Sexueller Missbrauch ist das geheimste aller Verbrechen. Es gibt keine Zeugen, und der Verrat, die Erniedrigung und Demütigung kommen einem Seelenmord gleich, der das Opfer in tiefste Verwirrung stürzt. Da krank machende Scham den Wunsch weckt, alles zu verbergen, reagiert das Opfer mit der natürlichen Tendenz zu schweigen. Der Missbrauch ist zu grauenhaft, um in Worte gefasst werden zu können, und ein kleines Kind hat ohnehin nur einen beschränkten Wortschatz. Das Opfer eines sexuellen Missbrauchs sehnt sich nach Rettung, aber der Täter und die Familie machen ihm unmissverständlich klar, dass es keine Rettung gibt. So wird das Bedürfnis zu vergessen machtvoll verstärkt. Selbst wenn alle Kinder einer Familie sexuell missbraucht werden, sprechen sie darüber nur selten miteinander – falls überhaupt je.

Das sexuell missbrauchte Kind hat keine Verbündeten und kann durch Drohungen, verführerische Zuwendung und Schläge oder durch die schreckliche Angst vor dem Auseinanderbrechen der Familie gefangen gehalten werden.

Alarmsignale oder Hinweise für verdrängte Erinnerungen an sexuellen Missbrauch

Die häufigsten Hinweise für verdrängte Erinnerungen sind verschiedene Kombinationen von Symptomen der posttraumatischen Belastungsstörung. *Aber nicht jeder, der missbraucht wurde, weist solche Symptome auf, und nur ein geschulter Fachmann ist in der Lage, eine solche Störung korrekt zu diagnostizieren.* Die beiden wichtigsten diesbezüglichen Symptome, die auf einen zurückliegenden sexuellen Missbrauch, verbunden mit verdrängter Erinnerung, hinweisen, sind das *verzögerte Einsetzen der Störung* und *Amnesie*.

Verzögertes Einsetzen der Störung

Eine von posttraumatischer Belastungsstörung betroffene Person kann ohne die geringste Leidensvorgeschichte plötzlich eine schwere Depression entwickeln oder unter Angstattacken leiden.

In einer Fallstudie von Dr. Fredrickson berichtete eine ihrer Klientinnen, sie wäre nie zuvor glücklicher gewesen. Es mag paradox erscheinen, dass sich Erinnerungen gerade in einer Phase nie gekannten Friedens und Glücks einstellen. Tatsächlich aber ermöglichen dieser Frieden und die entspannte Sicherheit dem Betreffenden, die machtvollen psychischen Schutzmechanismen außer Kraft zu setzen, die zur Blockade der entsetzlichen Erinnerungen gedient haben.

Gewöhnlich setzt ein auslösendes Ereignis das verzögerte Einsetzen einer posttraumatischen Belastungsstörung in Gang und legt verschüttete Gefühle und Erinnerungen frei. Dies kann bei Menschen der Fall sein, die sich an ihren Missbrauch erinnern, ebenso aber auch bei solchen, die sich nicht daran erinnern.

Diejenigen, die sich erinnern, können ihre Alpträume, Bilder, Ängste und andere beängstigenden Symptome besser verstehen und einschätzen. Diejenigen, die sich nicht erinnern, stehen verwirrt vor den Schranken ihrer auftauchenden Erinnerungen.

Dr. Fredrickson nennt folgende häufige Auslöser:

- Das unwissentliche Erleben einer Situation, die in irgendeiner Hinsicht Ähnlichkeiten mit dem ursprünglichen Ereignis hat,
- der Tod des Täters oder der Tod eines Elternteils, den man unbewusst vor dem Missbrauch schützt,
- Schwangerschaft oder die Geburt eines Kindes oder Enkelkindes,
- ein Kind, mit dem man sich identifiziert und das in das Alter kommt, in dem man selbst missbraucht wurde,
- der Eintritt in ein neues Entwicklungsstadium (zum Beispiel Pubertät, mittleres Alter),
- die Konfrontation mit einem bekannten Missbrauchstäter,
- das Ende einer Sucht – mit dem Ende der betäubenden Sucht setzen die Erinnerungen ein,
- das Bewusstwerden, dass man Opfer eines sexuellen Missbrauchs war (ausgelöst vielleicht durch die Lektüre eines Berichts über sexuellen Missbrauch oder eine Fernsehsendung),
- ein Gefühl der Sicherheit,
- ein Gefühl der Stärke; persönliches Wachstum verleiht uns die Kraft, Dingen ins Gesicht zu sehen, denen man sich vorher nicht stellen konnte.

Amnesie

Fast alle Überlebenden eines sexuellen Missbrauchs leiden bis zu einem gewissen Grad an einer Amnesie. Dabei werden primär die verstörendsten Aspekte des sexuellen Gewaltakts vergessen. Häufig erinnern sich die Opfer später an den Anfang der Ereignisse, wissen jedoch nichts mehr über den Teil, der sie in ihrem Innersten vergewaltigte (den Orgasmus des Täters und ihre Behandlung danach). Das Vergessene enthält den größten Schmerz.

Wie gegenwärtig diskutiert wird, lassen sich die Folgen verdrängter Erinnerungen in Fällen von chronischem Kindesmissbrauch mit der Diagnose posttraumatische Belastungsstörung nicht adäquat beschreiben. Deshalb wurde zur Charakterisierung dieser Symptome ein neues Symptombild entwickelt, das so genannte *Syndrom der verdrängten Erinnerung.*

Das Syndrom der verdrängten Erinnerung

Das Syndrom der verdrängten Erinnerung wurde zur Beschreibung jener Personen entwickelt, die *keine* Erinnerung an den Missbrauch haben, sowie jener, die sich zwar vage erinnern, aber den größten Teil des Missbrauchs vergessen haben. Das Syndrom der verdrängten Erinnerung besteht aus vier Symptomen. Dr. Fredrickson definiert sie folgendermaßen:

- Faszinationen, Ängste oder Vermeidungsverhalten, die sich aus der bekannten Biografie nicht erklären lassen,
- Anzeichen für aufbrechende Erinnerungen,
- Anzeichen für eine Dissoziation,
- Erinnerungslücken oder weiße Flecken.

Diese Kriterien sind nicht absolut zu sehen. Sie müssen nicht alle gemeinsam auftreten.

Faszinationen, Ängste oder Vermeidungsverhalten

Wenn Sie bei bestimmten Dingen oder Situationen Faszination, Angst oder Verzweiflung empfinden oder den Wunsch verspüren, vor ihnen davonzulaufen, ohne dass Sie sich dies aus Ihrer bisherigen Lebensgeschichte erklären können, dann könnten dies Alarmsignale für verdrängte Erinnerungen sein, besonders wenn sie in irgendeiner Form mit Kindesmissbrauch assoziiert sind. Der eine kann sich zu einem bestimmten Objekt, das er mit seinem Missbrauch assoziiert, hingezogen fühlen; der andere fürchtet bestimmte Objekte oder will ihnen möglichst ganz aus dem Weg gehen. Häufig manifestiert sich das Vermeidungsverhalten bei Sex oder allem, was damit in Verbindung steht. Manche Menschen werden sexuell zwanghaft. Manche meiden bestimmte Örtlichkeiten wie etwa das Bad oder den Keller, gängige Orte, an denen sexueller Missbrauch stattfindet. Dasselbe gilt für Haushaltsgegenstände, die oft während des Missbrauchs anal oder vaginal eingeführt werden, wie etwa Stöcke, penisförmige Nahrungsmittel oder Flaschen.

Ich arbeitete einmal mit einer Frau, die große Probleme mit ihren Zähnen hatte, weil sie sich weigerte, zum Zahnarzt zu gehen. Nach mehreren Monaten stellte sich heraus, dass sie als Kind mehrmals von ihrem Onkel zum Oralverkehr gezwungen worden war. Eine auffallende Angst vor dem Zahnarzt kann häufig ein Zeichen für Missbrauch durch oralen Sex sein. Die Situation erinnert den Betroffenen daran, dass sein Mund mit Gewalt geöffnet wurde, während etwas Schmerzhaftes mit ihm passierte.

Anzeichen für aufbrechende Erinnerungen

Die Erinnerung kann sich in Träumen, verstörenden Bildern, blitzartigen Erinnerungsfetzen, körperlichen Empfindungen oder unerklärlichen Gefühlen Bahn brechen.

Nach Dr. Fredrickson können gewaltsame *Alpträume* ein Alarmzeichen für das Aufbrechen von Erinnerungen sein, ebenso Träume, in denen jemand auf Sie einsticht oder Sie ermordet.

Bilder tauchen gewöhnlich in Form von kurzen »Lichtblitzen« auf, die einen Bruchteil des sexuellen Missbrauchs enthalten und meist in den seltsamsten Momenten durch den Kopf schwirren. Beispielsweise kann das Bild eines Messers oder eines Penis Sie durchzucken, ohne dass es den geringsten Bezug zu Ihrer augenblicklichen Beschäftigung hat. Diese Bilder sind nicht notwendig mit Gewalt assoziiert, und sie stehen vielleicht nur zum Beginn oder zum Ende des Vorfalls in Beziehung.

Es können schmerzhafte *blitzartige Erinnerungsschübe* auftreten. Wer so etwas erlebt, fühlt sich, als würde der Missbrauch in der Gegenwart stattfinden.

Unser Körper reagiert auf alles, was mit uns geschieht. Je bedeutsamer das Ereignis, umso mehr Einfluss auf den Körper hat es. Selbst wenn der

Missbrauch nur mit geringen körperlichen Schmerzen verbunden war, bleiben *physische Erinnerungen* daran bestehen. »Übelkeit«, so schreibt Dr. Fredrickson, »ist eine häufige körperliche Reaktion auf sexuellen Missbrauch. Kinder erbrechen manchmal spontan über ihren Peinigern, selbst wenn sie physisch durch den Missbrauch nicht verletzt werden. Wenn physische Erinnerungen ohne Gewaltinhalt auftauchen, kann das auch sexuelle Empfindungen oder sexuelle Erregung auslösen.« Die Genitalien eines Betroffenen können schmerzen, wenn sich bestimmte Gefühle in Zusammenhang mit dem erlittenen Missbrauch einstellen. Die Beine können in der Erinnerung an die körperliche Belastung unbequemer sexueller Stellungen zittern.

Eine *gefühlte Erinnerung* ist die emotionale Reaktion auf ein besonderes Ereignis oder eine Situation. Falls es sich bei dem Ereignis um eine verdrängte Erinnerung handelt, werden Sie sich an das Gefühl erinnern, nicht jedoch an das Ereignis. Nach Dr. Fredrickson ist »die gefühlsmäßige Ahnung, dass etwas Gewaltsames geschehen ist, eine verbreitete Form einer gefühlten Erinnerung.«

Anzeichen für eine Dissoziation

Ein Trauma bewirkt oft eine Dissoziation, eine Abspaltung, die gekennzeichnet ist durch das Gefühl, dass man nicht in seinem Körper ist. Der Zustand der Dissoziation wird oft als *Wachtraum* beschrieben. Man beobachtet das Geschehen, aber es kommt einem vor, als wäre man nicht in das Geschehen involviert.

Der Zustand der Dissoziation kann zu einem dauerhaften Bestandteil im Leben eines Menschen werden. Dieser chronische Zustand wird als Gefühl der Unwirklichkeit oder Entfremdung erfahren. Er kann auch als Betäubung erlebt werden.

Viele Opfer eines sexuellen Missbrauchs erleben diese Dissoziation beim Sex. Sie sind buchstäblich »nicht anwesend« während des Sexualakts.

Erinnerungslücken oder weiße Flecken

Es ist vollkommen normal, dass man nur wenige Erinnerungen an die Zeit hat, als man jünger als sechs Jahre war. Wenn Sie jedoch überhaupt keine Erinnerungen an Ihre Kindheit oder an eine bestimmte Phase haben, zum

Beispiel an das Alter zwischen neun und elf Jahren, dann besteht die Möglichkeit, dass Sie ein tief greifendes Trauma erlebt haben. (Menschen löschen gewöhnlich nicht wegen eines geringfügigen Vorfalls Jahre ihres Lebens aus der Erinnerung.)

Wenn die Erinnerung an eine wichtige Bezugsperson blockiert ist, kann dies auf eine Form traumatischer Gewaltanwendung durch diese Person zurückzuführen sein.

Verdrängte Erinnerungen sind die verwirrendsten Geheimnisse, die wir vor uns selbst haben. Diese Geheimnisse untermauern vielleicht mehr als alles andere, worüber ich geschrieben habe, dass das, was wir nicht wissen, uns sehr wohl verletzen kann.

Die Vervollständigung Ihres persönlichen Genogramms

Es ist nun an der Zeit, dass Sie Ihr persönliches Genogramm zum Abschluss bringen. Wenn Sie dieses Kapitel aufmerksam durchgelesen haben, haben Sie vielleicht neue Erkenntnisse über sich selbst und die dunklen Geheimnisse gewonnen, die Sie bisher vor sich selbst verborgen haben.

Fassen Sie als Zentralfigur des Genogramms nun Ihre problematischen und symptomatischen Verhaltensweisen zusammen. Betrachten Sie sich dann im Kontext Ihres Drei- oder Vier-Generationen-Genogramms. Ihr Genogramm sollte nun alle wichtigen Informationen über Ihre Familie über mehrere Generationen hinweg enthalten.

James Jeders dunkle Geheimnisse im Kontext der Vier-Generationen-Familie

Das Schaubild der nächsten Seite zeigt eine vollständige, vier Generationen umfassende Darstellung von James Jeders Familie. Alle persönlichen Probleme von James einschließlich seines dunkelsten Geheimnisses (Selbstbefriedigung mit Hilfe von Pornografie) sind darin enthalten.

Aus James' Genogramm geht klar hervor, dass er die Modelle für seine nach außen nicht zu verbergenden sexuellen Probleme (sein Schürzenjäger-

Vier-Generationen-Genogramm von James Jeder (1994)

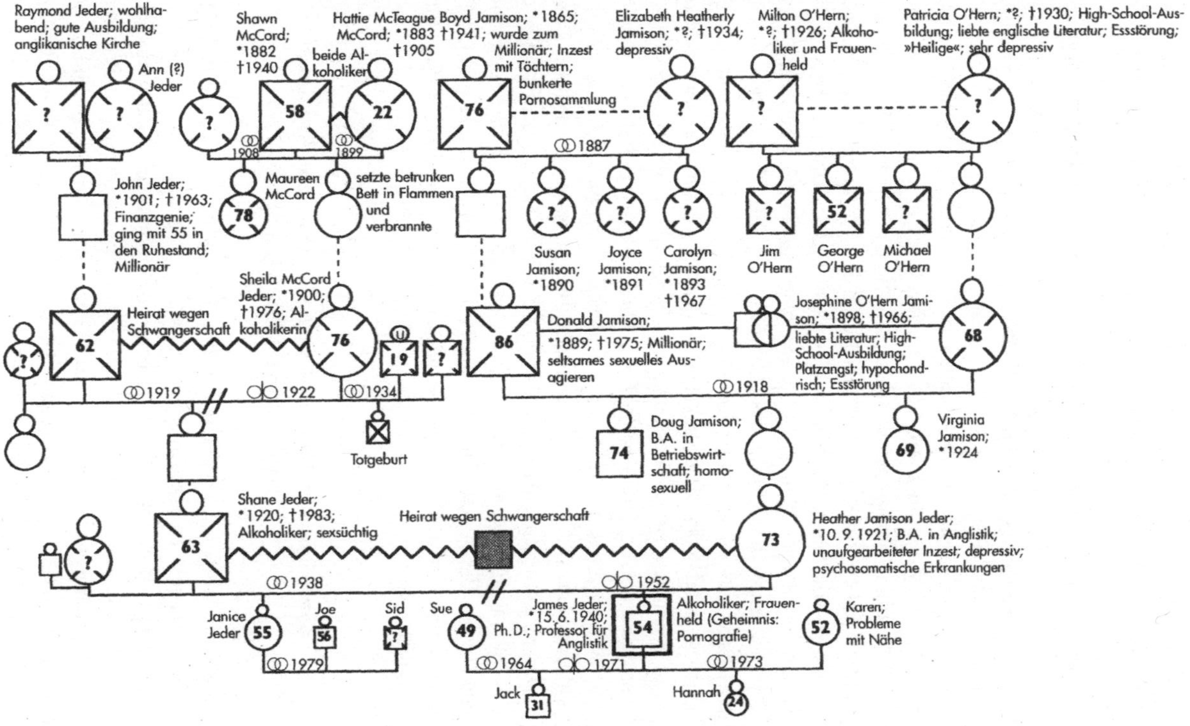

tum und seine Affären) sowie seine Alkoholprobleme auf der väterlichen Seite der Familie fand, während seine geheime sexuelle Problematik von der mütterlichen Seite stammt.

Auf beiden Seiten der Familie findet man eine Vorgeschichte von gestörter Nähe und Verdrängung von Gefühlen, insbesondere von heftigen Emotionen, wie die vielen emotional abgebrochenen Beziehungen zeigen. Vor Gefühlen wird entweder geflohen, oder sie werden ausagiert.

Weiterhin ist eine große Anzahl von Eltern-Kind-Koalitionen zu erkennen. James' Mutter und sein Vater wurden beide in eine inzestuöse Eltern-Kind-Koalition hineingeboren (siehe Schaubild auf Seite 275). Die Generationsschranken sind ernstlich beschädigt. Jeder, der dieses Genogramm zum Zeitpunkt von James Jeders Geburt betrachtet hätte, hätte die Art von Problemen vorhersagen können, mit denen er würde kämpfen müssen.

Wenn Sie sich nochmals das Schaubild von Seite 273 ansehen, beachten Sie bitte, dass beide Generationen der Jamisons nach außen hin das Bild einer wohlhabenden, gut angepassten Familie verkörpern. Ihr triebhaftes Sexualverhalten ist verdeckt und ruft daher umso massivere psychische Störungen hervor. Auch wenn Ihnen die Jamisons ziemlich merkwürdig erscheinen sollten, ich finde sie keineswegs untypisch für viele Familien, mit denen ich in den 23 Jahren meiner Beratungstätigkeit zu tun hatte. Donald Jamisons Forderung, dass seine Frau die Unterwäsche seiner Mutter und Tochter tragen sollte, mag tatsächlich ungewöhnlich sein, aber die emotionale Bindung an die ungelösten sexuellen Probleme seiner Mutter und die Projektion seiner sexuellen Wünsche auf seine Tochter sind keineswegs ungewöhnlich.

Eine Momentaufnahme des emotionalen Familienklimas zum Zeitpunkt Ihrer Geburt

In welcher Situation befanden sich Ihre Urgroßeltern, Großeltern, Tanten, Onkel und nächsten Familienangehörigen zum Zeitpunkt Ihrer Geburt? Achten Sie besonders auf die historischen, gesellschaftlichen und wirtschaftlichen Verhältnisse, die vielleicht Einfluss auf Ihre Familie hatten. Prüfen Sie auch sorgfältig, ob um die Zeit Ihrer Geburt traumatische Ereignisse oder Todesfälle in der Familie auftraten. Gab es ein Zusammentreffen bestimmter Familienereignisse? Fällt Ihr Geburtstag beispielsweise mit dem eines Groß-

Beziehungsmuster: Generationsüberschreitende Koalitionen

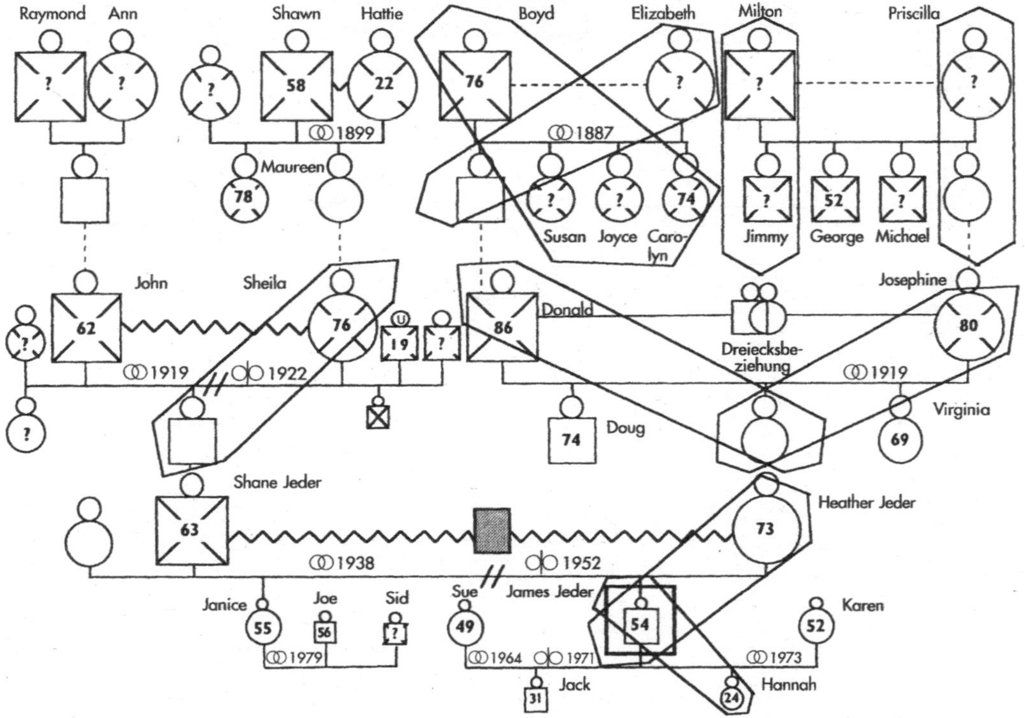

Das emotionale Familienklima zum Zeitpunkt von James Jeders Geburt 1940

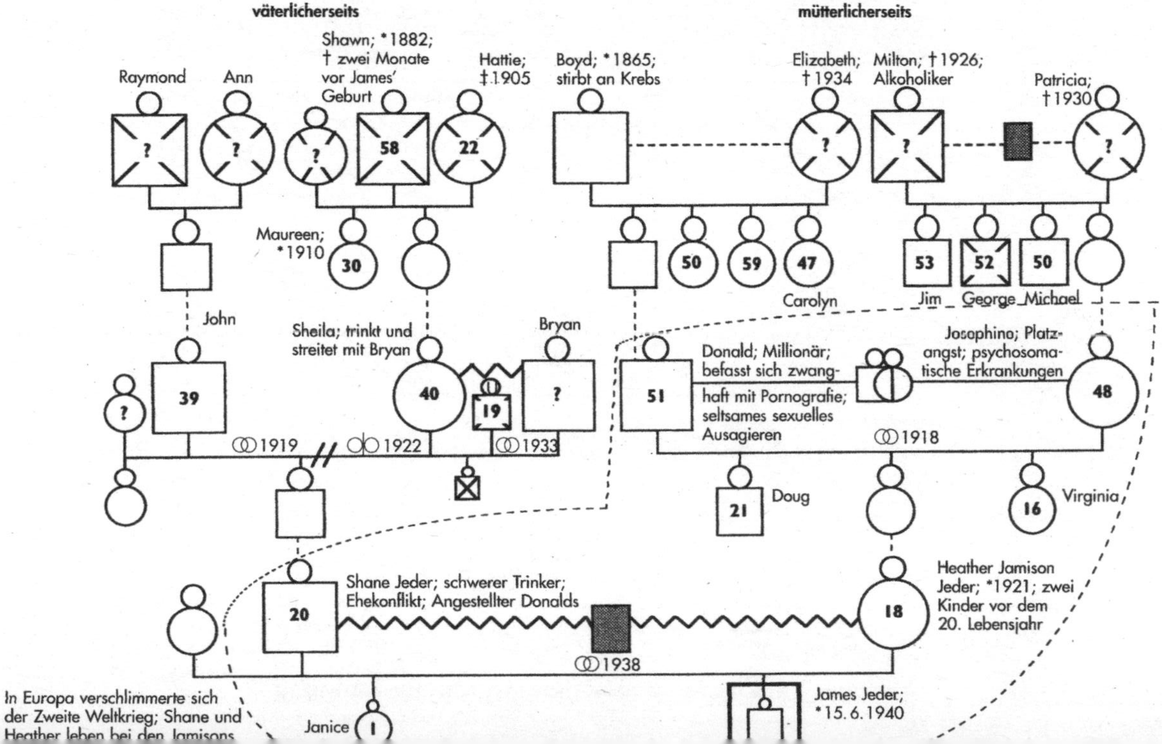

onkels zusammen, nach dem Sie benannt wurden, oder erkrankte oder starb jemand am Tag Ihrer Geburt?

Das Genogramm auf Seite 276 zeigt das emotionale Familienklima zum Zeitpunkt von James Jeders Geburt im Jahr 1940. Drei von James' Urgroßeltern sind bereits tot. Sein Urgroßvater Shawn McCord starb zwei Monate zuvor. Sein Urgroßvater Boyd Jamison stirbt gerade an Krebs. Großmutter Sheila Jeder verleugnet ihre Trauer und verhält sich oft sehr hysterisch – sie betrinkt sich massiv und streitet mit ihrem alkoholkranken Mann. Sie wurde von Shawn im Stich gelassen und empfindet große Verbitterung, vermischt mit Liebe, für ihn.

James' Vater Shane wurde kurz zuvor von Donald Jamison eingestellt, und das junge Paar lebt bei Heathers Familie. Shane hat seit frühester Jugend gearbeitet und sucht seit seinem High-School-Abschluss nach einer festen Stelle. Jobs sind nur schwer zu finden. Shane hat sogar einmal Äpfel auf der Straße verkauft, um Geld zu verdienen. Hätte er sich bei der Armee verpflichtet, wären all seine Probleme gelöst gewesen, doch er litt sein Leben lang an Asthma, und das machte ihn untauglich. Donald hat Shane Vorhaltungen gemacht und ihn einen »Nichtsnutz« genannt. Zwischen beiden bestehen starke Spannungen.

Die geheime Sexualthematik wird von Josephine und Donald Jamison weiter bearbeitet. Heather wird bald 19. Sie ist wütend und deprimiert über Shanes zunehmendes Trinken und seine Verantwortungslosigkeit. Janice, der Grund für ihre Heirat mit Shane, ist ein Jahr alt. Heather projiziert ihre Wut auf Janice und wendet sich James zu, um ihre narzisstischen Bedürfnisse zu befriedigen. Weltweit sieht es so aus, dass der Zweite Weltkrieg in Europa sich verschärft. Die Vereinigten Staaten sind bislang noch nicht in den Krieg eingetreten. Am Tag vor James' Geburt marschierten die Deutschen in Paris ein. Heather erinnert sich, dass jemand zu ihr sagte: »Das ist eine schlimme Zeit, um ein Kind in die Welt zu setzen.« Alles in allem herrschen sehr ungünstige Bedingungen für diesen kleinen Jungen, zu diesem Zeitpunkt auf die Welt zu kommen.

James Jeders Geschwisterpositionsprofil

James befindet sich ebenso wie sein Vater und seine Mutter an zweiter Stelle der Geschwisterreihe (vgl. Schaubild auf Seite 278). (Shane gilt als zweit-

James Jeders Geschwisterpositionsprofil

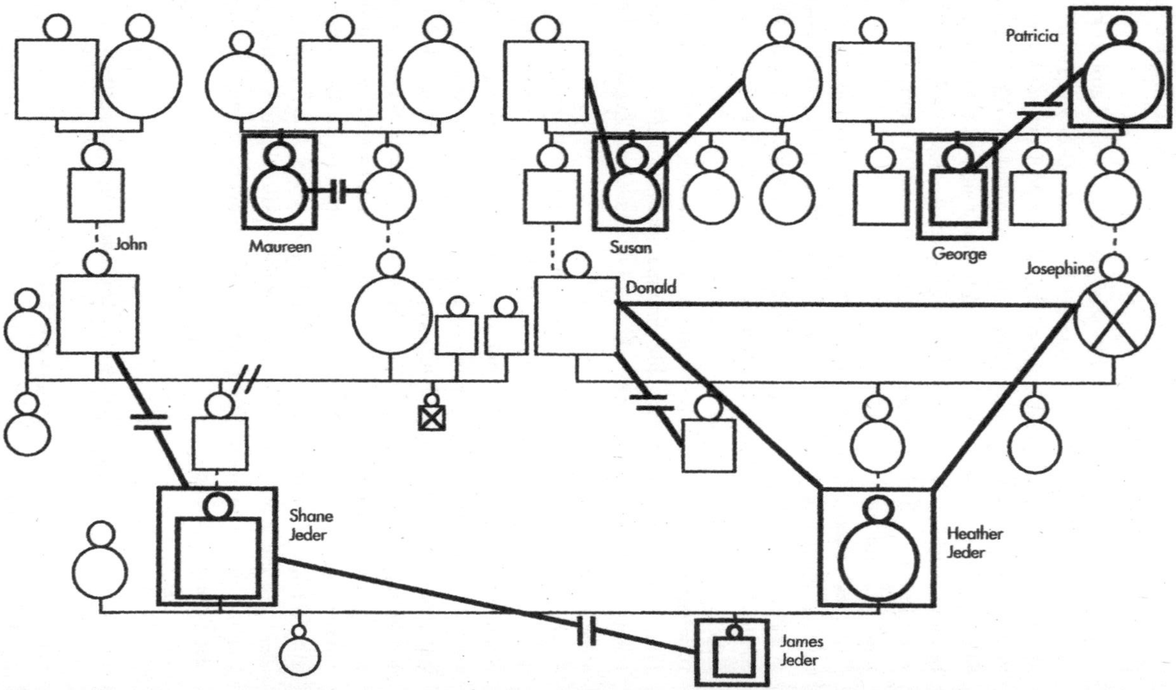

geborenes Kind, weil seine Mutter Sheila eine Totgeburt in ihrer ersten Ehe hatte.) James' Mutter und Vater sind beide in emotional inzestuösen Verstrickungen an den gegengeschlechtlichen Elternteil gebunden.

James' Großtante Susan und sein Großonkel George, beides zweitgeborene Kinder, sind die am stärksten geschädigten Personen des Familiensystems. Susan wurde von ihrem Vater vergewaltigt und machte bis zum Alter von 31 Jahren zwei Ehen durch, in denen sie misshandelt wurde. Den Rest ihres Lebens verbrachte sie bei ihrem Vater. George war ein schwerer Alkoholiker, der mit 52 Jahren an einem Leberschaden starb.

Jedes zweitgeborene Kind einer weiteren Generation wäre stark gefährdet, zum Träger dieser Familienprojektionen und dunklen Geheimnisse zu werden und sie auszuagieren.

Emotionale Brüche

In jeder Generation dieser Familie kam es zum emotionalen Abbruch von Beziehungen. Das bedeutet, dass es auch intensive, unaufgearbeitete Gefühle von Liebe und Hass gibt. Mehrere Generationen hindurch wiederholen sich schmerzliche Erfahrungen des Verlassenwerdens. John Jeder verließ Shane, der James im Stich ließ, der wiederum seinen eigenen Sohn Jack verließ.

Ich habe nicht viel über James' Sohn Jack berichtet. Als Jack geboren wurde, arbeitete James Teilzeit und besuchte die Universität, um seinen Doktor zu machen. Er hatte nur sehr wenig Zeit für seinen Sohn. Jack war sechs, als James sich von Sue scheiden ließ, um Karen zu heiraten. Sue war tief verbittert und tat alles, damit Jack seinen Vater hasste. Im Laufe der Jahre wurde der emotionale Bruch immer tiefer. James' Genogramm zeigt auch, dass Boyd Jamison die emotionale Beziehung zu Donald abbrach, der seinerseits einen Bruch mit Doug vollzog. Die ungelösten Probleme einer Generation werden in der nächsten zum »heißen Eisen«.

Im übernächsten Kapitel werden wir darüber sprechen, wie wichtig es ist, so viele Probleme wie möglich in unserer erweiterten Familie zu lösen, damit sie nicht in die nächste Generation oder in unsere Beziehung übertragen werden. Ich werde am Beispiel von James Jeders Heilung von seinem emotionalen Inzest mit seiner Mutter zeigen, wie dies seiner Ehe mit Karen zugute kam.

Wie Sie sich aus der Gewalt dunkler Familiengeheimnisse befreien

Die Wahrheit muss behutsam aufleuchten, sonst blendet sie jeden.

Emily Dickinson

Ehrlichkeit ohne Einfühlungsvermögen kann Brutalität sein.

Marilyn Mason

Ich bin meine Geheimnisse. Und Sie sind Ihre Geheimnisse. Unsere Geheimnisse sind menschliche Geheimnisse, und unser Vertrauen zueinander, das uns unsere Geheimnisse mit anderen teilen lässt, hat viel mit dem Geheimnis zu tun, was es bedeutet, Mensch zu sein.

Frederick Buechner

Seit Jahren schon arbeite ich in meinen Workshops mit einer Übung, die ursprünglich von Sidney Simon und seinen Mitarbeitern eingesetzt wurde, um persönliche Wertvorstellungen abzuklären. Lesen Sie die folgende Geschichte zügig durch, ohne sich um ein vollkommenes logisches Verständnis dafür zu bemühen.

Gwenevieres Dilemma

Es war einmal ein Mann namens Farquhar, der eine Frau namens Gweneviere heiratete. Sie ließen sich an einem gottverlassenen Außenposten mitten in der Wildnis Südamerikas nieder. Farquhar war Holzfäller, und er verdiente seinen Lebensunterhalt, indem er für eine Firma arbeitete, die im tiefsten Dschungel tätig war. Jeden Tag musste Farquhar, um zur Arbeit zu gelangen, einen gefährlichen, kilometerbreiten Fluss voller Alligatoren und Piranhas überqueren. Den Fluss überspannte eine wacklige Brücke. Eines Morgens erhob sich, nachdem Farquhar zur Arbeit aufgebrochen war und die Brücke überquert hatte, ein mächtiger Wind und entfachte einen Wirbelsturm, der die Brücke vollkommen zerstörte. Farquhar hatte keine Möglichkeit mehr, nach Hause zu kommen, und es hätte viele Monate erfordert, bis die Brücke repariert war, denn bis zu diesem Zeitpunkt gab es keine Telefonverbindung vom Holzfällerlager zum Außenposten.

Gweneviere hatte keine Möglichkeit zu erfahren, ob Farquhar in Sicherheit war, und konnte nicht zu ihm gelangen. Es konnte ein Jahr dauern, bis sie wieder vereint waren.

In dem Außenposten lebte ein merkwürdiger alter Mann, der Alligatoren jagte und ihre Haut verkaufte. Sein Name war Sinbad und er besaß ein Boot. Gweneviere fragte ihn, wie viel er dafür verlangte, dass er sie über den Fluss übersetzte. Er sagte, es sei eine gefährliche Fahrt wegen der Stromschnellen, und er würde 250 Dollar von ihr verlangen. Gweneviere hatte etwa 100 Dollar – Geld, das sie brauchte, um in Farquhars Abwesenheit leben zu können. So sagte sie zu Sinbad, sie könne diesen Betrag niemals aufbringen. Er sagte ihr, es gäbe noch eine andere Möglichkeit: Sie könnte als Bezahlung mit ihm schlafen. Gweneviere war entsetzt. Voll tiefer Trauer und Angst ging sie zu ihrem Freund Ivan, der ein sehr kleines Boot besaß, das er in seiner Freizeit benutzte. Er entfernte sich damit nie mehr als 200 Meter vom Ufer.

Gweneviere bat Ivan, sie über den Fluss zu bringen. Er konnte zwar kaum jemand einen Wunsch verweigern, doch in diesem Fall sagte er, er hätte zu viel Angst, um den Fluss zu überqueren, er hätte genug eigene Probleme und könne ihr nicht helfen. Sie war am Boden zerstört, und eines Tages ging sie in tiefster Verzweiflung zu Sinbad und beging die gemeine Tat!

Sinbad hielt Wort, steuerte durch die trügerischen Gewässer und brachte sie ans andere Ufer. Sie lief durch die Wälder und fand ihren geliebten Farquhar im Holzfällerlager. Ihr Wiedersehen war leidenschaftlich und liebevoll. Farquhar hatte eine schlichte, aber hübsche Holzhütte erbaut, und beide lebten mehrere Monate glückselig darin.

Doch Gweneviere hatte schreckliche Schuldgefühle. Sie konnte sich ihrem Geliebten nicht uneingeschränkt hingeben, weil sie sich so schmutzig und unrein fühlte. So offenbarte sie Farquhar eines Nachts ihr dunkles Geheimnis. Sie glaubte, er würde verstehen, dass sie es nur getan hatte, damit sie zusammen sein konnten. Das war jedoch ein großer Irrtum!

Farquhar drehte durch, tobte und warf alles um sich. Am nächsten Tag warf er sie aus der Hütte und sagte ihr, er wolle sich scheiden lassen.

Gweneviere war völlig verzweifelt. Sie lief ziellos durch die Wälder, ohne zu wissen wohin, bis sie auf einen in der Wildnis lebenden Mann namens Ulric traf. Die Menschen vom Außenposten wussten von ihm, und einige hatten ihn bereits gesehen, aber alle fanden ihn sehr seltsam und unheimlich. Ulric war ein Aussteiger, den die Grausamkeit und Bösartigkeit, die er in der so genannten zivilisierten Welt erlebt hatte, aus der Gesellschaft hatte flüchten lassen. Gweneviere erzählte ihm ihre Geschichte. Er empfand Mitleid für sie und brachte sie zurück über den Fluss. Dann ging er zu Farquhar und verprügelte ihn gründlich.

So endet die Geschichte. Anschließend fordere ich die Teilnehmer des Workshops auf, die fünf Protagonisten der Geschichte ohne große Überlegung in der Reihenfolge ihres Sympathiewerts zu nennen. Nummer eins ist die Person, die ihnen am besten gefällt, Nummer zwei am zweitbesten, Nummer fünf schließlich diejenige, die ihnen am unsympathischsten ist. Sie können hier beim Lesen eine Pause machen und selbst das Gleiche tun, wenn Sie wollen.

Sobald die Personen bewertet sind, bitte ich alle, ihre Reihenfolge mit der eines Partners zu vergleichen.

Ich habe diese Übung noch nie mit irgendeiner Gruppe durchgeführt, ohne dass *jede* Person von wenigstens einem Gruppenmitglied als Nummer eins eingestuft wurde, und ich habe schon mit Hunderten verschiedener Gruppen gearbeitet.

Anschließend fordere ich die Anwesenden auf, über ihre Wahl nachzudenken. Ich frage sie, ob ihre Wahl in Beziehung zu einer persönlichen Lebenserfahrung stehen könnte, denn meistens wird solch eine Entscheidung von eigenen Erfahrungen beeinflusst. Doch so sehr die Meinungen auch auseinander gehen, Gweneviere wird meistens an Nummer eins gesetzt.

Normalerweise führe ich diese Übung durch, um zu veranschaulichen, wie unterschiedlich Menschen sind und wie wenig diese Unterschiede auf Objektivität basieren. Kürzlich ging mir allerdings durch den Kopf, dass diese Geschichte auch davon handelt, *wie* Gweneviere mit ihrem dunklen Geheimnis umging. Sie glaubte, sie müsste Farquhar aus Ehrlichkeit davon erzählen. Aber nur selten kommt jemand auf den Gedanken, dass Gweneviere vielleicht deshalb so handelt, weil sie sich von ihren Schuldgefühlen befreien will. Man könnte argumentieren, dass sie sich offenbart, um wieder mit sich selbst ins Reine zu kommen. Soll sie ein dunkles Geheimnis erzählen und damit sich von Schuldgefühlen befreien, wenn sie ihrem Partner dadurch großen Schmerz bereitet? Ist es wirklich so wichtig, dass er davon weiß?

Ist es immer richtig, das Geheimnis zu offenbaren?

Viele Leute geben auf diese Frage die eindeutige Antwort, dass Gweneviere recht daran tat, ihre Untreue zu beichten. Frank Pittman, ein Psychiater und Familientherapeut aus Atlanta, argumentiert in seinem Buch *Angenommen, mein Partner geht fremd ...*, dass »Ehrlichkeit der zentrale Aspekt für Nähe ist« und dass »selbst die kleinste Lüge zu hoffnungsloser Verwirrung führen kann«. Nach Pittman sollte man niemals über eine Untreue lügen, denn »es gibt keine Wahrheit, die so zerstörerisch ist wie jede Lüge«.

Pittman hätte Gweneviere vermutlich ermutigt, über ihre eigenen Probleme nachzudenken, und er hätte sie möglicherweise mit der Tatsache konfrontiert, dass keine noch so gute Absicht ihre Untreue rechtfertigen konnte. Er hätte wahrscheinlich auch ausgeführt, dass ihre Schuldgefühle ihre Beziehung allmählich vergiftet und zerstört hätten, wenn sie Farquhar nicht davon erzählt hätte. Er würde darauf bestehen, dass man das dunkle Geheimnis der Untreue immer gestehen muss.

Doch nicht alle Therapeuten wären seiner Meinung. Die Schweizer Paartherapeutin Rosmarie Welter-Enderlin hält eine solche Position für eine Art therapeutischen »Moralismus«, der gefährlich sei, weil er zu einer starren Formel werde, zu einem *Gesetz* in Bezug auf das Erzählen von Geheimnissen, einer Forderung nach permanenter Selbstentblößung. Ihre therapeutische Erfahrung lässt sie zu dem Schluss kommen, dass wir die Unvollkommenheit des Menschen akzeptieren müssten, ohne deshalb gleich in »Lethargie zu verfallen«. Ich weiß nicht genau, was sie unter Lethargie versteht, aber ich nehme an, sie meint, wir sollten Untreue nicht stillschweigend dulden, nur weil sie so häufig vorkommt. Das andere Extrem zu Pittman stellen einige Therapeuten dar, die glauben, dass die Gefahr von Geheimnissen *immer* relativ sei, dass sie ebenso sehr durch den sozialen, gesellschaftlichen, ethnischen und religiösen Kontext definiert seien wie durch den spezifischen Fall in der betreffenden Familie. Manche dieser Denkrichtungen sind so weit gegangen, dass sie den Inzest relativiert haben! Das heißt, sie vertreten die Ansicht, dass die Familie wichtiger sei als die Konfrontation eines Elternteils, der ein Kind zum Inzest zwingt.

Schädlichkeitsgrade

Meine eigene Position liegt zwischen diesen beiden Extremen. Ich habe mich entschieden, dunkle Geheimnisse nach ihrer Schwere und ihrem krank machenden Potenzial zu kategorisieren und dies als Richtlinie für ihre Enthüllung zu nehmen (vgl. die Tabelle der nächsten Seiten; diese Auflistung erhebt selbstverständlich keinen Anspruch auf Vollständigkeit).

Manche dunklen Geheimnisse (die in der folgenden Tabelle als Geheimnisse ersten und zweiten Grades aufgeführt sind) sind *immer* schädlich. Ihre Enthüllung, die Konfrontation und Auseinandersetzung mit ihnen sind unerlässlich. Geheimnisse dritten und vierten Grades sind ebenfalls schädlich, aber die Entscheidung über den Umgang mit ihnen hängt mehr vom Gesamtkontext ab. In manchen Fällen kann es sich sogar als schwierig erweisen, Geheimnisse vierten Grades von Privatangelegenheiten zu unterscheiden – abgesehen von dem Leid, das sie ihren Trägern bescheren.

GEHEIMNISSE ERSTEN GRADES **hinterlassen unheilbare Wunden (letal)** Konfrontation und Enthüllung sind unerlässlich	
Es gibt immer ein Opfer; verletzt das Recht auf Leben, Freiheit, Würde der Person und persönlichen Besitz anderer; meist rechtswidrig. Enthüllung birgt für den Täter ein großes Risiko; kann auch für den Enthüllenden mit körperlichen und emotionalen Risiken verbunden sein.	*Kriminelle Handlung* Mord Verstümmelung/Folter Brandstiftung Terrorismus Entführung Schlagen/Körperverletzung Straßenraub Stellvertretendes Münchhausen-Syndrom Teufelskult Rassengewalt Übergriffe gegen Homosexuelle Drogenhandel Auflauern Einbruch, Diebstahl Kaufhausdiebstahl Betrügerische Spiele *Sexualverbrechen* Vergewaltigung (auch in der Ehe und bei Verabredungen) Inzest/sexuelle Belästigung Sexuelle Folter/sadomasochistische Sexualpraktiken Kinderprostitution, -pornografie Sexueller Missbrauch Ungeschützter Sex bei Aids *Ungerechtfertigte Behandlung* Emotionaler Missbrauch Spiritueller Missbrauch Selbstmord

GEHEIMNISSE ZWEITEN GRADES **gefährlich (demoralisierend)** Konfrontation und Enthüllung sind unerlässlich	
Verletzt das eigene Persönlichkeitsempfinden; hat schädliche Auswirkungen auf die eigene Person und auf andere; kann zu Gesetzesübertretungen führen. Enthüllung kann wirtschaftliche, soziale und emotionale Gefahren für den Geheimnisträger und den Enthüllenden bergen.	*Missbrauch von Suchtmitteln* Alkoholismus Drogenmissbrauch *Essstörungen* Magersucht Bulimie Fressanfälle Dick-dünn-Spirale *Suchtverhalten* Sexsucht Zahlreiche Affären Partnertausch Chronische Masturbation mit Pornografie Voyeurismus Exhibitionismus Krankhafte Sucht nach Liebe Arbeitssucht Spielsucht *Geburts- und Identitätsfragen* Adoption Leihmutterschaft Künstliche Befruchtung Fragen um Vaterschaft Verlorene Geschwister

GEHEIMNISSE DRITTEN GRADES **schädlich** Die Notwendigkeit einer Enthüllung und Konfrontation hängt von der familiären Dynamik und vom sozialen, gesellschaftlichen, ethnischen und religiösen Kontext ab	
Verletzt die Freiheit einer oder mehrerer Personen; verletzt Grenzen; impliziert bewusste oder unbewusste Unehrlichkeit; schädigt den guten Ruf anderer; verhindert Austausch innerhalb der Familie; schafft Misstrauen; blockiert Kommunikation. Enthüllung kann einen anderen verletzen oder jemandes Vertrauen brechen; beinhaltet in erster Linie ein emotionales Risiko für den Betreffenden.	*Familiäre Verstrickungen* Dreiecksbeziehungen Verdeckte Familienregeln Generationsüberschreitende Bindungen Zwanghafter Drang, die Eltern zu schützen Sündenbockrolle/»Problem«-Träger *Ehegeheimnisse* Geheime lesbische oder homosexuelle Beziehung Verborgener Ärger und Groll Sexuelle Untreue (in einzelnen, besonderen Fällen) Schwangerschaft bei Eheschließung Arbeitslosigkeit *Um Leiden kreisende Geheimnisse* Seelische Störung Geisteskrankheit Körperliche Behinderung Verleugnung von Tod und Krankheit Platzangst/klinische Depression *Geistige/spirituelle Themen* Homophobie Rassenvorurteile

GEHEIMNISSE VIERTEN GRADES **leidvoll** Die Notwendigkeit einer Konfrontation und Enthüllung hängt vom persönlichen Zustand und vom sozialen, gesellschaftlichen, ethnischen und religiösen Kontext ab	
Schadet in erster Linie dem Selbst; die Wahrung des Geheimnisses kostet Kraft und verhindert Spontaneität. Eine Enthüllung würde niemand anderen in Gefahr bringen; bedeutet in erster Linie ein emotionales Risiko für den Geheimnisträger.	*Krank machende Scham* Furcht Schuld Angst Depression *Kontextabhängige/gesellschaftliche Scham* Äußere Erscheinung/Körper Sozioökonomischer Status Ausbildungsniveau Kontaktschwierigkeiten Ethnische Scham Spirituelle/religiöse Krise

Affären als Geheimnisse zweiten oder dritten Grades

Affären können, um auf Gweneviere zurückzukommen, hinsichtlich ihrer krank machenden Wirkung zwei Bereichen der Schädlichkeitsskala zugeordnet werden. Meiner Überzeugung nach spricht eine Vielzahl von Affären für das Vorliegen einer sexuellen Sucht. Fortgesetzte Affären als Sucht sind ein Geheimnis zweiten Grades. Ich glaube, dass Geheimnisse zweiten Grades, erst recht Geheimnisse ersten Grades, besonders gefährlich sind und dass eine Konfrontation mit ihnen unerlässlich ist. Falls Sie selbst viele Affären haben, leiden Sie wahrscheinlich an einer sexuellen Sucht. Sie gefährden dadurch ihr eigenes und das Leben ihres Partners und ihrer Familie.

Gwenevieres Untreue war dagegen ein einmaliges Vorkommnis, und die Wahrscheinlichkeit, dass sie erneut so handeln würde, ist sehr gering. Ihr Geheimnis gehört meiner Ansicht nach in die Kategorie der Geheimnisse dritten Grades. Es muss nicht unbedingt mitgeteilt werden. Man könnte argumentieren, dass das Geheimnis nur strategische Bedeutung und einen hohen Anpassungswert hatte. Moraltheologen und Ethiker haben in Absicht und Umständen immer mildernde Umstände gesehen, wenn sie eine Tat als gut oder böse beurteilten. Entscheidend wäre daher, wie Gweneviere diese Handlung in ihr Leben integrieren könnte. Wenn ihre Schuldgefühle so stark wären, dass sie keine echte Nähe in ihrer Ehe mehr zuließen, dann sollte sie etwas dagegen unternehmen – vielleicht sich bei einem Freund aussprechen oder einen Pfarrer um geistlichen Rat ersuchen und um Vergebung beten, falls sie glaubte, etwas Schlechtes getan zu haben. Sie könnte auch zu einem Therapeuten gehen, falls das für sie in Frage käme. Geheimnisse dritten Grades kann man nicht einfach schwarz oder weiß sehen. Sehr viel hängt vom Gesamtkontext ab, innerhalb dessen das Geheimnis wirkt. Eine einzige außereheliche Beziehung kann auch einen Versuch der persönlichen Entwicklung darstellen, vielleicht sogar eine Rebellion gegen die Diktatur des »neuen Gesetzes der Offenheit« und der permanenten Offenbarung, das ein Paar seiner Privatsphäre berauben kann.

Ich sprach bereits darüber, dass jeder für seinen Entwicklungsprozess einen intimen Raum braucht, »einen Raum für sich«, wie Virginia Woolf es nannte. Fehlende Intimität kann die persönliche Entwicklung verhindern. Eine Affäre kann dieser Entwicklung dienen. Sie kann eine vorübergehende Heimlichkeit darstellen, die einem neuen Gleichgewicht von Macht und Nähe vorausgeht. Rosmarie Welter-Enderlin schreibt: »Meine therapeutische Erfahrung mit Paaren in dieser Situation verläuft sehr häufig nach folgendem Schema: Eine außereheliche Beziehung, die verschwiegen wird, scheint zunächst das noch nicht bewusste Bedürfnis des einen oder anderen Partners zu signalisieren, einen ›Raum für sich‹ abzugrenzen.« Sie räumt ein, dass es unter rationalen Gesichtspunkten bessere Wege gibt, um dieses Ziel zu erreichen. Aber die Menschen handeln nicht immer rational. Treue wird manchmal überschwemmt von Leidenschaft, und Leidenschaft ist egoistisch. Leidenschaft gehört zur menschlichen Natur. Welter-Enderlin will ebenso wenig wie ich zum Fremdgehen ermuntern, aber sie erkennt die Tatsache an, dass eine Affäre *nicht immer* mit dunklen Geheimnissen zu tun hat, denen ein Paar nicht ins Gesicht sehen will.

Dynamik und Inhalt

Bei der Beurteilung von Geheimnissen dritten Grades muss man auch die dabei wirksame spezifische Familiendynamik berücksichtigen und nicht nur den Inhalt des Geheimnisses. Sehen Sie sich dazu den Fall von Susie und Peter an.

Susie kam im April 1975 zu mir. Sie zeichnete ein trostloses Bild ihrer unglücklichen Ehe. Sie schilderte sich selbst als wirbelnde, hinreißende und vor Energie strotzende Frau, während sie ihren Mann als emotionslos und nur in seine Arbeit versunken beschrieb.

Susie berichtete mir, sie hätte ein prickelndes Rendezvous mit einem verheirateten Mann namens Peter gehabt, ohne dass es zu sexuellen Kontakten gekommen wäre. Peter wäre ein dynamischer Mann, der für eine Initiative gegen den Hunger der Welt arbeitete. Sie spielte mit dem Gedanken, ein Verhältnis mit ihm zu beginnen. Peter war wie Susie seit fünf Jahren verheiratet und war ebenso wie sie bis dahin nie fremdgegangen. Trotz meiner eindringlichen Warnungen, dass ein Verhältnis die Dinge nur noch komplizierter machen und zu noch größerer Distanz in ihrer Ehe führen würde, begann Susie tatsächlich ein Verhältnis mit Peter, das letztendlich fünf Jahre dauern sollte.

Anfänglich schien es vor allem ein intensives sexuelles Erleben zu sein, das sie zueinander trieb. Doch im Laufe der Zeit wurde klar, dass sie sich stundenlang Dinge erzählten, über alles miteinander sprachen, von Problemen mit ihren Kindern über die Schönheit der Natur, über Politik, bis zu ihrem Glauben an Gott und spirituelle Fragen. Beide lernten, wie man auf einer Ebene tiefer Nähe miteinander kommunizieren kann.

Eines Tages erzählte Susie mir, dass ihr Mann zu einem Therapeuten ginge und dass sie zum ersten Mal über manche Dinge miteinander sprächen. Obwohl Susies Ehe sich besserte, führte sie ihr Verhältnis mit Peter fort.

Am Ende des dritten Jahres erzählte sie mir, dass sie und ihr Mann noch ein Kind wollten, dass sie jedoch Angst vor Peters Reaktion hätte, denn sie spürte, dass sie nicht sexuell mit ihm verkehren könnte, wenn sie von ihrem Mann schwanger wäre.

Als Susies Berater war ich manchmal kurz davor, den Verstand zu verlieren. Ich wusste oft nicht, in welche Richtung ich ihre Therapie lenken sollte. Ich suchte Rat bei einem erfahrenen Therapeutenkollegen, der mir half, zu verstehen, dass in Susie ein dynamischer Prozess stattzufinden schien. Tatsächlich besserte sich ihre Ehe infolge ihrer Affäre. Sie sprach nicht mehr davon, ihren Mann zu verlassen. Er hatte vollkommen aus eigenem Entschluss eine Therapie begonnen. Sie kommunizierten jetzt häufiger und auf einer intimeren Ebene miteinander. Sie überlegten, ob sie noch ein Kind wollten.

Peter stand während Susies Schwangerschaft zu ihr. Wenn sie zusammen waren, stützte und sorgte er für sie, ohne sie je zum Sex zu drängen. Etwa ein Jahr nach der Geburt des Babys begann Peter ein anderes Verhältnis und sagte Susie, er könne absehen, dass sie ihr eigenes Verhältnis sehr bald beenden würde. Susie trauerte ein Jahr über Peters Verlust. Aber sie begriff, welcher Prozess sich in den letzten fünf Jahren vollzogen hatte. Sie war von einer Ehe, die am Zerbrechen war, zu einer wachsenden Familie gelangt. Peter erging es nicht so gut. Ein paar Jahre später hatte ich die Gelegenheit, Peter und seine Frau zu beraten. Das Verhältnis mit Susie hatte ihm klar gemacht, dass er eine Ehe, die von Anfang an unter einem schlechten Stern gestanden hatte, beenden musste. Peter hatte wegen einer Schwangerschaft geheiratet, und er und seine Frau hatten einen unbewussten Vertrag abgeschlossen, das Kind gemeinsam großzuziehen. Peters Frau war sich dessen bewusst, dass sie seine Affären duldete, um ihren eigenen Schwierigkeiten mit echter Nähe aus dem Weg zu gehen.

Ich interpretierte Susies fünf Jahre dauerndes Verhältnis schließlich folgendermaßen: Es verschaffte Susies Mann Zeit, mehr über Gefühle und Nähe zu lernen. Ihre Dreiecksbeziehung mit Peter erfüllte Susies Bedürfnis nach Nähe, das in ihrer Ehe unbefriedigt blieb. Es ermöglichte Peter und seiner

Frau, Nähe zu vermeiden und dennoch ihren stillschweigenden Vertrag zu erfüllen, das gemeinsam gezeugte Kind großzuziehen.

Susie und ihr Mann haben mittlerweile noch ein anderes Kind und führen ein harmonisches Familienleben.

In diesem Fall wurde der Inhalt (die außereheliche Beziehung) eindeutig gemildert durch den Prozess (die Festigung, die Susies Ehe durch das Geheimnis erfuhr). Für ein anderes Paar hätte eine Affäre zerstörerisch wirken und einen ganz andersartigen Prozess einleiten können.

Die Enthüllung von Geheimnissen

Meine eigenen Einstellungen zu Themen, die früher als dunkle Geheimnisse galten, haben sich im Laufe meines Lebens radikal verändert. Denken Sie nur an die prominenten Amerikanerinnen, die in den letzten 20 Jahren öffentlich eine Abtreibung eingestanden haben, um das Recht der Frauen auf Selbstbestimmung bei der Fortpflanzung durchzusetzen. Das wäre vor 30 oder 40 Jahren noch undenkbar gewesen.

In einem konservativ-religiös geprägten Umfeld würde ein uneheliches Kind noch immer scheel angesehen werden. In einem anderen Umfeld ist ein uneheliches Kind etwas ganz Normales. Man muss die Veränderungen des kulturellen und gesellschaftlichen Hintergrunds berücksichtigen, wenn man Richtlinien für das Erzählen von Geheimnissen aufstellen will.

Dadurch, dass Prominente wie Betty Ford, Magic Johnson, Jane Fonda, Suzanne Somers, Oprah Winfrey und viele andere ihre Geheimnisse publik gemacht haben, ist die Enthüllung von Geheimnissen populär geworden. Das hatte im Allgemeinen positive Auswirkungen. Die Schranktüren wurden weit aufgerissen, und die Leichen wurden aus dem Keller geholt.

Doch jeder Fortschritt bringt auch negative Aspekte mit sich. Täglich erlebe ich, wie in vielen eher unbekannten Talkshows, in denen schäbiges Verhalten und Geheimnisse zu zentralen Garanten für kommerziellen Erfolg geworden sind, Menschen gepeinigt werden. Es genügt nicht, dunkle Geheimnisse einfach zu offenbaren. Es kreisen immer mehr Horrorgeschichten, in denen Inzestopfer unter massivem Druck von außen in einem Rundumschlag die ganze Familie mit ihren Erlebnissen konfrontieren und Katastrophen auslösen.

Zu Beginn meiner eigenen Heilung wurde ich Opfer eines Therapeuten, der mir sagte, ich solle nach Hause gehen und meiner Frau und meinem zwölfjährigen Sohn alle meine Geheimnisse offenbaren. Er gab mir diesen Rat in einer Gruppenveranstaltung, ohne Rücksicht auf das Alter meines Sohnes und ohne jede reale Kenntnis der Qualität der Beziehungen innerhalb meiner Familie. Auch wenn ich die volle Verantwortung dafür übernehmen muss, dass ich seinem Rat gefolgt bin, die Folgen waren katastrophal. Es dauerte eine ganze Weile, um die Dinge wieder ins Lot zu bringen. Ein anderer Therapeut erläuterte in demselben Workshop Anzeichen für Inzest, die einige Teilnehmer zu der Überzeugung brachten, dass sie Opfer eines solchen seien. Eine Frau, die ich gut kannte, verließ den Workshop im Glauben, sie sei ein Opfer ihres Vaters, und brach zwei Tage später jeden Kontakt zu ihm ab. Mehrere Jahre vergingen, bis sie zu der Einsicht kam, dass sie sich hinsichtlich ihres Vaters geirrt hatte.

Unser klinisches Wissen über den besten Umgang mit dunklen Geheimnissen ist noch in der Entwicklung begriffen. Niemand behauptet, *sicher* zu wissen, wann, wo, wie und wem Geheimnisse erzählt werden sollten. Das Beste, was wir tun können, ist, die Polaritäten in unserer Familie so weit wie möglich zu verstehen und so gut wie möglich die Verantwortung für unsere eigenen dunklen Geheimnisse und für diejenigen zu übernehmen, von denen wir wissen, dass sie uns wie auch anderen Familienmitgliedern Schmerz zufügen.

Im Folgenden möchte ich Ihnen einige Richtlinien für die Konfrontation und Enthüllung von Geheimnissen ersten, zweiten, dritten und vierten Grades an die Hand geben. Denken Sie immer daran, dass Konfrontation und Enthüllung von dunklen Geheimnissen den Zweck verfolgen, persönliche Würde und Privatsphäre wiederherzustellen, Offenheit und liebevolle Zuneigung aufzubauen, ein emotionales Klima zu schaffen, in dem brisante Informationen mitgeteilt werden können, und Kommunikationskanäle zu öffnen, die noch lange nach der Enthüllung des Geheimnisses vertieft werden können.

Dunkle Geheimnisse ersten Grades

Werfen Sie noch einmal einen Blick auf die Tabelle mit den Geheimnissen ersten Grades auf Seite 285. Geheimnisse ersten Grades wirken letal und müssen unbedingt aufgearbeitet werden. Diese Geheimnisse verletzen Menschenrechte und zerstören das Leben Einzelner. Häufig brauchen diejenigen, die solche Geheimnisse offenbaren, Schutz, und häufig sind sie auf eine Intervention von außen angewiesen. Die meisten Geheimnisse ersten Grades sind mit Gesetzesübertretungen verbunden. Wenn Sie mit einem solchen Geheimnis zu tun haben, gehen Sie mit Bedacht vor und holen Sie unter Umständen juristischen Rat ein (vgl. Kasten auf den Seiten 295 f.).

Kinder haben in diesem Bereich dunkler Geheimnisse oft noch zusätzliche schreckliche Nachteile. Ein Kind, das von einem Elternteil zum Inzest gezwungen wird, versucht beispielsweise häufig den anderen Elternteil in das Geheimnis einzuweihen. Oft ist auch dieser Elternteil in einer Opferrolle gefangen. Manchmal handelt es sich um Opfer einer posttraumatischer Belastungsstörung, die ihr eigenes Kindheitstrauma ausagieren und von ihrem Ehepartner von neuem gequält werden. Die Enthüllung ihres Kindes kann dazu führen, dass sie sich distanzieren und in Ratlosigkeit versinken. Oft geben sie dem Kind nicht die erforderliche Hilfe, weil es ihnen wichtiger ist, dass die Familie zusammenbleibt.

Manchmal sind beide Eltern in den Missbrauch verwickelt. Das kindliche Opfer wird doppelt verraten und verliert jede Hoffnung, je wieder einem Menschen vertrauen zu können. Damit eine so geschädigte Person einer anderen ihr Geheimnis mitteilen kann, muss zuvor eine solide Vertrauensbeziehung aufgebaut werden. Viele Inzestopfer finden diese bei einem Therapeuten. Gute Therapeuten drängen das Opfer nicht zu schnell zum Reden. Denn Vertrauen ist eine Grundvoraussetzung für die Schaffung eines sicheren Ortes, an dem ein Geheimnis offenbart werden kann.

Dusty Miller, Therapeut und Professor am Antioch College in Ohio, beschreibt den Fall eines 26-jährigen Inzestopfers, das bereits in der allerersten Therapiesitzung Einzelheiten über die sadistische Vergewaltigung durch den Vater enthüllte. Zwischen den Sitzungen agierte die Frau »nach innen«, indem sie sich die Pulsadern aufritzte. Im Verlauf der nächsten Sitzungen wiederholte sich dieses Muster. Miller wurde klar, dass die Frau ihrem Vater gegenüber sehr ambivalente Gefühle hegte. Sie hasste ihn, und sie liebte ihn. Wenn sie das Geheimnis beichtete, hatte sie das Gefühl, ihn zu verraten, und sie hatte nicht genug Vertrauen und eine zu schwache Beziehung zu Miller, um darin eine Kompensation für ihre Offenbarung des Geheimnisses zu finden. Indem sie sich die Pulsadern aufritzte, agierte sie ihre Schuldgefühle aus. Miller empfiehlt Therapeuten deshalb dringend, sich Zeit zu lassen und zunächst eine vertrauensvolle Beziehung zum Patienten herzustellen, bevor sie zulassen, dass der Patient zu viel von sich preisgibt. Jedes Opfer eines sexuellen Missbrauchs hat einen vollkommenen Einbruch in seine intime Privatsphäre erlebt und wahrscheinlich nie einen Rückzugsraum und die Achtung seiner Privatsphäre kennen gelernt. Es ist Sache des Therapeuten, Beraters oder Freundes, einen solchen Raum der Privatsphäre und eine vertrauensvolle Beziehung erst einmal herzustellen, bevor er seinen Patienten oder Freund zu viel enthüllen lässt.

Lassen Sie sich auch Zeit, wenn Sie sich als Opfer jemandem anvertrauen. Sie werden jeden Teilaspekt des Geschehenen verarbeiten müssen. Lassen Sie sich deshalb von niemandem drängen. Berater und Therapeuten wissen, dass sie Betroffene nicht einfach durch Konfrontation dazu treiben können, ihr Geheimnis zu enthüllen.

Ich kann keine absolut sicheren Maßstäbe nennen, wem, wann, wo und wie ein Geheimnis offenbart werden soll. Geheimnisse ersten Grades sind aufgrund ihrer hohen Schädlichkeit mit einer gewissen Dringlichkeit verbunden, aber zu berücksichtigen ist auch, dass ein dunkles Geheimnis nur im Rahmen einer vertrauensvollen Beziehung enthüllt werden sollte und dass der Aufbau einer solchen Beziehung normalerweise Zeit und schrittweises Vorgehen erfordert.

RICHTLINIEN FÜR DIE KONFRONTATION MIT GEHEIMNISSEN ERSTEN GRADES

Wenn Sie als Täter ein Geheimnis haben:

- Akzeptieren Sie, dass Sie Hilfe brauchen.
- Scham und Selbsthass können nur geheilt werden, wenn sie aus dem Verborgenen befreit werden.
- Überlegen Sie, mit wem Sie sprechen können und welche Möglichkeiten Sie haben.
- Sie werden die juristische und moralische Verantwortung für Ihr Handeln übernehmen müssen, aber das ist die einzige Möglichkeit, wie Sie mit Anstand weiterleben können.
- Sie können Wiedergutmachung leisten.
- Ihnen kann mit einer Therapie geholfen werden.
- Ihnen kann auch verziehen werden.

Wenn Sie als Opfer ein Geheimnis haben:

- Sie sind Opfer schwerer Gewalttaten geworden und müssen jemanden finden, mit dem Sie reden können. Suchen Sie sich einen Therapeuten, der Erfahrung in der Arbeit mit Gewaltopfern hat.
- Gehen Sie langsam vor. Sie werden Zeit brauchen, um Vertrauen aufzubauen.
- Nehmen Sie sich Zeit, um Ihre Wut und Ihren Schmerz zu verarbeiten.
- Gründen Sie eine Selbsthilfegruppe mit anderen Opfern und holen Sie juristischen Rat über Ihre Möglichkeiten ein.
- Wenn es sich um einen Elternteil, einen Verwandten oder ein Geschwister handelt, überlegen Sie sich gründlich, wie Sie eine Konfrontation herbeiführen wollen.
- Warnen Sie jede Person, die ein potenzielles Opfer werden könnte.
- Sorgen Sie für Schutz, wenn Sie dem Täter gegenübertreten.
- Vielleicht ziehen Sie es vor, eine Gegenüberstellung Auge in Auge zu vermeiden. Aber tun Sie etwas, um Ihre eigene Integrität zu wahren.

Wenn ein anderer ein Geheimnis hat:

- Selbst wenn es sich beim Täter um einen Elternteil, einen Verwandten oder einen Freund handelt, braucht er Hilfe. Wenn Sie tatenlos zusehen, tragen Sie zur Aufrechterhaltung seines Problems bei.
- Lassen Sie sich Zeit und suchen Sie so viele Familienmitglieder wie möglich, die Ihnen bei der Konfrontation beistehen.
- Erkundigen Sie sich über die rechtliche Problematik vor einer Konfrontation.
- Sie müssen sich selbst schützen. Wenn Sie Kind eines Täters sind, suchen Sie jemanden, dem Sie sich anvertrauen können.
- Betrachten Sie Ihre Konfrontation als Akt der Fürsorge und Liebe.
- Wenn Sie zu viel Angst haben, etwas zu unternehmen, suchen Sie jemanden, mit dem Sie darüber sprechen können.
- Es zeugt von Respekt gegenüber Ihren Eltern, wenn Sie mit jemandem über ihre Geheimnisse sprechen. Sie brauchen Hilfe, und das Geheimnis zu bewahren würde nur zur Aufrechterhaltung Ihrer krank machenden Scham und Erniedrigung beitragen.

Das Trauma eines Geheimnisses ersten Grades aufarbeiten

Als Opfer eines Geheimnisses ersten Grades brauchen Sie fürsorgliche und liebevolle Unterstützung. Ich empfehle Ihnen dringend, einen Therapeuten aufzusuchen, der Erfahrung mit den schweren Beschädigungen hat, die mit Geheimnissen ersten Grades verbunden sind.

Blanche wurde von einem Unbekannten vergewaltigt, mit dem ein Mädchen aus ihrem Büro eine Verabredung für sie arrangiert hatte. Beim Tanzen mit dem Fremden hatte sie bereits ein unbehagliches Gefühl beschlichen, weil er sich heftig an sie drückte. Aber sie war jemand, der es allen recht machen wollte und nicht nein sagen konnte. Also trank sie einige starke Drinks und redete sich ein, das würde ihr die Kraft verleihen, um ihm Paroli zu bieten. Stattdessen lockerte der Alkohol ihre Hemmungen. Dies in Verbindung mit Monaten der Einsamkeit und einem Hunger nach Berührung brachte sie dazu, seinem Grapschen nachzugeben. Blanche wusste, dass die Situation gefährlich war, und sie überlegte, ob sie mit dem Taxi nach Hause fahren sollte, aber ihre Freundin sagte ihr, sie solle sich »entspannen und das Leben genießen«. Auf dem Heimweg hielt der Mann das Auto an und fuhr fort, an ihr herumzufummeln. Sie wehrte sich und protestierte laut. Darauf drückte er sie nieder und zwang sie zu einer Fellatio. Als er fertig war, fuhr er sie nach Hause. Danach war sie tagelang wie von sich selbst abgespalten und in einem Schockzustand. Sie wollte mit ihrer Freundin darüber sprechen, aber diese nahm sie nicht ernst.

Erst Monate später ging sie zu einem Therapeuten und erzählte ihm, was vorgefallen war. Der Therapeut wurde ihr »wohlwollender Zeuge«. Ein wohlwollender Zeuge ist jemand, der ohne abzuwerten Ihrem Schmerz zuhört, Ihnen ein auf sinnlicher Erfahrung basierendes Feedback gibt und Ihnen dadurch vermittelt, dass Ihre Erfahrung ernst genommen wird.

Eine solche Bestätigung ist von großer Bedeutung, denn Opfer grübeln sehr häufig darüber nach, ob sie den Missbrauch selbst provoziert hätten oder ob etwas mit ihnen und ihren Gefühlen nicht stimmte. Häufig haben die Opfer das Gefühl, sie hätten kein Recht, sich wütend oder verletzt zu fühlen. Blanche glaubte, sie hätte die Vergewaltigung selbst provoziert, weil sie den Mann nicht daran gehindert hatte, dass er sich an sie presste. Sie empfand vielmehr Schuldgefühle, weil sie es genossen hatte.

Diese widersprüchlichen Gefühle sind typisch für die Denkweise von Missbrauchsopfern. Blanche wurde schon als Kind misshandelt. Nie hatte sie das Recht, eigene Gedanken und Gefühle über irgendetwas zu entwickeln. Ihre Mutter war herrschsüchtig, moralistisch, narzisstisch und schränkte sie massiv ein. Blanche wusste nie, ob das, was sie tat, richtig oder falsch war. Sie war abhängig vom Urteil ihrer Mutter und wartete immer auf deren Bewertung. Nie vertraute sie ihrer eigenen Erfahrung.

Im Laufe der Monate bekräftigte der Therapeut ihre Erfahrung und ließ Blanche Fürsorge und Spiegelung zukommen. Langsam verwandelten sich ihre Traurigkeit und Schmerz in Wut. Aus der nach innen gegen sich selbst gewendeten Wut wurde nach außen gerichteter Zorn auf den Täter.

Ihr wurde klar, dass sie misshandelt worden war. Sie überlegte, welche Handlungsmöglichkeiten sie hatte. Der Täter war weggezogen, und niemand wusste, was aus ihm geworden war. Er jagte ihr noch immer Angst ein. Sie brachte ihre Wut symbolisch in Rollenspielen zum Ausdruck und führte Selbstgespräche mit ihm. Schließlich zeigte sie ihn an. Zwei Jahre waren inzwischen vergangen, und ihr Anwalt sagte ihr realistisch, wie aussichtslos der Fall wäre, aber sie ließ sich davon nicht beeindrucken.

Blanches Peiniger wurde nie gefunden, aber das Entscheidende hier ist, dass Blanche für sich selbst einstand. Sie entschloss sich zu rechtlichen Schritten, und sie fühlte sich gut dabei.

Es fiel Blanche schwer, mit der Verletzung und dem Schmerz ihrer Vergewaltigung umzugehen. Sie kannte den Täter kaum. Dennoch ist die Trauerarbeit weitaus schwieriger, wenn man eine enge emotionale Beziehung zum Täter hat.

Trauer ist ein heilsames Gefühl. Man muss sich Zeit dabei lassen. Je gewaltsamer die Tat war, umso langsamer sollte man dabei vorgehen, darüber zu sprechen und den Schmerz zuzulassen. Trauer ist ein Prozess, der vorhersehbare Stadien durchläuft und Zeit braucht. Viel hängt von Ihrer Beziehung zum Täter und von der Tiefe der Bindung an ihn ab. Je mehr Sie an ihm hingen, desto ambivalenter werden Ihre Gefühle sein. Es ist der Verrat der Eltern, der Inzest und Misshandlungen zu so verabscheuungswürdigen Verbrechen macht. Wenn ein Kind seine Eltern liebt, ist die Enthüllung des Geheimnisses mit großer Ambivalenz verbunden. Der Verrat erschwert es dem Opfer, je wieder einem Menschen zu vertrauen.

Wenn Sie rechtliche Schritte in Erwägung ziehen, brauchen Sie den Rat eines Anwalts. Vergewissern Sie sich, dass der Anwalt die spezielle Art Ihres Traumas versteht. Tragen sie alle Informationen über Ihre Möglichkeiten zusammen, und fällen Sie dann Ihre Entscheidung. Sie sind das Opfer, und

Sie haben das Recht zu entscheiden, was Sie tun wollen. Das einzige »Muss«, ist, dass Sie sich jemandem anvertrauen *müssen*, der sie spiegeln und ernst nehmen kann. Und wenn Sie Ihre Wunde heilen wollen, müssen Sie darüber trauern – sich Schock, Schmerz, Wut, Reue und Einsamkeit aussetzen. Dieser Prozess ist langwierig und durchsetzt mit Verleugnung, Verharmlosung und dem neuerlichen Durchlaufen bestimmter Phasen. Es kann sein, dass Sie eine Woche sehr wütend sind und in der nächsten in Traurigkeit und Schmerz zurückfallen. Sie schwanken vielleicht hin und her zwischen Verleugnung und Anerkennung der Fakten. Suchen Sie sich einen Therapeuten mit viel Erfahrung und machen Sie ihn zu Ihrem Verbündeten.

Dunkle Geheimnisse zweiten Grades

Auch Geheimnisse zweiten Grades müssen enthüllt und in Form einer Konfrontation bewältigt werden. Geheimnisse zweiten Grades betreffen in meiner Auflistung meistens Süchte, und geheimnisumwobene Verleugnung ist geradezu das Wesen der Sucht. Da gewöhnlich die gesamte Familie in das Geheimnis verwickelt ist, muss auch die ganze Familie in die Konfrontation mit einbezogen werden. Jemand kann zwar eine Sucht eingestehen und trotzdem die Verleugnung aufrechterhalten.

Ich saß regelmäßig mit meinem Freund George (der inzwischen als tragisches Opfer des Alkoholismus verstorben ist) in stinkenden Kneipen und debattierte mit ihm über unser dunkles Geheimnis des Alkoholismus. Wir tranken ein Bier nach dem anderen und ergingen uns endlos über unser gemeinsames Problem. Ich musste sehr tief stürzen, bevor ich bereit war, zu handeln und mit dem Trinken aufzuhören. George starb, bevor er so tief sank.

Das Geheimnis einer Sucht wird oft erst dann offenkundig, wenn der Süchtige ganz unten ist, und ganz unten kann für verschiedene Menschen Verschiedenes bedeuten. Der Verlust des Arbeitsplatzes, Scheidung, eine Verhaftung wegen Trunkenheit am Steuer, ein tätlicher Angriff durch den Mann der Geliebten – solche Dinge zwingen die Menschen in die Knie und durchbrechen ihre Verleugnung. In den meisten Fällen ist dann eine formelle Konfrontation erforderlich.

Die formelle Konfrontation

Im Laufe der Jahre wurde die therapeutische Methode der formellen Konfrontation eines Süchtigen entwickelt. Das Entscheidende dabei ist, die wichtigsten Menschen im Leben des Süchtigen sowie diejenigen, die sein Stützsystem bilden, um ihn zu versammeln. In den meisten Fällen sind das die nächsten Familienangehörigen. Es können jedoch auch entferntere Verwandte und enge Freunde dazugehören. Außerdem ist es höchst wirkungsvoll, die Person, die maßgeblich den finanziellen Lebensunterhalt des Süchtigen beeinflusst (normalerweise dessen Arbeitgeber), an der Versammlung teilnehmen zu lassen. Der Arbeitgeber hat die Macht, mit dem Verlust des Arbeitsplatzes zu drohen, was in diesem Zusammenhang von großer Bedeutung sein kann. Außerdem sollte ein Therapeut oder ein Vertreter einer Selbsthilfegruppe anwesend sein, der den Süchtigen direkt zu einer Sitzung oder einer Behandlung bringen kann.

Jeder Anwesende sagt dem Süchtigen, dass er für ihn sorgt (oder ihn liebt), und gibt ihm ein konkretes, spezielles Beispiel für die Auswirkungen seiner Sucht auf das eigene Leben. Jeder sagt ihm, dass er ihn für einen Süchtigen hält, der dringend Hilfe braucht. Wenn der Therapeut an die Reihe kommt, informiert er den Süchtigen über eine Selbsthilfe- oder Therapiegruppe oder ein Behandlungszentrum, wohin er ihn gerne bringen möchte. Sein Arbeitgeber macht ihm klar, dass er dorthin gehen muss, wenn er seine Stelle behalten will.

Eine Sucht ist eine Erkrankung der gesamten Familie und hat auf jedes Familienmitglied negative Auswirkungen. Häufig sind sich die Familienmitglieder schlichtweg dessen nicht bewusst, dass sie als »funktionierendes« Gesamtsystem dem nicht funktionierenden Süchtigen jede Chance zur Genesung nehmen. Die Familie lebt in einer Illusion – sie glaubt tatsächlich, dass sie versucht, dem Süchtigen zu helfen. In Wahrheit unterstützt sie die Verleugnung des Süchtigen.

Jede Person innerhalb des Systems kann die Konfrontation in Gang setzen. Aber jedes Familienmitglied muss über die Schritte und Vorgehensweisen der Konfrontation befragt und darüber informiert werden. Vor allem Kinder haben oft eine durchschlagende Wirkung bei der Zerschlagung des Verleugnungssystems eines Süchtigen. In James Jeders Fall war seine Tochter Hannah die zentrale Triebkraft für die Veränderung seines Lebens.

James Jeders Konfrontation

James hatte extrem starke kognitive Abwehrmechanismen entwickelt, die es mir nicht aufzubrechen gelang. Ich drängte James' Tochter Hannah – die damals Anfang 20 war – zum Initiator seiner Konfrontation zu werden. Ich wusste, dass sie die einzige Person war, die James so selbstlos liebte, wie es ihm möglich war. Es gelang mir auch, seine Frau Karen, einen guten Freund, der bei den Anonymen Alkoholikern war, den Dekan von James' Fachbereich an der Universität und seine Schwester Janice zur Teilnahme an der Konfrontation zu bewegen. Ich war froh, dass Janice daran teilnahm. James hatte immer mit Achtung über sie gesprochen. Sie hatte einen Alkoholiker geheiratet und sich der Familiengruppe Al-Anon angeschlossen. James erzählte mir, dass Janice ihm wiederholt ihre Hilfe angeboten hatte.

Die Konfrontation fand in James' Büro an der Universität statt. Er hatte sich wieder einmal betrunken, war zu einer Frau gegangen, mit der er ab und an schlief, und war dann in sein Büro zurückgekehrt, um seinen Rausch auszuschlafen. Der Rückzug in sein Büro nach einer orgiastischen Nacht war ein Muster, das er im Laufe der letzten Jahre entwickelt hatte. Nachdem ich die Aktion vorbereitet hatte, bat ich Hannah, die ich auf James' Bitte hin bereits früher kennen gelernt hatte, mir nach der ersten Nacht, in der James nicht nach Hause kam, Bescheid zu sagen.

Als James dann wirklich mit seiner Realität konfrontiert wurde, war er nur noch ein Häufchen Elend. Er gestand, dass er tiefe Qualen litt und Hilfe brauchte. Er ging mit seinem guten Freund zu den Anonymen Alkoholikern. Dieser Freund gehörte einer Gruppe von Akademikern an, von denen James einige kannte. James fühlte sich dort bald zu Hause.

Nachdem James ein Jahr lang trocken und sein Hauptverleugnungssystem zerschlagen war, wurde ihm bewusst, wie sehr seine Trunksucht und seine Flucht in Sex ihn davon abgehalten hatten, sich mit dem emotionalen Schmerz über das Verlassenwerden durch die Eltern auseinander zu setzen. Indem er die Ursprünge seines Schmerzes durcharbeitete, konnte er über die Verluste seiner Kindheit trauern und begann sich emotional von seiner Mutter abzugrenzen. Es fiel James schwer, sich einzugestehen, dass er das Phantasiebild einer »perfekten Frau« geschaffen hatte, um sich nicht dem Schmerz darüber auszusetzen, dass seine Mutter ihn benutzt hatte. Seine Mutter musste entmythologisiert werden – nicht durch den glänzenden Professor für Anglistik und Verfasser von Gedichten, sondern durch das verletzte und bedürftige innere Kind, das sich verzweifelt nach der Bindung an eine Göttin sehnte, die all seine Bedürfnisse erfüllen würde.

Ich fand eine Männergruppe, die an der Bewältigung sexueller Suchtprobleme arbeitete, und bewog James, sich ihr anzuschließen. Ein Teil ihres Vorgehens – der erste Schritt – bestand darin, in allen Einzelheiten die Art ihres sexuellen Ausagierens aufzuschreiben und dann der gesamten Gruppe vorzulesen. James sagte mir, das wäre wahrscheinlich das Schmerzhafteste gewesen, was er je in seinem Leben getan hätte, besonders als er zu den Details seiner Masturbationsexzesse mit Hilfe von Pornografie kam. Aber er tat es. Dieses schlichte Eingeständnis eines lange gewahrten Geheimnisses vor einer Gruppe von Menschen, die nicht negativ werten und die gleichen oder ähnliche Probleme haben, ist einer der durchschlagendsten Heilungsprozesse, die ich kenne. Davon konnte ich mich immer wieder überzeugen.

Eine Woche, nachdem James vor seiner Gruppe vorgelesen hatte, vernichtete er seine Pornosammlung, und auch zwei Jahre später war er immer noch von dieser Sucht befreit.

Der folgende Kasten gibt Ihnen einen Überblick über Richtlinien im Umgang mit Geheimnissen zweiten Grades, die eine Sucht zum Inhalt haben.

RICHTLINIEN FÜR DIE KONFRONTATION MIT GEHEIMNISSEN ZWEITEN GRADES (Süchte)

Wenn Sie selbst ein Geheimnis haben:

- Sie verspüren ein fortschreitendes und alles durchdringendes Unbehagen, das seine Wurzel in Verleugnung hat.
- Sie verletzen sich selbst, Ihren Partner, Ihre Freunde und Ihre Kinder.
- Der einzige Weg aus Scham und Selbsthass führt durch sie hindurch. Sie müssen aus Ihrem Versteck heraustreten.
- Ihre Sucht zerstört Ihr Leben, und Sie sind machtlos dagegen.
- Es gibt Hilfe, und viele andere haben sich dem Problem bereits gestellt.
- Sprechen Sie mit jemandem, der in einer Selbsthilfegruppe ist. Strecken Sie den Arm aus, suchen Sie nach Hilfe.

Wenn Sie mit jemandem leben oder arbeiten, der süchtig ist:

- Indem Sie die Konfrontation vermeiden, lassen Sie eine Verschlimmerung zu.
- Wenn Sie zur Familie gehören, werden Sie selbst Teil der Störung, weil Sie das Tabu aufrechterhalten.
- Wenn nur ein Elternteil süchtig ist und Sie das Kind sind, dann ist auch der andere Elternteil in die Sucht mit einbezogen. Sprechen Sie mit jemandem -- einem Schulberater, einem Freund, einem Priester.
- Wenn Sie Familienmitglied und bereit sind zu helfen:
  1. Entscheiden Sie, wer an einer Konfrontation teilnehmen soll, und holen Sie die Zustimmung der Betreffenden ein.
  2. Bitten Sie jeden Teilnehmer, sich an einen besonderen Vorfall zu erinnern, bei dem der Süchtige sein Vertrauen gebrochen und ihn, die Familie oder sich selbst verletzt hat.
  3. Planen Sie Ort und Zeitpunkt der Konfrontation. Der beste Zeitpunkt ist gekommen, wenn der Süchtige sich wegen seines Verhaltens schämt oder unter dessen schlimmen Folgen leidet (wenn er zum Beispiel gerade seinen Arbeitsplatz verloren hat oder in einer Affäre gefangen ist).
  4. Bei dem Treffen sagen *alle* dem Süchtigen,
dass sie ihn lieben,
dass er sie verletzt hat (schildern Sie alle einen konkreten Vorfall mittels sinnlich erfahrbarer Wahrnehmungen),
dass sie ihn für einen Süchtigen halten, der Hilfe braucht.
  5. Sorgen Sie für die Anwesenheit einer Person, die den Süchtigen zu einem Treffen einer Selbsthilfegruppe, zu einem Therapeuten oder einem Behandlungszentrum bringen kann.

Herkunftsgeheimnisse

Auch Geheimnisse um Adoption, Vaterschaft und Befruchtung sind Geheimnisse zweiten Grades. Jeder Mensch hat das Recht, seine Herkunft zu kennen.

Eine Frau, die in einer meiner Fernsehsendungen aufgetreten war, schilderte, wie sie nach jahrelanger Suche nach ihrer Herkunftsfamilie ihren

Bruder fand. Während sie erzählte, fühlte ich, wie eindringlich sie ihr Recht auf Wissen einklagte und welche Freude sie bei diesem Wiedersehen empfunden hatte.

Ihr Name war Madelaine. Als Kind hatte sie immer wieder zu hören bekommen, sie komme aus einer schlechten Familie. In der Schule wurde sie gedemütigt und abwertend behandelt. Sie erfuhr auch, dass sie einen Bruder hatte. Mit 16 begann sie nach ihm und ihrer Mutter zu suchen. Die Adoptionsvermittlungsstelle weigerte sich, ihr Informationen mitzuteilen, also nahm sie das Telefonbuch und schrieb jeden an, dessen Name mit dem vermuteten Namen ihrer Ursprungsfamilie übereinstimmte. Das Ergebnis war gleich null. Sie fand den Priester, der sie getauft hatte, und bat ihn um Hilfe. Er teilte ihr mit, sie hätte kein Recht, nach ihrer Mutter und ihrem Bruder zu suchen. Sie meinte: »Ich sagte wütend zu ihm, dass ich ein Recht darauf hätte – es ist mein Geburtsrecht.«

Madelaine setzte ihre Suche fort. Mit 18 sagte ihr eine Freundin, die sie mittlerweile in der Adoptionsvermittlungsstelle hatte, sie hätte ihren Bruder gefunden, sein Name sei Robert. Madelaine suchte ihn auf und schilderte ihre Reaktion auf das erste Zusammentreffen mit ihm: »Es war ein unmittelbares Wiedererkennen ... Ich fühlte mich sicher und hatte endlich eine Verbindung gefunden ... Es war wunderbar, jemand anderem in die Augen zu blicken und zu denken, dass darin ein kleines Stück von mir lag.«

Niemand hat das Recht, das Geheimnis unserer Identität vor uns zu verbergen.

Dunkle Geheimnisse dritten Grades

Geheimnisse dritten Grades sind am schwersten zu definieren, und daher ist es im Vergleich zu anderen Geheimnissen am schwersten, konkrete Richtlinien für den Umgang mit ihnen aufzustellen. Ihr krank machendes Potenzial hängt von Faktoren wie gesellschaftlicher Meinung, ethnischer Zugehörigkeit, Familiendynamik und persönlichen Moralvorstellungen ab. Am deutlichsten wird die Polarität von Geheimnissen dritten Grades, wenn man an verschiedenen Beispielen untersucht, wie der gleiche Inhalt in einer Familie keine negativen Folgen bewirkt und in der anderen eine Störung hervorruft.

An früherer Stelle dieses Kapitels habe ich über das langjährige Verhältnis von Susie und Peter geschrieben und ausgeführt, inwiefern es Susie und ihrem Mann den nötigen Raum ließ, ihre Ehe und ihre Familie zu festigen. Susie entschied sich, ihrem Mann von ihrem Verhältnis zu erzählen. Sie tat dies zu einem Zeitpunkt, als ihre Liebe sich vertieft hatte und gewachsen war. Ich glaube nicht, dass es notwendig war, dies zu tun, aber sie wollte es so.

Ganz anders lagen die Dinge bei Joe Eds Verhältnis. Es fing sechs Monate nach der Hochzeit mit seiner Frau Reba an. Er behauptet, dass es in einem Moment der Schwäche zum sexuellen Verkehr mit einer Frau kam, die schon lange hinter ihm her gewesen war. Der Sexualakt selbst war enttäuschend, und danach hatte sich Joe Ed zusätzlich mit einem schmerzhaften Fall von Herpes auseinander zu setzen. Joe Ed war nur ein einziges Mal untreu, das löste aber schwere Schuldgefühle in ihm aus. Er fühlte sich schrecklich, weil er sich mit Herpes angesteckt hatte, und musste bei mehreren späteren Krankheitsausbrüchen auf sexuellen Verkehr mit seiner Frau verzichten. Reba fielen diese untypischen Phasen natürlich auf, in denen er keinen Sex wollte, und sie machte sich ihre Gedanken dazu. Joe Ed machte sich immer mehr Sorgen, er könnte seine Frau mit Herpes infizieren. Während des nächsten Jahres ging es mit der Spontaneität und Intimität in Joe Eds und Rebas Ehe ziemlich bergab. Joe Ed zettelte Auseinandersetzungen an, um sexuelle Nähe zu vermeiden. Seine heimliche Affäre und ihr Nachspiel machten seine Ehe allmählich kaputt.

Ich riet Joe Ed, sein Geheimnis zu enthüllen. Reba tobte, als er ihr beichtete. Sie zog sich eine Weile von ihm zurück, sprach dann aber immer wieder wie besessen darüber und wollte jede Einzelheit über die Affäre wissen. Ich half ihnen, so viele Informationen wie möglich über Herpes zu sammeln. Ein Jahr später hatten sich die Dinge wieder normalisiert, und sie sprachen darüber, ihr erstes Kind zu bekommen.

Im Kasten auf Seite 306 sind die Kriterien aufgeführt, die ich bei der Entscheidung anlege, ob ein Geheimnis dritten Grades enthüllt werden sollte und eine Konfrontation damit erforderlich ist. Der unmittelbar danach folgende Kasten auf Seite 307 enthält zwar einige Punkte, die bereits in Bezug auf Geheimnisse ersten und zweiten Grades angesprochen wurden, bezieht sich jedoch spezifisch auf Richtlinien für die Enthüllung oder Konfrontation von Geheimnissen dritten Grades.

ENTSCHEIDUNGSKRITERIEN FÜR DIE ENTHÜLLUNG VON DUNKLEN GEHEIMNISSEN DRITTEN GRADES

Überprüfen Sie den Familienzustand

- Hält das Geheimnis Familienmitglieder davon ab, eine eigene Identität auszubilden?
- Schafft das Geheimnis strenge Regeln der Familieninteraktion, verhindert es eine offene Kommunikation, insbesondere den Ausdruck von Gefühlen und Meinungen?
- Ruft das Geheimnis Misstrauen, Unehrlichkeit und Isolation unter den Familienmitgliedern hervor? Führt es zu ständiger Heuchelei, Täuschung oder dauerndem Ausweichen?
- Verletzt das Geheimnis die grundlegenden Bedürfnisse eines oder mehrerer Familienmitglieder?
- Würde das Geheimnis vor allem ein nicht eingeweihtes Familienmitglied verletzen, wenn es zufällig oder durch jemand anderen davon erfahren würde?
- Schafft das Geheimnis eine starre Dreiecksbeziehung auf Kosten der Autonomie eines Familienmitglieds?
- Bewirkt das Geheimnis eine feste Zweierbeziehung, die alle anderen Familienmitglieder ausschließt?
- Führt das Geheimnis dazu, dass ausgeschlossene Familienmitglieder (besonders die Kinder) auf seltsame oder sogar abwegige Phantasien in Bezug auf sich selbst kommen?
- Liegt das Geheimnis lange zurück? Hat es einen andauernden Einfluss auf die Funktionsfähigkeit der Familie? Muss es wirklich ausgebreitet werden?
- Könnte jemand durch die Offenbarung des Geheimnisses mehr verletzt werden als durch seine Bewahrung?

RICHTLINIEN FÜR DIE ENTHÜLLUNG ODER KONFRONTATION MIT GEHEIMNISSEN DRITTEN GRADES

Für die Konfrontation:

- Überprüfen Sie, wer die Konfrontation durchführen soll. Falls ein Elternteil der Geheimnisträger ist, ist der andere Elternteil den Kindern dabei vorzuziehen.
- Überlegen Sie, welcher Zeitpunkt und Ort am besten für die Konfrontation geeignet sind.
- Entscheiden Sie, wer in die Konfrontation mit einbezogen werden soll. Als generelle Richtlinie gilt: alle, die direkt von dem Geheimnis betroffen sind.
- Kinder sollten altersgemäß einbezogen werden.
- Gehen Sie langsam vor – keine überfallartigen Angriffe!
- Welchen Schutz braucht die Person, die den Geheimnisträger zur Rede stellt? Braucht der Geheimnisträger selbst Schutz?

Für die Enthüllung:

- Welchen Schutz brauchen Sie, wenn Sie der Familie ein dunkles Geheimnis offenbaren?
- Beginnen Sie mit der Person, zu der Sie die stärkste Vertrauensbeziehung haben.
- Wählen Sie einen Zeitpunkt, der es dem Betreffenden oder der Familie erlaubt, sich wirklich damit auseinander zu setzen, das heißt zu diskutieren, Fragen zu stellen und Gefühle zu zeigen.
- Wählen Sie einen Ort, an dem diejenigen, die nicht eingeweiht werden sollen (meistens die Kinder), beaufsichtigt sind.
- Wenn einige Familienmitglieder nicht anwesend sein können, bereiten Sie einen Brief für sie vor. Halten Sie sich für Gespräche zur Verfügung.

Zwei Abtreibungsgeheimnisse

In den folgenden Beispielen für Geheimnisse dritten Grades geht es um Abtreibungen, die in der Vergangenheit vorgenommen wurden.

Buds Freundin am College wurde dort im ersten Jahr von ihm schwanger. Sie beschlossen, dass sie abtreiben sollte. Später trennten sie sich.

Sechs Jahre später heiratete Bud Sarah. Sarah ist überzeugte Abtreibungsgegnerin und hat bereits an Streikaktionen gegen Kliniken teilgenommen, die Abtreibungen vornehmen. Bud glaubt, dass sie entsetzt wäre, wenn sie wüsste, dass er in eine Abtreibung verwickelt war. Bud glaubt auch, dass seine frühere Entscheidung falsch war. Sollte er seiner Frau etwas erzählen, das er inzwischen tief bereut?

Auf der Grundlage meiner im Kasten von Seite 306 aufgeführten Kriterien komme ich zu dem Schluss, dass Buds Geheimnis eine Angelegenheit ist, die nur sein eigenes Gewissen betrifft und nicht notwendig enthüllt zu werden braucht. Bud ist zwar der Ansicht, dass er einen Fehler gemacht hat, aber er kann damit umgehen. Er unterstützt nun die Anti-Abtreibungskampagnen seiner Frau. Dieses Geheimnis ist kein Hindernis für die offene Kommunikation und Liebe zwischen Bud und seiner Frau. Sein Geheimnis zwingt ihn nicht ständig zu Heuchelei, Täuschung oder Lügen.

Ned war während seines Abschlussjahres am College in eine Abtreibung verwickelt. Er und sein Vater fuhren Neds Freundin zu einem Arzt in einer anderen Stadt und kamen für die Kosten der Abtreibung auf. Neds Mutter erfuhr davon erst später und reagierte mit einem hysterischen Anfall. Sie verurteilte Ned und seinen Vater. Diese Angriffe zogen sich wie ein roter Faden durch Neds frühes Erwachsenenleben.

Ned heiratete eine gemäßigt religiöse Frau, die ebenfalls Abtreibungsgegnerin war. Ned lebt jetzt in der Angst, seine Mutter könnte seiner Frau von der Abtreibung seiner früheren Freundin erzählen. Ned tritt außerdem lautstark für das Recht der Frauen auf Abtreibung ein. Das hat bereits viele Konflikte mit seiner Frau ausgelöst.

Neds Geheimnis führt dazu, dass er Besuche bei seiner Mutter oder Einladungen an sie möglichst vermeidet. Neds Frau findet, dass ihre Kinder die Großmutter mehr sehen sollten, und streitet deswegen häufig mit Ned.

Neds Geheimnis bewirkt eindeutig ein gestörtes Vertrauen in seiner Ehe, und diese Störung wird im Laufe der Zeit noch schlimmer werden. Nach den Kriterien des Kastens auf Seite 306 muss Ned sein Geheimnis enthüllen.

Ich riet Ned, einen Zeitpunkt auszuwählen, an dem er und seine Frau genügend Zeit hatten, um über sein Geheimnis zu sprechen. Er versprach, nicht abzublocken und sie über ihre Gefühle sprechen zu lassen.

Ned offenbarte sein Geheimnis, indem er eine schlichte Schilderung der Ereignisse niederschrieb und seiner Frau laut vorlas. Er versuchte, seine damalige Einstellung und seine Gefühle zu beschreiben. Während er die Geschichte seiner Frau vorlas, kamen ihm die Tränen. Das überraschte ihn, denn er hatte seine wahren Gefühle diesbezüglich nie zugelassen.

Ned erzählte seiner Frau, dass er in Wahrheit nicht wusste, wie er zu Abtreibungen stand, auch wenn er offen dafür eingetreten war. Er gestand, dass er wünschte, es wäre nie dazu gekommen.

Neds Frau schwieg mehrere Minuten lang. Dann erzählte sie Ned ruhig und unter Tränen, dass sie mit 15 ein Kind abgetrieben hatte. Ned verschlug es die Sprache. Er umarmte seine Frau und sie hielten einander lange Zeit umschlungen.

Diese Beispiele verdeutlichen die Relativität von Geheimnissen dritten Grades und zeigen, wie der gleiche *Inhalt* ganz unterschiedliche *Prozesse* oder *Dynamiken* in der Beziehung auslösen kann. Deshalb muss man auf Letzteres achten, um zu entschieden, ob ein Geheimnis enthüllt werden soll oder nicht.

Geheimnisse, die Kinder betreffen

Das Alter der Kinder und die Auswirkungen eines Geheimnisses auf ihr Leben sind wichtige Kriterien, die berücksichtigt werden müssen, wenn ein Geheimnis enthüllt werden soll. Genau das ließ der Therapeut, der mich nach Hause schickte mit dem Rat, alle meine Geheimnisse zu offenbaren, außer Acht.

Eine Entscheidung darüber ist nicht immer leicht. Wenn die Kinder anormale Verhaltensweisen wie Selbstzerstörung oder Selbstvorwürfe zeigen, wäre das ein plausibler Grund, sie mit einzubeziehen. Kinder denken sich häufig Phantasien voller Selbstvorwürfe aus, um die fehlenden Puzzleteile zu ergänzen. Nehmen wir zum Beispiel Jays Fall, der in meiner Fernsehserie *Family Secrets* vorgestellt wurde.

Jays Vater war paranoid und gewalttätig. Er lebte im Keller des Hauses, abgeschottet hinter einer Stahltür. Er hatte häufig unter Drogeneinfluss Tobsuchtsanfälle, in denen er seine Gewehre abfeuerte und imaginären Feinden Obszönitäten entgegenschleuderte. Als Jay acht Jahre alt war, versteckte er sich einmal unter einem Tisch, um seinen Vater zu beobachten. Wie viele Kinder, die nicht begreifen, was eigentlich passiert, verstieg sich Jay in eine abstruse Phantasie. Er glaubte, sein Vater wollte ihn töten.

Jays Mutter und Großmutter weigerten sich, ihm zu erklären, dass sein Vater geistesgestört war. Nach diesem Vorfall schlief Jay tagelang nicht mehr und wurde schließlich zu einem Psychiater gebracht, der ihm ein starkes Schlafmittel gab. Damit begann Jays langer Kampf mit seiner Medikamentensucht, der schließlich in einen Selbstmordversuch mündete.

Es ist offensichtlich, dass Jay von der Geisteskrankheit und Drogensucht seines Vaters hätte erfahren müssen und dass er Schutz gebraucht hätte, um sein chaotisches Familienleben begreifen zu können.

Ein anderes Geheimnis, das Kinder betrifft, könnte die Koalition zwischen einem Elternteil und einem Kind sein. Zum Beispiel: Mutter und Tochter weigern sich, dem Vater und dem Rest der Familie zu erzählen, dass die Tochter schwanger ist und abtreiben wird. Dieses Geheimnis muss enthüllt werden. In einer solchen Situation muss man unbedingt vorsichtig und langsam vorgehen. Kurz vor dem Besuch der Verwandten das Geheimnis zu offenbaren dürfte kaum der richtige Zeitpunkt dafür sein. *Denken* Sie erst darüber nach und machen Sie einen Plan.

Ein weiterer Grund für die Offenbarung eines Geheimnisses könnte sein, dass es katastrophal wäre, wenn die nichts ahnende Person zufällig oder durch jemand anderen davon erführe. Geheimnisse, die die Identität eines Menschen betreffen, werden häufig auf traumatische und abschätzige Weise von Außenstehenden aufgedeckt. Ich erinnere mich an ein Mädchen aus meiner Grundschulklasse, das zutiefst beschämt vom älteren Bruder ihrer besten Freundin erfuhr, dass es adoptiert war. Er hatte zufällig ein Gespräch seiner Eltern darüber belauscht. Das Mädchen hatte nichts davon gewusst.

Ein weiterer Punkt, der zu bedenken ist: Je größer die Tragweite eines Geheimnisses ist und je länger es schon besteht, umso behutsamer muss man bei seiner Enthüllung vorgehen.

Wenn Sie die emotionale Beziehung zu einem Ihrer Kinder oder zu Ihren Eltern abgebrochen haben, sollten Sie sich zunächst bemühen, wieder einen gewissen Kontakt herzustellen, bevor Sie Ihnen Ihr Geheimnis erzählen. Nehmen wir einmal an, ein Elternteil oder ein Kind ist lesbisch oder homosexuell, und dieses Geheimnis soll enthüllt werden. Die Beziehung war aber in vielerlei Hinsicht konfliktreich. Möglicherweise sind erst kleine Schritte zum Aufbau eines Kontakts erforderlich, bevor das Geheimnis offenbart werden kann. Harriet Lerner gab zu bedenken, dass die Integration von Geheimnissen um Homosexualität in einer Familie, die starke Vorbehalte gegenüber Homosexualität hat, unter Umständen länger als eine Generation dauern kann. Zurückhaltung und schrittweises Vorgehen sind gute Voraussetzungen bei der Annäherung an eine konfliktbeladene Familienbeziehung, ob ein Geheimnis dabei involviert ist oder nicht. Je radikaler der Bruch in der Beziehung ist, umso intensiver ist sie. Wenn wir nicht wissen, wie wir die Beziehung zu unseren Eltern oder Geschwistern aufarbeiten sollen, legen wir häufig eine räumliche Entfernung zwischen uns und sie.

Dunkle Geheimnisse vierten Grades

Geheimnisse vierten Grades sind individuelle Geheimnisse, die ihrem Träger Schmerz zufügen. Meine heimliche Angst vor jedem Tanz außer dem langsamen Twostepp hat mich in meiner Freiheit und Spontaneität eingeschränkt. Wenn ich sehe, wie andere schwungvoll tanzen und sich dabei amüsieren, werde ich neidisch. Ich würde mich liebend gern zu ihnen gesellen und tanzen wie sie. Vielleicht wird mich dieses Eingeständnis hier dazu bringen, diesbezüglich etwas zu unternehmen. Die Einstufung eines Geheimnisses als Geheimnis vierten Grades beruht nicht nur darauf, dass es ein individuelles ist. Individuelle Geheimnisse können auch ersten (Mord), zweiten (heimliche Sucht) oder dritten Grades sein (Seitensprung mit anschließender Herpesinfektion). Sie sind Geheimnisse vierten Grades, weil sie in erster Linie ihrem Träger schaden.

Dunkle Geheimnisse vierten Grades schränken die Freiheit des Betroffenen ein. Sie sind nicht nur eine Frage des persönlichen Geschmacks. Die Angst, ausgelacht zu werden, hat Sie vielleicht daran gehindert, sich sportlich zu betätigen. Weil Sie wegen Ihres Übergewichts verspottet wurden, haben Sie möglicherweise Strände und Swimmingpools gemieden. Ich hatte viele Klienten, deren Freiheit und gesellschaftliches Leben durch heimliche Ängste und Panikattacken massiv beeinträchtigt wurden. Manche schränkten ihr Leben aufgrund ihrer Platzangst vollkommen ein.

Es lohnt sich, darüber nachzudenken, wem Sie sich anvertrauen könnten, wenn Sie ein Geheimnis vierten Grades haben. Stellen Sie sich die mögliche Reaktion des Betreffenden vor und wie Sie sich fühlen würden, wenn Sie das Geheimnis endlich los wären. Die folgende Gruppenübung kann Ihnen helfen, ein Geheimnis zu enthüllen.

Übung zum Enthüllen eines Geheimnisses

Bitten Sie jedes Gruppenmitglied, ein Geheimnis vierten Grades aufzuschreiben. Erinnern Sie die anderen daran, dass es sich dabei um ein Geheimnis handelt, das nur ihnen wehtut. Es muss kein großes Geheimnis sein, um wehzutun. Ich kannte einen Mann, der die ganze Zeit Kaugummi kaute, weil seine Lippen dann beim Sprechen nicht zitterten. So unbedeutend dieses Tarnmanöver erschien, die Energie, die es ihn kostete, raubte ihm einen Teil seiner Spontaneität und Aufmerksamkeit gegenüber anderen Dingen.

Lassen Sie nun jeden sein Papier zusammenfalten und in einen Hut werfen. Die Geheimnisse werden vermischt, und dann zieht jeder eines heraus und liest es laut vor. Lesen Sie die Geheimnisse der Reihe nach vor. Nach jedem Vorlesen eines Geheimnisses sagen die anderen Gruppenmitglieder – einschließlich des wahren Geheimnisträgers –, was sie dabei denken und empfinden. Der Träger des Geheimnisses erhält so eine Vorahnung dessen, wie sein Umfeld reagieren würde, wenn es darüber informiert würde. Gewöhnlich fallen die Reaktionen weit weniger negativ aus, als der Betreffende fürchtete.

Manche Geheimnisse vierten Grades sind natürlich zu ernst für solche Spiele. Sie erfordern vielleicht die Hilfe eines Therapeuten. Der folgende Kasten auf Seite 313 enthält meine Richtlinien für die Enthüllung eines Geheimnisses vierten Grades.

DIE ENTHÜLLUNG EINES GEHEIMNISSES VIERTEN GRADES

Wie beeinträchtigen Sie Geheimnisse vierten Grades?

- Ihr Geheimnis verletzt Sie, indem es Ihre Freiheit einschränkt und Ihre Spontaneität hemmt.
- Ihr Geheimnis zwingt Sie, Ihre kreative Energie für Täuschungsmanöver zu vergeuden.
- Ihr Geheimnis hindert Menschen, an denen Ihnen liegt, daran, Sie ganz kennen zu lernen.
- Ihr Geheimnis verhindert, dass Sie genau so akzeptiert werden, wie Sie sind.
- Ihr Geheimnis verhindert vielleicht, dass Sie die Hilfe erhalten, die Sie brauchen.

Vorgeschlagene Maßnahmen

- Beginnen Sie Ihre Arbeit mit jemandem, der nicht zur Familie gehört und dem Sie vertrauen (zum Beispiel ein Therapeut, ein Berater, ein Pfarrer, der beste Freund). Schließen Sie einen Vertrag mit ihm, damit die Wahrung Ihres Geheimnisses gesichert ist.
- Prüfen Sie, wie es für Sie ist, wenn jemand Ihr Geheimnis kennt.
- Wenn Sie sich sicher genug fühlen, erzählen Sie Ihr Geheimnis Ihrem Partner oder dem Familienmitglied, dem Sie sich am meisten verbunden fühlen.
- Haben Sie Ihr Geheimnis erst einmal mitgeteilt, wird es Ihnen weit weniger bedrohlich erscheinen.
- Wenn Ihr Geheimnis Panikattacken, unbestimmbare Ängste oder heimliche Phobien betrifft, sorgen Sie dafür, dass Sie Hilfe in einer Therapie finden.

Die Konfrontation mit einem Geheimnis vierten Grades

Vielleicht haben Sie den Verdacht, dass jemand, an dem Ihnen etwas liegt, ein Geheimnis vierten Grades hat. Haben Sie den Mut, die Person nach dem Verhalten zu fragen, das Ihnen ein Geheimnis zu verbergen scheint. Geben Sie ihr Gelegenheit, darüber zu sprechen.

Judys Freund Ian zum Beispiel war Vietnam-Veteran. Jedes Mal, wenn sie ihn bat, zu einer Party mitzugehen, oder ihn zu sonstigen geselligen Aktivitäten aufforderte, lehnte er ab.

Eines Tages sagte Judy zu ihm: »Ian, ich weiß, dass du Schreckliches in Vietnam durchgemacht hast. Ich weiß ein wenig über posttraumatische Belastungsstörungen und dass jede Art von Aufregung diese Angst und Furcht wieder auslösen kann. Ich bin jetzt seit eineinhalb Jahren mit dir zusammen, und du bist jedem geselligen Zusammensein aus dem Weg gegangen, zu dem ich mit dir gehen wollte. Das belastet unsere Beziehung. Ich weiß von einer Selbsthilfegruppe, die dir helfen könnte, wenn deine Angst vor gesellschaftlichen Aktivitäten mit dieser Belastungsstörung zusammenhängt. Ich würde dir immer beistehen, wenn du dich entschließt, daran teilzunehmen.«

Zwei Wochen später schloss Ian sich der Gruppe an.

Wie Sie die Verbindung zu Ihrer Familie aufrechterhalten

> Es kann Jahre dauern, bis man herausfindet, wie man wieder in Kontakt zu einem bestimmten Familienmitglied treten kann, aber wenn wir uns langsam in diese Richtung bewegen anstatt zu einer noch größeren Vertiefung des Bruches, dann nutzt dies unserem Selbst und den Generationen nach uns.
>
> *aus: Harriet Goldhor Lerner, Zärtliches Tempo*

> Ich lernte, dass ich meine Mutter und meinen Vater in ihrer ganzen ungenügenden, ungeheuerlichen Menschlichkeit lieben musste und dass es in Familien kein Verbrechen ohne Vergebung gibt.
>
> *aus: Pat Conroy, Die Herren der Insel*

Viele Menschen glauben, dass sie nur um den Preis fortgesetzten Missbrauchs und fortgesetzter Misshandlung die Bindung an ihre Familie aufrechterhalten können. In diesem Kapitel will ich Ihnen zeigen, dass es möglich ist, die Verbindung aufrechtzuerhalten *und* sich weiteren Verletzungen zu verweigern. Sie sollen sich nie wieder verletzen lassen.

Ein einfühlsames Herangehen an die Familie erfordert auch, dass wir darauf verzichten, so zu tun, als seien wir unschuldig. Deshalb haben wir uns im Kapitel »Die Entdeckung Ihrer dunklen Geheimnisse« mit unserem eigenen Schatten befasst. Selbst wenn ich in meiner Familie verletzt werde, muss ich meiner eigenen Unehrlichkeit, Falschheit und Selbstsüchtigkeit ins Auge sehen. Wenn ich mich meinen eigenen dunklen Geheimnissen und meinen eigenen rätselhaften Verhaltensweisen stelle, fällt es mir viel leichter, die letzte Unergründlichkeit meiner Familie und ihrer Mitglieder zu akzeptieren.

Daher möchte ich Ihnen raten, mit aller Kraft am Aufbau persönlicher Grenzen zu arbeiten, so dass Sie die Verbindung zu einem verletzenden Familienmitglied aufrechterhalten und sich zugleich wirklich von ihm abgrenzen können. Wir dürfen nicht vergessen, dass selbst jemand, der unmenschlich handelt und uns seelenlos erscheint, trotzdem ein Mensch ist. Wir alle haben unseren Anteil an der dunklen Seite des Lebens, und auch wenn Sie keine dunklen Geheimnisse ersten Grades haben, bin ich mir sicher, dass es in Ihrer Familie jemanden gibt, den Sie tief verletzt haben! Um es in Anlehnung an W.H. Auden zu sagen: »Wir müssen unsere verbogene Familie mit unserem verbogenen Herzen lieben.«

Wir sollten versuchen, die dunklen Geheimnisse unserer Familie so gut wie möglich zu durchschauen. Wenn Sie diese Geheimnisse aufarbeiten, können Sie sich leichter von Ihrer Familie lösen. Es mag paradox klingen, aber wir können uns nur dann lösen, wenn wir die Verbindung nicht wirklich abbrechen.

Einer der Gründe, die uns die Abgrenzung vom emotionalen Feld der Familie so erschweren, ist unser starkes Verlangen nach Zugehörigkeit. Ein anderer ist, dass bisher nur sehr wenige Familien wirklich mit dem patriarchalisch-matriarchalischen Modell gebrochen haben. Dieses Modell verlangt von den Familienmitgliedern, dass sie sich der Gruppennorm beugen, und fürchtet starke, unabhängige Menschen, die sich ihre eigenen Gedanken machen und sich leidenschaftlich für Werte einsetzen, die sich von der Familiendoktrin unterscheiden.

Dunkle Geheimnisse binden die Mitglieder auch durch die Forderung nach Loyalität an das Familiensystem. Tom Wingo schildert in *Die Herren der Insel*, wie seine Mutter fordert, dass die gesamte Familie über die Prügelexzesse seines Vater Schweigen bewahrt: »Meine Mutter verbot uns, irgendjemand Außenstehendem zu erzählen, dass mein Vater jeden von uns schlug ... Wir durften unseren Vater nicht kritisieren oder uns über sein Verhalten beklagen ... Er schlug meinen Bruder Luke dreimal bewusstlos, bevor dieser zehn Jahre alt war.«

Diese Art von Loyalität, wie sie in Wingos Familie verlangt wurde, ist typisch für misshandelnde Familien. Solange diese Art Bindung an das emotionale System der Familie fortbesteht, kann sich niemand daraus befreien.

Vielleicht macht die Lektüre eines solchen Buches Ihnen Mut und hilft Ihnen bei Ihrem Kampf um Befreiung.

Trennung bedeutet nicht Bruch

Die Loslösung aus dem emotionalen Feld der Familie bedeutet nicht, dass man die Familie physisch verlässt. Viele Menschen verwechseln das. Sie glauben, dass sie die Familie verlassen haben, wenn sie in eine andere Stadt oder ein anderes Land gezogen sind. Oder sie glauben, dass sie sich aus dem emotionalen Umfeld der Familie befreit haben, wenn sie keinen Kontakt oder keine Verbindung zur Familie mehr haben. Das Gegenteil ist der Fall. Räumliche Distanz und die Weigerung, miteinander zu sprechen, sind Formen eines emotionalen Bruchs, und ein emotionaler Bruch deutet sehr häufig auf überdurchschnittlich intensive Beziehungen hin. Familienmitglieder, die einen emotionalen Bruch vollzogen haben, sind weiterhin in das emotionale System der Kernfamilie eingebunden!

Harriet Goldhor Lerner schreibt: »Die räumliche Entfernung oder der Bruch mit Familienmitgliedern ist immer ein Tauschgeschäft. Sein Vorteil ist, dass wir unangenehmen Gefühlen aus dem Weg gehen, die der Kontakt mit bestimmten Familienmitgliedern unweigerlich mit sich bringt. Der Preis dafür ist schwerer zu bestimmen, aber deshalb nicht geringer.«

Was ist der Preis? Den Preis zahlt man in anderen Beziehungen, gewöhnlich in den Beziehungen zu den Mitgliedern unserer jetzigen Familie – unseren Partnern und Kindern. Die intensiven Gefühle, vor denen wir in unserer Herkunftsfamilie geflohen sind, bringen wir nun jemandem aus unserer neuen Familie entgegen – meistens unseren Kindern. Ich habe bereits ausgeführt, dass die Wurzel für den emotionalen Bruch, den Donald Jamison gegenüber seinem Sohn Doug vollzog, in seiner unbewussten Trauer über die durch seinen eigenen Vater erfahrene Ablehnung lag. Jede übermäßige Angst und jede Überreaktion, die wir aus unserer Herkunftsfamilie mitnehmen, taucht in späteren engen Beziehungen wieder neu auf.

Lisas »heikle Punkte«

In meiner Fernsehsendung *Family Secrets* schilderte Lisa anschaulich, wie die ungelösten Probleme ihrer Herkunftsfamilie durch die Geburt ihrer Tochter auf ihren Ehemann abgewälzt wurden.

Lisa war als Kind von einem Nachbarn belästigt und von beiden Großeltern sexuell missbraucht worden. In ihrer Familie herrschte die eiserne Taburegel, dass über solche Dinge nicht gesprochen wurde – ebenso wenig über die Scheidung ihrer Eltern, von der sie am Tag, nachdem ihr Vater das Haus verlassen hatte, erfuhr.

Lisa lernte ihre Gefühle zu betäuben, und sie entwickelte ein falsches Selbst, das auf der Devise »Alles ist in Ordnung« aufgebaut war. Sie heiratete einen Mann, der das Nesthäkchen seiner Familie war und Abhängigkeit suchte. Ihre Ehe wirkte perfekt, und Lisa liebte die Streicheleinheiten, die sie im Gegenzug für ihre Dienste als überfunktionierende Stütze erhielt.

Dann wurde ihre Tochter geboren. Lisa sagte: »Die Geburt meiner Tochter brachte Dinge zum Vorschein, die ich zu verbergen gesucht hatte, sogar vor mir selbst.« Sie spürte die Unschuld des Babys und seine gesunde Abhängigkeit. Dies löste einen Schwall nie empfundener Gefühle in ihr aus. Lisa war außer sich über den Missbrauch, der ihr angetan worden war. Sie war außer sich über ihre eigenen unbefriedigten Bedürfnisse und über die »Falle«, in die sie getappt war, indem sie die krankhaften Abhängigkeitsbedürfnisse ihres Mannes erfüllte. Am meisten erregte sich Lisa über ihren Mann. »Alles, was er sagte und tat, war falsch. Der arme Kerl hatte keine Chance.«

Lisa wälzte all ihre »heiklen Punkte« aus ihrer Kindheit auf ihren Mann ab. Hier zeigt sich die Gefahr, die ungelöste Probleme aus der Vergangenheit bergen.

Irmas Angst, das Falsche zu sagen

Irma suchte mich auf, weil sie immer mehr Angst vor der Konversation bei gesellschaftlichen Anlässen entwickelte. Sie musste häufig soziale Kontakte wahrnehmen, weil ihr Mann Immobilienmakler war. Sie sagte, sie bekäme solche Angst, sie könnte etwas Falsches sagen, wenn sie sich mit anderen Leuten unterhält, dass sie kein Wort mehr herausbrächte und unter einem Vorwand in die Toilette oder zum Buffet flüchtete. Diese Angst entbehrte jeder realistischen Grundlage, weil ihr Mann nicht im Geringsten von ihr erwartete, dass sie bei solchen Anlässen über Geschäfte sprach.

Unmittelbar, nachdem ihr Mann den Wunsch nach einem Kind geäußert hatte, hatte Irma sexuell eine völlige Blockade. Sie hatte einen Sexualtherapeuten aufgesucht und sich so weit stabilisiert, dass sie ihr erstes Kind, einen Jungen, zur Welt bringen konnte. Nach der Geburt ihres Sohnes verschloss sie sich sexuell erneut fünf Monate lang, was dann aber plötzlich wieder vorbei war. Eineinhalb Jahre später bekam sie ein zweites Kind, ein Mädchen. Direkt nach der Geburt ihrer Tochter setzten ihre Probleme im gesellschaftlichen Umgang ein.

Irmas Mann hatte sich aufgrund der zwei Schwangerschaften innerhalb von zweieinhalb Jahren von ihr zurückgezogen, und sie fürchtete, er hätte ein Verhältnis. Er trank viel und war selten zu Hause. Sie hatte Angst, mit ihm zu sprechen.

Als wir zusammen ihr Genogramm erstellten, entdeckte ich ein Geheimnis, das anfänglich keine besondere emotionale Bedeutung für sie zu haben schien. Als Irma acht Jahre alt war, hatte ihre Mutter ihr anvertraut, dass sie einen kleinen Bruder gehabt hätte, der zwei Jahre vor Irmas Geburt gestorben war. Sie sagte, sie hätte »einen schrecklichen Fehler« begangen, und ihre Familie hätte sie damals zur Geburt weggeschickt. Nach der Geburt des Kindes wurden sie und das Kind zu einer Tante und einem Onkel aufs Land geschickt. Das Baby starb drei Monate später an »plötzlichem Kindstod«.

Erst später erfuhr ich, wie Irma davon gehört hatte. Irma hatte sich in der Schule schlecht benommen, und ihr Lehrer hatte ihrer Mutter eine Mitteilung wegen ihres schlechten Betragens geschickt. Das war der Auslöser, weshalb ihre Mutter ihr dieses Geheimnis überhaupt verriet! Der Tod des Babys sei ihr wie eine Strafe Gottes vorgekommen, so sagte sie. Dann aber hatte sie Irmas Vater kennen gelernt, und sie hatten geheiratet, und Gott hatte ihr Irma geschickt, *damit sie ihr Freude machte!* Sie sagte zu Irma, ihr schlechtes Betragen in der Schule mache sie sehr traurig, genauso wie damals, als ihr Bruder gestorben war. Sie sagte Irma auch, dass sie nie mit irgendjemandem über dieses Geheimnis sprechen sollte, vor allem nicht mit ihrem Vater, denn der hätte ein schwaches Herz, und »so etwas könnte ihn umbringen«.

Irma erzählte mir das, nachdem ich sie mit einer eklatanten Unstimmigkeit in ihrem Verhalten konfrontiert hatte: Wenn sie über schmerzliche Dinge sprach, lächelte sie immer. Nachdem sie mir ihr Geheimnis anvertraut hatte, verstand ich ihr Lächeln besser. Ihre Mutter hatte ihr eine schreckliche Last aufgebürdet. Der Zweck ihres Lebens bestand darin, jeden weiteren Kummer und Schmerz von ihrer Mutter fernzuhalten. Von diesem Tag an war Irma ein »perfektes« kleines Mädchen gewesen und hatte ihrer Mutter nie ein Wort über irgendetwas erzählt, das sie aufregen hätte können.

Wie jedes Kind in diesem Alter war Irma auch verwirrt über das, was ihre Mutter ihr erzählt hatte. Das Geheimnis ihrer Mutter löste eine Flut von Fragen in ihr aus: Wer war der Vater ihres Bruders? Wo war dieser Bruder begraben? Wie hieß er? Kannte ihr richtiger Vater den Mann? Als sie ihre Mutter über den Tod ihres Bruders befragen wollte, sagte sie nur zu ihr, sie solle nie wieder darüber sprechen.

Ein Kind erfindet in einer solchen Situation unbewusste Phantasien und Mythen, die so lange wirksam sind, solange die notwendige Information nicht verfügbar ist.

Als Irmas Mann verkündete, dass er ein Kind wollte, wurde ihre unbewusste Angst mobilisiert, sie könnte ein Kind bekommen, das sterben würde wie ihr Bruder. Deshalb verschloss sie sich sexuell – sie versuchte gewissermaßen den »Fehler« zu vermeiden, den ihre Mutter gemacht hatte. Nach der Geburt ihres Sohnes war sie so lange frigide, bis sie sicher war, dass er nicht sterben würde.

Die Geburt ihrer Tochter löste einen anderen Aspekt des Geheimnisses aus. In ihrer Angst vor dem Reden agierte sie ihre unbewusste Angst aus, sie könnte einen Fehler machen und das Falsche sagen, wenn sie nicht vorsichtig genug war, und somit ihre Mutter verraten.

Diese Geschichte hat kein glückliches Ende. Irma stellte ihre Mutter nicht zur Rede, um eine Antwort auf ihre Fragen zu erhalten. Das Geheimnis war wie ein Fluch, der sie an ihre Mutter band und sie zwang, sich von ihrem Vater und ihrem Mann zu distanzieren. Dieses Geheimnis machte sie unglücklich.

James Jeders Wut

Die gleiche Dynamik lässt sich in James Jeders Problemen erkennen. In James bildeten sich mehrere Schichten von unaufgearbeiteter primitiver Wut, weil er die emotionale Leere seiner Mutter ausfüllen und sich ihren unbewältigten sexuellen Missbrauch aufladen musste. Er agierte diese Wut in jeder Beziehung zu einer Frau aus. Seine erste Frau beklagte sich, dass er immer wütend wäre. Auch seine zweite Frau sagte: »Egal, was ich tue, er scheint immer wütend auf mich zu sein.«

Auch James' chronischer Gebrauch von pornografischen Werken bei seinen Masturbationsexzessen entsprang einem Akt der Wut. Er sah sich ein Foto nach dem anderen an, auf dem Frauen in entwürdigenden Positionen dargestellt waren. Während er über ihren leblosen Fotos masturbierte, übte er eine absolute Kontrolle über sie aus. Diese scheinbar unschuldige »Objektivierung« von Frauen ist ein Akt unaufgearbeiteter Wut. Diese Wut bildete den Kern seiner sexuellen Triebhaftigkeit und hinderte ihn daran, sexuelle Nähe zuzulassen. Er schleppte seine unaufgearbeitete Mutterproblematik wie ein »heißes Eisen« mit sich herum, und viele unschuldige Frauen, einschließlich all der Frauen auf den Fotos, die Teil seiner pornografischen Sammlung waren, verbrannten sich die Finger daran.

Gängige Therapieslogans wie »Entweder gibt man etwas zurück, oder man gibt es weiter« und »Entweder arbeitet man etwas auf, oder man agiert es aus« basieren auf der Tatsache, dass eine gesunde Trennung von der Familie erfordert, dass man auch weiterhin ausreichend engen Kontakt zu ihr hält, um die ungelösten Probleme aufzuarbeiten. Häufig können diese Probleme mit einem bestimmten Familienmitglied nicht oder nicht vollständig gelöst werden. Aber fast immer können wir einen kleinen Schritt auf eine Lösung hin machen.

James Jeders Auseinandersetzung mit den Ursprüngen seines Schmerzes machte ihm diese Problematik bewusst und ermöglichte ihm, über die Vergangenheit zu trauern. Er konnte sich symbolisch von seiner Mutter Heather trennen. Und er war fähig, später eine gute Beziehung zu ihr aufzubauen. Seine Frau Karen berichtete, seine Wut sei verschwunden.

Wie schwierig die emotionale Verbindung zur Familie auch immer herzustellen sein mag, dies ist die unabdingbare Voraussetzung dafür, dass wir in der Gegenwart tiefe Nähe aufbauen können, ohne schädliche Einflüsse aus der Vergangenheit zu aktivieren.

Wie können wir uns trennen und zugleich in Verbindung bleiben?

Wir müssen uns von unserer Herkunftsfamilie trennen und zugleich die Verbindung zu ihr aufrechterhalten. Was heißt das wirklich? Und wie funktioniert das?

Das bedeutet, dass wir ein starkes Selbstgefühl mit soliden, aber flexiblen Grenzen entwickeln und dass wir alles in unserer Macht Stehende tun, um Konflikte mit Familienmitgliedern auszutragen, unabhängig davon, wie ängstlich und schwierig diese sein mögen, solange wir nicht Gefahr laufen, wieder missbraucht und verletzt zu werden. Die Verbindung aufrechtzuerhalten bedeutet, dass wir so wenig ungelöste Probleme mit Familienmitgliedern wie möglich haben und dass wir uns ernsthaft bemühen, die anderen zu achten, ohne unrealistische Erwartungen hinsichtlich dessen zu hegen, was wir im Gegenzug erhalten.

Der folgende Test soll Ihnen eine ungefähre Vorstellung von Ihrer augenblicklichen Fähigkeit vermitteln, Abgrenzung und gleichzeitige Verbundenheit zu realisieren.

Ein Test zur Selbststärke

Denken Sie über jede der folgenden Aussagen nach. Notieren Sie auf einem eigenen Blatt eine *Vier*, wenn die Aussage *fast immer* auf Sie und Ihr Verhalten zutrifft. Notieren Sie eine *Drei*, wenn die Aussage *sehr oft* auf Sie und Ihr Verhalten zutrifft. Schreiben Sie eine *Zwei* auf, wenn die Aussage *selten* zutrifft, und eine *Eins*, wenn sie *nie* zutrifft.

1. Ich genieße das Alleinsein. Ich bin zeitweise gern alleine.
2. Obwohl ich mich für das Leben in einer engen Zweierbeziehung entschieden habe, habe ich nicht das Gefühl, dass ich in einer engen Beziehung leben *muss*, um glücklich zu sein.
3. Ich lasse meine Gefühle zu und bringe sie Familienmitgliedern gegenüber zum Ausdruck, wenn es angemessen ist.
4. Ich kenne meine Bedürfnisse und Prioritäten und bemühe mich, sie zu befriedigen.
5. Ich denke über Alternativen und Konsequenzen nach, bevor ich eine Entscheidung treffe.
6. Ich kann spontan sein, treffe jedoch keine impulsiven Entscheidungen. Ich bin fähig, vernünftig zu überlegen und nicht nur zu reagieren.
7. Ich habe stabile Mindestgrenzen in den Beziehungen zu meiner Herkunftsfamilie.
8. Meine Handlungen orientieren sich an gründlich überprüften Werten.
9. Ich mache meine Meinung deutlich, wenn ich mit jemand anderem nicht übereinstimme. Das kann ich auch bei meinem Vater oder meiner Mutter tun.
10. Ich laufe nicht davon oder breche den Kontakt zu Familienmitgliedern ab, wenn sich Konflikte einstellen.

Dieser Test beruht auf meinen eigenen Ansichten über die Bedeutung eines starken Selbstgefühls. Ein starkes Gefühl für das eigene Selbst hat noch viele andere Aspekte. Ich habe mich bemüht, die wesentlichsten hervorzuheben.

Zählen Sie jetzt Ihre Punkte zusammen. Wenn Sie zwischen 35 und 40 Punkte haben, dann haben Sie eine neue Ebene der psychischen Evolution erreicht! Menschen, die viel an sich gearbeitet haben, kommen in der Regel auf 25 bis 30 Punkte. Wenn Sie zwischen 15 und 25 Punkte haben, haben Sie noch einiges an sich zu arbeiten. Wenn Sie weniger als 15 Punkte haben, sind Sie sehr verletzbar oder Sie machen sich selbst schlecht – oder beides.

Im Folgenden möchte ich einige Beispiele von Menschen nennen, die sich von ihrer Familie getrennt haben und dennoch die Verbindung zu ihr bewahrt haben.

Bob und sein Vater

Bobs Vater, ein überzeugter Katholik, ruft ihn an. Er fragt Bob, ob sein vier Monate alter Sohn schon getauft sei. Bob wurde zwar katholisch erzogen, aber er hat viele Zweifel an seinem Kinderglauben und insbesondere in Bezug auf die Kindtaufe. Bob ist der Meinung, dass ein Kind erst dann getauft werden sollte, wenn es selbst fähig ist, darüber zu entscheiden. Bob und seine Frau haben beschlossen, mit der Taufe ihres Sohnes zu warten. Bob hatte gedacht, er könnte das vor seinem Vater verheimlichen, aber nun, da er direkt darauf angesprochen wird, sagt er ihm die Wahrheit. Bobs Vater beginnt ihm eine Predigt zu halten, die sich nach wenigen Minuten zu einem Wutausbruch steigert. Als Bob seinem Vater sagt, dass er tobt, schreit sein Vater, das sei nicht wahr. Bob hört noch ein paar Minuten zu und warnt seinen Vater dann, dass er auflegen werde, wenn er seine Tiraden nicht beendet. Das bringt seinen Vater erst recht in Rage, und er beginnt einen neuen Vortrag über den Respekt und die Achtung vor den Eltern. Bob legt auf.

Zwei Tage später ruft Bob seinen Vater an, doch sein Vater weigert sich, mit ihm zu sprechen. Darauf schreibt Bob ihm einen Brief, in dem er ruhig, aber offensiv seine Meinung erläutert. Er führt aus, dass die Erziehung seines Kindes seine (Bobs) Sache sei. Dass er seinem Vater dafür dankbar sei, dass er ihm immer seine wahre Meinung gesagt habe, und dass er es mit seinem eigenen Sohn genauso machen wolle. Bob wiederholt, dass er und seine Frau nach mehreren Gesprächen beschlossen hätten zu warten, bis ihr Sohn alt genug ist, um selbst zu verstehen, was ein Beitritt zur katholischen Kirche bedeutet. Bobs Brief endet mit der Versicherung, dass er seinen Vater sehr liebe und dass er wünsche, dass er großen Anteil an seinem und am Leben seines Sohnes nehme.

Bob hat in dieser Auseinandersetzung starkes Selbstbewusstsein bewiesen. Er hat eine solide Mindestgrenze seinem Vater gegenüber. Er weigert sich, sich vom Gebrüll seines Vaters verletzen zu lassen. Bob hat durchdachte eigene Überzeugungen und Prioritäten. Er bringt sie seinem Vater gegenüber klar zum Ausdruck. Als sein Vater zu toben beginnt, beendet Bob das Gespräch, aber er ruft seinen Vater einige Tage danach an. Als sein Vater sich weigert, mit ihm zu sprechen (und Bob emotional abblockt), hält Bob die Verbindung aufrecht, indem er seinem Vater einen Brief schreibt. Er erkennt an, dass sein Vater für seine Überzeugungen eintritt und dass er ihm Vorbild für die Vermittlung dieser Überzeugungen sein soll. Bob bringt aber auch seinen eigenen Wunsch zum Ausdruck, dass er *seinem* Sohn mit Überzeugung vermitteln will, woran er selbst glaubt. Bob schließt mit der Versicherung, dass sein Vater eine wichtige Rolle in seinem und im Leben seines Enkels spielen solle und dass er ihn liebe.

Bob ist bereit, zu seinen Überzeugungen zu stehen, obwohl er diese Auseinandersetzung fürchtete und hoffte, er könnte die Taufe seines Sohnes zu einer privaten Entscheidung machen. Er bleibt sich selbst treu und tritt für seine eigenen Prioritäten und Werte ein. Er beweist in dieser Interaktion ein starkes Selbstgefühl, wobei er zugleich seine ehrliche Achtung vor der Meinung seines Vaters zum Ausdruck bringt und ihm seine Liebe versichert.

Bernice und ihre Mutter

Ein anderes Kennzeichen für die gelungene Trennung vom emotionalen System der Familie und die Stärke des eigenen Selbstbewusstseins ist die Weigerung, sich auf Gespräche einzulassen, in denen andere Familienmitglieder als Dritte zum Thema gemacht werden. Wenn wir ein Gespräch über Dritte führen, vermeiden wir in der Regel offene, ungelöste Themen mit dem Familienmitglied, mit dem wir aktuell sprechen. Über andere Familienmitglieder zu sprechen hilft uns, der Auseinandersetzung mit unseren eigenen Problemen aus dem Weg zu gehen.

Sehen wir uns dazu an, was geschieht, wenn Bernice ihre Mutter besucht.

Sie empfindet eine starke Zuneigung für ihre Mutter, die alt wird und vor kurzem krank war. Sowie die Unterhaltung beginnt, taucht ein altbekanntes Muster auf. Bernices Mutter fängt an, über ihre Schwester, Bernices Tante Mary, zu sprechen. Wie gewöhnlich unterzieht sie Tante Marys Verhalten in den letzten zehn Tagen einer kritischen Überprüfung. Bernice lässt ihre Mutter reden, bis sie eine Pause macht, die sich meistens durch ein Schnappen nach Luft ankündigt, weil sie so schnell spricht. Bernice sagt ruhig: »Ich will nicht über Tante Mary sprechen. Ich will mit dir sprechen, Mutter. Ich wollte dir sagen, wie dankbar ich dir für alles bin, was du für mich getan hast. Und besonders dankbar bin ich dir für deine Hilfe mit den Kindern.«

Bernices Mutter beginnt nun, über die Kinder von Bernices Bruder und ihre Schwiegertochter zu sprechen und wie miserabel sie ihre Kinder erziehen würden. Wieder wartet Bernice eine Pause ab und sagt ihrer Mutter dann, dass sie glaubt, es wäre besser für sie, wenn sie das ihrer Schwiegertochter selbst sagte. Darauf folgt eine lange Pause. Danach sagt Bernice: »Mutter, wenn ich mit *dir* spreche, will ich mit dir sprechen, hören, wie du dich fühlst, und ich will mit dir über meine Gefühle sprechen. Es gibt so vieles, was ich nicht über dich weiß und was ich dir erzählen möchte. Ich will dir näher sein.« Ihrer Mutter ist unbehaglich zumute, sie bricht den Blickkontakt ab und sagt: »Das ist nett von dir, aber ich muss jetzt los und mich anziehen. Ruth holt mich heute Nachmittag zu einem Einkaufsbummel ab.«

Bernice hat sich zum ersten Mal in ihrem Leben geweigert, den Zuhörer für die Gespräche ihrer Mutter über andere Familienmitglieder zu spielen. Dieses geheime Ritual ist in der Familie seit langer Zeit wirksam. Bernice bewahrt ihre starken Selbstgrenzen, indem sie den Köder ihrer Mutter nicht aufgreift und sich auf kein Gespräch über ihre Tante und ihre Schwägerin einlässt. *Sie hält ihrer Mutter keine Vorträge und verletzt nicht ihre Grenzen.* Sie ist direkt und offen und bleibt innerhalb ihrer eigenen Grenzen. Ihre Mutter kommt der Aufforderung zu mehr Nähe nicht nach. Bernice kann dazu nicht mehr tun, als ihre eigenen Absichten so klar wie möglich zu vermitteln.

Eine Woche später schreibt Bernice ihrer Mutter eine Karte, auf der sie ihr fürs Zuhören dankt und noch einmal ihrem Wunsch Ausdruck verleiht, ihr näher zu kommen. Sie endet, indem sie ihrer Mutter ihre Zuneigung versichert.

Bernice hat sich von ihrer Mutter gelöst. Sie macht unmissverständlich klar, wo ihre Grenzen sind. Sie sagt ihrer Mutter, was sie braucht und will, und bleibt in Verbindung, indem sie eine liebevolle Karte folgen lässt.

Bryans Konfrontation

Bryan war 27 und arbeitete für die Kanzlei seines Vaters. Eines Tages, als er auf der Suche nach einigen Unterlagen den Schreibtisch seines Vaters öffnete, fiel sein Blick auf einen Brief mit der Unterschrift »Dein Sohn, Ralph«. Bryan war sprachlos. Er war verwirrt und bestürzt. Er konnte nicht glauben, dass sein Vater noch einen Sohn hätte und *er* einen Halbbruder. Eine Woche später rief er seine Mutter an, die sich von Bryans Vater hatte scheiden lassen, als Bryan 15 war. Sie hatte wieder geheiratet und lebte in einer anderen Stadt. Bryans Mutter erzählte ihm, sein Vater hätte während seiner Militärzeit einen Sohn bekommen. Eine Frau wurde von ihm schwanger und er wollte sie heiraten, als er plötzlich nach Übersee versetzt wurde. Nach seiner Rückkehr war sie unauffindbar. Er wusste nie, ob sie sein Kind bekommen hatte oder nicht. Zwölf Jahre später rief sie an und sagte, sie bräuchte Geld für seinen Sohn Ralph. Bryans Vater traf sich mit ihr und war überzeugt, dass Ralph in der Tat sein Sohn wäre.

Als Bryan mich aufsuchte, war er noch immer völlig fassungslos von diesen Neuigkeiten. Er wollte seinen Vater sofort zur Rede stellen, aber ich riet ihm, sich zuerst zu überlegen, was er erreichen wollte. Dann lud er seinen Vater ein, an einer gemeinsamen Sitzung mit mir teilzunehmen. Er sagte, es handle sich um eine sehr ernste Angelegenheit. Sein Vater willigte ein.

Bryan begann, indem er die vielen Dinge aufzählte, die er an seinem Vater mochte. Er nannte einige Einzelheiten, für die er seinem Vater sehr dankbar war. Dann sagte er: »Vater, du hast mir nie erzählt, dass ich einen Halbbruder habe. Ich habe ganz zufällig von Ralph erfahren. Ich war schockiert und fühlte mich verraten. Ich habe das Recht, von meinen Halbbruder zu wissen. Jetzt habe ich das Gefühl, dass es möglicherweise noch andere Dinge gibt, die du mir verschwiegen hast, wenn du mir schon etwas so Wichtiges nicht erzählt hast. Dass ich so von der Existenz meines Bruders erfahren habe, hat meinem Vertrauen zu dir einen schweren Schlag versetzt.«

Bryans Vater schwieg einen Augenblick. Dann sagte er, er wäre aufrichtig davon überzeugt gewesen, dass es das Beste gewesen sei, ihm nichts über Ralph zu erzählen, als er noch ein Kind war. Im Laufe der Jahre hatte sich das Geheimnis verdunkelt. Ralph war mittlerweile Alkoholiker und letztlich auf der Straße gelandet.

Bryan sah seinem Vater direkt in die Augen. »Vater«, sagte er, »Ralph ist dein Sohn und mein Bruder. Ich sehe, wie du zu Boden siehst und wegblickst, während du mit mir sprichst, und ich sehe viel Scham und Schuld in deinem Gesicht. Ich möchte meinen Bruder kennen lernen, und ich werde für ihn tun, was ich kann.« Bryans Vater schwieg wieder. Bryan stand auf und verließ die Praxis. Sein Vater bat mich um Rat. Ich sagte ihm, meiner Meinung nach hätte Bryan das Recht, von seinem Bruder zu wissen.

Bryan knüpfte eine Beziehung zu Ralph. Er hielt seinen Vater darüber auf dem Laufenden. Bei unserem letzten gemeinsamen Treffen sagte er seinem Vater, dass er ihn sehr liebe und seine Unterstützung brauche, um Ralph zu helfen. Sein Vater erklärte sich zur Mitwirkung bereit. Drei Wochen später bekam ich eine kurze Mitteilung, Ralph wäre in einer Entzugsklinik in Minnesota. Das war das Letzte, was ich von ihnen hörte.

Bryan war aufgrund seines starken Selbstgefühls fähig, seinem Vater seine Liebe zu vermitteln. Dennoch weigerte er sich, das Thema seines Bruders vom Tisch zu wischen. Er konnte zwar das bewusste Bedürfnis seines Vaters, ihn zu schützen, nachvollziehen, erkannte aber auch seine Scham und seine Schuldgefühle. Bryan machte seinem Vater keine Vorwürfe und verurteilte ihn nicht, aber er machte ihm klar, wie sehr er sich verraten fühlte und wie stark sein Bedürfnis war, Verbindung zu seinem Bruder aufzunehmen und ihm zu helfen.

Dank seines soliden Selbstgefühls half Bryan letztlich seinem Vater, ein Problem zu bewältigen, das ihn seit Jahren verfolgte. Ich bin mir sicher, dass das gemeinsame Ziel, Ralph zu helfen, auch das Vertrauen zwischen Bryan und seinem Vater wiederherstellte.

Der Verzicht darauf, anderen immer und überall zu »helfen«

Mein letztes Beispiel hat mit mir selbst zu tun. Mein dunkelstes Geheimnis war meine narzisstische Deprivation. Ich lernte schon sehr früh, dass ich in meiner Familie Liebe und Bewunderung erntete, wenn ich mich um das Leid anderer Menschen kümmerte. Anfangs fühlte ich mich bei diesem Engagement großartig. Es ermöglichte mir, die meisten Situationen unter Kontrolle zu haben, und es machte mir Spaß, anderer Leute Probleme zu lösen. Ich gab jede Menge unerbetene Ratschläge und bekam von weitläufigeren Familienangehörigen oft zu hören, ich »bevormunde« die anderen. Ich war so in meinem Tun gefangen, dass ich ihre Bemerkungen als Eifersucht abtat. Außerdem hatte ich die Angewohnheit, den emotionalen Kontakt zu anderen abzubrechen, wenn sie trotz all meiner Bemühungen, »ihnen zu helfen«, meine Ratschläge nicht befolgen wollten.

Irgendwann erkannte ich, dass Menschen wie ich, die anderen sagen, was sie zu tun und zu lassen hätten, zwar scheinbar alles im Griff haben, in Wirklichkeit aber selbst Hilfe brauchen. Ich begriff auch – zu meinem großen Bedauern –, dass derjenige, dem ich helfen wollte, sich umso weniger helfen ließ, je mehr ich mich darum bemühte. Ich konnte durch mein pflichtbewusstes Einmischen zwar meinem eigenen Schmerz und meiner Leere entfliehen, aber in Wahrheit half ich niemandem.

Allmählich lernte ich, nicht ungefragt meine Hilfe aufzudrängen oder die Probleme meiner Angehörigen zu lösen zu versuchen. Anstatt nach »der Antwort auf alle Fragen« zu suchen sprach ich mit Familienmitgliedern über meine tiefe Verletzbarkeit. Wenn ich jetzt um Hilfe gebeten werde, tue ich alles in meinen Kräften Stehende, aber ich versuche nicht mehr, mehr zu tun, als worum man mich bittet. Und wenn ich keinen Rat weiß, sage ich das auch. Ich denke mir keine Lösungen aus, die gut klingen, aber nicht auf meiner eigenen Erfahrung basieren. Ich bemühe mich ehrlich zuzugeben, dass ich auch Probleme habe, für die ich in einigen Fällen keine Lösung weiß.

Das Ergebnis ist, dass ich ein viel stärkeres Selbstgefühl entwickelt habe und auch meine Beziehungen sich verbessert haben. Ich leide nicht mehr unter dem chronischen Gefühl, dass niemand mir so viel zurückgibt, wie ich ihm gebe. Und ich weiß, dass ich mich um meine eigenen Probleme kümmern muss, wenn ich nicht vom Problem eines anderen ablassen kann.

Ich hoffe, diese Beispiele und der gleich folgende Test vermitteln Ihnen ein ungefähres Verständnis dafür, was es bedeutet, ein starkes Selbstwertgefühl zu haben.

Zusammenfassend möchte ich einige Fähigkeiten nennen, anhand derer Sie überprüfen können, ob Sie ein starkes Selbstwertgefühl haben:

- eine Meinungsverschiedenheit mit Ihrem Vater in Ruhe austragen;
- sich weigern, mit Ihrer Mutter in die Kirche zu gehen, nur damit sie zufrieden ist;
- als Mindestgrenze festlegen, dass Sie nicht mit Ihrer alkoholkranken Mutter sprechen, wenn sie betrunken ist;
- Ihrem Bruder oder Ihrer Schwester sagen, dass ihre Witze über Schwule und Lesben oder Ausländer Sie aufregen;

- sich mit Ihrer Frau streiten und die Verbindung dabei aufrechterhalten. Die Verbindung aufrechterhalten bedeutet, dass beide Partner sich bemühen, auf einen Kompromiss hinzuarbeiten. Die Verbindung aufrechterhalten bedeutet auch, dass man nicht davonläuft, sei es räumlich oder indem man sich weigert zu sprechen, indem man Drogen nimmt oder sich mit anderen Themen ablenkt;
- eine Reihe von Werten und Überzeugungen haben, nach denen Sie bewusst leben.

Sie halten die Verbindung zu Ihrer Familie aufrecht, wenn Sie
- Ihrem Vater ein Abonnement einer religiösen Zeitschrift schenken, obwohl er Sie verurteilt hat, weil Sie sich von der religiösen Überzeugung der Familie abgewandt haben;
- Ihrer Mutter als besonderes Ostergeschenk ein neues Gebetbuch kaufen;
- Ihre Mutter anrufen und ihr sagen, dass Sie sie lieben, wenn Sie wissen, dass sie als Alkoholikerin gerade nicht betrunken ist;
- Ihrem Bruder oder Ihrer Schwester eine Witzkarte schicken und ihnen schreiben, dass Sie sie lieben und andere Dinge durchaus lustig finden;
- Ihrer Frau 24 Stunden nach einem Streit ihre Lieblingsblumen schenken und ihr sagen, dass Sie sie lieben;
- uneingeschränkt in Übereinstimmung mit Ihren Überzeugungen und Ihren Werten leben, ohne zu versuchen, die ganze Familie dazu zu bekehren. Vermitteln Sie ihnen aufrichtig, dass Sie ihre Werte respektieren, aber sagen Sie ihnen auch, wenn Sie sie nicht teilen.

Das beste Beispiel, das ich je in puncto Trennung und Aufrechterhaltung der Verbindung erlebte, stammt von einer Frau, die mit mir an einer Fernsehsendung in New Jersey teilnahm. Das Thema war Inzest, und ich war der so genannte Experte. Diese Frau war von beiden Eltern in ihren ersten 13 Lebensjahren zum Inzest gezwungen worden. Als Folge davon war sie 16 Jahre lang in irgendeiner Form von therapeutischer Behandlung gewesen. Irgendwann erwähnte sie ihre jetzige Beziehung zu ihren Eltern. Der Gastgeber unterbrach sie sichtlich geschockt und fragte sie, *warum* um alles in der Welt sie überhaupt noch irgendetwas mit ihren Eltern zu tun habe. Ihre Antwort war klar und sanft. »Es sind nun mal die einzigen Eltern, die ich habe. Es ist wichtig, dass ich eine Beziehung zu ihnen aufbaue.« Auch ihre Eltern waren in Therapie gewesen, sie arbeiteten an sich selbst und bemühten sich, nun eine anständige Beziehung zu ihrer Tochter aufzubauen.

Lassen Sie sich nie wieder verletzen

Bitte missverstehen Sie das hier Gesagte nicht. Die Beziehung zur eigenen Familie aufrechterhalten bedeutet nicht, zuzulassen, dass man weiterhin missbraucht oder verletzt wird. Die Menschen in den von mir zitierten Beispielen zeigen ein starkes Selbstwertgefühl und stellen Mindestgrenzen auf. Wenn es in Ihrer Familie um einen Süchtigen geht, dann bedeutet die Aufrechterhaltung der Beziehung nicht, dass Sie sich die Folgen dieses dunklen Geheimnisses aufbürden lassen müssen. Wenn Sie unmissverständlich klar machen, dass Sie jeden Kontakt und jedes Gespräch verweigern, sobald der Betreffende wieder zu Drogen oder Alkohol greift, ziehen Sie Minimalgrenzen und weigern sich, dieses dunkle Geheimnis zu teilen. Ein Anruf, wenn einigermaßen sicher ist, dass der Betreffende nüchtern ist, oder eine liebevolle Karte sind gute Möglichkeiten, die Verbindung aufrechtzuerhalten.

Unerwartete Belohnungen

Ich hoffe, dass Sie nun, da Sie sich eingehend in die Geheimnisse Ihrer Familie vertieft haben, die Wurzeln von Verhaltensweisen entdeckt haben, die Ihnen in der Vergangenheit unbegreiflich waren. Vielleicht haben Sie ein paar Geheimnisse herausgefunden, die Sie enthüllen können, und ich hoffe, ihre Aufdeckung wird die lastende Scham von Ihnen nehmen und Ihnen neue Möglichkeiten eröffnen.

Ich habe durch meine Reise auf der Suche nach meiner Seele reichen Lohn geerntet. Etwas davon möchte ich mit Ihnen teilen.

Mein männliches Vorbild als Kind war mein Großvater. Er war ein warmherziger, freundlicher Mann, und ich liebte und verehrte ihn. Für meine Familie war er ein Heiliger. Er hatte eine sehr strenge Arbeitsmoral. Er war überzeugt, dass man sich nur eine ehrliche Arbeit suchen und hart arbeiten müsste, um Erfolg zu haben. Er fing als kleiner Angestellter bei der Southern Pacific Railroad an und war dort am Ende, 50 Jahre später, leitender Angestellter. Die Familie hielt ihn finanziell für einen höchst erfolgreichen Mann.

Tatsache ist, dass es ihm nie in den Sinn gekommen war, sich eine andere Stelle mit einem größeren Entwicklungsspielraum zu suchen. Sein Motto lautete: »Sei zufrieden mit dem, was Gott dir schenkt.«

Als Sprössling einer großen Familie und mit der Erfahrung der Weltwirtschaftskrise hatte er sicherlich gute Gründe für diese Überzeugung. Aber seine Botschaft »Wenn du erst einmal einen Job hast, gib ihn nie wieder auf!« enthielt noch einige unausgesprochene und heimliche Elemente. Dahinter verbarg sich eine beinahe paranoide Angst, die meine Familie seit Generationen beherrscht hatte. Diese Angst war ein gefährliches Familiengeheimnis. Mein Großvater war viel zu ängstlich, um irgendein Risiko einzugehen, und er war mein Rollenvorbild für Erfolg. Weil er ein »Heiliger« war, war er unantastbar.

Was er mir beibrachte, half mir ungeheuer, aber es hemmte mich auch. Er brachte mir bei, Geld zu sparen, keine Schulden zu machen und hart zu arbeiten. Solange ich an das emotionale System meiner Familie gebunden blieb, gab ich mich mit sehr wenig zufrieden. Ich blieb, wo ich war, bat nie um eine Gehaltserhöhung und war dankbar, dass ich eine Stelle hatte. Ich musste erst zweimal meine Stelle verlieren, bis ich aus der familiären Trance erwachte.

Sowie ich mich emotional von der Familie getrennt hatte, bekämpfte ich die destruktive und heimliche Angst, die seine Arbeitsphilosophie geprägt hatte. Ich sah mich nach neuen Betätigungsfeldern um und strebte neue Gehaltsdimensionen an. Ich wechselte häufig den Arbeitsplatz. Ich habe die Vorstellungen meines Großvaters über finanziellen Erfolg weit übertroffen.

Zuvor musste ich die unausgesprochene Botschaft meines Großvaters in eine bewusste Wahrnehmung überführen. Ich musste darüber *nachdenken* und sie im Licht seiner Geschichte begreifen. Dann erst konnte ich meine eigenen Entscheidungen treffen. Mein Leben wäre ganz anders verlaufen, wenn ich mich emotional nicht von dieser geheimen Botschaft gelöst hätte.

Ich möchte damit nicht sagen, dass ich glücklicher bin, weil ich mehr Geld verdiene als mein Großvater. In Wirklichkeit rührt mein Glück aus einer neuen Selbstdefinition: dass man alles verdient, was man ehrlich will und aus eigener Kraft schaffen kann. Die Freude meines jetzigen Lebens entspringt dem kreativen Risiko, das ich eingegangen bin, weil ich an mich selbst glaubte. Mein Großvater liebte mich und glaubte an mich. Das war mir sicher eine große Hilfe.

Ich verachte ihn nicht wegen seiner Ängste. *Seine* Herkunftsfamilie hatte ihn mit Gefühlen der Angst und Unsicherheit geradezu überschüttet. Er überwand die Grenzen, die ihre Furcht ihm setzte, und ich überwand die Grenzen seiner Furcht. Ich glaube, das ist die Bestimmung eines jeden von uns. Und ich glaube, dass mein Großvater sehr stolz auf mich wäre.

Ich hoffe, Sie haben in Ihrer Familie unerwartete Schätze entdeckt. Ob es uns gefällt oder nicht, manche dunklen Geheimnisse sind nicht nur der Ursprung unserer Komplexe, Neuinszenierungen und Eigenarten; sie sind auch Quelle unseres Genies und unserer Stärke. Unsere Familien sind noch immer mit all ihren dunklen Geheimnissen der Boden unseres Lebens und, wie Thomas Moore es ausdrückte, »der Hauptwohnsitz unserer Seele«.

Wenn wir unsere dunklen Familiengeheimnisse entschleiert haben, steht es uns frei, unsere Familien mit einem neuen Gefühl der Freiheit und Liebe anzunehmen.

Eine Belohnungsübung

Erstellen Sie eine Liste mit den fünf nützlichsten Verhaltensmustern, die Sie sich in Ihrer Familie angeeignet haben. Dabei kann es sich um Charakterstärken, positive Gewohnheiten, spezielle Überlebenstechniken und besondere Erfahrungen liebevoller Fürsorge handeln. Schildern Sie so genau wie möglich, inwiefern diese Erfahrungen Ihnen geholfen haben.

Die Bereitschaft zu verzeihen

Ich glaube, dass die Bereitschaft zu verzeihen eine wesentliche Voraussetzung für uneingeschränktes menschliches Glück ist. Das schließt sowohl Vergebung für eigene Fehler wie auch für die unserer Familie im weitesten Sinne ein.

Die Bereitschaft zu verzeihen hilft uns ungeheuer bei der Bildung eines gefestigten Selbstwertgefühls. Sie befreit uns aus dem endlosen Teufelskreis des Grolls und von den Fesseln, die der Hass hervorbringt.

Fritz Perls, der Begründer der Gestalttherapie, schrieb, dass wir nie wirklich erwachsen werden, solange wir an unserem Groll festhalten. Wir bleiben gefangene, machtlose und abhängige Kinder, die unfähig sind, sich von ihren Eltern zu trennen. Solange wir unsere Energie wie besessen auf diesen Groll verschwenden, bleiben wir an die Vergangenheit gefesselt und verlieren unsere Fähigkeit, voll in der Gegenwart zu leben.

Versöhnung hilft dem, der verzeiht. Wenn Sie verzeihen, kann die Energie, die zuvor an die Aufrechterhaltung Ihres Grolls gebunden war, kreativ genutzt werden.

Damit will ich in keinster Weise sagen, dass Sie, falls Sie Opfer eines krank machenden Geheimnisses ersten Grades sind, stillschweigend darüber hinwegsehen sollen. Ich meine auch nicht, dass Sie mit dem Familienmitglied, das Sie missbraucht hat, zusammen sein sollen. Am wenigsten will ich damit sagen, dass sie sich je wieder in Gefahr begeben sollen, nochmals von dieser Person misshandelt zu werden. Sie können die Verbindung aber durch Karten, Briefe oder Anrufe aufrechterhalten, wenn Sie dem Betreffenden nicht persönlich begegnen wollen. Verzeihen bedeutet nicht, dass man ein Verhalten entschuldigt. Es befreit Sie nur von seiner Macht über Sie.

Wenn es Ihnen schwer fällt, zu verzeihen, dann sollten Sie Folgendes bedenken: Bestimmte Arten der Misshandlung sind schädlicher als andere – sexueller Missbrauch und schwere körperliche Misshandlung hinterlassen tiefe Narben. Chronischer Missbrauch hat zerstörerischere Auswirkungen als ein einzelner Vorfall. Die Art der Verletzung und deren zeitliche Dauer sind zwei Indikatoren für die Zeit, die notwendig sein wird, um Schmerz und Leid aufzuarbeiten und verzeihen zu können.

Mir persönlich hat die Erkenntnis, dass es unmöglich ist, einen anderen Menschen vollkommen zu verstehen, sehr geholfen. Wenn ich mich einfühlsam mit den Folgen elterlicher Misshandlung befasse, bin ich gezwungen, meinem eigenen Schatten ins Gesicht zu sehen. Wie vielen Menschen habe ich wehgetan? Wenn ich mir vor Augen halte, was ich selbst anderen angetan habe (besonders meinen eigenen Kindern), dann kann ich mich von meiner Opferrolle distanzieren und verurteile meine Eltern nicht mehr so vorbehaltlos.

Ich erinnere mich an einen entscheidenden Punkt während meiner eigenen Therapie. Ich hatte wieder darüber gesprochen, dass mein Vater mich verlassen hatte und dass wir immer wieder bei Verwandten unterkommen mussten, zehnmal in 14 Jahren. Mitten in meiner Schilderung unterbrach mich mein Therapeut. Er sah mir direkt in die Augen und sagte: »Ich möchte, dass Sie in der Zeit bis zu Ihrem nächsten Besuch sich selbst vorsagen: ›Was ich erlitten habe, ist ganz normal.‹« Zuerst erschien mir dieses Ansinnen seltsam, aber ich erklärte mich bereit dazu.

Als ich seine Praxis verließ, spürte ich, wie ich wütend wurde. Was wollte er damit sagen – was ich erlitten habe, sei ganz normal? Mein Vater hat mich fast zum Waisen gemacht – er hat nie einen Pfennig Alimente gezahlt! In meinem Kopf rasten die Gedanken, bis ich innerlich meinen Therapeuten verfluchte und mir schwor, ich würde nie wieder zu ihm gehen. Tagelang war ich wütend auf ihn. Erst langsam begann ich zu begreifen, dass ich mich verzweifelt an meine Opferrolle klammerte. Sie war Teil meiner Identität geworden.

Dann erinnerte ich mich an meine Erfahrung mit dem dritten Fensterausschnitt aus Joharis Fenster. Die anderen Therapeuten in der Gruppe hatten mir meine »flehende«, fast »verzweifelte« Redeweise vorgehalten, als ich über die Verletzungen meiner Kindheit und meine Verlassenheit erzählte. Es war, als würde ich sie anflehen, zu sehen, wie tief ich verwundet worden war! War das meine Art, mich vor den Erwartungen anderer Menschen zu schützen? Schließlich sollte man niemandem, der so tief verletzt worden war wie ich, seine Fehler und Schwächen vorwerfen. Ich kam zu der Einsicht, dass ich diese Opferrolle auch dazu benutzte, mir Anerkennung zu verschaffen. Sie wurde eine Art paradoxer Grandiosität. Ich war der *am tiefsten* Verletzte der Gruppe. Ich war etwas *Besonderes*.

Später half mir mein Therapeut zu erkennen, dass ich, indem ich aus meinem Leid etwas »Besonderes« machte und mich daran klammerte, vor der Trauerarbeit flüchtete, die ich leisten musste, um zum Verzeihen fähig zu werden. Als Theologe und früherer Angehöriger des Dominikanerordens rief er mir in Erinnerung, dass die meisten Theologen und Philosophen im Leid eine *Tatsache* und ein Geheimnis des menschlichen Daseins sehen. Es ist so normal wie Lust und Freude. Und wie schon der biblische Hiob feststellte, gibt es keinen rationalen Trost dafür. »Akzeptieren Sie Ihr Leid, leisten Sie Ihre Trauerarbeit, verzeihen Sie Ihrem Peiniger und bleiben Sie nicht stehen«, sagte der Therapeut zu mir.

Es wird einige Zeit erfordern, aber das Wichtige ist, dass Sie es tun. Wenn Sie aus Ihrem Opferdasein Ihre ganz »besondere Identität« ableiten, verhindern Sie, dass Sie den Schmerz und die Leere *fühlen*, die Sie mit sich herumtragen. Wenn Sie versuchen, Ihrem Leid zu entfliehen, indem Sie es rational begreifen, gehen Sie der wirklichen Trauer aus dem Weg. Und solange Sie nicht Trauerarbeit leisten, können Sie nicht verzeihen.

Dunkle Geheimnisse sind Teil meines Seelenschicksals. Sie zwangen mich, mich eingehender mit meiner Geschichte zu beschäftigen. Ich hoffe, die Ihren haben das Gleiche bewirkt. Das Leben ist widersprüchlich bis in den Kern. Wenn ich die dunklen Geheimnisse meiner Familie als maßgebliche Faktoren meines Schicksals akzeptiere, wird der schreckliche Moralismus des Schwarz-weiß-Denkens gemildert. Ich lerne, der Unvollkommenheit der menschlichen Natur mit Nachsicht zu begegnen. Ich kann beginnen, die komplexen Zusammenhänge und die Widersprüchlichkeit meiner Familie zu lieben.

Wie ich an früherer Stelle erwähnte, tragen wir nicht nur die dunklen Geheimnisse unserer Eltern in uns, sondern auch ihre unbewussten Sehnsüchte und ihre schönsten Träume. James Jeders Liebe zur englischen Literatur wurzelte teilweise in jenen Situationen, als er am Bett seiner Großmutter saß und zuhörte, wie sie ihm vorlas. Seine Lyrikbände verkörperten die Träume seiner Mutter, Großmutter und Urgroßmutter!

James hatte auch von seinem Großvater Donald Jamison gelernt. Er konnte gut mit Geld umgehen und war für einen Hochschulprofessor außergewöhnlich wohlhabend.

James und sein Vater Shane versöhnten sich zehn Jahre vor Shanes Tod. James erzählte mir in mehreren Sitzungen über das tragische Leben seines Vaters. Einmal weinte er hemmungslos, als ihm einfiel, dass sein Vater mehrere Fernkurse gemacht hatte, um seine Bildung zu verbessern. James spürte, dass sein Vater ein paar große Träume gehabt hatte, die er nie hatte erfüllen können. Sein letzter Lyrikband ist seinem Vater gewidmet, in Liebe.

Epilog

Eine der Definitionen für *Geheimnis* lautet: »Etwas, das noch entdeckt werden muss«. In diesem Sinne ist das Geheime der Kern der Seele.

Das volle Potenzial unserer Seele ist immer in der Entdeckung begriffen. Es gibt immer mehr, als wir wissen können, und immer mehr, als wir definieren können. Ihre Seele ist zutiefst einzigartig. Es hat nie jemanden wie Sie gegeben, und es wird nie wieder jemand wie Sie geben. Aufgrund dieser Einzigartigkeit können wir uns nie vollkommen verstehen. Ich habe Dinge überlebt, von denen ich nicht wusste, dass ich sie überleben könnte. Ich habe Stärken in mir entdeckt, von deren Existenz ich nichts ahnte. Ich habe dunkle Familiengeheimnisse in mir getragen und sie ins Positiv gewendet. Und ich bin sicher, dass Sie das Gleiche getan haben.

Jeder von uns besitzt eine tiefe Macht, eine innere Wirklichkeit, die ich Seele nenne. Sie ist die geheimnisvolle Quelle vieler unserer Leistungen sowie die Grundlage unserer Phantasie. Wenn wir den Kontakt zu unserer Phantasie verlieren, erstickt unsere Seele. Deshalb ist das Sprichwort »Was du nicht weißt, macht dich nicht heiß« so gefährlich. Es beeinträchtigt unsere Freiheit und Kreativität, indem es die Neugier, die Grundlage der Phantasie, abtötet.

Doch die Seele kann niemandem geraubt werden. Ich kenne kein größeres Wunder, als mit Menschen zu arbeiten, ihnen zu helfen, ihren Schmerz anzunehmen und dann zu sehen, wie ihre tieferen Fähigkeiten und Talente sichtbar werden. Sobald sie sich sicher genug fühlen, um ihre Abwehrmechanismen aufzugeben, kann sich die Kraft ihrer Seele entfalten.

Zu Beginn dieses Buches habe ich Sie aufgefordert, alles zu hinterfragen, sich den Anfängergeist anzueignen. Nun, am Ende, möchte ich Sie daran erinnern, dass auch der Moment kommt, wo es sinnvoll ist, das Fragen einzustellen. Wie das Leben selbst können wir auch unsere Familien nie vollständig begreifen. Wir müssen sie annehmen als ein Mysterium, das durchlebt werden muss.

Anhang: Das Paradox der Erinnerung

> Die Erinnerung ist ein unverzichtbarer Bestandteil unseres persönlichen und gesellschaftlichen Lebens ... Um sich ihrer zu bedienen und ihren Wert für uns zu bewahren, müssen wir ihre Beschränkungen anerkennen und uns gegen sie schützen.
>
> *Walter Reich*

Es war im November 1989. Eine Frau rief bei der Polizei an und berichtete, dass ihr Vater ihre beste Freundin umgebracht hätte. Der Name der Frau war Eileen Franklin Lipsker; ihre beste Freundin hieß Susan Nason.

Eileen sagte, sie wäre an einem Platz in den Wäldern etwas oberhalb von der Stelle gestanden, wo Susan saß, als sie sah, wie Susan ihren Kopf drehte – Susan hatte rote Haare –, zu ihr hochblickte und versuchte, ihren Blick aufzufangen. Sie sagte, Susans blaue Augen flehten sie an. Dann sah sie, wie sich etwas neben Susan bewegte, und sie erkannte die Umrisse ihres Vaters George Franklin, die sich gegen die Sonne abzeichneten. Er hatte beide Hände über den Kopf erhoben. Er umklammerte einen Felsbrocken. Er stemmte sich in den Boden und schmetterte den Felsbrocken dann auf Susans Kopf herab. Eileen sah, wie Susan ihre rechte Hand hochriss, um den Schlag abzufangen. Sie hörte ein Knacken wie beim Aufschlag eines Baseballschlägers auf einem Ei. Ein weiteres Knacken, und dann sah sie Blut überall auf Susans Kopf, Haare, die nicht mehr an ihrer Kopfhaut hafteten, ihr blutbedecktes Gesicht, ihre zerschmetterte Hand.

Eileen sagte den Polizisten, dass sie wahnsinnige Schuldgefühle wegen Susans Tod hätte. Sie erzählte ihnen, dass sie und ihr Vater Susan am Nachmittag alleine getroffen hätten und dass sie – Eileen – es gewesen wäre, die Susan zu einem gemeinsamen Ausflug überredet hätte. Ihr Vater fuhr sie an einen Ort außerhalb der Stadt, wo er Susan zuerst vergewaltigte und dann ermordete. Er drohte Eileen, er würde auch sie umbringen, wenn sie irgendjemandem erzählte, was sie gesehen hatte.

Eileen berichtete auch, dass sie als Kind von ihrem Vater sexuell missbraucht worden wäre und dass er sie einmal mit Gewalt festgehalten hätte, während ein Freund von ihm sie vergewaltigte. Sie hatte gelernt, nicht über das zu sprechen, was ihr Vater mit ihr machte. Sie sagte, sie liebe ihn aufrichtig.

Dieser Fall enthält noch einen anderen, ganz zentralen Aspekt: Eileen Franklin Lipsker war acht Jahre alt, als ihre Freundin Susan ermordet wurde. Das war 1969. *20 Jahre mussten vergehen, bis sie fähig war, den Mord anzuzeigen!* Sie behauptete, sie hätte alles vergessen bis zu einem entscheidenden Tag im Januar 1989. Wie war so etwas möglich? Und falls sie wirklich alles vergessen hatte, wie konnte sie sich dann plötzlich an diese Details erinnern?

Diese Fragen führen uns mitten in die aktuelle Diskussion über das Wesen der Erinnerung. Kann man allen Erinnerungen vertrauen? Können Erinnerungen jahrelang verdrängt werden, und wenn ja, wie können wir ihre Richtigkeit überprüfen? Gibt es falsche Erinnerungen, und können sie dem Denken eines Menschen »eingeimpft« werden? Was wissen wir mit Sicherheit über Erinnerungen? Gibt es eine anerkannte medizinische Diagnose »falsche Erinnerung«?

In Eileen Franklin Lipskers Fall war das Gericht der Überzeugung, dass verdrängte Erinnerungen möglich und glaubwürdig seien. 1990 wurde ihr Vater George Franklin wegen heimtückischen Mordes zu einer lebenslangen Freiheitsstrafe verurteilt. 1993 bestätigte das kalifornische Berufungsgericht dieses Urteil, und der Oberste Gerichtshof Kaliforniens lehnte die Berufung George Franklins ab.

Die Frage, ob verdrängte Erinnerungen tatsächlich möglich sind oder nicht, stellt nicht nur ein drängendes juristisches Problem dar, sondern auch ein klinisches. In einem anderen Fall aus der jüngeren Vergangenheit wurden einem Vater 500.000 Dollar Schmerzensgeld zugesprochen, da das Gericht zu der Überzeugung gelangt war, dass seine Tochter durch ihren Psychotherapeuten zu der Anschuldigung gedrängt worden wäre, er hätte sie als Kind sexuell missbraucht. In diesem Fall glaubte das Gericht, dass der Therapeut für die »phantasierten« Erinnerungen seiner Klientin verantwortlich sei.

»Phantasieren« bedeutet hier, Tatsachen durch Phantasie zu ersetzen. Meist sind es Frauen, die phantasierter Erinnerungen bezichtigt werden, und diese Erinnerungen betreffen in der Regel Inzest. Im März 1992 wurde der Verband »False Memory Syndrome Foundation« (FMSF) ins Leben gerufen, was etwa mit »Stiftung zur Erforschung des Syndroms der falschen Erinnerung« übersetzt werden könnte. Bei der letzten Zählung kam diese Stiftung auf etwa 4.000 Familien, die behaupteten, dass sie fälschlich des sexuellen Missbrauchs ihrer Kinder angeklagt worden wären. Viele Eltern haben aufgrund dieser Bezichtigungen jeden Kontakt zu ihren anklagenden Kindern und Enkeln verloren. Zudem werden die Eltern, sobald solche Anschuldigungen öffentlich bekannt werden, sozial aufs Schärfste geächtet. Manche werden in juristische Auseinandersetzungen verwickelt, weil ihre Kinder sie vor Gericht bringen. Einige Frauen, die sich ursprünglich für Inzestopfer hielten, haben sich dieser Organisation angeschlossen – sie behaupten nun, ihre Therapeuten hätten ihnen durch direkte Suggestionen Erinnerungen an sexuellen Missbrauch entlockt. Die Freilegung solcher Erinnerungen bewirkte oft eine überstürzte Konfrontation mit dem angeblichen Peiniger (häufig dem Vater), die wiederum zum Auseinanderbrechen der Familie und zu schrecklichem emotionalen Leid führte.

In Therapeutenkreisen wird in dieser Diskussion, die noch immer heftig tobt, argumentiert, dass es zwar vereinzelt Fälle von Therapeuten geben mag, die ihre Klienten suggestiv in Richtung Inzest beeinflussen, dass jedoch die große Mehrheit äußerst verantwortungsbewusst handle, wenn so heikle Themen wie verdrängte Inzesterinnerungen auftauchen. Sie befürchten, dass FMSF eine reaktionäre öffentliche Kampagne ausgelöst hätte, die einzig auf bruchstückhaften, unüberprüften Berichten ohne echte Nachforschungen basiert. Die Stiftung behauptet zwar, sie wolle nur wissenschaftliche Erkenntnisse über falsche Erinnerungen einem breiten Publikum zugänglich machen, doch bis heute hat noch niemand einen klaren Beweis für die Existenz eines solchen klinischen *Syndroms* erbracht. Dennoch war die öffentliche Reaktion so heftig, dass die Therapeuten zum Teil stark verunsichert wurden.

Die Therapeuten stehen vor einem schwierigen Dilemma. Es gibt Momente, in denen die Symptome ihrer Klienten trotz allem Fragen über die Möglichkeit eines sexuellen Missbrauchs erforderlich machen; sie würden ihren Patienten einen schlechten Dienst erweisen, wenn sie diese Fragen nicht stellen würden.

Diese ganze Diskussion wurde von Mary Sykes Wylie, der verantwortlichen Herausgeberin von *The Family Therapy Networker*, im September/Oktober-Heft 1993 dieser Zeitschrift glänzend dargestellt.

Im Mittelpunkt der Auseinandersetzung stehen drei wichtige Punkte, die auch für dieses Buch und die Problematik der dunklen Geheimnisse von Bedeutung sind. Dabei handelt es sich um die Macht der Suggestion, die Natur des Gedächtnisses und den Unterschied zwischen traumatischen und normalen Erinnerungen.

Die Macht der Suggestion

Von Michael Yapko, einem klinischen Psychologen in San Diego, stammt eine Untersuchung über fast 1.000 Therapeuten. Er kam zu dem Schluss, dass einige von ihnen – »zu viele« (er nannte jedoch keine konkreten Zahlen) – über zentrale Aspekte der Beeinflussbarkeit und Erinnerung in einer Behandlung nicht genügend Bescheid wussten.

Viele Erwachsene, deren entwicklungsspezifische Abhängigkeitsbedürfnisse besonders im frühen Kleinkindalter durch Missbrauch oder Misshandlung in falsche Kanäle gelenkt wurden, tendieren dazu, die Suggestionen anderer als Befehle, denen sie gehorchen müssen, zu interpretieren. Jeder, der in einer streng autoritären Familie erzogen wurde, in der Konformität mittels körperlicher Züchtigung und emotionalem Liebesentzug durchgesetzt wird, verliert die Fähigkeit, eigenständig zu denken. Solche Kinder lernen zu gehorchen und ihre Wünsche und Gedanken an die Familienautorität anzupassen. Dieser Konformismus wird zu einem lebenslangen Muster, das durch eine andere Autoritätsperson, besonders durch einen Therapeuten, leicht wieder aktiviert werden kann. Wenn Ihre kindlichen entwicklungsspezifischen Abhängigkeitsbedürfnisse aufgrund physischen, sexuellen oder emotionalen Missbrauchs nicht befriedigt wurden, sind Sie sehr leicht beeinflussbar und werden schnell zum bevorzugten Opfer von Menschen, die sich als Autoritätspersonen darstellen.

Nehmen wir an, Sie sind in einer streng autoritären Familie aufgewachsen, die körperliche oder emotionale Strafen einsetzte, um für ein angepasstes

Verhalten zu sorgen. Nehmen wir weiter an, dass Sie später im Leben körperliche Krankheitssymptome entwickeln, die keine biologische Ursache haben – eine psychosomatische Erkrankung –, und dass Ihr Arzt Ihnen rät, einen Psychotherapeuten aufzusuchen.

Sie kommen nun zu einem Therapeuten, der Sie sofort darauf hinweist, dass viele frühere Inzestopfer infolge ihres Missbrauchs psychosomatische Störungen entwickeln. Der Therapeut erzählt Ihnen weiter, dass Inzestopfer sich während des Missbrauchs in emotionale Betäubung retten. Sie empfinden die Wut, den Schmerz und den Verrat nicht mehr, die mit ihrem Missbrauch einhergehen. Daher verwandeln sie diese betäubten Gefühle in psychosomatische Erkrankungen, was ihnen ermöglicht, sich so schlecht zu fühlen, wie es ihnen *wirklich* geht.

Nehmen wir dann an, Ihr Therapeut fragt: »Haben Sie irgendwelche Erinnerungen an Inzest in Ihrer Kindheit?« Ihre Antwort würde lauten: »Soweit ich weiß, nicht.« Und der Therapeut erwidert: »Sie müssen sich der Symptome eines Inzests nicht bewusst sein, auch wenn er stattgefunden hat. Tatsächlich sind sich viele Menschen, die Opfer eines Inzests wurden, dessen nicht bewusst.« Dieser Dialog könnte leicht eine Situation schaffen, in der das in seinen entwicklungsspezifischen Bedürfnissen unbefriedigte Kind in Ihnen, begierig, der neuen Elternfigur zu gefallen, bereit ist, sich jede Interpretation anzueignen, die Ihr Therapeut Ihnen anbietet.

Nehmen wir jetzt noch den schlimmsten aller Fälle an, in dem der Therapeut Ihnen aufzählt, welche anderen Symptome häufig mit Inzest verbunden sind. Nun kämmen Sie Ihre Kindheitserinnerungen durch, zugleich hoffend und fürchtend, dass etwas davon zutreffen könnte. Dieses imaginäre Beispiel ist ein eklatanter Fall eines übereifrigen Therapeuten, der seine Klienten durch Suggestionen beeinflusst.

Grob gesagt kann man die Maxime aufstellen, dass die grundlegenden Daten, von denen ausgehend Fragen gestellt werden, immer vom Patienten kommen sollten. Psychosomatische Erkrankungen können Symptom eines beliebigen Traumas sein. Daraus sofort eine Frage nach Inzest abzuleiten, spiegelt eindeutig die Probleme des Therapeuten wider, nicht die des Patienten!

Die Natur des Gedächtnisses

Was wissen wir konkret über die Natur des Gedächtnisses? Das menschliche Gehirn ist extrem komplex aufgebaut, und niemand konnte bis jetzt behaupten, es vollständig verstanden zu haben. Wir neigen dazu, die Prozesse im Gehirn auf der Basis der Technologien zu beschreiben, die unsere Gehirne selbst entwickelt haben. Zur Blütezeit des Maschinenbaus sah man das Gehirn als Maschine. Nach der Erfindung der Filmkamera verglich man es mit einer Kamera. Heute herrscht häufig die Ansicht vor, das Gehirn funktioniere wie ein Computer.

Unser Gehirn hat zwar unverkennbar einige Eigenschaften mit diesen Erfindungen gemeinsam, aber es ist viel komplexer und umfassender, als es irgendeines dieser Modelle darstellen kann. Vereinfachungen sind besonders irreführend, wenn wir uns mit der Funktionsweise des Gehirns befassen.

Wenn wir uns unser Gehirn als Kamera, Kassettenrekorder oder Computer vorstellen, dann sehen wir das Gedächtnis als eine riesige Datenbank mit exakten neurologischen Eindrücken an. Jede Erfahrung, die wir je gemacht haben, wird in dieser Sichtweise gespeichert und eingeordnet. Das Gedächtnis ist ein starrer Behälter all unserer vergangenen Erfahrungen.

Doch auch wenn wir unser Gedächtnis manchmal so empfinden, der überwiegende Teil der modernen psychologischen Forschung versteht darunter eher etwas Dynamisches, Kreatives. Das Gehirn hat die Fähigkeit, aus den Informationen, die es verarbeitet, Realität zu erfinden und zu erschaffen, und unsere Absichten prägen unsere Erinnerung. In dieser Vorstellung ist das Gedächtnis ein Prozess, der immer im Fluss ist und vergangene Erfahrungen im Lichte neuer Ansichten neu interpretiert. Unsere neuen Ansichten über die *Bedeutung* vergangener Ereignisse, besonders wenn sie in Beziehung zur Gegenwart stehen, formen real unsere Erinnerungen an diese Ereignisse.

Im Kapitel »Wie ist es möglich, nicht zu wissen, was man weiß?« sprach ich über selektive Wahrnehmung und die Tendenz, die bewusste Wahrnehmung der Realität zugunsten von Sicherheit und Schutz zurückzustellen. Das Gedächtnis macht das Gleiche. Das normale Gedächtnis neigt dazu, unser gegenwärtiges Identitätsgefühl zu untermauern. Die Vergangenheit wird beständig umgestaltet, und diese Rekonstruktion orientiert sich massiv an den Interessen der Gegenwart.

Wie Erinnerung funktioniert

Dr. Lenore Terr gehört zu den führenden Kapazitäten in der Erforschung von Trauma und Gedächtnis, und sie wurde zu einer ganz wesentlichen Zeugin im Eileen-Lipsker-Prozess. In ihrem Buch *Schreckliches Vergessen, heilsames Erinnern* schildert sie zwei primäre Kategorien, *wie* wir uns erinnern, und sechs Arten von Erinnerungen.

Die beiden primären Kategorien, *wie* wir uns erinnern, sind die explizite, manchmal auch deklarativ genannte Erinnerung, und die implizite, manchmal auch nicht deklarativ genannte Erinnerung. Explizite Erinnerung ist das Ergebnis eines bewussten Denkprozesses. Sie lesen etwas, finden es interessant, *denken* darüber nach und speichern es in sprachlich kodierter Form als Erinnerung ab. Mit etwas mentaler Übung kann die Erinnerung für immer bewahrt werden. Wenn Denken und auch das mentale Üben blockiert werden, gehen die meisten Eindrücke binnen 30 Sekunden verloren. Die einzige Ausnahme davon bildet die traumatische Erinnerung. »Ein waches traumatisiertes Kind muss sich das Geschehene nicht zurückrufen, um sich daran zu erinnern«, schreibt Dr. Terr. Traumatische Erinnerungen verhalten sich wie Erinnerungen, die vollständig implizit sind.

Implizite Erinnerungen bedürfen keiner bewussten Überlegung. Sie sind das Ergebnis von Gewohnheiten. Diese Art von Lernprozess ist zum Beispiel wirksam, wenn wir gehen oder sprechen lernen. Wenn wir bestimmte Fertigkeiten erst einmal erworben haben, etwa das Alphabet aufsagen, auf einer Schaukel schaukeln oder Fahrrad fahren, dann müssen wir nicht mehr darüber nachdenken. Wir wissen immer, wie das geht – außer wenn wir an einer Gehirnverletzung leiden.

Terr erläutert außerdem sechs grundlegende Arten von Erinnerungen. Das erste bezeichnet sie als *unmittelbares* Gedächtnis. Erinnern Sie sich, welche Beziehung Sie zu einem Mitarbeiter haben, wenn Sie ihn treffen? Können Sie einen angefangenen Satz beenden? Das unmittelbare Gedächtnis impliziert schnelle Assoziationen zum Erinnerten.

Der zweite Typ betrifft das *Kurzzeitgedächtnis*. Was haben Sie gestern Mittag gegessen? Mit wem haben Sie gestern telefoniert? Wo waren Sie letztes Wochenende? Der Verlust des Kurzzeitgedächtnisses ist ein erstes Anzeichen für eine organische Störung. Es ist auch ein verbreitetes Symptom bei Menschen, die Drogen nehmen oder unter Depressionen und chronischem Stress leiden.

Die nächsten vier Typen von Erinnerungen gehören alle zum *Langzeitgedächtnis*. Die dritte Art von Gedächtnis umfasst »Wissen und Fertigkeiten«. Ein großer Teil unseres Wissens ist tief in uns eingraviert und rein semantischer Natur. Erinnerte Fertigkeiten dagegen beinhalten sehr wenige verbale Anweisungen, sie sind implizit und haben Gewohnheitscharakter. Wenn Sie einmal tippen, Fahrrad fahren, Golf spielen oder die Uhr lesen gelernt haben, werden Sie es nie wieder vergessen.

Der vierte Typ von Erinnerung ist die *motivierende* Erinnerung. Ich zum Beispiel unternahm meine erste Auslandsreise erst mit Anfang 30. Nachdem ich einmal Urlaub auf Jamaika gemacht hatte, hatte ich Lust auf weitere Reisen. An die Stelle der Vorstellung von Gefahr, die ich mit dem Unbekannten verbunden hatte, waren nun *Erinnerungen* an Spaß und Freude getreten. Wer Wasserski fahren kann, ist beispielsweise stärker motiviert, Ski fahren zu lernen, als jemand, der das nicht kann.

Die fünfte Art sind *assoziierte Erinnerungen*. Diese Art von Erinnerung erfordert kein Nachdenken. Mir wurde von meiner Mutter und Großmutter eingebläut, ältere Frauen und Männer mit »Ja, Sir, nein, Sir, ja, Madam, nein, Madam« anzusprechen. Selbst im Alter von 60 Jahren passiert mir das heute immer noch. Gute Manieren, das Aufstehen bei der Nationalhymne, die Hand aufs Herz legen bei einem Treueschwur, das alles sind assoziierte Erinnerungen.

Der sechste Typ Erinnerung ist schließlich das *episodische Gedächtnis*. Es setzt sich zusammen aus den Erinnerungen an die Ereignisse Ihres Lebens: die glücklichen Episoden, die traurigen, schlechten Zeiten, die angstbesetzten Zeiten, die wunderschönen Phasen, die herrlichen Phasen. Episodische Erinnerungen bilden die Geschichte Ihres Lebens. Zu den episodischen Erinnerungen gehören auch die traumatischen Erinnerungen. Und traumatische Erinnerungen stehen im Mittelpunkt der Diskussion um falsche Erinnerungen.

Warum traumatische Erinnerungen anders sind

Manche traumatischen Erinnerungen werden lebhaft vom Überlebenden des Traumas erinnert. Manche Traumaopfer haben blitzartige Erinnerungen und sind zur Hypermnesie fähig, ein Zustand, in dem sie sich an einige oder an alle Einzelheiten ihres Traumas in erstaunlicher Detailliertheit erinnern. Es ist andererseits klar, dass viele Opfer eines sexuellen Missbrauchs ihre Erinnerungen verdrängen und sich in einen Zustand der Amnesie flüchten. Dr. Terr zufolge »erinnert man sich nicht schlechter oder ungenauer, nur weil die Erinnerung verdrängt wird, und insbesondere traumatische Erinnerungen verblassen überhaupt kaum.« Sie fährt damit fort, dass auch episodische Erinnerungen, die das Gegenteil eines Traumas beinhalten – Glücksmomente der Kindheit –, sehr genau erinnert werden: »Beide Arten von Erinnerung bleiben lebendiger als andere Erinnerungstypen.«

Typ-I- und Typ-II-Traumen

Dr. Lenore Terr untersuchte intensiv die Erinnerungen von 26 Kindern in Chowchilla in Kalifornien, die am 15. Juli 1976 aus ihrem Schulbus entführt und 27 Stunden später körperlich unversehrt freigelassen wurden. Ihre Entführer hatten sie in verdunkelten Lieferwagen herumgefahren und dann quasi lebendig in einem Lastwagenanhänger begraben, der unterirdisch in einem Steinbruch abgestellt war. Dr. Terr befragte einen Teil der Kinder sieben bis dreizehn Monate nach diesem Ereignis und dann nochmals vier bis fünf Jahre später. Sie sprach auch mit Kindern fünf Wochen und vierzehn Monate, nachdem sie im Fernsehen die Explosion der Raumfähre *Challenger* gesehen hatten. Ihrem Bericht zufolge »konnte sich jedes einzelne Kind in beiden Gruppen [Chowchilla und Challenger] an das Geschehene erinnern«.

Andererseits stellte sie bei der Untersuchung von etwa 400 Berichten über Kindheitstraumata in ihrer Praxis fest, dass manche Kinder traumatische Erlebnisse vergessen.

1988 veröffentliche Dr. Terr eine klinische Studie über 20 sehr junge Opfer eines traumatischen Ereignisses, deren Torturen durch die Polizei oder Augenzeugenberichte bestätigt worden waren. Sie konstatierte, dass die Kinder, die wiederholt traumatisiert worden waren, stärker von einer Amnesie betroffen waren als die, die nur ein einmaliges Trauma erlitten hatten. Aufgrund dieser Feststellung und ihrer Arbeit mit den Kindern der Chowchilla-Gruppe kam sie zu folgender Unterscheidung: Sie definierte ein Traumaopfer vom Typ I als jemanden, der ein einmaliges traumatisches Erlebnis hatte, und ein Traumaopfer vom Typ II als jemanden, der fortgesetzte Traumatisierungen erlitten hatte. Bei Letzteren besteht eine erhöhte Wahrscheinlichkeit, dass sie ihre Erinnerungen verdrängen.

Eileen Lipskers alkoholkranker Vater hatte ihre Mutter und ihre Geschwister geprügelt. Sie war drei Jahre alt gewesen, als er sie zum ersten Mal vergewaltigte. Als immer wieder vergewaltigtes Kind lernte Eileen schon sehr früh, ihre Erinnerungen zu verdrängen. Mit acht Jahren war diese Verdrängung kein vorübergehendes Phänomen mehr. Ohne nachzudenken oder zu planen verdrängte sie ihre Erinnerungen aus dem Bewusstsein.

Fehlerhafte Erinnerungen

Dr. Elizabeth Loftus, eine Expertin für Gedächtnisstudien an der University of Washington, war im Lipsker-Prozess Zeugin der Verteidigung. Dr. Loftus untersucht, wie sich durch Manipulationen »falsche« Wahrnehmungen und Erinnerungen erzeugen lassen. Sie konnte ihren Versuchspersonen in verschiedenen Experimenten erfolgreich falsche Erinnerungen suggerieren, von deren Richtigkeit diese absolut überzeugt waren.

Es gelang ihr, einem jungen Teenager die Erinnerung an ein relativ harmloses Trauma zu suggerieren, indem sie in ihm die Überzeugung weckte, dass er mit fünf Jahren in einem Einkaufszentrum verloren gegangen wäre. Der Junge erfand noch eigene Details und fügte sie zur ursprünglichen Geschichte hinzu. Das beweist, dass emotionsbeladene Erinnerungen phantasiert werden können. Es beweist jedoch nicht, dass traumatische Erinnerungen wie Inzest Phantasiegeburten sind.

Trotz dieser interessanten Aspekte von Loftus' Arbeiten kann keine experimentell erzeugte Erinnerung mit einem Teenager oder Studenten als Versuchsperson auch nur annähernd der Erinnerung an das reale Ereignis eines traumatischen sexuellen Missbrauchs in der Kindheit gleichgestellt werden. Es widerspräche allen ethischen Grundsätzen, bei einer Versuchsperson ein traumatisches Erlebnis zu inszenieren, um zu *beweisen*, dass Erinnerungen phantasiert werden können.

Kognitive Psychologen haben darauf hingewiesen, dass Terror, Leid und Isolation, die Folgen eines Traumas sind, besonders wenn das Trauma mit dem Verrat durch einen Elternteil oder eine andere lebenswichtige Person verbunden ist, enormen Einfluss auf die langfristige emotionale, kognitive und sogar physische Funktionsfähigkeit haben.

»Ein Trauma stellt neue Regeln für das Gedächtnis auf«, schreibt Dr. Terr. Eileen Lipsker beispielsweise irrte sich in mehreren Punkten hinsichtlich der

Ermordung Susan Nasons durch ihren Vater – unter anderem in der Tageszeit des Mordes. Doch das Gericht glaubte trotz ihrer fehlerhaften Wahrnehmungserinnerung an den zentralen Punkt ihrer wieder aufgetauchten Erinnerungen: dass sie wirklich beobachtet hatte, wie ihr Vater Susan Nason tötete. Es glaubte, dass sie den *Kernpunkt* der Erinnerung zutreffend wiedergegeben hatte.

Gerechterweise muss man sagen, dass Dr. Loftus schon 20 Jahre lang versucht, den Mythos von der Unfehlbarkeit und Unbeeinflussbarkeit der menschlichen Erinnerung zu widerlegen. Sie hat überzeugend dargestellt, dass verdrängte Erinnerungen an einen sexuellen Missbrauch in der Kindheit, solange sie die einzige Grundlage für Straf- und Zivilprozesse gegen Eltern sind, das Produkt therapeutischer Suggestion und kindlicher Phantasie sein können. Bei unserem jetzigen Wissensstand müssen wir alles tun, um verdrängte Erinnerungen durch objektive Beweise zu untermauern. Dr. Loftus führt aus, dass die Therapeuten, wenn sie *alle* Berichte über verdrängte Erinnerungen als objektive Wahrheit akzeptieren, die Gefahr vergrößern, dass die Gesellschaft im Allgemeinen die *wirklichen* Fälle von sexuellem Missbrauch in der Kindheit nicht mehr wahrhaben will.

Traumatische Erinnerungen können »richtig« und »falsch« zugleich sein

Unzählige detaillierte Einzelheiten und einige wenige Fehler schließen einander nicht aus und beweisen nicht eindeutig die Richtigkeit oder Falschheit einer Erinnerung. Sowohl Amnesie – der partielle, zeitweilige oder vollständige Verlust der Erinnerung an ein Ereignis – wie auch Hypermnesie – die Fähigkeit, jeden einzelnen Teilaspekt eines Vorfalls bis ins kleinste Detail immer wieder zu durchleben – gelten als Symptome für eine posttraumatische Belastungsstörung.

Es ist bekannt, dass Traumaopfer sich an korrekte wie auch an falsche Wahrnehmungen in beeindruckender Detailkenntnis erinnern können. Die Erinnerung kann zugleich »richtig« und »falsch« sein. Manche Aspekte sind richtig, andere falsch. Die Chowchilla-Kinder konnten viele Aspekte ihrer Erfahrung genau und anschaulich schildern. Dennoch gaben acht von ihnen unzutreffende Beschreibungen ihrer Entführer. Die Chowchilla-Opfer waren Traumaopfer vom Typ I.

Dr. Terr zufolge sind die Erinnerungen von Typ-II-Opfern, wenn sie erst einmal aus der Verdrängung gelöst sind, genauer als die von Typ-I-Opfern. Sie schreibt: »Wiederholt traumatisierte Kinder machen weniger fehlerhafte Angaben über ihren Missbrauch als solche, die nur einmal traumatisiert wurden.«

Die Erinnerung an ein Trauma vom Typ I oder II kann präzise und detailliert sein und gleichzeitig verfälscht durch die enorme Stresssituation, die mit jedem einzelnen Trauma verbunden ist. In den ersten Momenten eines unerwarteten Schocks neigt ein Kind dazu, die Dinge falsch wahrzunehmen.

Verdrängung ist mehr als Vergessen

Als *Verdrängung* bezeichnet man das »Wegschieben« einer Erinnerung. Wahrscheinlich steht an ihrem Anfang die Unterdrückung der Erinnerung. Die *Unterdrückung* ist ein absichtlicher und bewusster Vorgang, den wir alle immer wieder einsetzen. Wir sagen unserem Vorgesetzten nicht, wie wir das, was er sagt oder tut, finden. Wir denken eine Zeit lang nicht mehr an ein schmerzliches Thema, auch wenn wir bei Bedarf darauf zurückkommen können. Unterdrückung ist der häufigste Abwehrmechanismus gegen Konflikte.

Wenn jemand wiederholte Traumatisierungen erleidet, wird aus Unterdrückung Verdrängung. Wenn die Erinnerung immer wieder beiseite geschoben wird, wird sie dauerhaft aus dem Bewusstsein gestrichen. Freud sah in der Verdrängung einen Ich-Abwehrmechanismus. Ich-Abwehrmechanismen sind Strategien der Aufmerksamkeitsverteilung, mit deren Hilfe wir einen Schmerz vermeiden, der so groß ist, dass er unser zentrales Selbstgefühl bedroht. Wie Daniel Goleman ausführt, bezeichnet Verdrängung inzwischen »den Abwehrmechanismus, bei dem man vergisst, und dann vergisst, dass man vergessen hat«. Der britische Psychiater R.D. Laing schilderte, wie er sich selbst beim Akt des Vergessens in einer sehr peinlichen Situation ertappte. »Ich hatte es schon mehr als halb vergessen«, schrieb er. »Genauer gesagt, ich war im Begriff, den ganzen Vorgang abzukapseln, indem ich vergaß, dass ich etwas vergessen hatte.« Wenn wir eine Erinnerung verdrängen, weist nichts mehr auf diesen Akt der Verdrängung hin. Die Tatsache, dass die Information verdrängt wurde, wird vergessen, und wir haben keinen Grund, uns zu erinnern.

Linda Moyer Williams von der University of New Hampshire befragte 100 Frauen 18 bis 20 Jahre später, nachdem sie als Kinder infolge eines sexuellen Missbrauchs in eine große städtische Notaufnahme gebracht worden waren. Sie interviewte diese Frauen, ohne ihnen zu sagen, dass sie über ihren Hintergrund informiert war, und fragte, ob sie je sexuell missbraucht worden wären. 38 Prozent der Frauen berichteten im Gegensatz zu den klinischen Unterlagen, sie wären nie missbraucht worden.

Man könnte einwenden, dass diese 38 Prozent nur ihre Privatsphäre schützten. Das Problem daran ist, dass diese Frauen andere Fragen, die weit in ihre Intimsphäre eingriffen, sehr wohl »richtig« beantworteten.

Auslöser verdrängter Erinnerungen

Wenn wir keine bewusste Motivation haben, das Verdrängte zu entdecken, wie tauchen verdrängte Erinnerungen dann wieder auf und stoßen ins Bewusstsein des Opfers eines Traumas vom Typ II vor?

Bessel Van Der Kolk, Psychiater an der Harvard Medical School, hat Untersuchungen über alle möglichen Arten von Traumata durchgeführt, besonders Traumata in Zusammenhang mit sexueller Gewalt. Er behauptet, dass im Falle eines chronischen kindlichen Missbrauchs das Gehirn so sehr von negativem Stress überflutet werde, dass es unfähig wird, alle eintreffenden Informationen zu verarbeiten und einzuordnen. Die Verbindung zum limbischen System, das Gefühle, Erfahrung und Erinnerung filtert und verarbeitet, wird gestört. Erinnerungen und Gefühle werden voneinander getrennt. Das könnte eine Erklärung für blitzartige Erinnerungsfetzen sein. Es könnte auch ein anderes Phänomen erklären, die »Körpererinnerungen«, über die Opfer von sexuellem Missbrauch häufig berichten. Van Der Kolk sagt, dass »die mit einem Trauma verbundenen emotionalen Empfindungen durch eine andere Art von Gedächtnis erinnert werden, entweder als Körperempfindungen oder als visuelle Bilder.«

Es gibt keine passenden Worte, um traumatische Erfahrungen adäquat zu beschreiben. Je schrecklicher das Trauma, umso mehr fehlen uns die Worte dafür. Zudem ist es für das Opfer umso schwieriger, das Geschehene in Worte zu fassen, je weiter das Trauma zurückliegt. Bei jeder neuen Erfahrung, die der ursprünglichen Szene ähnelt, kommt es zu einer sprunghaften Erregungssteigerung, die als Erinnerungsblitz, als visuelles Bild oder als

Alptraum erlebt wird. Diese Erfahrungen sind nonverbaler Natur. Es gibt keine Worte dafür, weil das Erlebnis nie in den Erfahrungsschatz des Betreffenden integriert war.

Eileen Lipskers Erinnerung an die Ermordung Susan Nasons durch ihren Vater wurde ausgelöst, als sie aus einem bestimmten Blickwinkel auf ihre eigene Tochter herabsah. Ihre fünf Jahre alte Tochter Jessica, die sie Sica nannte, war an einem Januartag des Jahres 1989 gerade mit zwei Freundinnen aus dem Kindergarten nach Hause gekommen. Die drei Mädchen saßen auf dem Boden und spielten, und Eileen saß auf der Couch. Dann fiel Eileens Blick auf Sica, die zu ihr aufsah und den Kopf verdrehte, um sie etwas zu fragen, ihre klaren blauen Augen glänzten im Licht der Nachmittagssonne. Genau in diesem Augenblick erinnerte sich Eileen daran, wie ihre Freundin Susan Nason aufgesehen, den Kopf zur Seite gedreht und versucht hatte, ihren Blick aufzufangen. Eileen sah, wie ihr Vater einen Felsbrocken über seinem Kopf hielt, und sie sah, wie Susan ihre rechte Hand hob, um den bevorstehenden Schlag abzuwehren. Und dann hörte sie ein Knacken wie beim Auftreffen eines Baseballschlägers auf einem Ei.

Eileen sagte später, dass sie versuchte, die Erinnerung abzuwehren und dem Schauder Einhalt zu gebieten, der ihr über den Rücken hinablief. Sie empfand große Angst, dass ihr Leben und das ihrer Kinder in Gefahr sei, wenn sie irgendjemandem davon erzählte. Eileen hatte immer gewusst, dass Susan ermordet worden war. Aber sie wusste nicht bewusst, dass sie dabei gewesen war, als es geschah. Im Laufe der nächsten zehn Monate tauchten weitere Erinnerungen auf, bis sie zu der Überzeugung kam, dass sie zur Polizei gehen musste.

In diesem Fall kehrte die verdrängte Erinnerung aufgrund eines visuellen Schlüsselreizes zurück und weil Eileen sich in einem allgemeinen Zustand emotionaler Sicherheit befand. Weil sie entspannt war, ihren Gedanken freien Lauf ließ, konnte die Erinnerung die mächtigen Barrieren überwinden, die ihr Gedächtnis blockierten. Normalerweise jedoch ist emotionale Sicherheit nicht genug. Gewöhnlich ist ein perzeptorischer Stimulus – ein Anblick, ein Geräusch, ein Geruch, eine Berührung oder ein Geschmack – oder das Erleben eines bestimmten Zustandes, einer Stimmung oder eines Gefühls, die mit der verdrängten Erinnerung assoziiert sind, notwendig, damit eine traumatische Erinnerung sich wieder Zugang zum Bewusstsein verschaffen kann. Manchmal kehrt die Erinnerung in einem Traum zurück. Dabei sind visuelle Eindrücke offensichtlich die stärksten Stimuli für verlorene Erinnerungen. Als die Geschworenen des Franklin-Prozesses Fotos der fünfeinhalbjährigen Jessica und Susan Nasons nebeneinander sahen, hielten viele angesichts ihrer Ähnlichkeit unwillkürlich den Atem an. Jeder Sinn oder alle zusammen können die Rückkehr verdrängter Erinnerungen auslösen.

Widerstreitende Gefühle

Widerstreitende Gefühle deuten oft auf Verdrängung hin. Eileen war hin- und hergerissen zwischen Bildern ihres Vaters als Monster und Bildern des Vaters, den sie liebte. Als ihre Erinnerungen zurückzukehren begannen, versuchte sie ihnen Einhalt zu gebieten, weil sie die widerstreitenden Gefühle von Liebe und Hass zurückbrachten, die ursprünglich die Verdrängung mit ausgelöst hatten. Sie wollte sich nicht mit diesen Erinnerungen auseinander setzen, weil sie dann ihren Vater, den sie liebte, als böse ansehen musste.

Die meisten Opfer eines Traumas durch Kindesmissbrauch verdrängen ihre Erinnerungen zum Teil aufgrund der widerstreitenden Gefühle von Liebe und Hass, die sie dem betreffenden Elternteil entgegenbringen. Die meisten wollen sich *nicht* mit den Erinnerungen beschäftigen, die ausgelöst worden sind.

Symptome für ein verdrängtes Trauma

Jedes Trauma führt zu einer Verletzung und hinterlässt eine Narbe. Häufig zeigen sich Kombinationen subjektiver Empfindungen und Symptome, die auf verdrängte Erinnerungen an schreckliche Vorfälle hinweisen.

Auch in Eileen Lipskers Leben gab es massive Anzeichen dafür. Eileen hatte ihren Vater vergöttert. Sie hatte die Vater-Tochter-Beziehung fortgesetzt, indem sie einen sehr viel älteren Mann geheiratet hatte, der extrem autoritär war.

Andere Symptome stammten aus der ersten Zeit nach der Verdrängung ihrer Erinnerung. Bald nach Susans Ermordung zog Eileen sich in der Schule zurück. Sie begann sich auf einer Seite des Kopfes die Haare auszureißen und bekam eine große, blutende Stelle in der Nähe des Scheitels. Das war Eileens unbewusster Versuch, die schreckliche Wunde nachzuahmen, die sie auf Susan Nasons Kopf gesehen hatte.

Nach ihrem Abgang von der High-School wurde Eileen promiskuitiv.

Sechs Wochen lang versuchte sie sich als Prostituierte. Möglicherweise agierte sie so den sexuellen Missbrauch aus. Als Kind hatte ihr Vater sie zum Sex gezwungen. Indem sie sich prostituierte, verschaffte sie sich verspätet die Möglichkeit, Sex zu kontrollieren und sich selbst dafür zu entscheiden.

Eileen hatte noch eine andere Angewohnheit, die mit ihrem Kindheitstrauma zusammenzuhängen schien. Susan Nason hatte alleine gespielt, als George und Eileen zu ihr kamen. Eileen hatte sie dazu überredet, mit ihr und ihrem Vater mitzufahren. Wann immer Eileen als Erwachsene ein Kind sah, das alleine im nahen Canoga-Park spielte (wo Susan gespielt hatte), brachte sie das Kind nach Hause.

Als Eileen 14 war, ließen ihre Eltern sich scheiden. Der sexuelle Missbrauch hatte ein Ende, und sie hörte auf, sich die Haare auszureißen.

Solche Symptome und Anzeichen – zusätzlich zu den bereits im Kapitel »Die Entdeckung Ihrer dunklen Geheimnisse« aufgeführten – sind rückblickend, nachdem die verdrängten Erinnerungen wieder aufgetaucht sind, leichter zu erkennen. Aber sie erzählen oft anschaulich die frühe Kindheitsgeschichte eines Traumaopfers vom Typ II.

Eine abschließende Warnung

Fest steht, dass der traumatische Missbrauch von Kindern durch ihre Eltern oder andere Bezugspersonen relativ häufig vorkommt und ungeheuer schädliche Folgen für das missbrauchte Kind hat. Fest steht auch, dass diese Erinnerungen infolge psychischer Prozesse, deren Wesen wir immer noch nicht ganz verstehen, vergessen werden können. Weiterhin steht fest, dass diese unbewussten Erinnerungen sich später, manchmal Jahrzehnte danach, mit Macht und Klarheit wieder Bahn brechen können. Aber nicht alle wiedererlangten Erinnerungen sind wahr, wenn auch sicher viele davon, und nicht alle des Missbrauchs Beschuldigten sind schuldig, wenn auch sicher viele davon.

Daher möchte ich Sie zu größter Vorsicht und Sorgfalt im Umgang mit allen Geheimnissen Ihrer Familie auffordern. Traumatische Erinnerungen wieder zugänglich zu machen ist eine äußerst heikle Angelegenheit. Wenn Sie den Eindruck haben, dass sie kurz vor der Entdeckung solcher Erinnerungen stehen, sollten Sie eine vertrauenswürdige Person suchen, die Erfahrung in solchen Dingen hat. Drehen Sie jeden Stein um auf der Suche nach einem anderen Familienmitglied, das den erlittenen Missbrauch oder die Misshandlung bezeugen könnte, und nutzen Sie sämtliche objektiven Mittel, um Ihre Erinnerungen zu überprüfen.

Literatur

Folgenden Autoren bin ich zu Dank verpflichtet, weil sie mein Verständnis für die Bedeutung von Familiengeheimnissen vertieft haben. Ich empfehle Ihnen diese Bücher, damit auch Sie zu einem tieferen Verständnis Ihrer Familiengeheimnisse gelangen.

Adams, Kenneth: *Silently Seduced: Understanding Covert Inzest,* Deerfield Beach: Health Communications 1991.

Baum, Lyman Frank: *Der Zauberer von Oz,* u.a. Würzburg: Arena, 2. Aufl. 1995.

Birdwhistell, Ray L.: *Kinesics and Context,* Philadelphia: University of Pennsylvania Press 1970.

Bok, Sissela: *Secrets*, New York: Pantheon Books 1982.

Bowen, Murray, M.D.: *Family Therapy in Clinical Practice*, New York: Jason Aronson 1978 u. 1985.

Bradshaw, John: *Bradshaw On: The Family*, Deerfield Beach: Health Communications 1988. Dieses Buch erläutert ausführlich die Theorie von Familiensystemen und beschreibt mehrere Typen dysfunktionaler Familien.

Ders.: *Creating Love: The Next Great Stage in Growth.* In diesem Buch gehe ich auf die geheimen oder offenen Überzeugungen über die Liebe ein, die jeder von uns aus seiner Herkunftsfamilie übernommen hat. Diese Überzeugungen sollten bewusst gemacht und einer kritischen Überprüfung unterzogen werden.

Ders.: *Das Kind in uns. Wie finde ich zu mir selbst?* München: Droemer Knaur 1994. Dieses Buch bietet Ihnen eine Checkliste für jedes kindliche Entwicklungsstadium und mehrere Zugänge, wie Sie an der Trauer über Ihre unbefriedigten Kindheitsbedürfnisse arbeiten können. Außerdem zeige ich darin auf, wie Sie das Geheimnis eines Missbrauchs in der Kindheit in Erfahrung bringen können.

Ders.: *Wenn Scham krank macht. Ein Ratgeber zur Überwindung von Schamgefühlen,* München: Droemer Knaur 1993. In diesem Buch gehe ich intensiv auf die Heilung von krank machender Scham ein.

Buechner, Frederick: *Telling Secrets*, San Francisco: Harper 1991.

Conroy, Pat: *Die Herren der Insel*, Bastei Lübbe 1987 u. 1989. Ein hervorragender Roman über dunkle Familiengeheimnise. Seine Lektüre machte mir klar, mit welcher Macht dunkle Familiengeheimnisse unser Leben beeinflussen.

Covitz, Joel: *Der Familienfluch. Seelischer Kindesmissbrauch,* Walter: Zürich, 2. Aufl. 1993. Covitz bin ich wegen einer Reihe von Jung-Zitaten zu Dank verpflichtet. Dieses Buch ist die beste Darstellung des emotionalen Inzests, die ich kenne.

Flannery, Raymond J.: *Post-Traumatic Stress Disorder,* New York: Crossroad Publishing Co. 1992.

Foster, Carolyn: *The Family Patterns Workbook,* New York: Jeremy P. Tarcher/Perigee 1993.

Frederickson, Renée: *Repressed Memories,* New York: Simon & Schuster 1992.

Goleman, Daniel: *Lebenslügen,* München 1993. Dieses Buch war mir eine große Hilfe, besonders die Abschnitte über Gruppenpsychologie und die Macht, mit der das Gruppenbewusstsein die Wahrnehmungen der Gruppenmitglieder verzerren und ihre Fähigkeit zu kritischem Denken beeinträchtigen kann.

Guerin, Philip J. (Hrsg.): *Family Therapy*, New York: Gardner Press 1976.

Harper, James M. u. Hoopes, Margaret H.: *Birth Order and Sibling Patterns in Individual and Family Therapy,* Gaithersburg: Aspen Publications 1987.

Imber-Black, Evan (Hrsg.): *Geheimnisse und Tabus in Familie und Familientherapie,* Freiburg: Lambertus 1995. Dieses Buch wurde ein Jahr, nachdem ich mit den Arbeiten an meinem Buch begonnen hatte, veröffentlicht. Es erschien mir wie ein Geschenk des Himmels. Der Leser findet darin eine Sammlung wissenschaftlicher Beiträge von erfahrenen Therapeuten über verschiedene Familiengeheimnisse. Ohne die Verantwortung für meine eigene Arbeit abschieben zu wollen, räume ich ein, dass ich mich innerhalb der genannten Literatur vorrangig auf dieses Buch gestützt habe.

Lerner, Harriet Goldhor: *Zärtliches Tempo. Wie Frauen ihre Beziehungen verändern, ohne sie zu zerstören,* Zürich: Kreuz 1990 u. Frankfurt/M.: Fischer-TB, 4. Aufl. 1995. Niemand vermittelt Bowens Theorie besser als Harriet Lerner. Ich empfehle Ihnen, dieses Buch zu lesen, wenn Sie Bowens Theorie *erfahren* und nicht nur darüber lesen wollen. Beachten Sie auch ihr hervorragendes Buch *Was Frauen verschweigen. Warum wir täuschen, heucheln, lügen müssen,* Zürich: Kreuz, 3. Aufl. 1994.

McGoldrick, Monica u. Gerson, Randy: *Genogramme in der Familienberatung,* Bern: Hans Huber 1990. Das ist das beste Buch über die Kraft des Genogramms und bietet eine ausgezeichnete Anleitung zur Konstruktion Ihres eigenen Familiengenogramms.

Miller, Alice: *Das Drama des begabten Kindes und die Suche nach dem wahren Selbst. Eine Um- und Fortschreibung,* Frankfurt/M.: Suhrkamp 1994. Miller beschreibt in diesem Buch die Wunde der narzisstischen Deprivation. Vergleichen

Sie dazu auch ihr Buch *Der gemiedene Schlüssel,* Frankfurt/M.: Suhrkamp 1988 u. 1991. Miller benutzt darin das Märchen »Des Kaisers neue Kleider«, um uns das Geheimnis begreiflich zu machen, was wir als Opfer der herkömmlichen patriarchalischen Erziehung nicht wissen können – die Wahrheit über unsere Kindheit! Der Junge im Märchen ist noch nicht Opfer patriarchalischer Pädagogik geworden.

Pittman, Frank: *Angenommen, mein Partner geht fremd ...,* München: Droemer Knaur 1994. Im Mittelpunkt dieses Buches stehen die mit einer Affäre verbundenen Heimlichkeiten und Täuschungen. Pittman plädiert uneingeschränkt für die Enthüllung dieses Geheimnisses.

Schneider, Carl: *Shame, Exposure and Privacy,* Boston: Beacon Press 1977.

Sheldrake, Rupert: *Das Gedächtnis der Natur. Das Geheimnis der Entstehung der Formen in der Natur,* Bern/München: Scherz 1992 u. München: Piper, 2. Aufl. 1996. Für den Laien das verständlichste Buch über formbildende Verursachung (wie Formen von einer Generation zur nächsten weitergegeben werden). Wenn Sie noch tiefer in die Materie einsteigen wollen, lesen Sie zuvor Sheldrakes erstes Buch *Das schöpferische Universum. Die Theorie des morphogenetischen Feldes,* Berlin: Ullstein-TB 1993.

Shengold, Leonard: *Soul Murder. Seelenmord – die Auswirkungen von Mißbrauch und Vernachlässigung in der Kindheit,* Frankfurt/M.: Brandes & Apsel 1994. Dr. Shengold beschreibt in diesem Buch zwei unbewusste Geheimnisse, die durch schweren Missbrauch und Deprivation in der Kindheit entstehen: das Auslöschen der Missbrauchserinnerung, so dass das Opfer die Wahrheit über seine Kindheit nicht kennen kann, und das »doppelte Denken« – das Phänomen, dass im Bewusstsein des Betreffenden gleichzeitig zwei sich widersprechende Vorstellungen existieren, ohne dass dieser erkennt, dass sie sich gegenseitig ausschließen.

Taub-Bynum, E. Bruce: *The Family Unconscious,* Wheaton: Theosophical Publishing House 1984.

Terr, Lenore: *Schreckliches Vergessen, heilsames Erinnern. Traumatische Erfahrungen drängen ans Licht,* München: Kindler 1995. Dieses Buch ist eine große Hilfe für das Verständnis traumatischer Erinnerungen. Einen großen Teil der Diskussion im Anhang habe ich Dr. Terr zu verdanken.

Toman, Walter: *Familienkonstellationen. Ihr Einfluß auf den Menschen,* München: Beck, 6. Aufl. 1996. Dieses Buch enthält Tomans Arbeiten über Geschwisterpositionen und andere Beziehungen. Einiges davon ist sehr aufschlussreich.

Webster, Harriet: *Family Secrets,* Reading: Addison-Wesley 1991.

Dank

Ich möchte all denen meinen Dank aussprechen, die den Mut hatten, mir ihre Familiengeheimnisse anzuvertrauen.

Mein herzlicher Dank gilt meiner Lektorin Toni Burbank für ihre Geduld, ihr Organisationstalent und ihre kreative Intelligenz.

Dieses Buch wäre nicht möglich gewesen ohne die Pionierarbeiten Murray Bowens. Ich übernehme die volle Verantwortung für meine Interpretation von Bowens Konzepten.

Der 1980 erschienene Artikel »Family Secrecy« in *Family Process* von M. Karpel war von unschätzbarem Wert für die Klärung des Unterschieds zwischen konstruktiven/positiven und destruktiven/negativen Geheimnissen und half mir bei der Erstellung von Richtlinien für die Konfrontation mit destruktiven Geheimnissen.

Ich danke Dr. Evan Imber-Black und all den Autoren, die Beiträge für das von ihr herausgegebene Buch *Geheimnisse und Tabus in Familie und Familientherapie* beigesteuert haben.

Carl D. Schneiders Buch *Shame, Exposure and Privacy* half mir, mein eigenes Verständnis von natürlicher Scham als Anstandsgefühl zu erweitern – dem Gefühl, das über unsere Intimsphäre wacht. Schneiders Arbeit führte mich zu einer zentralen These dieses Buches, nämlich dass dunkle Geheimnisse aus Abwehr gegen Verletzungen des Schamgefühls entstehen.

Es gibt noch viele andere Vertreter der Familiensystemtheorie, die mir den Weg zu diesem Buch geebnet haben, zu viele, um sie alle zu nennen. Ich danke ihnen allen.

Mein großer Dank gilt meiner Schwester Barbara, die äußerst gewissenhaft alle drei Fassungen dieses Buches durchgearbeitet hat. Barbara fügte oft nützliche Kommentare hinzu, die den Text in vieler Hinsicht bereicherten.

Ich danke Maggie Rees für ihre liebevolle Wahrung meiner Geheimnisse.

Ich danke meinem Schöpfer für den geheimen Segen, der auf meinem Leben ruht.

Register